新能源公募REITs
理论与实践

黄卫根 著

经济日报出版社

北京

图书在版编目（CIP）数据

新能源公募REITs理论与实践 / 黄卫根著. -- 北京：经济日报出版社, 2024. 12.
ISBN 978-7-5196-1545-1
Ⅰ. F426.2；F832.51
中国国家版本馆CIP数据核字第2024HF7419号

新能源公募 REITs 理论与实践
XINNENGYUAN GONGMU REITs LILUN YU SHIJIAN

黄卫根　著

出版发行：经济日报出版社

地　　址：	北京市西城区白纸坊东街2号院6号楼
邮　　编：	100054
经　　销：	全国各地新华书店
印　　刷：	北京文昌阁彩色印刷有限责任公司
开　　本：	710mm×1000mm　1/16
印　　张：	24.5
字　　数：	376千字
版　　次：	2024年12月第1版
印　　次：	2024年12月第1次印刷
定　　价：	98.00元

本社网址：www.edpbook.com.cn　微信公众号：经济日报出版社
请选用正版图书，采购、销售盗版图书属违法行为
版权专有，盗版必究。本社法律顾问：北京天驰君泰律师事务所，张杰律师
举报信箱：zhangjie@tiantailaw.com　　举报电话：（010）63567684
本书如有印装质量问题，由我社事业发展中心负责调换，联系电话：（010）63538621

推荐序一

当前，全球能源格局正发生深刻变革，传统能源面临着日益严峻的挑战，新型能源的发展成为时代的必然选择。能源转型不仅关乎全球生态环境的可持续发展，更是各国经济发展和国家战略规划的重要组成部分。近年来，我国新能源行业呈现出蓬勃发展的态势：光伏产业领跑全球，风电场景从陆地向海洋拓展，氢能产业链形成完整闭环……随着行业的迅猛发展，光伏电站、风电场、新能源汽车充电桩等新能源基础设施的建设规模日益扩大，面对大量的基础设施资金需求，融资方式成为影响行业发展的关键之一。

基础设施公募REITs把具有稳定现金流的基础设施资产进行证券化，将未来的收益提前"变现"，以解决基础设施建设的资金需求，是一种成熟、优质的金融工具。自2021年6月国内首批9支基础设施公募REITs上市以来，国内公募REITs市场逐渐成熟，现已进入常态化发行阶段，底层资产涵盖了交通、环保、园区等多个领域。基础设施公募REITs在融资端和投资端都展现出无可替代的价值。一方面，公募REITs通过引入社会资本，为基础设施建设提供了更多元的资金支持，提高了基础设施的管理水平和运营效率，实现了资源的优化配置。另一方面，公募REITs兼具债权属性和股权属性，其较为稳定的现金流和较低的波动性，为长期投资者提供了更加多样的投资选择。随着我国经济的持续发展和城市化进程的不断推进，基础设施公募REITs作为一种有效的融资工具，将在未来发挥更加重要的作用。

黄卫根博士长期从事基础设施建设与投资工作，既是一位理论的研究者，更是一位实践的探索者，在新能源和金融领域都有着丰富的经验，对国内基础设施公募REITs和新能源领域的发展有着深刻的理解和独到的见解。《新能源公募REITs理论与实践》这本书就是黄卫根博士结合自身实践经验和理论研究成果，以清晰的思路、准确的语言和丰富的案例，为我们全面系统地介绍了新能源公募REITs的知识。

读完这本书，我感受颇深、收获很大。首先，这本书为我们提供了一个全面学习新能源公募REITs的新窗口。该书全面阐述了新能源公募REITs的基本概念、特点、运作模式和投资策略等方面的内容，使我们初步了解和掌握了新能源公募REITs的基本知识。该书还通过大量的案例分析，为我们介绍了新能源公募REITs在实际应用中的成功经验和存在的问题，全面、形象地展示了新能源公募REITs的运作流程，也为我们提供了深刻的启示和宝贵的参考。其次，该书为新能源领域行业发展提供了新的思路。新能源公募REITs作为一种创新的金融工具，可以为新能源项目的融资和运营提供新的途径。该书通过对新能源公募REITs的深入研究，为行业发展提供了新思路、新方法，必将为推动我国新能源领域的可持续发展作出积极的贡献。最后，该书也为投资者提供了一种投资的新选择。新能源行业方兴未艾，新能源公募REITs有望成为一种新的热门投资品种，该书为投资者提供了关于新能源公募REITs的详细介绍和投资建议，有助于投资者更好地了解和把握这一投资机会。

在此，我很高兴把这本书推荐给广大读者。无论是从事新能源领域的专业人士，还是对金融投资感兴趣的投资者，抑或是关注我国经济发展的学者或政策制定者，都可以从这本书中获得有益的启示和收获。让我们与时代同行，一起探索新能源公募REITs的奥秘，为推动我国新能源领域的发展和金融创新贡献自己的力量。

陈存根

中国社会工作联合会会长、中央和国家机关工委原副书记

2024年11月6日

推荐序二

发展新能源是我国"碳达峰碳中和"战略的重要部署,当前新能源在全国蓬勃发展、日新月异,在全球范围内也可谓千帆竞发、百舸争流,可以说,新能源开辟了人类第四次工业革命的新赛道,是影响甚至决定人类未来福祉的关键。

新能源建设是时代的主题,新能源投融资资本也是新能源投融资的核心点,如何将建成的新能源项目逐步通过某种方式置换出资金流,是我国当前有效提高新能源建设的关键环节,是高质量发展新能源的保障。

黄卫根的新作《新能源公募REITs理论与实践》从我国当前新能源投资、设计和施工等方面入手,全面系统介绍了风电、光伏、核能、储能、氢能等新型电力系统的政策演进、发展现状、投资现状、各自特点以及新能源投融资模式,有助于读者全面了解我国新能源事业的历程和我国当前发展新能源产业的任务和重点,特别是对我国新能源产业融资困境和发展路径提出了新的观点和认识。

本书是从事电力行业二十多年的中国电力建设集团有限公司正高级工程师黄卫根博士在投融资领域的新作。作者是我国当前基础设施和新能源投融资领域的学术与管理带头人,面对新的资源环境和人类新能源发展征程,作者进行了大量实地调研和周密论证,结合当前形势和金融环境完成了这部著作,标志着他们团队在新能源领域实践和理论研究上达到了新的高度,特别是对我国基础设施REITs的理论研究和实践操作,体现出丰富的实践经验和较高的理论水平。

中国经济实现高质量发展,需要新能源领域一代又一代投资人和建设者以自己的聪明才智和不懈努力成就自己对新时代的贡献。作者是国家能源建设领域的优秀人才，有着吃苦耐劳、敢为人先的精神，将自己的学术成就和实践紧密结合，在我国新能源产业资产证券化领域深入研究、不懈耕耘，值得称赞。

初见书稿，备感自豪。黄卫根是北京大学马克思主义学院毛泽东思想高级研修班学员，参加过河南小浪底、湖北三峡大型水电工程、深圳地铁、内蒙古风电和光伏等项目投融资建设，是具备国内外项目投建营经验的施工管理和经营专家，近十年来在新能源领域一直致力于理论与实践相结合的研究，是国务院国资委中国大连高级经理学院"双碳"案例评审专家。他带领的团队研究金融投融资很多年，在PPP和REITs领域有着引领行业的专业理论和实践经验，成果斐然。他们能够理论联系实际，在投融资领域有着较高的行业认可。本书的问世，将为中国式现代化和新质生产力高质量发展添砖加瓦，可喜可贺。

本书的主要特点是围绕新能源REITs研究和实践案例给读者提供投融资新思路，对我国新能源未来发展提出了新的观点和思路。本书对从事新能源行业投融资、资产证券化、设计施工管理领域的从业人员以及在校研究生等深入学习了解新能源投建营等产业链有参考价值，值得一读！

于湘泉

北京大学光华管理学院教授

2024年9月28日

前 言

作为世界上最大的能源消费国和生产国之一，中国正面临着能源结构转型和技术创新升级的双重挑战。党的二十大报告要求，"深入推进能源革命，加快规划建设新型能源体系"。党的二十届三中全会进一步明确指出，"深化能源改革与加强科技创新是实现中国式现代化的重要战略举措"。近年来，新能源建设已经成为基础设施建设的主力军，全国乃至全球新能源装机容量持续增长。据不完全统计，我国新能源资产规模突破10万亿元，未来还会持续增长。面对10万亿级的存量资产，新能源公募REITs能够实现资产所有权和经营权分离，进而优化资本结构，提升直接融资比重，拓宽投融资渠道，缓解地方政府财政压力，是落实金融供给侧结构性改革、强化资本市场服务实体经济质效的重要工具。

笔者长期从事能源行业，有幸成为国务院国资委中国大连高级经理学院"双碳"案例评审专家，在工作中边干边学、边学边总结，对新能源行业产生了无比的热爱，有志于做我国"碳达峰碳中和"战略的实践者。笔者在日常工作和授课中，与清华大学、北京大学、中央财经大学、北京工业大学、北京建筑大学等高校师生不断探讨新材料技术、双碳发展路径、投融资渠道和未来布局等话题，启发和受益颇多，便萌生了将理论与实践有机结合的想法。新能源公募REITs产品的设计重点是从新能源资产中择优链接至资本市场，在与北京建筑大学马世昌副教授合著《基础设施公募REITs理论与实务》的基础上，我们继续一起策划主题、构思内容、赴项目调研、开专题会讨论，与新能源设计、投资、施工、运营等单位交流，通过反复论证和深化，才有了《新能源公募REITs理论与实践》一书。在此，非常感谢北京建筑大学马世昌副教授对本书的大力支持和帮助。

本书得以出版面世，笔者要衷心感谢恩师中国社会工作联合会会长、中央和国家机关工委原副书记陈存根老师百忙之中的大力支持和指导，感谢中国科学院谢道昕院士、王松灵院士和曹晋滨院士的支持和鼓励，感谢中国工程院傅志寰院士和张宗亮院士的支持和鼓励，感谢恩师北京大学原党委常务副书记于鸿君教授的指导和鼓励，感谢中国国家创新与发展战略研究会副会长、中国中共党史学会常务理事王晓鸣老师，感谢国务院国资委研究中心党委副书记杜国功、全国人大常委会代表工作委员会议案建议办理局副局长龙湘林、中央党校肖勤福教授和周跃辉教授、清华大学舒文教授和刘井泉教授、北京大学孙蚌珠教授和吴建国教授、中央财经大学陈端教授和李玉龙教授、中南大学张东山教授和胡玉玺教授、北京工业大学王如志教授和艾小青教授、北京建筑大学孙成双教授和秦颖教授、北京工业大学祝合良教授和陈亚会老师、湖南财经学院黄国华教授、中央党校出版集团李华老师和陈雪颖老师等专家学者的支持和指导，感谢北京工业大学研究生裴广友和乔元波，北京建筑大学王杰、张媛、曹欣、黄孟军、张俊玮等研究生所做的大量基础性工作。同时，本书在撰写过程中参考了大量学者的研究成果，笔者尽可能地在正文和参考文献中进行列示，如有遗漏，并非本意，还请作者与笔者联系以便致谢。

感谢我的工作单位中国电力建设集团有限公司和领导、同事对我多年的培养和支持，感谢中国电力建设集团有限公司总工程师张建文老师、和孙文老师和原总工程师宗敦峰老师的指点和支持！感谢水电水利规划设计总院原总工程师彭才德老师，中国电建集团华东院、中南院、西北院、北京院、成都院等的专家学者以及好友的大力支持、帮助和指点。因水平和能力有限，本书难免会出现不足之处，盼请各位专家学者批评指正！

黄卫根

2024 年 9 月 20 日

目　录

第一章　新能源产业全景分析 1
 第一节　光伏行业 1
 第二节　风电行业 15
 第三节　核能行业 27
 第四节　生物质能行业 40
 第五节　储能行业 56
 第六节　氢能行业 73

第二章　新能源产业融资需求、特点与模式 89
 第一节　新能源产业融资需求 89
 第二节　新能源产业融资特点 104
 第三节　新能源产业融资模式 116
 第四节　新能源产业融资困境 124

第三章　基础设施公募 REITs 概述 131
 第一节　基础设施公募 REITs 的基本概念 131
 第二节　基础设施公募 REITs 的底层资产 134
 第三节　基础设施公募 REITs 的上市流程 141
 第四节　国内基础设施公募 REITs 的上市情况 151

第四章　新能源产业 REITs 融资的必要性和可行性 156
 第一节　新能源产业 REITs 融资的必要性 156

第二节　新能源产业 REITs 的可行性 ……………………… 160
　　第三节　REITs 模式应用于新能源产业的意义 ……………… 170

第五章　新能源基础设施项目公募 REITs 设计　173
　　第一节　底层资产类别 …………………………………… 173
　　第二节　底层资产遴选 …………………………………… 182
　　第三节　新能源 REITs 基金产品设计 ……………………… 204
　　第四节　上市申报与发行 ………………………………… 229
　　第五节　基金经营管理 …………………………………… 256
　　第六节　可再生能源发电补贴的影响及应对措施 ………… 285

第六章　新能源 REITs 案例解析　291
　　第一节　鹏华深圳能源 REIT ……………………………… 291
　　第二节　中信建投国家电投新能源 REIT …………………… 303
　　第三节　中航京能光伏 REIT ……………………………… 321
　　第四节　嘉实中国电建清洁能源 REIT ……………………… 337
　　第五节　华夏特变电工新能源 REIT ………………………… 348
　　第六节　上市新能源 REITs 总结 …………………………… 360

参考文献　……………………………………………………… 370

第一章
新能源产业全景分析

第一节 光伏行业

一、行业概况

(一)基本情况

光伏,即光伏发电系统,是利用半导体材料的光伏效应,将太阳辐射能转化为电能的一种发电系统。光伏发电系统的能量来源于取之不尽、用之不竭的太阳能,是一种清洁、安全和可再生的能源。典型的太阳能光伏发电系统由太阳能电池阵列(组件)、控制器、电力电子变换器(逆变器)、储能装置(蓄电池)、负载即用户等构成,如图1.1所示。其中,太阳能电池阵列和储能装置为电源系统,太阳能电池板为光伏系统的核心部件,由多个太阳能电池单元组成,负责将光能转化为电能,控制器和电力电子变换器为控制保护系统,逆变器是将直流电转换为交流电的设备,用于连接到电网或供电设备,负载为系统终端。

(二)分类

依照现有的光伏发电项目,结合不同的应用场景,太阳能光伏发电系统可以大致分为五种类型：并网发电系统、离网发电系统、并离网储能系统、并网储能系统和多种能源混合微网系统。

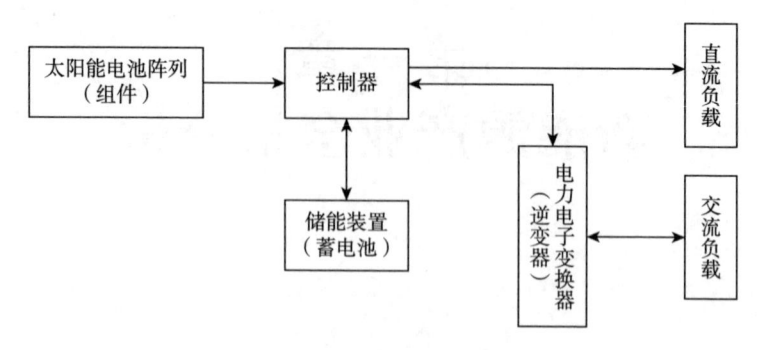

图 1.1　太阳能光伏发电系统的构成

（1）并网发电系统

并网发电系统由光伏组件、并网逆变器、光伏电表、负载、双向电表、并网柜和电网组成。并网发电系统将太阳光照产生的直流电通过逆变器转化为交流电，再供给到负载和接入电网。可以直接用于家庭的负载，多余的电还可以卖入电网，并网逆变器一般是升压和逆变两级结构。

（2）离网发电系统

离网发电系统由光伏组件、太阳能控制器、逆变器、蓄电池、负载等构成。离网发电系统不依赖电网而独立运行，一般应用于偏僻地区、无电区、海岛、通讯基站和路灯等。在有光照的情况下将太阳能转化为电能，通过太阳能控制器一体机给负载供电，给蓄电池充电；在无光照时，可将蓄电池的电通过逆变器给交流负载供电。其蓄电池的成本占离网发电系统的30%—50%，离网逆变器一般是控制器、升压、逆变、隔离的四级结构。

（3）并离网储能系统

并离网储能系统由光伏组件、太阳能并离网一体机、蓄电池、负载等构成，广泛应用于经常停电或光伏自发自用不能余电上网、自用电价比上网电价贵、波峰电价比波谷电价贵等场景。通过光伏方阵在有光照的情况下将太阳能转化为电能，通过太阳能控制器逆变一体机给负载供电，同时给蓄电池充电；在无光照时，通过蓄电池给太阳能控制器逆变一体机供电,再给交流负载功能供电。双模式切换,保证供电需求。

(4) 并网储能系统

并网储能系统由光伏组件、太阳能控制器、蓄电池、并网逆变器、电流检测装置、负载等组成。并网储能系统能够提高自发自用比例,当太阳能功率小于负载功率时,系统由太阳能和电网一起供电,当太阳能功率大于负载功率时,太阳能一边给负载供电,一边通过逆变器将多余的电存储起来。

(5) 微网系统

微网系统是由分布式电源、负荷、储能系统和控制装置构成的配电网络。可将分散能源就地转化为电能,然后就近供给本地负载。微网系统是一种能够自我控制、保护和管理的自治系统,不仅可以与外部电网并网接入,也可以孤立运行,极大程度上解决了分布式电源并网问题,促进分布式电源与可再生能源的大规模接入,实现对负荷多种能源形式的高效供给,是实现主动式配电网的有效方式。

(三) 发展历程

光伏技术的历史可以追溯到19世纪初,目前可知最早的有关光伏发现的资料是1839年法国科学家亚历山大·埃德蒙·贝克勒尔(Alexandre Edmond Becquerel)通过电极的导电溶液暴露在光线下观察到的光生伏特效应。查尔斯·弗瑞兹(Charles Fritts)被认为是太阳能技术之父,他在1883年创建了第一个太阳能板,并把它安置在纽约市的建筑物上,当时太阳能的设计还不是用"硅",弗瑞兹在锗半导体上覆上一层极薄的金形成半导体金属结,但其光电转换效率只有1%左右。从1839年科学家发现光生伏特效应,到1883年开发出太阳能发电电池,历时近半个世纪,尽管光电转换效率才1%左右。这与今日动辄高达20%以上甚或40%左右相比似乎微不足道,但就是这样的微不足道才铺垫和造就了今日的成就。

直到20世纪中叶,随着晶体硅技术的发展,太阳能电池的商业化应用逐渐成为可能，光伏技术才开始迈向实用化。1954年，贝尔实验室的科学家发明了第一块效率较高的硅太阳能电池。这块电池由恰宾和皮尔松等人共同研制，使用单晶硅材料，并实现了6%的转换效率，标志着现代光伏技术的诞生。虽然这些早期的太阳能电池效率较低且技术成本高昂，但为后来的技术发展奠定了基础。到了20世纪60年代左右光伏技术取得了一定的进展和突破，光伏电池的效率有了明显的提高，成本也有所下降，在这个阶段光伏技术开始在一些特定的领域得到应用，比如无人机、卫星和远程通信设备等。美国于1958年发射的Vanguard 1卫星为第一颗由太阳能驱动的卫星，该卫星所携带的太阳能电池虽然功率小，但是开创了光电池应用的新纪元。它是以单晶硅太阳能电池作为无线电发射器的电源，这是太阳能电池在太空领域的首次应用。自此以后，太阳能电池就作为空间电源被实用化，在通信、广播、气象、资源探查、科学研究以及宇宙开发等方面被广泛应用。

20世纪70年代，随着能源危机的爆发和对可再生能源需求的增加，光伏技术受到了更多关注。1973年和1979年的石油危机加速了各国对太阳能技术的研发和应用，许多国家开始制定政策支持太阳能发电。20世纪70年代，多晶硅太阳能电池的研究逐渐取得突破，提高了太阳能电池的效率和稳定性。20世纪80年代后期至90年代，光伏市场开始迅速增长，各国也纷纷开始出台相关政策，推动光伏产业的发展。1982年，美国政府推出了太阳能光伏系统的税收抵免政策，以促进太阳能市场的发展。随后，德国、日本等国家也相继出台了支持太阳能产业的政策，推动了全球光伏市场的快速发展。在这个时期，薄膜太阳能电池的研究成果增多，这种技术通过使用更薄、更轻的材料实现了成本的降低和灵活性的提高。

进入21世纪，随着中国等新兴经济体的加入和技术成本的不断下降，全球光伏市场经历了爆发式增长。2005年至2015年，全球光伏装机容量从5吉瓦增长到227吉瓦，年均增长率超过40%。在中国、德国、美国等国家政策的支持下，光伏产业链不断完善，技术水平不断提高，成本不断降低，太阳能电力逐渐成为全球能源转型的重要组成部分。在这一时期，有机太阳能电池成为新兴研究方向。有机太阳能电池采用有机分子作为光电转换材料，可以通过吸收太阳光将其转化为电能。相对于传统的硅基太阳能电池，有机太阳能电池具有以下优势。首先，制造成本低。有机太阳能电池可以使用成本较低的有机材料，如聚合物、小分子化合物等，相比之下，硅基太阳能电池的制造成本较高。其次，有机太阳能电池具有较高的灵活性和可塑性，可以制造成各种形状和尺寸，适用于各种应用场景。此外，有机太阳能电池还具有良好的透明性和柔韧性，可以应用于建筑物、电子设备等多个领域。

之后，砷化镓和锗等新材料的引入提高了传统硅基太阳能电池的效率，尤其是在光伏集成电路等高端应用中有所突破。再之后的晶体硅太阳能电池技术的创新、制造工艺的不断改进和生产规模的扩大，使得传统晶体硅太阳能电池的成本得到有效控制。

截至2023年底，全球太阳能发电总装机容量已超过1400吉瓦，占全球可再生能源装机容量的40%。

二、政策演进

（一）国际政策

在国际方面，基于低碳环保理念、能源转型需求、寻找新增长点以提振经济发展等多方面因素考虑，一些发达国家开始大力推行能源转型，意图在社会各方面实现能源结构的转型，从传统的煤、核电集中式发电为主的传统能源结构向分布式、集中式发电并重，供需灵活互动，新能源占比高，能源生产—运输—消费高度绿色化、智能化的新形态发展。2000年初，一些发达国家开始制定可再生能源目标，其中包括光伏发电的比例目标。德国的《可再生能源法》（Erneuerbare Energien Gesetz，简称"EEG"）是其中的典型例子，于2000年制定，明确了可再生能源在总能源消耗中的比例目标。同年，德国率先推出了固定回购价格制度（Feed-in Tariff，简称"FIT"）。

该政策规定，发电者将所产生的太阳能电力全部上网，政府按固定的价格回购。这为投资者提供了长期的回本保障，激励了太阳能电池的广泛应用。

2010年初，随着气候变化问题的凸显，国际社会更加强调可再生能源的研发和推广。一些国际组织和联盟成立，旨在促进成员国在可再生能源方面的合作。

21世纪10年代中后期随着光伏技术成本的不断下降，一些国家逐步取消固定回购价格和补贴，采取更市场化的机制，如竞价上网、拍卖等，以更好地反映光伏项目的实际市场价值。

近年来美国、欧洲等陆续发布光伏产业激励政策，大力投资建设光伏综合制造厂，提高本国光伏产能，降低其对中国光伏产品的需求（见表1.1）。由于关税壁垒等因素的影响，美国是全球光伏装机成本最高的国家之一，其中有75%需要通过进口满足。美国通过太阳能税收抵免政策大力刺激本土光伏投资增长，先后通过了《国防生产法》《通胀削减法案》等多项法律，推动本土光伏产能全面扩张，重塑全球光伏产业竞争格局。

光伏产业一直是欧盟政策关注的焦点。近年来，为促进光伏等相关产业发展，欧盟制定了一系列政策，包括《重塑欧洲能源计划》《欧盟太阳能战略》以及《可再生能源项目更快许可倡议》等。同时，基于欧盟在全球光伏产业竞争力的变化，欧盟也适时调整其在相关领域的贸易政策，以最大限度地保障其本土能源战略的实施。

表1.1 近年来美国、欧洲光伏产业政策概览

国家	时间	名称	措施
美国	2022年	《国防生产法》	2022年美国总统拜登发布总统决议，授权美国能源部利用《国防生产法》加强光伏组件技术等五个关键能源技术的美国制造，计划在2024年将国内光伏制造能力提高两倍至22.5吉瓦，试图充分利用联邦政府采购的权利，并给予光伏产品"超级优惠"地位。

第一章 新能源产业全景分析

续表

国家	时间	名称	措施
美国	2022年	《通胀削减法案》	在美国2022年发布的《通胀削减法案》中，明确提出加大低收入社区光伏税收优惠规模，同时在制造端增加税收抵免，打造本土光伏产业链。在光伏领域，采用光伏技术（如太阳能、热泵、热水器等）的实体和个人都可以享受至多十年的税收抵免，2022年至2032年安装光伏系统的人将获得30%的税收抵免。对于2033年安装的系统，该比例将降至26%，对于2034年安装的系统，该比例将降至22%。
欧洲	2022年	《重塑欧洲能源计划》	《重塑欧洲能源计划》由欧盟委员会于2022年5月通过，根据该计划，2022年到2027年，欧盟需要额外投资2100亿欧元发展可再生能源，以期重塑欧盟各成员国能源结构。
欧洲	2022年	《欧盟太阳能战略》	2022年3月31日，欧盟在全球太阳能峰会上表示，欧盟将不惜一切代价把太阳能制造业带回欧洲，并设定了2030年本土制造能力达到20吉瓦等相关目标。2022年7月，欧盟委员会发布了《欧盟太阳能战略》，作为REPowerEU计划的一部分，旨在到2025年实现太阳能光伏发电装机容量超过320吉瓦（较2020年增加一倍以上），到2030年装机容量达到近600吉瓦。欧盟希望通过该战略，使新增光伏的产能在2027年可抵消每年90亿立方米的天然气消费量。
欧洲	2022年	《欧洲太阳能屋顶倡议》	根据该倡议，各成员国应为屋顶光伏系统建立强大的支持框架，包括储能、热泵等设施综合利用，大规模部署屋顶太阳能，优先考虑拥有较高能源等级（A-D）的建筑。如果全面实施，作为REPowerEU计划的一部分，该倡议将加速屋顶光伏安装，并在实施的第一年增加19太瓦时的电力（比"减碳55%"中预测的高出36%）。到2025年，将产生58太瓦时的额外电力（超出预测的两倍多）。

（二）中国政策

2005年2月28日，第十届全国人民代表大会常务委员会第十四次会议通过《中华人民共和国可再生能源法》，该法规定了光伏发电等可再生能源的开发、利用和管理的相关事项，为光伏产业提供了法律保障。

2009年，国家出台了一系列财政补贴措施以促进光伏产业的发展，主要体现在两个方面。第一，启动太阳能屋顶计划。2009年3月财政部与住房城乡建设部联合颁布了《关于加快推进太阳能光电建筑应用的实施意见》，强调在可再生能源专项资金中，中央财政可以安排部分资金用于支持太阳能光伏应用在城乡建筑领域的示范与推广。该计划是促进光伏屋顶计划与BIPV应用的补贴计划，也是我国光伏市场的重要转折点。第二，金太阳示范工程。2009年7月我国发布《关于实施金太阳示范工程的通知》，对并网光伏发电项目，原则上按光伏发电系统及其配套输配电工程总投资的50%给予补助；偏远无电地区的独立光伏发电系统按70%补助；对太阳能光伏产业基础能力建设与光伏发电关键技术的产业化项目，予以适当的补助或者贴息。

2011年起，上网电价补贴成为光伏产业迅速发展的关键驱动力。上网电价补贴指政府部门与应用可再生能源发电的企业或者个人签订合约，在合约期间内，发电者每向公共电网输送一度电，便能够得到相应的电价补贴。2011年8月，国家发展改革委发布《关于完善太阳能光伏发电上网电价政策的通知》，确定了全国范围内的统一光伏发电标杆上网电价。2012年10月，国家电网发布《关于做好分布式光伏发电并网服务工作的意见》，确定了分布式光伏界定标准，明确表示为并网工程开辟绿色通道。2013年7月，《国务院关于促进光伏产业健康发展的若干意见》出台，指出上网电价及补贴的执行期限原则上为20年。

2018年以来，我国光伏补贴进入下降阶段。2017年12月，国家发展改革委发布《关于2018年光伏发电项目价格政策的通知》，提出2018年1月1日起投运的、采用"自发自用、余电上网"模式的分布式光伏发电项目，全电量度电补贴标准降低0.05元，即补贴标准调整为每千瓦时0.37元（含税）。采用"全额上网"模式的分布式光伏发电项目按所在资源区光伏电站价格执行。2018年5月31日，国家能源局发布《关于2018年光伏发电有关事项的通知》，即"531"新政，再度下调分布式光伏发电度电补贴标准，新投运的、采用"自发自用、余电上网"模式的分布式光伏发电项目，全电量度电补贴降低0.05元，补贴标准由每千瓦时0.37元调整为 0.32 元，采用"全额上网"模式的分布式光伏发电按普通电站管理。2019 年的《关于完善光伏发电上网电价机制有关问题的通知》与 2020 年的《关于 2020 年光伏发电上网电价政策有关事项的通知》再度降低分布式光伏补贴标准。2021 年之后，分布式光伏正式进入平价上网阶段。2021 年 4 月，《关于 2021 年新能源上网电价政策有关事项的通知（征求意见稿）》表示，2021 年纳入当年中央财政补贴规模的新建户用分布式光伏全电量补贴标准为每千瓦时 0.03 元，2022 年起新建项目不再补贴，分布式光伏正式进入平价上网阶段。

2022 年 2 月 10 日，国家能源局发布《关于印发"十四五"可再生能源发展规划的通知》。该通知提出 2025 年光伏发电新增装机目标为 1000 万千瓦以上，年均增速达到 20%以上。对新建风电、光伏电站项目，要落实好与电网企业签订合同义务、实现"平价上网"、全额消纳并确保优先发电的"三个优先"要求。

截至 2023 年底，为了实现能源转型和"双碳"目标，促进区域经济发展和提高能源自主性，同时应对全球气候变化和自然灾害频发的问题。我国中央政府出台了多项新能源光伏政策，这些政策对于推动国家经济发展和能源转型有着重要意义。

2023 年 1 月 10 日国家发展改革委发布《关于进一步做好电网企业代理购电工作的通知》，该通知提出各地要适应当地电力市场发展进程，鼓励支持 10 千伏及以上的工商业用户直接参与电力市场，逐步缩小代理购电用户范围。优化代理购电市场化采购方式，完善集中竞价交易和挂牌交易制度，规范挂牌交易价格形成机制。

2023 年 4 月 14 日国家能源局发布《2023 年能源工作指导意见》，该意见指出，巩固风电光伏产业发展优势，持续扩大清洁低碳能源供应，积极推动生产生活用能低碳化清洁化，供需两侧协同发力巩固拓展绿色低碳转型强劲势头。大力发展风电太阳能发电。推动第一批以沙漠、戈壁、荒漠地区为重点的大型风电光伏基地项目并网投产，建设第二批、第三批项目，积极推进光热发电规模化发展。稳妥建设海上风电基地，谋划启动建设海上光伏。大力推进分散式陆上风电和分布式光伏发电项目建设。推动绿证核发全覆盖，做好与碳交易的衔接，完善基于绿证的可再生能源电力消纳保障机制，科学设置各省（区、市）的消纳责任权重，全年风电、光伏装机增加1.6亿千瓦左右。

2023年8月22日，工信部、科技部、国家能源局、国家标准化管理委员会四部门联合印发《新产业标准化领航工程实施方案（2023—2035年）》，提出全面推进新兴产业标准体系建设。在新能源领域，研制光伏发电、光热发电、风力发电等新能源发电标准，优化完善新能源并网标准，研制光储发电系统、光热发电系统、风电装备等关键设备标准。

表1.2为近年来我国出台的光伏产业政策。

表1.2 我国光伏产业政策一览表

时间	政策名称
2005年2月	《中华人民共和国可再生能源法》
2009年3月	《关于加快推进太阳能光电建筑应用的实施意见》
2009年7月	《关于实施金太阳示范工程的通知》
2011年8月	《关于完善太阳能光伏发电上网电价政策的通知》
2012年10月	《关于做好分布式光伏发电并网服务工作的意见》
2013年7月	《国务院关于促进光伏产业健康发展的若干意见》
2017年12月	《关于2018年光伏发电项目价格政策的通知》
2018年5月	《关于2018年光伏发电有关事项的通知》
2019年	《关于完善光伏发电上网电价机制有关问题的通知》
2020年	《关于2020年光伏发电上网电价政策有关事项的通知》
2021年4月	《关于2021年新能源上网电价政策有关事项的通知（征求意见稿）》
2022年2月	《关于印发"十四五"可再生能源发展规划的通知》
2023年1月	《关于进一步做好电网企业代理购电工作的通知》
2023年4月	《2023年能源工作指导意见》
2023年8月	《新产业标准化领航工程实施方案（2023—2035年）》

三、行业现状

（一）国际光伏产业现状

太阳能光伏发电在很多国家已成为清洁、低碳，同时具有价格优势的能源形式。全球已有多个国家提出了"零碳"或"碳中和"的气候目标，发展以光伏为代表的可再生能源已成为全球共识，不仅在欧美日等发达经济体发展迅速，也在中东、南美等地快速兴起。在光伏技术进步、光伏发电成本持续下降和全球绿色复苏等有利因素的推动下，全球光伏市场将快速增长。

光伏发电大规模商业应用可追溯到2004年德国率先推出光伏激励政策。自2004年起，全球光伏行业发展历程可以大致划分为以下四个阶段：启动期（2004—2011年），以德国为首，各国推出政府补贴政策，降低光伏发电成本，推动光伏大规模商业化，能够与传统能源发电成本相竞争；调整期（2011—2013年），欧洲各国纷纷大幅降低或取消政府补贴，光伏投资收益率降低导致需求减少；酝酿期（2013—2015年），光伏行业经过优胜劣汰，光伏系统成本持续下降，光伏投资回报重新获得平衡，全球更多国家开始发展光伏产业；稳定发展期（2015年至今），《巴黎协定》签署，各国对新能源越来越重视，光伏技术进步，推动光伏发电成本持续下降，光伏发电开始进入平价上网阶段，光伏装机量持续稳定增长。

从未来光伏新增装机的增长趋势看，根据欧洲光伏产业协会的预测，世界光伏市场2024年至2026年将保持快速增长趋势，2022—2026年世界前二十大光伏市场新增装机容量达1218.08吉瓦，复合增长率为20%。

（二）中国光伏产业现状

我国是太阳能资源最为丰富的国家之一，全国总面积2/3以上的地区年日照时数大于 2000 小时，为太阳能光伏发电提供了良好的基础。2013 年以来，在国家政策支持及行业技术水平提高的驱动下，我国逐步发展成为全球最重要的太阳能光伏应用市场之一。根据中国光伏行业协会数据，2013 年，我国新增装机容量 10.95 吉瓦，首次超越德国成为全球第一大光伏应用市场，并在此后保持持续增长。尽管因"531 光伏新政"的影响导致 2018 年、2019 年新增装机量有所下滑，但仍分别以 44.26 吉瓦和 30.11 吉瓦位居世界之首。2020 年 9 月，国家领导人在联合国大会提出了"碳达峰、碳中和"的发展目标，并在 2020 年 12 月的气候雄心峰会中提出到 2030 年我国非化石能源占一次消费比重将达到 25%左右，光伏市场迎来新的增长机遇。2021 年、2022 年及 2023 年，我国新增光伏装机量分别为 54.9 吉瓦、87.4 吉瓦、216.3 吉瓦，新增光伏装机量连续十年稳居世界第一。

四、投资现状

光伏作为清洁能源领域的关键技术，吸引了广泛的投资。目前，光伏市场处于快速发展的阶段，受到全球范围内政策支持、技术创新和可再生能源需求增长的推动。

（一）国际光伏投资现状

在全球光伏发电结构方面，分布式光伏发电倡导就近发电、就近并网、就近转换、就近使用，在避免长距离输送造成的电能损耗方面具有较强的优势，成为全球光伏发电的重要方式。

在 2016 年之前，随着中国等发展中国家和地区集中式光伏的快速发展，其发展速度高于分布式光伏，使得全球分布式光伏在新增装机量增加的背景下占全球光伏新增装机量的比例有所下降，从 2013 年的 43%下降到 2016 年的 26%。2017 年以来，分布式光伏新增装机规模占比相较之前有较大的回升，主要由于欧美、澳大利亚以及南美等国家和地区的环保意识和清洁能源意识增强，而且拥有丰富的光照资源，这些国家和地区的光

第一章　新能源产业全景分析

伏发电已逐步具有成本优势，叠加政府政策支持的推动作用下，全球分布式光伏加快发展。

基于全球新能源发展规划、光伏发电成本以及各国政府的政策支持，未来光伏行业的发展仍将呈现集中式和分布式共同发展的市场格局，并且随着分布式光伏发电的优势逐渐发挥，中国、巴西、印度等分布式光伏市场有望保持快速增长趋势。

海外多国分布式光伏装机量逐年增长。根据咨询公司伍德麦肯兹的数据，截至2020年末，美国、巴西、荷兰、法国、墨西哥和加拿大分布式光伏发电系统建设规模分别为36.16吉瓦、6.19吉瓦、8.29吉瓦、4.03吉瓦、1.64吉瓦和1.40吉瓦，预测至2025年末分布式光伏发电系统建设规模分别约为78.07吉瓦、26.51吉瓦、18.99吉瓦、11.91吉瓦、3.69吉瓦和1.81吉瓦（见图1.2）。其中，2020—2025年法国的分布式光伏装机量年均复合增长率较高，约为24.21%。

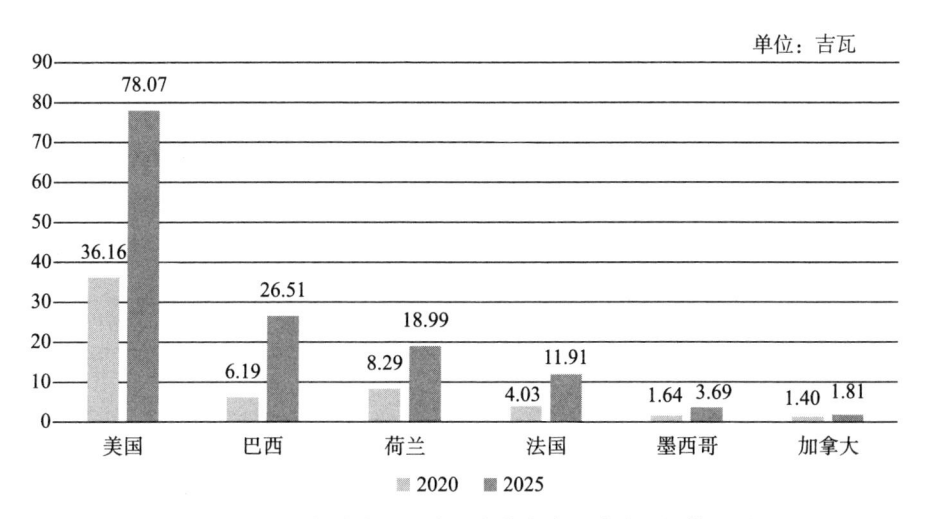

图1.2　2025年末各国分布式光伏发电系统建设规模预测

一些国际知名企业也在大力建设分布式光伏电站，如谷歌、苹果等高科技企业均在其总部大楼屋顶建设光伏电站，起到了一定的示范作用。增强建筑科技感的同时，总部大楼通过可再生能源发电方式供电，也帮助企业节省了一笔可观的电费支出。

（二）中国光伏投资现状

国内方面，随着2021年6月"整县推进"试点工作在全国各省市全面展开，地方政府和社会各界发展分布式光伏的意愿强烈，分布式光伏的发展符合国家能源改革以质量效益为主的发展方向，面临广阔的发展前景。

国内知名企业如阿里巴巴、百度、京东、苏宁、万科、万达等此前相继投建或宣布即将建设屋顶分布式光伏系统，在国内龙头企业的示范带领下，有望促进中小型企业加大建设分布式光伏电站的力度，未来我国分布式光伏电站仍有较大的成长空间。

根据中国光伏行业协会统计，2021年由于供应链价格上涨，集中式光伏装机不及预期。随着光伏发电全面进入平价时代，在"双碳"目标以及风光大基地的开发推动下，集中式光伏电站有望迎来新一轮发展热潮。在2023年的新增装机中，中国集中式光伏大型地面电站的装机占比预计将重新超过分布式。根据国家能源局消息，截至2023年8月底，第一批装机规模约100吉瓦的基地项目已全面开工建设；第二批超过450吉瓦的基地项目清单已经印发并正在抓紧开展项目前期工作；第三批基地项目正在组织谋划。

分布式光伏发电市场方面，整县推进政策、工商业分布式光伏建设、户用光伏建设等仍将是分布式光伏发电市场发展的主要推动力量。随着光伏在基建、交通等领域的融合发展，分布式光伏项目仍将保持一定的市场份额。和2021年相比，2022年分布式光伏装机的占比有所下降，但装机总量仍将继续提升，2022—2030年，中国分布式光伏在光伏年度新增装机量的比例总体将在30%—40%，呈集中式与分布式共同发展的格局。

过去新能源发电享有国家补贴，绿电电站电价由可再生能源补贴与电网结算电费两部分构成，2019年后，随着新能源发电行业的快速发展，补贴支付规模快速扩大，补贴支付的下发节奏明显放缓，绿电企业的现金流回款压力加大。

2022年4月，国家发展改革委价格司下发《关于2022年新建风电、光伏发电项目延续平价上网政策的函》，明确提出，2022年，对新核准陆上风电项目、新备案集中式光伏电站和工商业分布式光伏项目，延续平价上网政策，上网电价按当地燃煤发电基准价执行，即2022年风光电价继续执行当地燃煤基准价。新建项目可自愿通过参与市场化交易形成上网电价，充分体现新能源的绿色电力价值。

随着光伏进入全面平价时代，国内光伏和风电电站运营项目的售电电价执行价格主管部门制定的统一电价，不同项目的电价因建设和投入运营的时间不同，执行国家当期的政策电价；对于部分分布式光伏项目，则执行用电企业合同电价。分布式光伏上网电价按照各地燃煤发电基准电价执行或参与市场化交易形成上网电价，有助于解决过去的电费拖欠问题。

第二节　风电行业

一、行业概况

（一）基本情况

风电是指利用风的动能转换成机械能，再通过发电机转换成电能的一种清洁能源。它具有可再生、环保、无污染等特点，成为全球范围内广泛应用的可再生能源之一。风力发电的技术原理基于风能与机械能和电能的转换。当风吹过风机的叶片时，叶片会受到风力的作用而转动，这个旋转运动通过传动系统带动发电机旋转，发电机则将机械能转化为电能。这一过程中，风的动能被有效地转化为电能，为电力系统提供可持续、清洁的电力。图1.3为风力发电系统的构成。

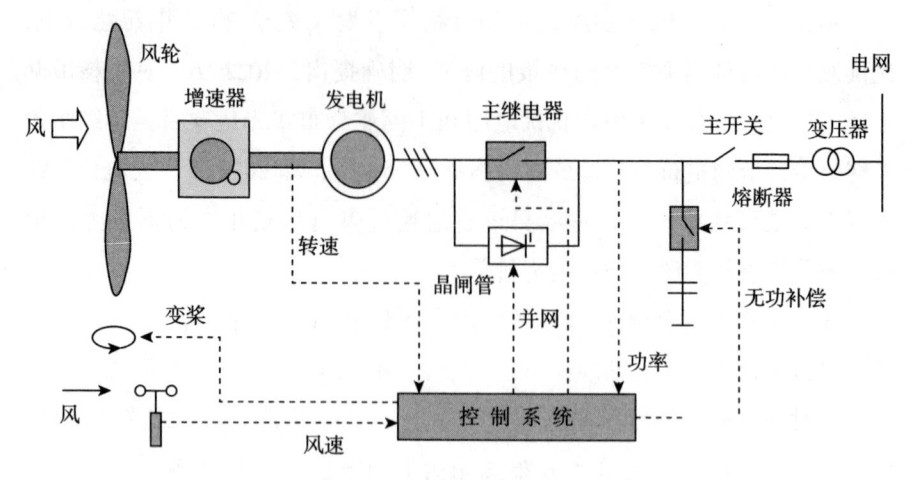

图 1.3 风力发电系统的构成

(二) 分类

按照风力发电机主轴的方向，可分为水平轴风力发电机和垂直轴风力发电机。

1. 水平轴风力发电机

水平轴风力发电机指旋转轴与叶片垂直，一般与地面平行，旋转轴处于水平的风力发电机。水平轴风力发电机相对于垂直轴风力发电机的优点：叶片旋转空间大，转速高，适用于大型风力发电厂。水平轴风力发电机组的发展历史较长，已经完全达到工业化生产，结构简单，效率比垂直轴风力发电机组高。到目前为止，用于发电的风力发电机都为水平轴，还没有商业化的垂直轴风力发电机组。

2. 垂直轴风力发电机

垂直轴风力发电机指旋转轴与叶片平行，一般与地面垂直，旋转轴处于垂直的风力发电机。垂直轴风力发电机相对于水平轴风力发电机的优点在于：发电效率高，对风的转向没有要求，叶片转动空间小，抗风能力强（可抗 12—14 级台风），启动风速小，维修保养简单。

垂直轴与水平轴的风力发电机对比，有两大优势：一，同等风速条件下垂直轴发电效率比水平轴要高，特别是低风速地区；二，在高风速地区，垂直轴风力发电机要比水平轴更加安全稳定。另外，国内外大量的案例证明，水平轴风力发电机在城市地区经常不转动，在北方、西北等高风速地区又经常容易出现风机折断、脱落等问题，容易出现伤及路上行人与车辆等危险事故。

（三）发展历程

风能利用起源于古代，人们早在几千年前就开始利用风力驱动风车等机械。公元前2000年左右，古埃及人就开始利用风力来灌溉土地。在中国，早在东汉时期，人们就已经开始使用风车来抽水。这些古老的风车主要用于实际的生产生活，但并非用于发电。据统计，地球上可用来发电的风力资源约有100亿千瓦，几乎是全世界水力发电量的10倍。全世界每年燃烧煤所获得的能量，只有风力在一年内所提供能量的1/3。因此，国内外都很重视利用风力来发电，开发新能源。

现代风电的发展始于20世纪30年代初，当时丹麦率先在风能领域取得了突破，建造了一些商业化的风力发电厂。这些早期风力发电厂主要采用的是传统的水平轴风力涡轮机，输出功率较低，但为后续的风电技术研究和发展奠定了基础。

20世纪70年代末至80年代初，随着能源危机的爆发和对可再生能源需求的增加，风能成为了人们关注的焦点之一。在这一阶段，风电开始进入现代化发展阶段。这一时期的风电机组容量相对较小，但标志着风电技术的现代化起步。丹麦、美国等国家开始进行风能资源调查和技术研发，逐步提高了风力发电的效率和可靠性。20世纪80年代中期，丹麦的风电技术已经相对成熟，丹麦政府推出了一系列激励政策，包括固定补贴和优惠税收，促进了风力发电市场的发展。

20世纪80年代末至90年代，风力发电技术得到了进一步的改进和普及，风力涡轮机的尺寸和效率不断提高，风电成本大幅下降，风电竞争力逐渐增强。欧洲地区土地资源有限，但有着海岸线优势，人们发现海上的平均风速更高，品质更优，风资源丰富，这样的情况下，欧洲各国纷纷将目光投向了广袤的海洋。1990年，瑞典率先在离岸350米、水深6米的海床上安装了世界上首台海上风电机组，这台实验性机组为海上风能利用提供了新的方向。

21世纪初，风电成为全球可再生能源中最具潜力和成长空间的能源形式之一。2000年至2010年，全球风电装机容量从17吉瓦增长到197吉瓦，年均增长率超过25%，中国在发展风电方面也迅速崛起。随着国家对清洁能源支持力度的增加，中国成为全球风电装机容量增长最快的国家之一。自2006年以来，中国风电行业经历了爆发式的增长，现已成为国内第三大电源，并逐步向主力能源地位发展。特别是2010年以后，中国风电建设先后经历了两轮抢装潮。第一轮发生在2015年，当时陆上风电补贴即将退坡，激发了一波陆上风电的快速建设。第二轮抢装潮分别发生在2019—2020年的陆上风电和2021年的海上风电，皆因政策变动和补贴机制调整所引发。截至2023年12月31日，我国风电装机规模达到4.4134亿千瓦，占我国电力总装机的15%，其中陆上风电4.434亿千瓦，海上风电3700万千瓦，首次突破了4亿千瓦大关，稍高于水电装机规模，排名第3位，已连续14年稳居世界第一。政府的政策支持和市场机制的不断完善，为中国风电市场的蓬勃发展提供了坚实的基础。

风电技术的进步和市场规模的扩大，为全球能源安全、碳减排和气候变化应对提供了重要支持。未来，随着技术的进一步创新和成本的进一步降低，风力发电有望成为世界主要的清洁能源之一，为可持续发展和低碳经济转型做出更大的贡献。

二、政策演进

（一）国际政策

在20世纪90年代初，德国、丹麦等欧洲国家率先推出了固定收购电价的补贴政策，为风电项目提供了长期、稳定的支持。这些国家采用的政策模式是通过政府设定电价标准,对风电项目每产生一定量的电力给予固定的收购价格,确保投资者在相当长的时间内能够获得可预测的回报。这一政策促进了风电产业的迅速发展,为后来的混合制度和拍卖制度奠定了基础。

1991年,德国颁布了《电力入网法》,明确规定对可再生能源发电给予优惠待遇,为德国风电行业的迅速发展打下了基础。此后,欧洲和北美等地区相继出台了支持风力发电的政策和法规,风电产业进入了快速增长期。

1992年,美国为提高能源效率,促进能源多样化,颁布了《能源政策法案》。该法案通过对风电产生的每千瓦时电力提供税收减免,为风电项目提供了初期的经济激励。生产税收优惠的核心机制是风电项目的投资者可以通过减免税收的方式,降低项目的建设和运营成本。这为私营企业投资风电项目提供了经济上的鼓励,推动了风电产业的起步。2001年,西班牙颁布了《可再生能源法》以支持本国可再生能源发展,推动了风电项目的建设。

美国各州制定可再生能源标准的时间不一,但大体可追溯至20世纪90年代末至21世纪初。这些标准要求各电力公司在其总发电量中占有一定比例的可再生能源,其中风能通常占有相当大的份额。可再生能源标准的制定旨在通过法定的目标要求,推动各州增加对可再生能源的投资和使用。风电作为最成熟的可再生能源之一,受益于这一政策,美国各州纷纷制定并逐步提高RPS标准,为风电项目提供了稳定的市场需求。

欧洲碳排放交易体系于2005年启动,旨在通过设定碳排放配额来推动降低碳排放。该体系为各国推动清洁能源发展提供了市场机制。风电等清洁能源的发展被视为实现碳减排目标的有效途径。这一政策的实施时间可追溯至2005年。碳排放交易体系的核心思想是通过市场机制引导企业减少碳排放。风电等清洁能源的发展受益于碳交易体系的推动,因为其低碳的特性使得其在交易市场上更有竞争力。碳交易体系为企业提供了主动减排的动力,使得清洁能源逐渐成为企业的首选。2011年,英国《电力市场改革法案》推出了一系列能源改革法案,其中包括支持风电发展的政策。

《巴黎协定》是在2015年通过的，各国在协定中承诺采取措施减缓气候变化，其中包括增加可再生能源的使用。各国为履行协定承诺，纷纷制定了相关政策，为风电等清洁能源的发展提供了政策层面上的支持。这一政策的实施时间大致可追溯至2015年。《巴黎协定》通过国际合作的方式推动各国共同应对气候变化。各国通过制定可再生能源目标、提高能源效率等措施，为风电项目的开发提供了更为广泛的政策背景。协定的全球性质也促使各国加大力度推动清洁能源的发展，风电成为达成可再生能源目标的关键手段之一。

2020年，欧盟提出了《欧洲绿色协议》，其中包括加强可再生能源的发展，通过投资和政策支持推动风电和其他清洁能源的增长。

近年来，在全球能源转型与大部分国家都提出"碳中和"目标的大背景下，各国加深了对清洁能源的重视，普遍开始大力发展风电，在政策颁布、科技支持、资金投入、风电场建设进展等方面均有体现。以欧洲地区为例，2022年3月，欧盟委员会制定了一项新的欧盟能源政策《欧洲廉价、安全、可持续能源联合行动方案》，旨在提高欧洲能源的独立性，迅速降低对俄罗斯化石燃料的依赖（2022年内减少2/3的俄罗斯天然气进口，2027年完全终止）。这也可以说是欧洲新的能源安全战略。2022年6月，欧盟委员会发布了其"自然保护一揽子计划"。它遵循了欧盟2030年生物多样性战略，是《欧洲绿色协议》的一部分。2022年3月，法国政府与本国风电行业协会签署了《法国离岸行业协议》，承诺到2050年将部署40吉瓦的海上风电装机，分布于50个风电项目。协议还拟于2035年实现50%的本地化率。德国政府于2022年4月通过了500页的"复活节一揽子计划"，是自2017年引入竞争性拍卖以来该国能源政策再度经历的深刻调整，也将是德国大规模增加风能、太阳能这类"自由能源"和电网部署的开始。

表1.3介绍了欧洲地区主要的风电政策。

表 1.3 欧洲地区主要的风电政策

主体	时间	名称	措施
欧盟	2022 年 3 月	《欧洲廉价、安全、可持续能源联合行动方案》	拟加大对新能源基础设施和系统的投资［2027 年前投资 2100 亿欧元（约合人民币 14463.33 亿元）］，在节能、加速清洁能源和能源多元化三个领域开展工作。同时，欧盟委员会提议将欧盟 2030 年的可再生能源占比目标从此前的 40% 提高到 45%。作为"REPowerEU"计划的一部分，该战略旨在到 2030 年使风电累计装机容量增长到 480 吉瓦，使太阳能光伏发电装机容量在 2025 年超过 320 吉瓦，达到目前水平的两倍以上，并在 2030 年接近 600 吉瓦。
欧盟	2022 年 6 月	自然保护一揽子计划	欧盟委员会在计划中提出了新的具有约束性的法律，设定了恢复 20% 欧洲陆地和海洋自然保护区的目标，以避免丧失欧洲的生物多样性。它与"RE-PowerEU"紧密相关，旨在保持可再生能源的扩张与自然保护之间良好的动态平衡。
法国	2022 年 3 月	《法国离岸行业协议》	承诺到 2050 年将部署 40 吉瓦的海上风电装机，分布于 50 个风电项目。协议还拟于 2035 年实现 50% 的本地化率。
德国	2022 年 4 月	复活节一揽子计划	德国可再生能源占总电力消耗比重的目标为 2030 年达到 80%。从 2025 年起，德国希望每年新增 10 吉瓦的陆上风电。对于海上风电，计划的新目标是到 2030 年达到 30 吉瓦，到 2035 年达到 40 吉瓦，到 2045 年至少达到 70 吉瓦。

（二）中国政策

20 世纪 90 年代初，中国开始意识到可再生能源的重要性，风能成为其中的一项重要资源。在此期间，中国引进了最早的风力发电技术和设备。

到了 2005 年，中国政府正式发布了第一个国家性的风能法规《中华人民共和国可再生能源法》，目的是推动可再生能源的开发和利用，为风能产业的发展提供了强有力的政策支持。2007 年，中国政府发布了《可再生能源发展中长期规划》，明确了可再生能源在能源结构中的重要地位，并提出了 2020 年可再生能源占一次能源消费比重达到 15% 的目标。

2015 年，中国启动了全国风电可再生能源试点示范项目，并提出到

2020年建设200个风电示范区。

2023年1月2日,《中共中央 国务院关于做好2023年全面推进乡村振兴重点工作的意见》下发,明确提出"推进农村电网巩固提升,发展农村可再生能源",为可再生能源拓展农村市场提供了政策指引。2023年9月,国家发展改革委、国家能源局联合印发《电力现货市场基本规则(试行)》,这是中国首个电力现货市场基本规则。该文件提出稳妥有序推动新能源参与电力市场,设计适应新能源特性的市场机制,与新能源保障性政策做好衔接;推动分布式发电、负荷聚合商、储能和虚拟电厂等新型经营主体参与交易。

表1.4为近年来我国出台的风电产业政策。

表1.4 我国风电产业政策一览表

时间	政策
2005年	《中华人民共和国可再生能源法》
2007年	《可再生能源发展中长期规划》
2023年	《中共中央 国务院关于做好2023年全面推进乡村振兴重点工作的意见》
2023年	《电力现货市场基本规则(试行)》

总的来说,中国的风电发展进程经历了政策法规制定、资源调查评估、市场准入和电价政策完善等多个阶段。随着时间的推移,政策措施不断完善,为风电产业的健康可持续发展提供了有力的支持。

三、行业现状

(一)国际风电现状

风力发电是可再生能源领域的关键组成部分,随着技术的不断创新和能源转型的推进,其在全球范围内呈现出快速增长和变化的趋势。国际上,风电机组的市场正在不断增长,特别是在欧洲的多个国家,如丹麦、德国和荷兰,这些国家的风电装机容量和发电量处于全球领先地位。美国、印度、巴西等其他国家也在积极推进风电产业发展，并通过制定相关政策和目标以实现风电规模的扩张。全球风电市场在过去几十年中取得了显著的增长。2010—2020年，全球风电装机容量年均增长约17%，显示了风电行业的强劲发展势头。

全球风电市场主要分布在欧洲、美洲、亚洲等区域。其中，欧洲是全球最大的风电市场，其累计装机容量占全球的49.5%。2022年亚太地区以441吉瓦的累计装机容量排在首位，装机量在全球占比为48.9%；其次是欧洲，以252吉瓦的装机容量紧随其后，占比28%；美洲地区占比为22.5%，排名第三；非洲及中东地区装机量仅9.4吉瓦，占全球累计装机量的1%。截至2022年，全球风电累计装机容量已经达到了9.23亿千瓦，预计到2030年将达到12亿千瓦。全球风电市场规模不断扩大，主要得益于风电技术的不断进步和成本的持续下降。

（二）中国风电现状

中国的风电累计装机容量和年发电量均位居世界前列，我国政府为了支持风电行业发展，制定了多项政策和技术创新计划，这些举措帮助中国成为了全球最大的风力发电国家，占全球风力发电的比例超过30%。截至2023年底，中国风电装机4.4亿千瓦（见图1.4），光伏发电装机6.1亿千瓦，风电、光伏发电总装机突破10亿千瓦，达到10.5亿千瓦，全国风光总装机在全国发电总装机中的比重已经超过1/3，约为46个三峡电站的总装机容量。

在未来发展中，随着技术的不断创新，风机的尺寸和效率都在提高。大型风机、双馈变流器和先进的轮毂设计等的采用提高了风电的整体性能，降低了发电成本。风电储能技术的发展成为解决风电波动性的有效手段。储能系统可以在风力强时存储多余的电力，在需求高峰时释放，提高风电的可靠性和可预测性。技术创新将带来新的机遇，包括更高效的风机设计、储能技术的突破等。

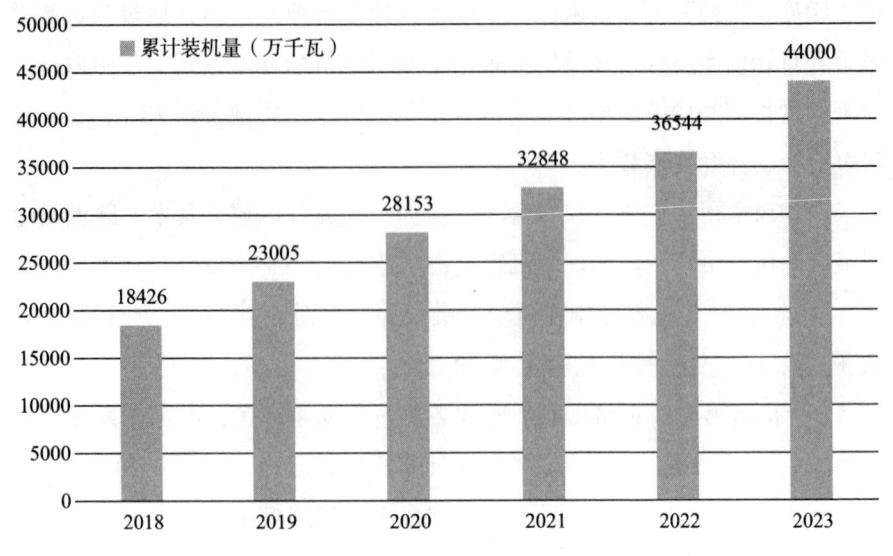

图1.4　中国风电累计装机容量

四、投资现状

（一）国际风电投资现状

随着可再生能源综合利用技术的不断提升，风力发电作为新兴能源在许多国家的战略能源结构中扮演着重要角色，推动产业高速发展。根据全球风能理事会《2023全球风电发展报告》的数据，2015—2022年，全球风电累计装机容量从433吉瓦增长至906吉瓦，年复合增长率为11.12%。2022年全球新增风电装机容量77.6吉瓦，其中陆上风电装机容量68.8吉瓦，占比88.7%；海上风电装机容量8.8吉瓦，占比11.3%。在风力发电方面，丹麦有着强劲的影响力，丹麦风电发展起步于20世纪70年代，其风电渗透率全球第一。由于丹麦本土面积小、密度大，丹麦风电发展早期便是单个或少量机组形态的分散式发展。丹麦公民对风电的接受认可度和参与度非常高，这离不开丹麦政府早期推出的各种优惠政策，鼓励了个人联合投资开发风电项目。丹麦政府于2022年9月成立了全球海上风电联盟，以通过政治动员和建立全球实践社区来推动海上风电的发展，该联盟的目标是到2030年至少实现380吉瓦的全球海上风电容量。

根据全球风能理事会预测，2022—2026年全球风电将新增装机容量5.6亿千瓦，预计2026年全球风电将新增装机容量1.3亿千瓦。同时，全球清洁能源年投资额有望在2030年超过2万亿美元，与当下相比提高50%以上。

（二）中国风电投资现状

数据显示，2020年，中国新增装机所用陆上风电机组平均单机容量仅为2.6兆瓦左右，海上风电机组平均单机容量约为4.8兆瓦。随后两年内，国内投入市场的风电机组单机容量快速上扬，2022年全年新增装机中，陆上风电机组平均单机容量已达4.2兆瓦，海上风电机组平均单机容量超过7.4兆瓦，同比涨幅均超过30%。

2013—2022年，中国风电行业累计装机规模持续上升，年增幅均保持在10%以上。2022年中国风电累计装机规模达到395.57吉瓦，同比增速为14.11%，其中陆上风电累计装机容量占比超过90%，但近些年来，海上风电市场的累计装机规模增长速度远高于陆上风电市场。新增装机方面，2022年全国新增风电装机容量为49.83吉瓦。从招标情况看，2022年我国市场公开招标容量达到98.5吉瓦，同比增长81.7%，2023年1—6月，国内风电公开招标市场新增招标容量47.3吉瓦，比2022年同期下降了7.4%。陆上新增招标容量41.5吉瓦，同比下降1.2%，海上新增招标容量5.8吉瓦，同比下降36.5%。截至2023年10月底，单机容量10兆瓦及以上的陆上风电机组，单机容量15兆瓦及以上的海上风电机组已屡见不鲜，22兆瓦海上风电机组也已下线。从叶轮直径看，海上风电机组叶轮直径最高已经达到280米。

我国地域辽阔，风力资源丰富，有着风力发电的巨大潜力和广阔市场，但目前我国风力发电还在发展阶段，有着很大的上升空间。以分散式风电为例，分散式风电装机速度较慢，2018年后开始加速。自2011年国家能源局发布《关于分散式接入风电开发的通知》，首次提出开发思路与边界条件以来，国家对发展分散式风电一直持鼓励的态度，全国各地分散式风电规划项目较多，但实际落地项目很少，导致分散式风电装机一直较慢。截至2022年底，全国分散式风电累计装机容量13.44吉瓦，约占风电总装机的3.39%。河南的分散式风电新增和累计装机均处于全国榜首（见图1.5和图1.6）。截至2022年底，中国分散式风电（分散式、分布式、智能微网）新增装机容量347.7万千瓦，同比下降56.7%，主要分布在河南、山西、内蒙古、陕西、湖南等22个省（区、市）。其中，河南省新增分散式风电装机容量达80万千瓦，占全国分散式风电新增装机容量的23%；其次分别为山西18.3%、内蒙古15.8%、陕西15.7%、湖南6.2%，新增分散式风电装机排名前五的省份合计占比达79%。截至2022年底，中国分散式风电累计装机容量1344万千瓦，同比增长34.9%。分布在28个省（区、市），比2021年增加了1个省份。

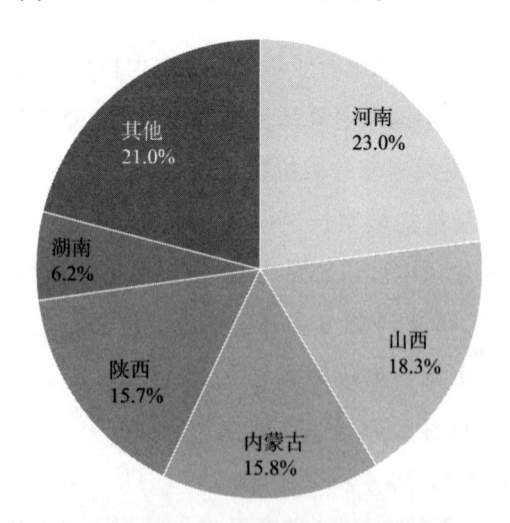

图1.5　2022年国内分散式风电新增装机地区分布

其中，河南省分散式风电累计装机容量达到395.8万千瓦，占全部分散式风电累计装机容量的29.4%，其次分别为陕西15.5%、山西11.5%、内蒙古10.2%、新疆3.6%，排在前五的省份合计占比达70.2%。

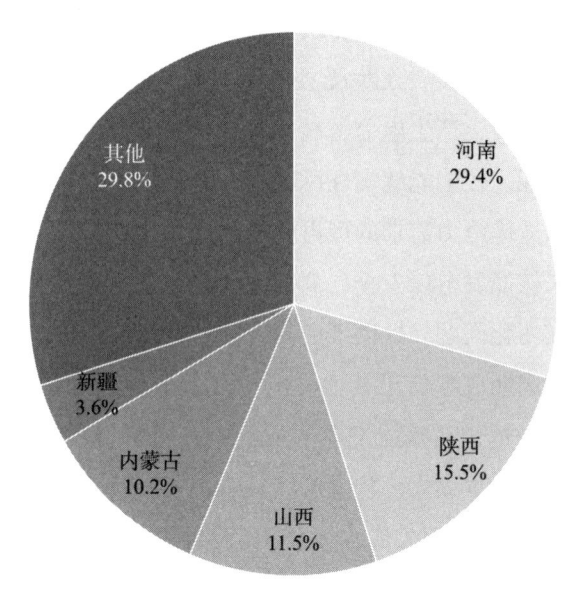

图 1.6　2022 年国内分散式风电累计装机地区分布

第三节　核能行业

一、行业概况

（一）基本情况

核能俗称原子能，是原子核里的核子——中子或质子重新分配和组合时释放出来的能量。核能分为两类：裂变能和聚变能。核裂变又称核分裂，是指由重的原子核（主要是指铀核或钚核）分裂成两个或多个质量较小的原子的一种核反应形式。原子弹或核能发电厂的能量来源就是核裂变。核聚变又称核融合、融合反应、聚变反应或热核反应，即两个较轻的核结合而形成一个较重的核和一个极轻的核（或粒子）的一种核反应形式。

核电是利用核反应堆中铀裂变所释放出的热能进行发电。在核裂变过程中，中子撞击铀原子核，发生受控的链式反应，产生热能，生成蒸汽，从而推动汽轮机运转，产生电力，核能发电的能量转换过程为：核能—热能—机械能—电能。核能能够实现可调度电力的可靠供应，与发电波动性强、不易调度以适应电力需求的可再生能源（如风能或太阳能）形成很好的补充。近年来核能发电以安全、高效、清洁的方式供应电力，同时又能解决环境和气候变化问题，提供了极其现实的选择。

核电全生命周期成本低于其他发电方式。核燃料的体积小、能量大，运输与储存成本较低，在核能发电的成本中，燃料费用所占的比例较低，虽然核能电厂投资成本太大，核电后续成本以折旧为主，设计寿命一般为60年左右，而投资回收期大约为10年，而且发电不受自然条件的限制，长期运行的经济性较强。

（二）分类

利用核能进行发电的电站称为核电站，当今世界上只能利用裂变的链式反应产生的能量来发电。核电站是利用一座或若干座动力反应堆所产生的热能来发电或发电兼供热的动力设施。反应堆是核电站的关键设备，链式裂变反应就在其中进行。将原子核裂变释放的核能转换成热能，再转变为电能的系统和设施，通常称为核电站。核电站按反应堆类型分类，可分为气冷堆型核电站、改进型气冷堆型核电站、轻水堆型核电站、重水堆型核电站、快中子增殖型核电站。

1. 气冷堆型核电站

气冷堆型核电站是一种使用气体作为冷却剂的核反应堆。在这类核电站中，气体（通常是氦气或二氧化碳）流经核反应堆堆芯，吸收由核裂变产生的热能，然后将热量传递给蒸汽发生器，产生蒸汽。蒸汽随后驱动涡轮机旋转，涡轮机再驱动发电机产生电力。反应堆采用天然铀作燃料，用石墨作慢化剂，用二氧化碳或氦作冷却剂。此种反应堆由于一次装入燃料多，因此体积大，造价高。

2. 改进型气冷堆型核电站

改进型气冷堆型核电站是在早期天然铀石墨气冷堆的基础上发展起来的第二代气冷堆。这种核电站的主要特点是提高了气体冷却剂的最大允许温度，从而改善了蒸汽条件，提升了热效率。改进型气冷堆通常使用石墨作慢化剂、二氧化碳作冷却剂，核燃料则采用低浓度铀（铀-235 的浓度为 2%—3%），出口温度可以达到 670℃ 左右。

3. 轻水堆型核电站

轻水堆型核电站又可分为沸水堆型和压水堆型两种。沸水堆型核电站中的水在反应堆内直接沸腾。它只有一个回路，水在反应堆内受热变为蒸汽，直接用来推动汽轮机、带动发电机发电。沸水堆型的回路设备少，而且几乎不会发生失水事故，较之压水堆型更为经济，更能适应外界负荷变化的需要。但其带放射性沾染的水蒸气直接进入汽轮机组，使机组维修困难，检修时停堆时间长，从而影响核电站的有效运行；此外，水沸腾后，密度降低，慢化作用减弱，因此所需核燃料比同功率的压水堆型多，其堆芯体积和外壳直径相应增大。加上气泡密度在堆内变化，容易引起功率不稳定，使控制复杂化。由此种种因素，沸水堆型核电站的建造数量减少。

压水堆型核电站中的水在反应堆内不沸腾。它有两个回路，其中一回路的水流经反应堆，将堆内的热量带往蒸汽发生器，与通过蒸汽发生器的二回路中的水交换热能，使二回路中的水加热为高压蒸汽，推动汽轮机运转，带动发电机发电。我国的核电站建设方针，确定近期以建造压水堆型为主。已建成的秦山核电站和大亚湾核电站，均为压水堆型。

4. 重水堆型核电站

重水堆型核电站是一种使用重水（D_2O，即含有氢的同位素氘的水）作为慢化剂和冷却剂的核反应堆。重水堆可以直接利用天然铀作为核燃料，这是因为重水对中子的吸收能力远低于普通水（轻水），因此不会像轻水那样大量吸收中子，从而允许使用天然铀进行核裂变。

5. 快中子增殖型核电站

快中子增殖型核电站，也称为快中子增殖堆，反应堆不用慢化剂。反应堆内绝大部分是快中子，容易被反应堆周围的铀-238所吸收，使铀-238变为可裂变的钚-239。此种反应堆可在10年左右使核燃料钚-239比初装入量增殖20%以上，但其初期投资费用高。

（三）发展历程

自20世纪50年代以来，世界核电已经历了四次迭代，目前世界主要核电站均采用第二代或第三代核电技术（见表1.5）。其中，第一代核电基于军用核反应堆技术，核电机组附加安全设计少，存在安全隐患。第二代和第三代核反应堆的主要类型包括压水堆和沸水堆，与上一代相比，安全性和经济性都有所提高。第四代核电技术在安全性、经济性、核废料处理和防止核扩散等方面都更加出色，目前处于主要研发和实验阶段。

我国核电事业始于20世纪70年代，经过40多年的不间断发展，形成了完整的研发设计、装备制造、工程建设、运行维护和燃料循环保障等核能全产业链体系。我国第一台核电站秦山核电站于1991年投产，迄今仅有30余年历史，发展时间较欧美国家50—70年的时间相对较短。

我国核电经历了四个阶段：适应发展阶段、积极发展核电阶段、核电发展停滞阶段、核电审批重启阶段。

适应发展阶段（1994—2005年）："九五"计划期间共开工4项重点核电建设工程、8台机组，经过"九五"重点工程的建设，我国具备了自主设计30万千瓦和60万千瓦压水堆核电站的能力，以及具备"以我为主、中外合作"设计建设百万千瓦级压水堆商用核电站的能力，但是不具备独立设计、制造百万千瓦级先进压水堆的能力。

积极发展核电阶段（2006—2011年）：2006—2011年，共有30台核电机组陆续投入建设。在《核电中长期发展规划（2005—2020年）》中，明确核电运行装机容量将由目前700万千瓦争取提高到2020年的4000万千瓦，在未来10年中，我国每年要开工建设3台以上核电机组。2006—2011年，共有30台核电机组投入建设。

表1.5 世界核电技术发展历程

技术类型	时间段	特点	主要堆型	背景
第一代核电技术	20世纪50—60年代	多为早期原型机，使用天然铀燃料和石墨慢化剂。证明了核能发电的技术可行性，具有研究探索的试验原型堆性质。设计上比较粗糙，结构松散，尽管机组发电容量不大，一般在30万千瓦之内，但体积较大，而且在设计中没有系统、规范、科学的安全标准和准则，因而存在许多安全隐患，发电成本也较高。	美国希平港核电站、德累斯顿核电站，英国卡德霍尔生产发电两用石墨堆核电厂，苏联APS-1压力管道式石墨水冷堆核电站，加拿大NPD天然铀重水堆核电站等。	1954年，苏联建成电功率为5兆瓦的实验性核电站；1957年，美国建成原型性核电站，这些成就证明了利用核能发电的技术可行性。国际上把上述实验性和原型核电机组称为第一代核电机组。
第二代核电技术	20世纪70—90年代	是较为成熟的商业化反应堆，使用浓缩铀燃料，以水作为冷却剂和慢化剂，其堆芯熔化概率和大规模放射性物质释放概率分别为10^{-4}和10^{-5}量级。反应堆寿命约40年。在第一代核电技术的基础上，它实现了商业化、标准化等，单机组的功率水平在第一代核电技术基础上大幅提高，达到百万千瓦级。目前全世界在运核电机组大多数使用第二代核电或其改进型。	压水堆、沸水堆、加压重水堆、石墨气冷堆及石墨水冷堆等。	20世纪70年代，因石油涨价引发的能源危机促进了核电的大发展。

续表

技术类型	时间段	特点	主要堆型	背景
第三代核电技术	20世纪90年代至今	第三代核电技术指满足美国"先进轻水堆型用户要求文件"和"欧洲用户对轻水堆核电站的要求"的压水堆型技术核电机组，具有更高安全性，更高功率和大规模释放进核电站。其堆芯熔化概率和大规模释放放射性物质概率分别为 10^{-7} 和 10^{-8} 量级，反应堆寿命约60年。	先进沸水堆、非能动先进压水堆、欧洲压水堆及华龙一号等	派生于第二代核能系统，反应堆的设计基于同样的原理，并吸取了这些反应堆几十年的运行经验，进一步开发验证而且可行的新技术，旨在提高现有反应堆的安全性，满足美国核电用户要求和欧洲核电用户要求。第三代核电重在增加事故预防和缓解措施，降低事故概率并提高安全标准。
第四代核电技术	21世纪	2000年美国首次提出了第四代核反应堆计划，规划在2030年后投入市场推广建设。目标是满足安全、经济、可持续发展，做到堆型燃料生成、燃料增殖的风险低，防止核扩散等基本要求。预计将有封闭型的核燃料产业链，提高核燃料使用效率，或将使用铀元素作为燃料，显著降低核废料半衰期，提高核能使用的安全性。	石岛湾核电站（目前处于在建过程）	未来新一代先进核能系统，无论是在反应堆还是在燃料循环方面都有重大发展的革新和发展。第四代核能系统的发展目标是增强能源的可持续性，核电厂的经济竞争性、安全和可靠性，以及防扩散和外部侵犯能力。

核电发展停滞阶段（2011—2018年）：2011年5月11日，日本福岛核电站发生重大核安全事故。2012年10月，国家发布《核电中长期发展规划（2011—2020年）》，明确规定至2015年，在运机组达4000万千瓦、在建机组容量2000万千瓦，2020年，在运机组5800万千瓦、在建机组容量3000万千瓦的建设目标。但其间由于担忧核安全，国务院提出要对核设备、所有在建项目进行安全审查，仅田湾二期项目在2012年12月获批。

核电审批重启阶段（2019年至今）：国家重新开启新增核电机组的审批。2019—2023年，我国新增核准核电机组数量分别为4、4、5、10、10台，尤其是2022年、2023年，国务院连续两年核准10台核电机组项目，核准数量创10年来新高。

二、政策演进

（一）国际政策

美国是目前世界上核能发电量最多的国家，有93座核反应堆，占全球核能发电总量的24%，核电占美国清洁电力的50%以上。美国政府一直支持核电发展。2020年美国启动了先进反应堆示范计划，打算提供总额1.6亿美元的初始资金，支持建造两座可在5至7年内投入运行的示范先进反应堆。2021年美国基础设施法案对先进核反应堆示范项目投资和清洁电力标准的规定，也将更有效地激发美国现有核工业的潜力。此外，小型模块化反应堆设计认证也在进行中。美国还宣布了一项2500万美元的"核期货一揽子计划"，旨在推动现代核能发电和创新发展，并与其他国家建立伙伴关系，以支持美国实现核能发展目标。

虽然福岛核事故对日本核电工业造成巨大影响，但日本已确认到2030年，要将核电在能源结构中的占比提高到20%—22%（2020年核能占比为4.3%），并强调核能在实现日本2050年气候中和承诺方面的作用。

英国于2020年底发布了《能源白皮书》(简称"《白皮书》")，《白皮书》强调了核能对于兑现英国2050年气候中和承诺所起的作用。《白皮书》指出，到2024年英国还将至少再建一座核电站，并为小型模块化反应堆、先进反应堆以及核聚变反应堆提供支持，目标是到2050年将核容量增加到40吉瓦。

加拿大于2018年12月发布了小型模块化反应堆路线图，随后在2020年发布的小型模块化反应堆行动计划中，详细列出多种应用开发、演示和部署小型模块化反应堆的后续步骤。2021年3月，加拿大政府宣布为莫尔泰克斯能源提供5600万加元的资金，用于加拿大大西洋地区小型模块化反应堆的开发。目前加拿大安大略省的达林顿和布鲁斯核电站正耗资260亿加元进行翻新工程，以使核电站能够在本世纪中叶之后继续运行。2020年，核电占加拿大总发电量的15%左右。

印度和波兰也都制订了自己的核能发展计划。印度计划到2030年建造21座新的核电站。2021年初，波兰批准了一项面向2040年的能源政策，计划开发6—9吉瓦的核能作为多元化能源组合的一部分，以降低对煤炭和进口天然气的严重依赖。波兰的第一座核电站有望在2033年启用，预计到2043年还会额外增加五座。

（二）中国政策

从"十一五"规划提出积极发展核电开始，我国陆续出台了一系列推动发展核电产业的政策。党的二十大报告提出，积极安全有序发展核电。

表1.6为2020年以来出台的核电相关政策。

表1.6 2020年以来核电相关政策梳理

名称	发布时间	发布单位	内容
《中华人民共和国国民经济和社会发展第十四个五年规划和2035年远景目标纲要》	2021年3月13日	中共中央	加快发展非化石能源，坚持集中式和分布式并举，大力提升风电、光伏发电规模，加快发展东中部分布式能源，有序发展海上风电，加快西南水电基地建设，安全稳妥推动沿海核电建设，建设一批多能互补的清洁能源基地，非化石能源占能源消费总量比重提高到20%左右。

第一章　新能源产业全景分析

续表

名称	发布时间	发布单位	内容
《国务院关于落实〈政府工作报告〉重点工作部门分工的意见》	2021年3月19日	国务院	制定2030年前碳排放达峰行动方案。优化产业结构和能源结构。推动煤炭清洁高效利用，大力发展新能源，在确保安全的前提下积极有序发展核电。
《"十四五"现代能源体系规划》	2022年1月29日	国家发展改革委 国家能源局	积极安全有序发展核电。在确保安全的前提下，积极有序推动沿海核电项目建设，保持平稳建设节奏，合理布局新增沿海核电项目。开展核能综合利用示范，积极推动高温气冷堆、快堆、模块化小型堆、海上浮动堆等先进堆型示范工程，推动核能在清洁供暖、工业供热、海水淡化等领域的综合利用。切实做好核电厂址资源保护。到2025年，核电运行装机容量达到7000万千瓦左右。
《2030年前碳达峰行动方案》	2021年10月24日	国务院	积极安全有序发展核电。合理确定核电站布局和开发时序，在确保安全的前提下有序发展核电，保持平稳建设节奏。积极推动高温气冷堆、快堆、模块化小型堆、海上浮动堆等先进堆型示范工程，开展核能综合利用示范。实行最严格的安全标准和最严格的监管，持续提升核安全监管能力。
《2023年能源工作指导意见》	2023年4月6日	国家能源局	积极推进核电水电项目建设。在确保安全的前提下，有序推动沿海核电项目核准建设，建成投运"华龙一号"示范工程广西防城港3号机组等核电项目，因地制宜推进核能供暖与综合利用。
《新型电力系统发展蓝皮书》	2023年6月2日	国家能源局	在加速转型期（当前至2030年），在坚持生态优先、确保安全的前提下，结合资源潜力持续积极建设陆上和海上风电、光伏发电、重点流域水电、沿海核电等非化石能源。

三、行业现状

（一）国际核电现状

近十年，核电占全球总发电量的比例在 10% 左右，是世界能源结构中的重要组成部分。表 1.7 列举了全球核电反应堆装机容量前 15 名国家及核电反应堆数量。根据国际原子能机构动力堆信息系统的数据，截至 2024 年 1 月，全球可运行的核电反应堆为 413 座，总净装机容量达到 371510 兆瓦，核电占全球总发电量的比重约为 10%。全球在建核电反应堆 58 座，加压轻水反应堆为主要堆型（49 座），其他还有快中子增殖反应堆、加压重水反应堆和沸水反应堆，总净装机容量为 59867 兆瓦（见表 1.8）。

表 1.7 全球核电反应堆装机容量前 15 名国家及核电反应堆数量

国家	总净装机容量（兆瓦）	核电反应堆数量（座）
美国	95835	93
法国	61370	56
中国	53181	55
俄罗斯	27727	37
韩国	25829	26
加拿大	13624	19
乌克兰	13107	15
日本	11046	12
西班牙	7123	7
瑞典	6937	6
印度	6290	19
英国	5883	9
芬兰	4394	5
阿联酋	4011	3

数据来源：国际原子能机构动力堆信息系统

第一章　新能源产业全景分析

表1.8　全球在建核电反应堆装机容量及核电反应堆数量

国别	总净装机容量（兆瓦）	核电反应堆数量（座）
中国	23724	23
印度	6028	8
土耳其	4456	4
埃及	3300	3
英国	3260	2
俄罗斯	2700	3
韩国	2680	2
日本	2653	2
孟加拉国	2160	2
乌克兰	2070	2
法国	1630	1
巴西	1340	1
阿联酋	1310	1
美国	1117	1
伊朗	974	1
斯洛伐克	440	1
阿根廷	25	1
总计	59867	58

数据来源：国际原子能机构动力堆信息系统

国际原子能机构动力堆信息系统显示，全球在运核电反应堆一半以上已处于"高寿"阶段，平均运行时长已达到31.8年，262座核电反应堆（占总数量的62%）已经运行了31—50年，如俄罗斯有24座核电反应堆已经运行了30年以上，11座运行了40年以上，新沃罗涅日4号和科拉1号等已运行超过50年。美国与俄罗斯情况类似，如九英里峰1号已并网发电近55年，美国正在运行的92座核电反应堆，有88座已获得批准运行长达60年，一些核电反应堆已申请额外延长20年，将运行80年。

(二）中国核电现状

国家能源局、中国核能行业协会公布的数据显示，截至2023年12月31日，我国核电总装机容量占全国电力装机总量的1.95%，核电发电装机容量为5691亿千瓦，同比增加2.4%。2023年全国累计发电量为89092.0亿千瓦时，运行核电机组累计发电量为4333.71亿千瓦时，占全国累计发电量的4.86%，比2022年同期上升了3.98%。据国家能源局统计，"十四五"期间，我国核电装机容量预计将达到70吉瓦。以每座核电站1吉瓦装机容量计算，每年核电市场空间可达1000亿元以上。

2023年，中国第三代核电项目批量化建设稳步推进，西部地区首台"华龙一号"广西防城港核电站3号机组投运，广东太平岭核电站1号、2号机组，广东陆丰核电站5号、6号机组，浙江三澳核电站2号机组等采用了"华龙一号"设计的项目正在加速建设。2023年12月6日，华能石岛湾高温气冷堆核电站示范工程在稳定电功率水平上正式投产，转入商业运行，这是我国具有完全自主知识产权的全球首座第四代核电站，标志着我国在高温气冷堆核电技术领域已处于全球领先地位。目前，华能石岛湾高温气冷堆核电站首台设备达2200多台，创新型设备有600余台，设备国产化率达到93.4%。依托该示范工程，我国系统掌握了高温气冷堆设计、制造、建设、调试、运维技术，中国华能和清华大学共同研发了高温气冷堆特有的调试运行六大关键核心技术，培养了一批具备高温气冷堆建设和运维管理经验的专业人才队伍，形成一套可复制、可推广的标准化管理体系，并建立起以专利、技术标准、软件著作权为核心的自主知识产权体系。

四、投资现状

国内核电项目需要国务院批准后才能持牌经营，因此核电产业对政府依赖性较高，受政策影响较大。目前国内核电市场上只有中国核工业集团、国家电力投资集团有限公司、中国广核集团有限公司、中国华能集团有限公司4家核电公司持有核电运营牌照。

核电产业链长，核电产业链上游主要是铀矿开采加工及燃料供应，中游是核电设备制造，下游是核电站建设、运营维护、乏燃料处理等。产业链上中下游均存在投资机会。产业链上游，核燃料是核电站运营基础，天然铀在其成本构成中占比最高，据统计，核燃料大约占到核电站运营成本的15%—22%。我国铀储量低，大部分属于非常规铀，埋藏深，而且开采成本昂贵，大量依靠进口。国内仅有3家企业可从事天然铀进口贸易，分别是中国广核集团下属的铀业公司、中核集团下属的原子能公司和国家电投下属的国核铀业。长期以来，中核集团都是国内唯一的核燃料生产商、供应商和服务商。核电站设备（核岛设备和常规岛设备）投资占比50%，核岛设备技术含量最高，对安全要求最高，技术壁垒高，因此毛利率也更高，核心设备的平均毛利率在40%以上，而常规岛设备在几种发电设备中是通用的，技术壁垒相对较低，平均毛利率也相对低很多。在乏燃料处理上，目前我国核燃料的后处理能力还非常薄弱，亟待突破，加上在堆贮存逐渐满容，发展离堆贮存迫在眉睫，离堆贮存需要用到乏燃料运输设备，对乏燃料运输容器的需求也随之提升。

近年来，中国电力行业迅速发展，行业规模大幅增长，在5G、物联网等高新技术的影响下，中国电力行业进入了转型升级的新时期，得到进一步的发展。以中国核电和中国广核为例，中国核电近5年ROE表现稳定并有上升趋势，而中国广核却连续下降，表现差距明显。中国核电近5年的营收、净利润和每股收益都有明显增长，稳步提升，而中国广核净利润和每股收益都停滞不前。毛利率和净利率方面，中国核电稳中有升，而中国广核则一直下降。与其他火电、水电企业相比，中国广核与中国核电净资产收益率明显较为稳定。此外，对比2021年、2022年各类型电源上市企业资产收益率的具体水平，中国广核与中国核电的净资产收益率仅略低于无燃料成本的水电企业，而高于其他火电、绿电企业。

与其他清洁能源相比，核电稳定性优势明显。一方面，核电可稳定运行和发电。与其他清洁能源相比，核电很少受天气、季节或其他环境条件的影响，除每隔12—18个月核电站换料一次外，平时几乎都处于基荷运行。高稳定性带来较高的利用小时数，核电的利用小时数显著高于其他电源。另一方面，上网电价较为稳定。运行与电价的双稳定，促进核电企业净资产收益率长期处于较高区间。

第四节 生物质能行业

一、行业概况

（一）基本情况

生物质是指通过光合作用而形成的各种有机体，包括所有的动植物和微生物。而所谓生物质能，就是太阳能以化学能形式贮存在生物质中的能量形式，即以生物质为载体的能量。它直接或间接地来源于绿色植物的光合作用，可转化为常规的固态、液态和气态燃料，取之不尽、用之不竭，是一种可再生能源，同时也是唯一一种可再生的碳源。生物质能的原始能量来源于太阳，它蕴藏在植物、动物和微生物等可以生长的有机物中，所以从广义上讲，生物质能是太阳能的一种表现形式。很多国家都在积极研究和开发利用生物质能。有机物中除矿物燃料以外的所有来源于动植物的能源物质均属于生物质能，通常包括木材、森林废弃物、农业废弃物、水生植物、油料植物、城市和工业有机废弃物、动物粪便等。地球上的生物质能资源较为丰富，而且是一种无害的能源。地球每年经光合作用产生的物质有1730亿—2200亿吨，其中蕴含的能量相当于全世界能源消耗总量的10—20倍，但目前的利用率还不到3%。生物质能源利用方式多种多样，其中发电技术是目前利用最多、规模利用生物质能最有效的方法。

基于生物质资源分散、不易收集、能源密度较低等自然特性，生物质能发电与大型发电厂相比，具有如下特点。

一是生物质能发电的重要配套技术是生物质能的转化技术，而且转化设备必须安全可靠、维修保养方便。

二是利用当地生物质资源发电的原料必须具有足够的储存量，以保证持续供应。

三是所有发电设备的装机容量一般较小，而且多为独立运行的方式。

四是利用当地生物质能资源就地发电、就地利用，不需外运燃料和远距离输电，适用于居住分散、人口稀少、用电负荷较小的农牧区及山区。

五是生物质发电所用能源为可再生能源，污染小、清洁卫生，有利于环境保护。

（二）分类

生物质发电技术根据工作原理可划分为直接燃烧发电技术、气化发电技术和混合燃烧发电技术三大类。

1. 直接燃烧发电技术

生物质直接燃烧发电是指把生物质原料送入适合生物质燃烧的特定锅炉中直接燃烧，产生蒸汽，带动蒸汽轮机及发电机发电。已开发应用的生物质锅炉种类较多，如木材锅炉、甘蔗渣锅炉、稻壳锅炉、秸秆锅炉等。生物质直接燃烧发电的关键技术包括原料预处理，生物质锅炉防腐，提高生物质锅炉的多种原料适用性及燃烧效率、蒸汽轮机效率等技术。生物质直接燃烧发电技术中的生物质燃烧方式包括固定床燃烧或流化床燃烧等。固定床燃烧对生物质原料的预处理要求较低，生物质经过简单处理甚至无须处理就可投入炉排炉内燃烧。流化床燃烧要求将大块的生物质原料预先粉碎至易于流化的粒度，其燃烧效率和强度都比固定床高。

由于我国的生物质种类多，成分复杂，收集运输困难，而且主要的农业废弃物受到农业生产和季节性的影响不能保证全年供应，所以与燃煤锅炉对燃料单一性的要求不同，生物质锅炉要求能适应多种生物质原料，以保证燃料供应的稳定性。我国的生物质锅炉和小型蒸汽轮机技术已基本成熟，但设备规模较小，参数较低，与进口设备相比效率较低。生物质直接燃烧发电技术比较成熟，在大规模生产条件下具有较高的效率。该技术在我国应用较少，因为它要求生物质资源集中，数量巨大，如果大规模收集或运输生物质，将提高原料成本，因此该技术比较适于现代化大农场或大型加工厂的废物处理。

2. 生物质气化发电技术

生物质气化发电是指生物质在气化炉中气化生成可燃气体，经过净化后驱动内燃机或小型燃气轮机发电。气化炉应对不同种类的生物质原料有较强的适应性。内燃机一般由柴油机或天然气机改造而成，以适应生物质燃气热值较低的要求；燃气轮机要求容量小，适于燃烧高杂质、低热值的生物质燃气。

生物质气化发电包括小型气化发电和中型气化发电两种模式：小型气化发电采用简单的气化—内燃机发电工艺，发电效率一般在14%—20%，规模一般小于3兆瓦。中型气化发电除了采用气化—内燃机（或燃气轮机）发电工艺外，同时增加余热回收和发电系统，气化发电系统的总效率可达到25%—35%。

另外，大规模的气化—燃气轮机联合循环发电系统作为先进的生物质气化发电技术，能耗比常规系统低，总体效率高于40%，但关键技术仍未成熟，尚处在示范和研究阶段。

3. 生物质混合燃烧发电技术

生物质混合燃烧发电是指将生物质原料应用于燃煤电厂中，和煤一起作为燃料发电。生物质与煤有两种混合燃烧方式：一是生物质直接与煤混合燃烧，产生蒸汽，带动蒸汽轮机发电。生物质要进行预处理，生物质预先与煤混合后再经磨煤机粉碎，或生物质与煤分别计量、粉碎。生物质直接与煤混合燃烧要求较高，并非适用于所有燃煤发电厂，而且生物质与煤直接混合燃烧可能会降低原发电厂的效率。二是将生物质在气化炉中气化产生的燃气与煤混合燃烧，产生蒸汽，带动蒸汽轮机发电，即在小型燃煤电厂的基础上增加一套生物质气化设备，将生物质燃气直接通到锅炉中燃烧。生物质燃气的温度为800℃左右，无须净化和冷却，在锅炉内完全燃烧所需时间短。这种混合燃烧的方式通用性较好，对原燃煤系统影响较小。

（三）发展历程

世界生物质发电起源于20世纪70年代，世界性石油危机爆发后，丹麦开始积极开发清洁的可再生能源，大力推行秸秆等生物质发电。自1990年以来，生物质发电在欧美许多国家开始大力发展。在欧洲，丹麦在生物质发电领域的发展领先全球，目前已建成一百多家生物质发电厂。在可再生能源领域，丹麦是公认的生物质能利用强国。近十几年来丹麦新建的热电联产项目都是以生物质为燃料，还将过去许多燃煤供热厂改为燃烧生物质的热电联产项目。芬兰也是利用生物质发电较为成功的国家，由于芬兰没有化石燃料资源，因此大力发展可再生能源，目前生物质发电量占全国发电量的11%。奥地利成功推行了建立燃烧木材剩余物的区域供电站的计划，生物质能在总能耗中的比例由原来的2%—3%激增到约25%。瑞典拥有十万多家大中小型生物质供热站，大多数采用热电联产模式，热效率通常达到80%以上，生物质供热量在全国全部供热量的占比达到70%以上。作为世界头号强国，美国也十分重视生物能源的发展，美国能源部早在1991年就提出了生物质能发电计划，而美国能源部的区域生物质能源计划的第一个实习区域早在1979年就已开始。如今，在美国利用生物质发电已经成为大量工业生产用电的选择，这种巨大的电力生产被美国用于现存配电系统的基本发电量。目前，就全球范围内来看，美国、欧盟等经济体生物质能发展较快，在全球生物质能产业格局中具有重要的基础和地位。

近十几年全球生物质能发电装机容量持续增长。2019年，全球生物质能发电装机容量增速明显放慢，2020年以后，全球生物质发电增速再度出现逐渐加快趋势。根据Ecoprog发布的第14期固体生物质发电年度研究报告，2023年，全球生物质发电厂增加约90家，总装机容量超过2.7吉瓦。欧洲的产能增长略低于950兆瓦，几乎与领先的亚洲地区持平。

  与欧盟、美国相比，我国生物质能源的开发和利用时间起步较晚，我国沼气发电的发展早于其他生物质发电技术，于20世纪60年代起步，但早期沼气发电项目较少，而且处于零散发展阶段。20世纪80年代末，垃圾焚烧发电项目开始起步，到90年代行业仍处于探索发展阶段。21世纪初，我国面临的能源安全和环境生态保护问题日趋严峻，可再生能源已经成为能源发展战略的重要组成部分以及能源转型的重要发展方向，国家开始重视生物质能发电行业的发展，垃圾发电、沼气发电项目开始增加，农林废弃物发电进入起步阶段。2006—2018年，中国生物质能发电项目增长较快。自2019年以来，中国生物质能发电装机规模全球第一。

  目前我国生物质发电行业已经迈入世界前列，近几年在国家和各级地方政府相关政策的扶持下，我国生物质能源开发利用实现快速发展，田间秸秆、餐厨垃圾正成为重要的发电原料。

二、政策演进

（一）国际政策

  欧美等国生物质能产业的快速发展，离不开近年来特别是21世纪以来相继出台的一系列促进生物质能产业发展的相关政策法规。

  欧盟生物质能产业的发展路径有着成体系、连续性等特点。欧盟构建了生物质能发展的顶层设计框架。自欧盟单一市场构建以来，其共同能源政策就一直在探索中发展，而随着生物质能逐渐被视作替代化石能源的可行选项之一，欧盟就与时俱进地构建相关政策框架和制度。2003年，欧盟提出了机动车使用生物燃料框架指令，提出生物燃料是应对气候变化的重要一环，同时制定了2020年生物燃料占欧盟汽柴油消费20%以上的目标。2005年，欧盟委员会发布《生物质能行动计划》，就生物质能政策目标、燃料标准、产品贸易规则、燃料作物生产用地标准等设计了发展路径，并且将生物质能发展定位为扩大可再生能源消费及应对化石能源价格上涨的重要方式之一，构建了欧盟生物质能发展的基石。2006年，欧盟发布《欧盟生物燃料战略》，提出将生物燃料作为交通领域替代燃料之一加以推广。此后，欧盟在其制定的能源政策全面性政策框架，以及各版可再生能源指令、交通运输能源指令等具体领域能源法规中，均提及了生物质能的相关发展目标。

2000年美国通过了《生物质研究法》，据此设立了生物质研究开发计划和生物质研究开发部及生物质研究开发技术顾问委员会。2002年布什签署了《美国农业法令》，鼓励联邦政府通过采购、直接投入资金和对可再生能源项目给予贷款等方式支持生物质能企业的发展，提出应在2000年的《生物质研究法》授权下对生物质能的研究给予一定的R&D资金支持。2002年12月又出台了生物质技术路线图，不仅提出了美国生物质的研发计划，而且还提出了促进生物质利用的政策措施，是美国生物质计划的具体实施方案。2004年《美国创造就业法案》对生物柴油给予税收鼓励并对燃料酒精扩大了课税扣除的范围。2005年8月布什新签署的《国家能源政策法案》中制订了可再生燃料标准，明确指出必须在汽油中加入特定数目可再生燃料，而且每年递增。2006年2月9日，美国总统布什在国情咨文中首次提出"先进能源计划"，其重点是加大对清洁能源技术的投资力度，以摆脱对国外能源的依赖，保障国家能源安全。该计划中很重要的一部分就是要通过发展生物燃料和燃料电池来解决交通运输对石油的依赖。2007年12月美国的《能源自主和安全法案》又制订了更为严格的可再生燃料标准，该法案规定，到2022年用于运输的可再生燃料至少要达到360亿加仑/年，并明确指出在2008—2015财年，准备动用5亿美元发展高级生物燃料，以确保机动车用燃料生命周期内，较2005年减少80%的温室气体排放；每年用2500万美元支持生物燃料技术的研究开发和产品的商业化应用。美国环境保护局每年确定基于百分点的可再生燃料标准，美国所有的汽油生产商、进口商和掺混商必须根据该标准确定各自的可再生燃料最低使用量。

（二）中国政策

近年来，我国对可再生能源关注程度与支持政策逐渐加强，而生物质发电起步较晚，现阶段商业盈利能力较弱，其发展与政策支持息息相关。2020年以来，我国陆续出台了一系列发展生物质发电的政策（见表1.9）。

表1.9 我国2020年以来生物质发电相关政策梳理

名称	发布时间	发布单位	内容
《关于促进非水可再生能源发电健康发展的若干意见》	2020年1月20日	财政部、国家发展改革委、国家能源局	（一）完善现行补贴方式。（二）完善市场配置资源和补贴退坡机制。（三）优化补贴兑付流程。（四）加强组织领导。
《可再生能源电价附加补助资金管理办法》	2020年1月20日	财政部、国家发展改革委、国家能源局	电网企业和省级相关部门按以下办法测算补助资金需求。 （一）电网企业收购补助项目清单内项目的可再生能源发电量，按照上网电价（含通过招标等竞争方式确定的上网电价）给予补助的，补助标准＝（电网企业收购价格－燃煤发电上网基准价）/（1+适用增值税率）。 （二）电网企业收购补助项目清单内项目的可再生能源发电量，按照定额补助的，补助标准＝定额补助标准/（1+适用增值税率）。 （三）纳入补助目录的公共可再生能源独立电力系统，合理的运行和管理费用超出销售电价的部分，经省级相关部门审核后，据实测算补助资金，补助上限不超过每瓦每年2元。财政部将每两年委托第三方机构对运行和管理费用进行核实并适时调整补助上限。 （四）单个项目的补助额度按照合理利用小时数核定。

第一章　新能源产业全景分析

续表

名称	发布时间	发布单位	内容
《完善生物质发电项目建设运行的实施方案》	2020年9月11日	国家发展改革委、财政部、国家能源局	四、纳入当年补贴项目规则。（一）纳入规则。按项目全部机组并网时间先后次序排序，并网时间早者优先，直至入选项目所需补贴总额达到2020年中央新增补贴资金额度15亿元为止。（二）补贴额度测算规则。按补贴额度测算规则测算生物质发电项目度电补贴强度、项目所需补贴额度。补贴额度测算仅用于测算补贴总额，不作为实际补贴资金发放依据。
《关于〈关于促进非水可再生能源发电健康发展的若干意见〉有关事项的补充通知》	2020年9月29日	财政部、国家发展改革委、国家能源局	（一）项目合理利用小时数。生物质发电项目，包括农林生物质发电、垃圾焚烧发电和沼气发电项目，全生命周期合理利用小时数为82500小时。（二）项目补贴电量。项目全生命周期补贴电量＝项目容量×项目全生命周期合理利用小时数。其中，项目容量按核准（备案）时确定的容量为准。如项目实际容量小于核准（备案）容量的，以实际容量为准。（三）补贴标准。按照《可再生能源电价附加补助资金管理办法》（财建〔2020〕5号，以下简称5号文）规定纳入可再生能源发电补贴清单范围的项目，全生命周期补贴电量内所发电量，按照上网电价给予补贴，补贴标准＝［可再生能源标杆上网电价（含通过招标等竞争方式确定的上网电价）－当地燃煤发电上网基准价］／(1+适用增值税率)。在未超过项目全生命周期合理利用小时数时，按可再生能源发电项目当年实际发电量给予补贴。按照5号文规定纳入可再生能源发电补贴清单范围的项目，所发电量超过全生命周期补贴电量部分，不再享受中央财政补贴资金，核发绿证准许参与绿证交易。按照5号文规定纳入可再生能源发电补贴清单范围的项目，风电、光伏发电项目自并网之日起满20年后，生物质发电项目自并网之日起满15年后，无论项目是否达到全生命周期补贴电量，不再享受中央财政补贴资金，核发绿证准许参与绿证交易。

续表

名称	发布时间	发布单位	内容
《关于核减环境违法等农林生物质发电项目可再生能源电价附加补助资金的通知》	2020年12月30日	财政部、生态环境部	拟对存在环境排放不达标等行为的农林生物质发电项目，核减国家可再生能源电价附加补助资金（以下简称补贴资金）。
《2021年生物质发电项目建设工作方案》	2021年8月11日	国家发展改革委、财政部、国家能源局	纳入2021年中央补贴项目规则 （一）中央补贴资金安排。2021年生物质发电中央补贴资金总额为25亿元，其中：用于安排非竞争配置项目的中央补贴资金20亿元；用于安排竞争配置项目的中央补贴资金5亿元（其中：安排农林生物质发电及沼气发电竞争配置项目补贴资金3亿元，安排垃圾焚烧发电竞争配置项目补贴资金2亿元）。 （二）央地分担规则。2020年9月11日前（《完善生物质发电项目建设运行的实施方案》（发改能源〔2020〕1421号）印发时间）全部机组并网项目的补贴资金全部由中央承担。2020年9月11日（含）以后全部机组并网项目的补贴资金实行央地分担，按东部、中部、西部和东北地区合理确定不同类型项目中央支持比例，地方通过多种渠道统筹解决分担资金。地方组织申报前应承诺落实生物质发电项目地方分担资金。未作出承诺省份的项目不能纳入中央补贴范围。 西部和东北地区（内蒙古自治区、辽宁省、吉林省、黑龙江省、广西壮族自治区、海南省、重庆市、四川省、贵州省、云南省、西藏自治区、陕西省、甘肃省、青海省、宁夏回族自治区、新疆维吾尔自治区及新疆生产建设兵团）农林生物质发电和沼气发电项目中央支持比例为80%；垃圾焚烧发电项目中央支持比例为60%。 中部地区（河北省、山西省、安徽省、江西省、河南省、湖北省、湖南省）农林生物质发电和沼气发电项目中央支持比例为60%；垃圾焚烧发电项目中央支持比例为40%。 东部地区（北京市、天津市、上海市、江苏省、浙江省、福建省、山东省、广东省）农林生物质发电和沼气发电项目中央支持比例为40%；垃圾焚烧发电项目中央支持比例为20%。

第一章 新能源产业全景分析

续表

名称	发布时间	发布单位	内容
《"十四五"可再生能源发展规划》	2021年10月21日	国家发展改革委、国家能源局、财政部、自然资源部、生态环境部、住房城乡建设部、农业农村部、气象局、林草局九部门	稳步发展生物质发电。优化生物质发电开发布局，稳步发展城镇生活垃圾焚烧发电，有序发展农林生物质发电和沼气发电，探索生物质发电与碳捕集、利用与封存相结合的发展潜力和示范研究。有序发展生物质热电联产，因地制宜加快生物质发电向热电联产转型升级，为具备资源条件的县城、人口集中的乡村提供民用供暖，为中小工业园区集中供热。开展生物质发电市场化示范，完善区域垃圾焚烧处理收费制度，还原生物质发电环境价值。积极发展生物质能清洁供暖。合理发展以农林生物质、生物质成型燃料等为主的生物质锅炉供暖，鼓励采用大中型锅炉，在城镇等人口聚集区进行集中供暖，开展农林生物质供暖供热示范。在大气污染防治非重点地区乡村，可按照就地取材原则，因地制宜推广户用成型燃料炉具供暖。
《2030年前碳达峰行动方案》	2021年10月24日	国务院	因地制宜发展生物质发电、生物质能清洁供暖和生物天然气。加快生物质能、太阳能等可再生能源在农业生产和农村生活中的应用。
《"十四五"生物经济发展规划》	2021年12月20日	国家发展改革委	有序发展生物质发电，推动向热电联产转型升级。开展新型生物质能技术研发与培育，推动生物燃料与生物化工融合发展，建立生物质燃烧掺混标准。
《"十四五"现代能源体系规划》	2022年1月29日	国家发展改革委、国家能源局	稳步发展城镇生活垃圾焚烧发电，有序发展农林生物质发电和沼气发电，建设千万立方米级生物天然气工程。
《关于完善能源绿色低碳转型体制机制和政策措施的意见》	2022年2月10日	国家发展改革委、国家能源局	在农村地区优先支持屋顶分布式光伏发电以及沼气发电等生物质能发电接入电网，电网企业等应当优先收购其发电量。

续表

名称	发布时间	发布单位	内容
《国务院关于落实〈政府工作报告〉重点工作分工的意见》	2021年3月25日	国务院	(三十一) 有序推进碳达峰碳中和工作。 37. 落实碳达峰行动方案。支持生物质能发展。
《关于促进新时代新能源高质量发展的实施方案》	2022年5月14日	国务院办公厅	因地制宜推动生物质能、地热能、太阳能供暖，在保障能源安全稳定供应基础上有序开展新能源替代散煤行动，促进农村清洁取暖、农业清洁生产。深入推进秸秆综合利用和畜禽粪污资源化利用。制定符合生物质燃烧特性的专用设备技术标准，推广利用生物质成型燃料。
《关于进一步做好新增可再生能源消费不纳入能源消费总量控制有关工作的通知》	2022年8月15日	国家发展改革委、国家统计局、国家能源局	(一) 不纳入能源消费总量的可再生能源，现阶段主要包括风电、太阳能发电、水电、生物质发电、地热能发电等可再生能源。 (二) 以各地区2020年可再生能源电力消费量为基数，"十四五"期间每年较上一年新增的可再生能源电力消费量，在全国和地方能源消费总量考核时予以扣除。
《关于进一步完善政策环境加大力度支持民间投资发展的意见》	2022年10月28日	国家发展改革委	鼓励民营企业加大太阳能发电、风电、生物质发电、储能等节能降碳领域投资力度。
《关于做好可再生能源绿色电力证书全覆盖工作 促进可再生能源电力消费的通知》	2023年8月3日	国家发展改革委	对生物质发电、地热能发电、海洋能发电等可再生能源发电项目的上网电量，核发可交易绿证。核算可再生能源消费。落实可再生能源消费不纳入能源消耗总量和强度控制，国家统计局会同国家能源局核定全国和各地区可再生能源电力消费数据。

三、行业现状

(一) 国际生物质能现状

德国咨询公司 Ecoprog 发布的第 14 期固体生物质发电年度研究报告显示:2023 年,全球生物质发电厂增加约 90 家,总装机容量超过 2.7 吉瓦。欧洲的产能增长略低于 950 兆瓦,几乎与领先的亚洲地区持平。固体生物质发电的全球市场继续增长。日本正在发展成为亚洲最强大的市场。

在欧洲,增长是由供暖需求驱动的。作为新项目的决定性因素,工业和区域供热的热需求的影响继续增长。德国的情况尤其如此,尽管已经有很大的工厂组合,但项目活动仍在增加。2023 年欧洲市场相对较高的增长主要是由于芬兰和英国的大型项目的投产。除了工业中的个别项目外,欧洲已不再开发此类大型项目。西班牙在一定程度上是一个例外,因为在单独的生物质拍卖补贴的帮助下,这里正在开发规模约为 50 兆瓦的项目。

Ecoprog 预计在亚洲,日本将成为该地区新开发项目最重要的市场。一方面,该国拥有世界上最大的项目管道,这些项目是通过(以前)慷慨的补贴建立起来的。另一方面,中国新能源产业补贴(简称"国补")的减少导致了本国市场的低迷。

在中美洲和南美洲,由于乙醇和制糖业,巴西仍然是一个强大的市场。阿根廷是一个具有高生物质潜力的国家,自 2019 年以来首次在 2023 年举行生物质拍卖。目前尚不清楚将来该区域其他国家是否也会更大程度地利用现有的生物质潜力。

(二) 中国生物质能现状

据国家能源局公布的数据,2023 年,全国生物质发电新增装机 282 万千瓦,累计装机达 4393 万千瓦,同比增长 7.8%,生物质发电量约 1980 亿千瓦时,较上年增加 156 亿千瓦时;年上网电量约 1667 亿千瓦时,较上年增加136亿千瓦时。按发电结构来看，我国生物质发电垃圾焚烧发电占比最大，占总生物质发电量的58%；农林生物质发电量占比为38%；沼气发电占比最小，仅占总生物质发电量的4%。据国家能源局，新增装机排名前五位的省市是河北、广东、江苏、黑龙江和上海，分别为24.6万千瓦、21万千瓦、19.5万千瓦、19.1万千瓦和13.4万千瓦；累计发电量排名前五位的省份是广东、山东、浙江、江苏和安徽，分别为172.9亿千瓦时、141.1亿千瓦时、110.6亿千瓦时、105.7亿千瓦时和95.6亿千瓦时。

中国生物质能发电行业产业链从上至下可依次分为上游燃料资源；中游生物质能发电，参与主体为生物质能发电企业；下游电能输送，参与主体为国营电网企业。

产业链上游为燃料资源，生物质发电主要燃料来源包括秸秆和垃圾等。上游主要围绕燃料的收购、加工、储存、转运、输送五大环节。生物质发电主要燃料来源包括秸秆和垃圾等。利用秸秆发电，首先需要从田间收购秸秆，由于秸秆的体积大，需要使用不同的打捞设备，之后将秸秆打碎，把打碎后的秸秆用集条机集成条状，再用打包机打成圆包或方包，通过运输车送去收购站储存再运到电厂。秸秆发电的商业模式可拆分为"经纪人+农户+发电厂"的形式，即秸秆经纪人从农户手中收购秸秆再卖给发电厂。垃圾发电的商业模式与秸秆发电的商业模式具有相似性，即对垃圾进行收集，转运到发电厂，再通过发电设备发电。中国人口数量庞大、可用耕地面积广阔，生物质资源丰富。随着环保政策以及补贴力度的加大，农民回收秸秆积极性得到明显提高，与此同时，城市垃圾治理需求日益强烈，可为中游的生物质能发电行业提供充足的燃料。

产业链中游为生物质能发电。这一环节主要围绕着生物质发电设备以及辅助设备包括锅炉、汽轮机、辅机、冷凝器等性能的提高以及发电效率的提升。自2005年后，中国对国外的锅炉技术、垃圾焚烧技术等先进技术不断消化和吸收，生物质发电技术逐渐成熟，实力得到增强。当前社会大众及政府越来越关注秸秆直燃发电和垃圾焚烧发电过程中产生的灰沙、余热等脱硫、脱硝、无害化处理。部分生物质企业已经开始研究处理发电副产物的有效方法。灰沙的利用方向是将其作为生物质肥料进行使用，如钾肥。但由于其含钾量少，至今没有成熟的工厂具备将其制成生物质肥的能力，只有部分工厂将灰沙制成生物质肥的基料，产业链尚未形成。余热的利用方向为循环水供暖，发展相对较成熟，在京津冀地区应用较多，东三省的供暖依然以燃煤为主。虽然政府对生物质发电项目发电量进行全额保障性收购并制定了统一标杆上网电价，为发电厂的盈利提供了一定保障。但近几年生物质能补贴缺口不断拉大，补贴发放出现滞后，生物质发电企业普遍面临着资金短缺的问题。在这种形势下，热电联产这一运行模式开始受到生物质发电企业的青睐，是因为对于纯发电模式，热电联产模式下的供暖采取预收费形式，能够缓解企业的资金紧张压力。

产业链下游为电网输送。电网企业依据国家制定的统一标杆上网电价购买电力之后再将电发送给终端消费者。根据国家能源局显示，2023年，全社会用电量92241亿千瓦时，同比增长6.7%。中国的电力消费需求大，电力旺盛的需求将直接带动整个能源行业的发展，生物质能发电行业作为能源行业的新兴领域，下游电力需求的提升也将带动中游企业的发展。

近年来，中国生物质发电企业面临着严峻的经营困境，其中一些企业只有微薄的利润甚至亏损。2020年1月，财政部、国家发展改革委、国家能源局印发《关于促进非水可再生能源发电健康发展的若干意见》，生物质发电项目，包括农林生物质发电、垃圾焚烧发电和沼气发电项目，全生命周期合理利用小时数为82500小时。在未超过项目全生命周期合理利用小时数时，按可再生能源发电项目当年实际发电量给予补贴。所发电量超过全生命周期补贴电量部分，不再享受中央财政补贴资金，核发绿证准许参与绿证交易。此外，生物质发电项目自并网之日起满15年后，无论项目是否达到全生命周期补贴电量，不再享受中央财政补贴资金，核发绿证准许参与绿证交易。自"82500"政策出台以来，补贴到期的机组电价按照当地煤电标杆电价核算，生物质发电企业更是陷入了"发电就赔钱"的困境，导致一大批民营生物质电厂直接选择停产。在这种情况下，2020年12月，中国生物质发电领域的第一家上市公司——凯迪生态环境科技股份有限公司也因为连续数年的巨额亏损而退市，留下了高达18.95亿元的债务问题，直观反映出整个生物质能行业的艰难境地。

四、投资现状

生物质能源作为第四大能源，排在煤、石油、天然气三大化石能源之后。生物质能源具有数量大、分布广泛、可再生性强、低污染以及零二氧化碳净排放等特点，是替代化石能源的主力军之一。近年来，由于受石油等能源紧缺及价格上涨的影响，为保证本国的能源安全，世界各国都在积极采取一系列行动，大力发展生物质能源。

（一）国际生物质能投资现状

全球生物质能发展起源于20世纪70年代，与当时在全球范围内爆发能源危机有着密切关系，迫使发达国家开始寻找石油的替代能源，以生物质能为代表的清洁能源开始受到重视，生物质能发展被赋予重要的能源战略定位。在全球能源危机爆发的大背景下，丹麦率先大规模地开发清洁可再生能源，包括大力发展秸秆等生物质发电和生物质供热等，2018年丹麦生物质热力消费在全部热力消费中的占比达到32%。1990年以后，欧美等发达国家积极推动生物质能发展，并且取得明显成效。

目前，就全球范围内来看，美国、巴西和欧盟等经济体生物质能发展较快，在全球生物质能产业格局中具有重要的基础和地位。随着近年来世界各国积极应对气候变化，加速能源转型和经济转型，生物质能日益受到青睐，已经成为诸多难以电气化的产业实现脱碳目标的重要手段之一。在能源转型和化石能源替代中，生物质燃料逐渐取代了部分化石燃料，在发电、供热、供暖、水泥和钢铁等行业中加以利用。在交通领域，生物质能也逐渐替代部分化石能源，比如在海运业中利用生物天然气和生物甲醇等燃料替代部分重油；在航空业中利用生物航空煤油替代部分化石航空煤油；在公路交通业中利用生物乙醇和生物柴油替代部分汽油和柴油等。欧洲尤其是北欧国家，生物质供热产业快速发展，成为主要供热来源。芬兰生物质能发展更加亮眼，生物质能在一次能源消费中的占比达到30%，在可再生能源消费中的占比高达82%。瑞典拥有十万多家大中小型生物质供热站，大多数采用热电联产模式，热效率通常达到80%以上，生物质供热量在全国全部供热量的占比达到70%以上。

在电力行业，发电成为生物质能的重要利用场景之一。生物质发电是一种典型的可再生能源发电方式，包括利用农林废弃物直接燃烧来发电、利用农林废弃物气化发电、利用垃圾焚烧来发电、利用垃圾填埋气化发电和利用沼气燃烧来发电等。在最近十几年，全球生物质能发电装机容量持续增长，2013—2021年，全球生物质能发电总装机容量增长速度基本稳定在5%—10%。2019年，全球生物质能发电装机容量增速明显放慢，但是2020年以后，全球生物质发电增速再度出现逐渐加快趋势，表明世界日益重视生物质能发电产业的发展。根据国际可再生能源协会的数据，到2021年底，全球生物质能发电总装机容量已经达到143.2吉瓦，比2017年增加了66.3吉瓦。近年来全球液体生物燃料发电装机量呈小幅上升的走势，2021年全球液体生物燃料发电装机量为2.6吉瓦，同比增长1.3%，相较2012年发电量增长了0.52吉瓦。截至2020年底，美国生物质发电装机容量达到1600万千瓦左右，巴西生物质发电装机容量达到1470万千瓦左右，德国沼气发电装机容量达到500万千瓦左右。

在全球生物质发电装机快速增长的同时，生物质发电量也持续快速增长。2012—2020年，全球生物质发电量逐年上升，2020年全球生物质发电量达到583775吉瓦时，是2012年全球生物质能发电量的1.6倍。2020年，美国生物质发电量达到640亿千瓦时，巴西生物质发电量达到540亿千瓦时，德国沼气发电量达到330亿千瓦时。

（二）中国生物质能投资现状

与风电和光伏发电等可再生能源欣欣向荣的发展状况相比，目前我国生物质能产业的发展并不尽如人意。究其原因，生物质发电厂利润低，生物质发电的成本相对较高，以生物质直燃发电为例，由于生物质原料收、运困难，原料的大量使用没有保障，因而不得不采用小型锅炉。小型锅炉相应的温度和压力参数达不到高效发电的要求，因此，发电效率大多低于25%，单机装机造价偏高。燃料成本在农林生物质发电项目总成本中占比非常高，明显高于其他成本。近两年，受大宗物资价格上涨的影响，各地燃煤电厂明显增加了掺烧生物质的量。与此同时，市场上生物质整料的收购价格也在逐年上涨（维持在300元/吨以上），原料市场竞争更加激烈，进一步推高了生物质燃料的采购价格。涉及生物质发电产业和补贴政策的不稳定，风电和光伏没有燃料成本，但是在财政补贴时代，电价往往都是在1元以上，有的甚至到了2.5元。超过90%的电价补贴，被风电和光伏占有。从2012年开始，风电、光伏和生物质发电开始享受电价补贴，但是风电和光伏的补贴远高于生物质发电，而生物质发电则是固定的0.75元。自"82500"政策出台以来国家不再补贴的信号一出，生物质发电新增装机规模大幅下滑。

截至2023年底，我国生物质发电装机容量累计达到4414万千瓦，已连续第四年位列世界第一；我国生物质发电包括农林生物质发电、生活垃圾焚烧发电、沼气发电。截至2022年底，生物质发电全国并网装机容量为4132万千瓦，年新增装机容量为334万千瓦，补贴退出是2022年生物质发电新增装机规模大幅下滑的主要原因。从区域分布来看，累计装机容量排名前五的省份是广东、山东、江苏、浙江、黑龙江，分别是422万千瓦、411万千瓦、297万千瓦、284万千瓦、259万千瓦。

第五节　储能行业

一、行业概况

（一）基本情况

储能是指将电能、化学能、电化学能、物理能（如热能、机械能等）

等不同形式的能量进行存储，再将其转化成所需的能量形式加以利用的技术。它是持续发展新能源的基础，也是石油油藏中的一个名词，代表储层储存油气的能力。

储能是建设高比例新能源供给消纳体系、提高电网柔性和灵活性的关键技术。储能系统可动态吸收并储存来自发电侧或电网的电能，在需要时释放，从而改变电能生产、输送和使用同步完成的模式，使得实时平衡的"刚性"电力系统变得更加"柔性"。风电、光伏等可再生能源存在间歇性和波动性等固有特性，其大规模并网往往对电能质量、输配电稳定性、电能利用效率等存在影响，储能系统可以通过跟踪计划出力、调峰调频、负荷侧管理等方式，提高电能质量、输配电稳定性，并减少弃风弃光，推动可再生能源的大规模应用。国家发展改革委第五部门印发的《关于促进储能技术与产业发展的指导意见》明确指出，储能能够显著提高风、光等可再生能源的消纳水平，支撑分布式电力及微网，是推动主体能源由化石能源向可再生能源更替的关键技术。

（二）分类

储能技术的研究和应用对于推动能源革命和能源新业态发展具有至关重要的作用，有望带动全球能源格局的革命性、颠覆性发展。按照能量储存原理和介质的区别，如图 1.7 所示，储能技术可分类为：热储能、化学储能、电磁储能、电化学储能、机械储能。

1. 热储能

热储能是一种能量存储技术，它通过物理或化学过程将热能储存起来，以便在需要时释放和使用。热储能技术对于平衡电力供需、提高能源效率、促进可再生能源的利用以及实现能源系统的灵活性和可靠性具有重要作用。热储能的基本原理是利用物质在吸收或释放热量时的相变（如熔化、凝固、蒸发、凝结等）或温度变化（显热）来储存和释放能量。

2. 化学储能

化学储能是一种利用化学反应进行能量存储和释放的技术。在化学储能系统中，能量以化学键的形式储存在特定的化学物质中。当需要能量时，通过化学反应释放出能量，通常转化为电能或热能。化学储能技术的核心是储能介质，即能够进行可逆化学反应的物质，这些物质在储存和释放能量的过程中，其化学性质会发生变化。

3. 电磁储能

电磁储能是一种利用电磁场存储能量的技术。在电磁储能系统中，能量以电磁场的形式储存，通常涉及电场和磁场。这种储能方式的核心是电磁感应，即通过改变磁场来产生电流，或者通过改变电流来产生磁场，从而实现能量的储存和释放。

4. 电化学储能

电化学储能是一种利用电化学反应来存储和释放能量的技术。在电化学储能系统中，能量以化学能的形式储存在电池或其他电化学器件中。当需要能量时，通过逆向的电化学反应将化学能转换回电能。这种储能方式的核心是电池，它由两个半电池（阳极和阴极）、电解质以及连接它们的导电介质组成。

5. 机械储能

机械储能是一种利用机械系统存储能量的技术。在这种储能方式中，能量以机械能的形式（如势能或动能）储存起来，并在需要时通过机械过程转换回电能或其他形式的能量。机械储能技术通常涉及物理过程，如物体的位移、旋转或压力变化。

（三）发展历程

全球新型储能产业的发展历程可以追溯到 20 世纪 70 年代，当时人们开始研究利用太阳能电池板储存太阳能以供给民用电力。随着技术的进步和需求的增长，各种新型储能技术相继出现，包括锂离子电池、钠硫电

第一章 新能源产业全景分析

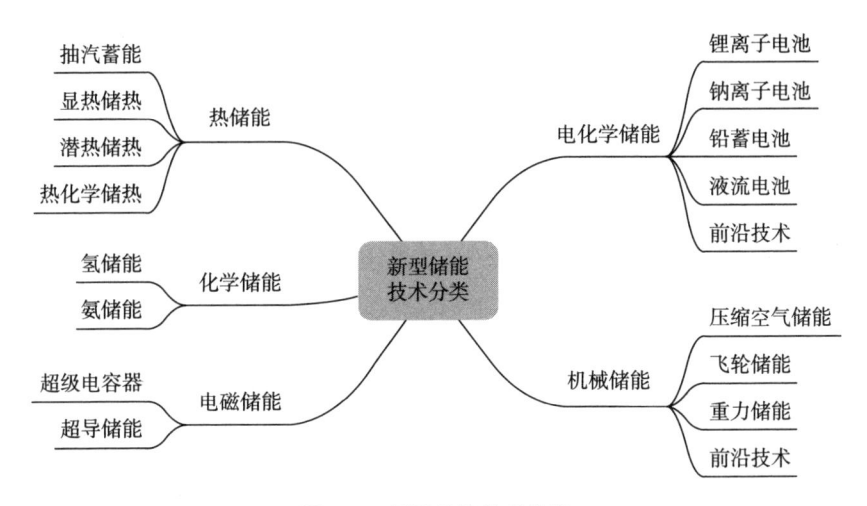

图1.7 新型储能技术分类

池、钛酸锂电池等。

产业链构成包括新型储能设备制造、储能电池生产、能源管理系统、储能系统集成、储能项目建设等。新型储能设备制造是整个产业链的基础，包括各种类型的储能设备和储能电池的制造；储能电池生产是核心环节，各种电池技术的研发与生产直接影响产业的发展；能源管理系统是指通过智能化、自动化技术来管理和优化储能系统的运行，提高能源利用效率；储能系统集成将各种储能设备和储能电池进行组合和集成，形成完整的储能系统；储能项目建设是将储能技术应用于实际项目，包括储能电站、储能微网等。

全球新型储能产业的发展呈现出一定的地域特点。目前，亚洲地区是全球最大的新型储能市场，中国、日本和韩国等国家在新型储能技术研发和应用方面处于领先地位；北美地区以美国为主要市场，各类新型储能技术的应用和投资规模较大；欧洲地区的新型储能市场相对较小，但在某些领域（如风能和太阳能等）储能技术的应用较为广泛。其他地区如澳大利亚、印度等也在逐渐加大对新型储能技术的投资和应用。

近年来，我国储能技术取得了显著的进步，特别是在锂离子电池、压缩空气储能、抽水蓄能等方面。在全球范围内，各国也在积极投入储能技术的研究与开发，推动储能技术的创新与发展。以下分别从三个方面分析储能技术的发展趋势。

1. 多元化储能技术发展

随着新能源的广泛应用,储能技术需求不断增长。为满足不同应用场景的需求,储能技术研究逐渐向多元化发展。除了传统的抽水蓄能、锂离子电池等,新型储能技术如压缩空气储能、液流电池、钠硫电池等也取得了重要进展。此外,超级电容器储能、超导储能等具有巨大潜力的新型储能技术正逐步走向商业化。

2. 储能系统集成与优化

随着储能技术的深入研究,储能系统集成与优化成为发展重点。储能系统集成是将多种储能技术相互结合,形成一个高效、可靠的能源存储与转换系统。储能系统优化旨在提高储能效率、降低成本、延长使用寿命等。通过储能系统集成与优化,储能技术在新能源消纳、电力系统稳定性等方面将发挥更大的作用。

3. 智能化与互联网化

储能技术的发展趋势逐渐向智能化与互联网化方向迈进。借助大数据、物联网、人工智能等技术,实现储能系统的高效运行与管理。智能化与互联网化储能系统可以更好地适应新能源发电的间歇性、不确定性特点,提高能源利用效率,促进能源互联互通。

二、政策演进

(一) 国际政策

全球储能政策的发展是一个持续的过程,受到各国能源需求、环境保护、科技创新等多种因素的影响。以下是一些关键时间点和重要事件,展示了全球储能政策的发展历程:1978年,美国颁布公共事业管理政策,要求电力公司必须从非传统能源生产商处购买电力,这推动了储能行业的发展。1990年,随着可再生能源的发展,各国开始制定相关政策鼓励储能技术的研发和应用。例如，德国推出了"十万太阳能屋顶计划"，以推动太阳能和储能技术的发展。2000年，随着全球气候变化问题日益严重，各国开始制定更加严格的碳排放政策，推动清洁能源和储能技术的发展。例如，欧盟提出了"20-20-20"目标，即到2020年，可再生能源占能源消费总量的20%，碳排放减少20%。2010年，随着电池技术的进步，储能系统成本逐渐降低，储能行业开始快速发展。各国纷纷出台相关政策，鼓励储能技术的研发和应用。例如，美国颁布了"投资税收抵免"政策，为可再生能源项目提供税收抵免。2020年以来随着全球能源转型加速，各国继续出台相关政策，推动储能技术的进一步发展。

欧盟委员会公布《欧洲廉价、安全、可持续能源联合行动方案》，计划从目前到2027年，总投资2100亿欧元来逐步降低能源进口依赖，加速推进了绿色能源转型，其中860亿欧元用于建设可再生能源。该项计划提出将欧盟"FIT55"（碳减55%）政策组合中2030年可再生能源的总体目标从40%提高到45%；建立专门的欧盟太阳能战略，到2025年将太阳能光伏发电装机量提升至320吉瓦，到2030年提升至600吉瓦；将热泵的部署率提高一倍，并采取措施将地热和太阳能整合到现代化的区域和公共供暖系统中。欧盟还提出了"绿色新政"，计划到2050年实现碳中和，并提出了"欧洲电池联盟"，以推动欧洲电池和储能技术的研发和生产。

欧盟于2024年5月通过的《净零工业法案》，对于欧盟本土清洁能源技术的制造提出目标：2030年欧盟40%清洁能源技术在欧盟制造，针对光伏方面，计划本土制造能力满足欧盟年新增装机40%；电池方面，本土制造能力满足欧盟年新增装机85%。此外，草案内容还涉及风电、热泵及电解槽，生物甲烷技术，核裂变技术，二氧化碳捕集、利用与封存技术以及电网技术等。

欧盟还提出了一项分阶段屋顶光伏立法，到2026年，所有屋顶面积大于250平方米的新建公共建筑和商业楼必须安装屋顶光伏，所有符合条件的现存楼栋则需要在2027年安装完成，2029年后所有的新建住宅楼都需要强制安装屋顶光伏。

美国政府在储能方面也出台了一系列政策。例如，美国能源部发布了

《储能大挑战路线图》，该路线图概述了美国在推进储能技术方面的关键挑战和机遇，并提出了到 2030 年和 2050 年的发展目标。此外，美国还通过税收抵免、贷款担保和其他激励措施来促进储能技术的研发和部署。

日本政府也一直在积极推动储能产业的发展。例如，日本经济产业省发布了一项新的储能发展计划，旨在促进日本在储能领域的创新和商业化。该计划提出了到 2030 年的发展目标，并强调了电池储能系统在可再生能源集成和电网稳定方面的重要性。

随着全球能源结构的转变和对可再生能源的追求，各国政府都在积极推动储能产业的发展，通过制定政策、提供激励措施和加强研发来促进储能技术的进步和应用。这些政策将有助于加快储能技术的商业化进程，推动全球能源的可持续发展。

（二）中国政策

在我国，储能产业政策与市场逐渐走向成熟。政府高度重视储能产业的发展，出台了一系列政策措施支持储能产业的发展（见表 1.10）。

起步阶段（"八五"计划至"十二五"计划时期）：此阶段，国家层面主要强调推进新能源产业的发展，并未明确提出"储能"这一概念。

发展阶段（"十三五"规划至"十四五"规划期间）：随着科技发展和市场需求增长，国家开始重视储能产业的发展。2010 年《中华人民共和国可再生能源法修正案》中第一次提到储能的发展。随后，国家机构和各地方政府相继出台了一些相关的法规、规划和办法等，并给予资金支持发展储能产业。

加速阶段（2021 年至今）：在这一阶段，国家对储能产业的重视程度进一步提升。2021 年，《中华人民共和国国民经济和社会发展第十四个五年规划和 2035 年远景目标纲要》提出，在氢能与储能等前沿科技和产业变革领域，组织实施未来产业孵化与加速计划，谋划布局一批未来产业。此外，国家能源局、国家发展改革委等部门也发布了多项与储能相关的政策，涉及新型电力系统建设、电网企业代理购电、能源电子产业发展等多个方面。

表1.10 国家重要储能政策汇总

时间	政策名称	发布机构	主要内容
2017年9月	《关于加快推动新型储能发展的指导意见》	国家能源局	明确促进我国储能技术与产业发展的重要意义、总体要求、重点任务和保障措施。
2019年6月	《贯彻落实〈关于促进储能技术与产业发展的指导意见〉2019—2020年行动计划》	国家能源局、国家发展改革委等四部门	涵盖电化学、抽水储能、物理储能、新能源汽车动力电池储能等多项技术规划和应用场景。
2021年2月	《关于推进电力源网荷储一体化和多能互补发展的指导意见》	国家发展改革委	优化整合本地电源侧、电网侧、负荷侧资源，探索构建源网荷储高度融合的新型电力系统发展路径，主要包括区域（省）级、市（县）级、园区（居民区）级"源网荷储一体化"等具体模式。
2021年7月	《关于加快推动新型储能发展的指导意见》	国家发展改革委、国家能源局	2025年，新型储能从商业化初期向规模化发展转变，装机规模达30吉瓦以上。2030年，新型储能全面市场化发展，新型储能装机规模基本满足新型电力系统相应需求。
2021年8月	《关于鼓励可再生能源发电企业自建或购买调峰能力增加并网规模的通知》	国家发展改革委、国家能源局	明确了在电网企业承担消纳主体责任的基础上，企业自建或购买调峰能力增加并网规模的具体方式。
2022年2月	《关于加快推进电力现货市场建设工作的通知》	国家发展改革委、国家能源局	引导储能、分布式能源、新能源汽车、虚拟电厂、能源综合体等新型市场主体，以及增量配电网、微电网内的市场主体参与现货市场，充分激发和释放用户侧灵活调节能力。
2022年4月	《完善储能成本补偿机制助力构建以新能源为主体的新型电力系统》	国家发展改革委	为目前储能成本补偿相关工作提出了具体方向，提出研究确立各类储能在构建新型电力系统中的功能定位和作用价值、加快制定成本疏导机制以及强化经济性比较研究。

续表

时间	政策名称	发布机构	主要内容
2022年5月	《"十四五"可再生能源发展规划》	国家发展改革委、国家能源局等	推动其他新型储能规模化应用。明确新型储能独立市场主体地位，完善储能参与各类电力市场的交易机制和技术标准，发挥储能调峰调频、应急备用、容量支撑等多元功能，促进储能在电源侧、电网侧和用户侧多场景应用。创新储能发展商业模式，明确储能价格形成机制，鼓励储能为可再生能源发电和电力用户提供各类调节服务。创新协同运行模式，有序推动储能与可再生能源协同发展，提升可再生能源消纳利用水平。
2021年9月	《抽水蓄能中长期发展规划（2021—2035年）》	国家能源局	2030年抽水蓄能投产总规模1.2亿千瓦左右；规划布局重点实施项目340个，总装机容量约4.2亿千瓦；并储备了247个项目，总装机容量约3.1亿千瓦。
2022年8月	《科技支撑碳达峰碳中和实施方案（2022—2030年）》	国家发展改革委、科技部等	研发压缩空气储能、飞轮储能、液态和固态锂离子电池储能、钠离子电池储能、液流电池储能等高效储能技术；研发梯级电站大型储能等新型储能应用技术以及相关储能安全技术。
2023年1月	《新型电力系统发展蓝皮书（征求意见稿）》	国家能源局	结合新型能源体系建设要求和"双碳"发展战略研判电力系统发展趋势，分析现有电力系统面临的主要挑战和问题，全面阐述新型电力系统发展理念、内涵特征，研判新型电力系统的发展阶段及显著特点，提出建设新型电力系统的总体架构和重点任务。
2023年2月	《新型储能标准体系建设指南》	国家标准化管理委员会、国家能源局	文件提出，2023年制修订100项以上新型储能重点标准，到2025年，在电化学储能、压缩空气储能、可逆燃料电池储能、超级电容储能、飞轮储能、超导储能等领域形成较为完善的系列标准。
2023年6月	《新型储能试点示范工作规则（试行）》	国家能源局	以推动新型储能多元化、产业化发展为目标，组织遴选一批典型应用场景下，在安全性、经济性等方面具有竞争潜力的各类新型储能技术示范项目。
2023年10月	《开展新能源及抽水蓄能开发领域不当市场干预行为专项整治工作方案》	国家能源局	聚焦2023年1月1日以来各地方组织实施的风电、光伏和抽水蓄能开发项目，核查项目在签订开发意向协议、编制项目投资市场化配置方案、组织实施市场化配置项目开发过程、项目开发建设全过程中是否存在不当市场干预行为。

续表

时间	政策名称	发布机构	主要内容
2023年11月	《关于进一步加快电力现货市场建设工作的通知》	国家发展改革委办公厅、国家能源局	鼓励新型主体参与电力市场。通过市场化方式形成分时价格信号,推动储能、虚拟电厂、负荷聚合商等新型主体在削峰填谷、优化电能质量等方面发挥积极作用,探索"新能源+储能"等新方式。为保证系统安全可靠,参考市场同类主体标准进行运行管理考核。

三、行业现状

储能是解决新能源发展带来的系统问题的"良方",可以解决新能源带来的两个主要系统问题。一是发/用电的时间错配。发/用电的时间错配是因为电源发电即发即用,而风电一般凌晨大发,光伏中午大发,用户侧用电高峰主要集中在上午和晚上,因此发/用电天然不匹配。而储能可以在发电高峰充电,用电高峰放电,解决时间错配的问题。二是优化电能质量,保障电网安全。国内对3吉瓦以上的大容量电力系统允许频率偏差为±0.2赫兹,对中小容量电力系统允许偏差为±0.5赫兹。新能源发电受天气影响,短时波动较大,进而影响电网频率,并且随着新能源容量的提升,电力系统承受的频率波动范围越小,而储能是解决频率波动问题的有效方式之一。因此储能在电力系统中具有刚性需求。

(一)国际储能现状

在全球能源转型升级的大背景下,新能源发电比重持续加大,由于可再生能源发电的随机性、间歇性、波动性等问题,为电网的稳定性带来了挑战,储能作为能有效保障电网稳定运行的系统越来越得到全球各国的青睐。根据中关村储能产业技术联盟的数据,2021年以前全球每年的储能项目新增装机规模基本维持在6吉瓦左右,而2022年分别新增装机达到30.7吉瓦,同比增长99.35%,连续两年迎来近100%的大幅增长。但是从累计装机情况来看，截至2022年底，全球已投运电力储能项目累计装机规模237.2吉瓦，与全球风电光伏累计约2000吉瓦的装机相比，仍处于发展初期。

抽水蓄能是最主要的储能形式，以锂离子电池为代表的新型储能占比提升较快。根据技术类型的不同，以电能释放的储能方式主要分为机械储能、电磁储能和电化学储能，不同储能技术具有不同的内在特性。抽水蓄能凭借着其发展较早、容量大的优势，目前占据主要的装机规模，截至2022年底全球抽水蓄能的累计装机占比达到79.3%，值得注意的是抽水蓄能累计装机占比首次低于80%，与2021年同期相比下降6.8个百分点，与之相对应的是以锂离子电池为代表的新型储能占比的提升，截至2022年底新型储能的累计装机占比达到19.3%，相比2021年同期上升7.1个百分点（见图1.8）。

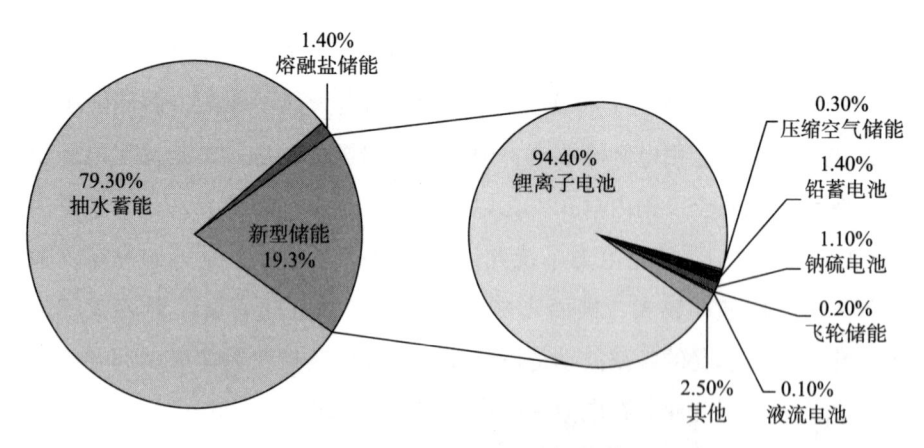

图1.8　2022年底全球各种储能累计装机占比情况

新型储能继续高速发展，贡献新增装机的主要份额。以锂离子电池为代表的新型储能凭借着能量密度高、项目周期短、响应快、受地理环境限制小等优势，近几年增速明显，2022年全球新型储能新增装机达20.38吉瓦，同比增长99.01%，占全年储能新增装机的66.39%，贡献了主要新增装机份额，2017—2022年的年平均复合增长率达到86.06%，保持高速增长。截至2022年底新型储能的累计装机达到45.75吉瓦，同比增长80.36%。

分地区来看，中、美、欧为全球三大储能市场。中国、美国、欧洲是储能三大主力市场，三个地区2022年合计新增投运项目规模占全球的86%，比2021年同期上升6个百分点，其中中国首次超过美国成为全球最大的储能市场，占比36%；欧洲和美国紧随其后，分别占比26%和24%（见图1.9）。

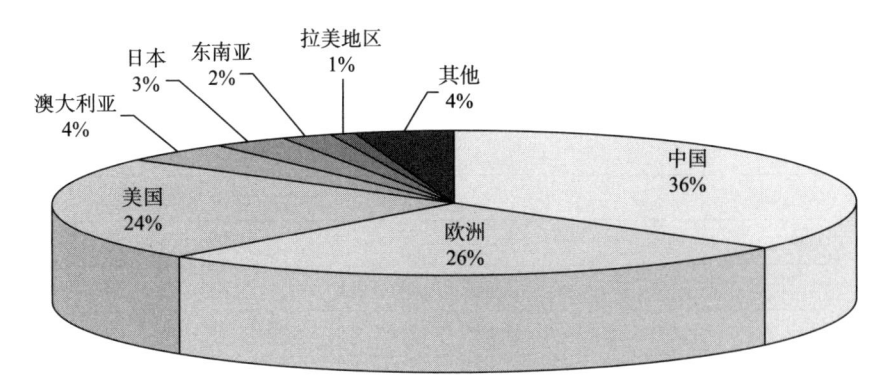

图1.9　2022年全球各地区新增储能装机占比情况

中国储能形式齐全，结构与全球类似。从各种储能形式的占比来看，国内的结构与全球基本一致，截至2022年底国内抽水蓄能累计装机占比同样首次低于80%，与2021年同期相比下降9.2个百分点；新型储能继续高速发展，累计装机占比达到21.9%，同比提升9.4个百分点。此外，压缩空气储能、液流电池、钠离子电池、飞轮等其他技术路线的项目，在规模上有所突破，应用模式逐渐增多。

国内新型储能装机快速发展。根据中关村储能产业技术联盟的最新数据，2022年国内新型储能新增规模创历史新高，达到7.35吉瓦，同比增长200.35%，累计装机达到13.08吉瓦，同比增长128.23%。进入2023年，国内新型储能装机延续高速增长态势，根据国家能源局的数据，2023年上半年新投运新型储能装机规模约8.63吉瓦。

（二）中国储能现状

在2023年，我国储能招标需求呈现旺盛态势，累计达到159吉瓦时。12月份，国内储能总承包（EPC）与储能系统招标功率总计11.81吉瓦，环比增长93%，同比增长100%；招标容量总计17.14吉瓦时，环比下降27%，同比增长11%。2023年下半年，累计实现储能招标39.20吉瓦/101.20吉瓦时，较去年同期增长13%/28%；全年累计实现储能招标59.70吉瓦/159.30吉瓦时，其中EPC规模占比52.3%/49.0%，储能系统规模占比47.7%/51.0%。图1.10统计了2022年和2023年国内储能系统招标容量。

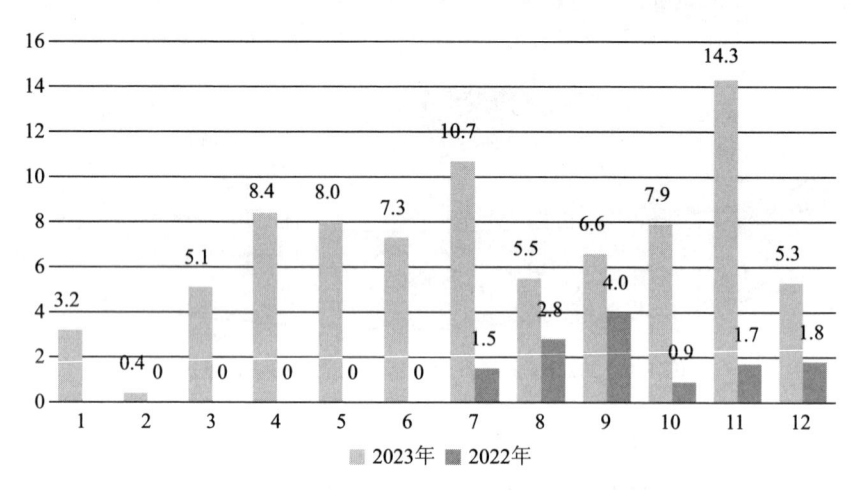

图1.10 国内储能系统招标容量统计（吉瓦时）

2023年，我国储能中标规模实现高增长，累计达到66吉瓦时。12月份储能系统中标规模为8.64吉瓦/10.70吉瓦时，同比增长1222%/522%，主要得益于2022年新冠疫情导致的低基数。全年储能中标22.7吉瓦/65.7吉瓦时，同比增长257%/383%。12月份储能EPC中标均价为1.39元/瓦时，环比下降2%；储能系统中标均价为0.79元/瓦时，环比下降1%。相较2022年同期，12月储能EPC和储能系统中标均价分别降低28%和50%。

2023年，我国储能装机规模翻了两番，累计达到47吉瓦时（见图1.11）。根据北极星储能网公布的招标信息，12月份我国储能系统项目招标容量为5.3吉瓦时，同比增长194%；2023年四季度储能系统招标容量为27.5吉瓦时，同比增长525%；全年储能系统招标容量为82.8吉瓦时，同比增长264%。2023年四季度实现新型储能装机容量9.2吉瓦/21.1吉瓦时，环比增长119%/148%，同比增长48%/57%；全年新增新型储能装机容量为21.5吉瓦/46.6吉瓦时，同比增长193%/194%。

第一章 新能源产业全景分析

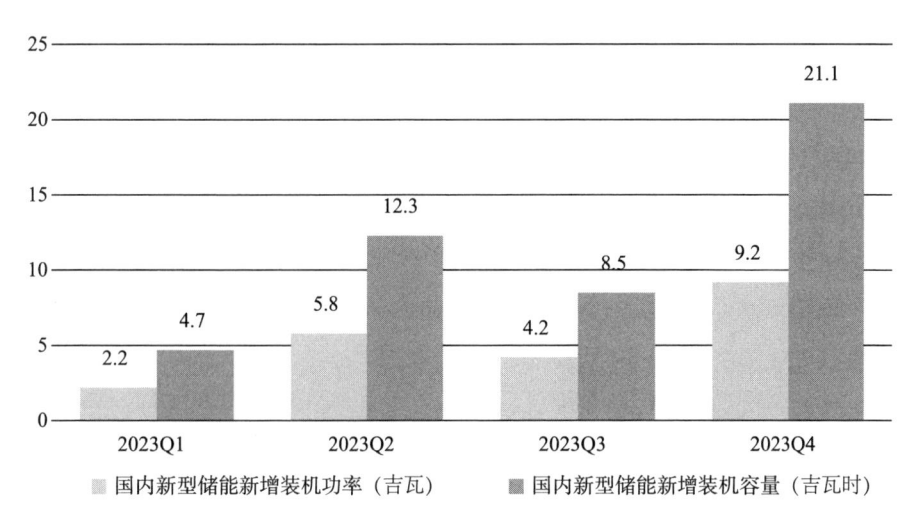

图1.11 国内单季度新型储能装机（吉瓦、吉瓦时）

2023年12月我国储能电池内销量和出口量均呈现稳步增长，其中内销量为12.5吉瓦时，环比增长13%；出口量为5.5吉瓦时，环比增长13%。2023年全年，国内储能电池累计销量达到113.4吉瓦时，其中出口量为25.2吉瓦时。2023年12月，我国逆变器出口金额为5.95亿美元，同比下降40%；出口数量为351万台，同比下降38%；出口单价为169美元/台，同比下降3%。2023年全年，逆变器出口金额为99.57亿美元，同比增长11%；出口数量为5131万台，同比增长2%；全年出口均价为194美元/台，同比增长9%。

2023年12月，广东、江苏、浙江三省的微型逆变器出口金额分别为233百万美元、80百万美元和99百万美元（见图1.12），同比分别下降48%、42%和59%，对2024年欧洲户储市场持谨慎态度。同时，安徽省的大型逆变器出口金额为109百万美元，同比增长49%。2023年全年，广东、江苏、浙江三省的逆变器出口金额分别为3999百万美元、1213百万美元和1811百万美元，同比分别下降5%、增长17%和下降7%；安徽省的逆变器出口金额为1866百万美元，同比增长141%。

2023年12月，广东、江苏、浙江三省的微型逆变器出口数量分别为116万台、40万台和125万台（见图1.13），同比分别下降45%、24%和

35%；安徽省的大型逆变器出口数量为 5 万台，同比下降 29%。2023 年全年，广东、江苏、浙江三省的逆变器出口数量分别为 1877 万台、315 万台和 2015 万台，同比分别下降 2%、增长 8% 和增长 8%；安徽省的逆变器出口数量为 115 万台，同比增长 80%。在出口均价方面，2023 年 12 月，广东、江苏、浙江、安徽的逆变器出口均价分别为 201 美元/台、203 美元/台、80 美元/台和 2268 美元/台，同比分别下降 6%、下降 53%、下降 37% 和增长 110%。

	202301	202302	202303	202304	202305	202306	202307	202308	202309	202310	202311	202312	2023YTD	年内趋势
广东省	417	448	477	386	452	385	301	280	215	198	208	233	3999	
江苏省	119	92	131	122	127	116	93	76	97	80	79	80	1213	
浙江省	300	176	243	187	165	155	96	99	112	81	99	99	1811	
安徽省	141	109	162	164	251	209	189	155	148	118	110	109	1866	

图 1.12　2023 年逆变器出口金额—发货人注册地（百万美元）

	202301	202302	202303	202304	202305	202306	202307	202308	202309	202310	202311	202312	2023YTD	年内趋势
广东省	183	160	216	175	178	182	167	151	138	103	109	116	1877	
江苏省	25	20	27	29	30	21	20	23	27	25	29	40	315	
浙江省	241	107	204	201	176	179	135	173	173	135	165	125	2015	
安徽省	11	7	17	14	14	11	10	13	5	3	5	5	115	

图 1.13　2023 年逆变器出口数量—发货人注册地（万台）

在储能电芯方面，尽管报价维持低位，但随着技术的进步和规模化生产，预计未来储能电池的成本将进一步下降，从而提高其市场竞争力。此外，随着可再生能源的普及和电力系统的转型，储能电池的需求将继续增长，为相关企业带来更大的发展空间。

在逆变器出口市场方面，尽管 2023 年 12 月逆变器出口量价齐跌，预示着海外户储需求持续疲软，但长期来看，随着全球能源结构的转型和可再生能源的发展，逆变器的市场需求仍将保持增长。企业应加大研发投入，提高产品技术和质量，以应对市场需求的变化。

此外，对于不同类型的逆变器，企业需要根据市场需求和产品特点制定不同的市场策略。对于微型逆变器，应注重提高转换效率和降低成本；对于大型逆变器，应注重提高功率密度和稳定性。同时，企业还应加强与国内外客户的合作，拓展市场份额，提高品牌影响力。

综上所述，储能电芯和逆变器行业的企业应关注市场需求和技术发展动态，加强研发投入和创新，提高产品竞争力和市场占有率。同时，应注重与合作伙伴的合作关系，共同推动行业的可持续发展。

四、投资现状

（一）国际储能投资情况

海外新能源发展步伐领先，海外大储市场主要在欧美，储能类型仍是电化学储能。美国方面，国家、各州补贴政策持续发力，驱动大储市场发展，美国储能结构主要以电网侧公用储能为主，多数用于调频服务。欧洲方面，欧洲大储发展的动力主要来自商业模式成熟，收入来源广泛，以欧洲大储的主要市场英国为例，英国政策主要注重技术迭代、商业模式、市场构建与创新，储能市场分为频率响应、备用、套利三大类，收益来源超10种。中美欧三方政策不断加码，储能经济性有望不断提升，储能发展空间广阔，我们测算得到全球2023年新增装机为122.46吉瓦时，2025年新增装机327.22吉瓦时，2021—2025年复合增速为89.5%。

（二）国内储能投资情况

政策持续发力，具有实际效益的利好政策频出，刺激大储增长。成本处于下行通道，储能经济性有望提升。碳酸锂扩产增速高于电动车行业增速，碳酸锂价格有望回落，有望带动电芯价格下降。若电芯价格下降至0.83元/瓦时，测算得到独立储能内部收益率有望提升至10.2%。政策面与基本面共振，国内大储前景广阔，测算我国2023年储能新增装机为

13.97吉瓦/26.85吉瓦时，同比增长123.3%，2025年新增装机为53.73吉瓦/109.64吉瓦时，2021—2025年复合增速为119%。

大储经济性是发展的核心，相关机构测算了各个应用场景的储能收益率：风光配储是政策强配压力下的新能源成本项。目前全国新能源消纳压力呈现区域分化的态势，配储比例一般为10%—20%，风光配储收益模式单一，来自提升消纳率，增加发电并网收入。测算得到风光配储整体拉低风光项目内部收益率近1.1个百分点。共享储能成为新能源配储的折中方案，测算得到租赁共享储能的情况下，风电项目内部收益率下降0.1个百分点，光伏项目下降0.9个百分点。工商业储能的峰谷价差敏感性高，关注相关政策落地。工商业储能的收益模式为峰谷价差套利和增加光伏自用比例，我们测算工商业储能的内部收益率为5.3%。工商业储能对峰谷价差的敏感性极高，扩大峰谷价差可以有效刺激工商业储能积极性：峰谷价差提升5个百分点，内部收益率提升约4.1个百分点。

调频储能的经济性不稳定，先发者受益。调频储能的收益主要来自容量补偿和里程补偿，其中政策决定容量补偿，市场格局决定里程补偿：里程补偿的核心在于里程出清价格和K值，里程出清价格由调频市场需求以及参与企业决定，K值的数值由机组在整个调频市场的相对位置决定。测算得到调频储能的收益率有望达到8.2%。调频储能内部收益率对K值、里程价格敏感性极高，市场先发者受益。目前新市场逐步开启，未来关注完善市场的相关政策落地。

独立储能的收益模式多元化，投资积极性增加。目前独立储能已实行的多种收益模式，我们测算得到独立储能的收益率为6.7%，单位装机投资下降0.1元/瓦时，内部收益率增加约4个百分点；调峰服务价格上升0.05元/千瓦时，内部收益率提升约4个百分点；容量租赁价格提升30元/千瓦*年，内部收益率提升约3个百分点。商业模式推动下独立储能投资积极性显著提升，独立储能整体大型化发展。

第六节 氢能行业

一、行业概况

(一) 基本情况

氢是一种化学元素,在元素周期表中位列第一位。氢主要以化合态形式出现,通常情况下,氢的单质形态为氢气。氢气是已知密度最小的气体,由双原子分子组成,无色、无味,可从水、化石燃料等含氢物质中制取,是重要的工业原料及能源载体。氢气燃点低、爆炸区间广且扩散系数大。因此,氢气发生泄漏后容易消散,而且不易形成可爆炸喷雾,爆炸下限浓度远远高于天然气、汽油等,在开放空间下较为安全可控。

氢是宇宙中分布最广泛的物质,它占据了宇宙质量的75%,是二次能源。21世纪氢能有可能在世界能源舞台上成为一种举足轻重的能源,氢的制取、储存、运输、应用技术也将成为21世纪备受关注的焦点。氢具有燃烧热值高的特点,是汽油的3倍,酒精的3.9倍,焦炭的4.5倍。氢燃烧的产物是水,是世界上最干净的能源。

(二) 分类

氢能是清洁、低碳能源,在使用过程中不产生额外污染,也不产生二氧化碳排放。按照氢能的制取方式,如表1.11所示可将氢能划分为灰氢、蓝氢和绿氢。

1. 灰氢

灰氢是通过化石燃料(例如石油、天然气、煤)燃烧产生的氢气。这种类型的氢气约占当今全球氢气产量的95%，碳排放量最高。当前，工业中生产的氢气主要还是碳基（灰氢）。随着时间的推移，制氢面临的挑战是实现无碳或者碳中性（绿氢或蓝氢）的技术替代。

2. 蓝氢

蓝氢是在灰氢的基础上，应用碳捕捉、碳封存技术，实现低碳制氢，蓝氢不是绿色氢气的替代品，而是一种必要的技术过渡，可以加速社会向绿色氢气的过渡。

3. 绿氢

绿氢是通过光伏发电、风电以及太阳能等可再生能源电解水的过程中制成的，在制氢过程中基本上不会产生温室气体，因此被称为"零碳氢气"。我国发展绿氢具备良好的资源禀赋，中国有着可观的地热、生物质、海洋能、风电和光伏资源以及固体废弃物的资源化利用，随着近年来技术的进步，可再生能源的发电成本越来越具有竞争力，与此同时，中国拥有强大的基础设施建设能力，为发展绿氢提供了得天独厚的优势。

表1.11 氢能分类

按碳排放强度划分	制取方式	碳排放量
灰氢	化石燃料制取	碳排放强度高
蓝氢	化石燃料制取+二氧化碳捕集与封存	碳排放强度低
绿氢	可再生能源电解水制取	几乎没有碳排放

（三）发展历程

氢能作为一种替代能源进入人们的视野还要追溯到20世纪70年代。其时，中东战争引发了全球的石油危机，美国为了摆脱对进口石油的依赖，首次提出"氢经济"的概念，认为未来氢气能够取代石油成为支撑全球交通的主要能源。1960—2000年，作为氢能利用重要工具的燃料电池获得飞速发展，在航天航空、发电以及交通领域的应用实践充分证明了氢能作为二次能源的可行性。氢能产业在2010年前后进入低潮期。但2014年丰田公司"未来"燃料电池汽车的发布引发了又一次氢能热潮。随后，多国先后发布了氢能发展战略路线，主要围绕发电及交通领域推动氢能及燃料电池产业发展；欧盟于2020年发布了《欧盟氢能战略》旨在推动氢能在工业、交通、发电等全领域应用；2020年美国发布《氢能计划发展规划》，制定多项关键技术经济指标，期望成为氢能产业链中的市场领导者。至此，占全球经济总量75%的国家均已推出氢能发展政策，积极推动氢能发展。

国际氢能委员会报告显示，自2022年2月以来，全球范围内启动了131个大型氢能开发项目。世界能源理事会预计到2030年，全球氢能领域投资总额将达到5000亿美元；到2050年氢能在全球终端能源消费量中的占比可高达25%。美国、欧洲、俄罗斯、日本等主要工业化国家和地区都已将氢能纳入国家能源战略规划，美国、日本等占据氢能关键技术制高点。

我国氢能产业和发达国家相比仍处于发展初级阶段。近年来，我国对氢能行业的重视不断提高。2016年，中国标准化研究院资源与环境分院和中国电器工业协会燃料电池分会发布《中国氢能产业基础设施发展蓝皮书（2016年）》，首次提出了我国氢能产业发展路线图。自2019年3月，氢能首次被写入《政府工作报告》，在公共领域加快充电、加氢等设施建设；2020年4月，《中华人民共和国能源法（征求意见稿）》拟将氢能列入能源范畴；2020年9月，财政部、工业和信息化部等五部门联合开展燃料电池汽车示范应用，对符合条件的城市群开展燃料电池汽车关键核心技术产业化攻关和示范应用给予奖励；2021年10月，中共中央、国务院印发《关于完整准确全面贯彻新发展理念做好碳达峰碳中和工作的意见》，统筹推进氢能"制—储—输—用"全链条发展；2022年3月，国家发展改革委发布《氢能产业发展中长期规划（2021—2035年）》，氢能被确定为未来国家能源体系的重要组成部分和用能终端实现绿色低碳转型的重要载体，氢能产业被确定为战略性新兴产业和未来产业的重点发展方向。

美国采取"脱碳+战略储备"的氢能发展模式，明确提出到2030年清洁氢能需求将达到1000万吨/年，实现"制-运-储-用"全链条技术研发和规模化示范、加氢站1000座、工业与交通用氢成本降至1—2美元/千克。目前美国氢燃料电池、质子交换膜电解槽、纯氢管道等领域具备技术优势。

欧盟设定了严格的绿氢门槛，碳税与碳交易价格也深刻影响氢能产业格局。2023年2月，欧盟碳边境调节机制碳关税范围扩展至氢气，拟对灰氢、蓝氢收取关税，而绿氢将免于碳关税，加速推动绿氢产业。

日本采取"进口+能源安全"的氢能发展模式，预计在2030年前达成氢能产量30万吨/年、制氢成本3美元/千克、加氢站900座、燃料电池汽车保有量80万辆，目前在PEMFC、SOFC等领域技术领先。

二、政策演进

氢能政策是政府为了促进氢能产业的发展而制定的一系列措施和规定。近年来，随着环保意识的提高和能源结构的调整，氢能作为一种清洁、高效的能源形式，受到了越来越多的关注和重视。为了推动氢能产业的发展，各国政府纷纷出台了相应的氢能政策。

（一）国际政策

全球氢能产业加速发展，多因素共同促进产业提速。全球主要发达国家高度重视氢能产业发展，关键技术趋于成熟，基础设施建设加速，产业规模逐步提升，区域性供应网络逐渐形成。在能源安全、气候变化、技术进步三重因素的共同作用下，世界各国纷纷加快推进氢能产业发展，将氢能作为应对气候变化和加快能源转型的重要举措。全球已有30多个国家推出氢战略、制定了氢能发展路线图，超过世界经济总量的60%，其中美国、日本、韩国和欧盟等发达经济体在氢能技术创新、市场推广和国际合作方面领先于其他国家。各国资源结构、能源规划、发展战略各有不同，大体形成以欧盟、日韩、澳加、美国为代表的四类典型氢能发展模式。

第一章　新能源产业全景分析

美国氢能政策：提升氢能使用水平，加快绿氢发展与降本。1990年起，美国采取了从政策评估到方案制定、从技术研发到示范推广的一体化思路，推动氢能的生产、流通、应用和创新。2020年发布了《氢能计划发展规划》，提出未来10年及更长时期氢能研究、开发和示范的总体战略框架；2022年8月，美国参议院通过《降低通货膨胀法案》，将在10年内对低碳氢提供最多3美元/千克的税收抵免；2023年6月美国发布《国家清洁氢战略与路线图》，规划到2030年、2040年、2050年分别生产1000万吨、2000万吨、5000万吨清洁氢能源，并提出了短期、中期、长期氢能发展目标，计划到2026年电解水制氢成本降至2美元/千克，2031年降至1美元/千克。

欧洲氢能政策：促进氢能多元化发展，构建协作伙伴关系。2019年第二代欧盟燃料电池和氢能联合组织发布了《欧洲氢能路线图》，为大规模部署氢能和燃料电池指明方向；2020年欧盟发布《欧洲氢能战略》，规划2025—2030年安装不少于40吉瓦可再生氢能电解槽，生产1000万吨可再生氢能，并通过碳关税支持氢能发展；同年发布《气候中性的欧洲氢能战略》政策文件，并宣布建立欧盟氢能产业联盟，目前已有15个欧盟国家将氢能纳入其经济复苏计划；2022年欧盟委员会推出《欧洲廉价、安全、可持续能源联合行动方案》，提升氢能产能目标，同时公布欧洲能源供应调整计划，目标到2030年在欧盟生产1000万吨可再生氢，并进口1000万吨可再生氢，可再生氢产能达到2000万吨。

日本氢能政策：打造氢能产业链，发展海上运输链。2017年日本发布《基本氢能战略》，旨在构建全球"氢能社会"，成为全球首个制定国家层面氢能发展战略的国家。2018年日本丰田汽车、日产汽车等11家公司联合成立了日本加氢站网络公司，目标在2023年之前建设80个加氢站；2019年日本政府发布《氢能利用进度表》，提出氢能应用、氢能供应和全球化"氢能社会"的具体目标和措施。受限于自然资源与土地资源，日本制氢成本较高，搭建全球供应链主要依靠海上运氢，打造液化氢+甲基环己烷运输链。

韩国氢能政策：构建"清洁氢"为主的生态圈。2018年韩国发布

《创新发展战略投资计划》，将氢能产业列为三大战略投资方向之一；2019年韩国发布《氢经济发展路线图》，提出到 2030 年实现清洁氢能产量提高到 100 万吨，将氢燃料电池汽车增加到 62 万辆等目标；2021 年发布《氢能经济实施方案》，从生产、流通、应用、管理四个方面制定了推进细则，提出构建"清洁氢"为主的生态圈；2022 年韩国政府公布氢经济发展战略，计划到 2030 年普及 3 万辆氢能商用车。

澳大利亚氢能政策：打造全球氢能供应大国，发展国际氢能伙伴关系。2019 年发布《澳大利亚氢能战略》，计划创建氢能枢纽与大规模氢气需求的集群并生产全球 1/3 的清洁氢气，氢能项目规模到 2025 年、2030 年分别达到 300 兆瓦、1000 兆瓦。同时，澳大利亚政府积极与新加坡、德国、日本、韩国及英国发展国际氢能伙伴关系。

国际氢能合作：在全球氢能产业发展过程中，国际合作发挥着重要作用。各国通过加强氢能技术研发、产业链建设、政策交流等方面的合作，共同推动氢能技术的进步和产业的发展。国际组织在推动氢能合作方面发挥了重要作用。例如，国际能源署通过发布氢能报告、组织国际会议等方式，促进成员国之间的氢能技术交流与合作。此外，联合国气候变化框架公约等国际机构也关注氢能产业发展，推动全球范围内的氢能技术合作。各国政府和企业之间签订了一系列氢能合作协议，开展联合研发和项目合作。如日本与澳大利亚、美国、加拿大、法国等国家和地区在氢能领域开展了深度合作；韩国与德国、美国、加拿大等签署了氢能合作谅解备忘录；中国也与世界各国开展氢能技术研发和产业合作，如与德国、法国、加拿大、澳大利亚等国家的企业和研究机构建立了合作关系。国际氢能产业联盟、行业协会等非政府组织也在推动氢能合作方面发挥了积极作用。如国际氢能燃料电池汽车协会致力于促进全球氢能燃料电池汽车产业的发展，通过举办氢能燃料电池汽车大会、发布氢能燃料电池汽车报告等方式，推动国际氢能合作。

国际氢能合作在全球氢能产业发展中起到了关键作用。通过加强合作，各国可以共享技术成果、降低成本、提高产业竞争力，共同推动氢能产业的快速发展。随着全球范围内对氢能的重视程度不断提高，未来国际氢能合作将更加紧密，为全球能源转型和应对气候变化贡献力量。

（二）中国政策

"十四五"规划政策覆盖氢能全产业链，从氢能整体规划出发，向工业领域、交通领域、储能领域等拓展延伸、引导氢能产业发展。这些年来，国家政策持续加大氢能产业发展力度。2011年中国相关政策就已涉及制氢、储氢等配套设施的发展；2014年提出对新建加氢站给予奖励；2019年首次在政府工作报告中提出"推动充电、加氢等设施建设"。根据《氢能产业发展中长期规划（2021—2035年）》，我国计划到2025年部署建设一批加氢站，可再生能源制氢量达到10万—20万吨/年；到2030年形成较为完备的氢能产业技术创新体系、清洁能源制氢及供应体系；到2035年形成氢能多元应用生态，可再生能源制氢在终端能源消费中的比例明显提升。

在国家政策推动下，各地陆续出台规划支持氢能产业发展。2018年以来地方政府针对氢能源基础设施建设的扶持政策接踵而至，2019—2023年将氢能写入政府工作报告的省市及自治区数量由9个提高到了19个，氢能发展步入快车道。

五大示范城市群推广应用，氢燃料电池汽车探索进行时。截至2022年，我国已经批准包括京津冀城市群、上海城市群、广东城市群、河南城市群和河北城市群在内的五大示范城市群，这些地区具有氢燃料电池产业链发展基础，通过政策支持，有望带动氢燃料电池汽车快速商业化。多省份氢能项目加速布局落地。据统计，2023年，氢能产业项目涉及9省35个项目，总投资超650亿元，覆盖整个产业链，尤其以制氢、产业园和燃料电池相关产业为主。各地区立足于自身区位优势，因地制宜发展氢能，加快推动氢能的商业化发展。

表1.12汇总了2023年我国出台的重要氢能政策。

表 1.12 2023 年重要氢能政策汇总

发布时间	政策名称	发布机构	主要内容
2023 年 7 月 14 日	《产业结构调整指导目录》	国家发展改革委	鼓励类：氢能技术与应用中，高效经济制氢、运氢及高密度储氢技术开发应用及设备制造，加氢站及车用清洁替代燃料加注站，移动新能源技术开发及应用，新一代氢燃料电池技术研发与应用，可再生能源制氢液态、固态和气态储氢，管道拖车运氢，管道输氢加氢站，氢电耦合等氢能技术推广应用。电力消纳和存储中储氢（氨）等各类新型储能技术推广应用，可再生能源利用技术与应用中电解水制氢和二氧化碳催化合成绿色甲醇等。
2023 年 7 月 20 日	《关于促进汽车消费的若干措施》	国家发展改革委等 13 委	支持适宜地区的机关公务、公交、出租、邮政、环卫、园林等公共领域新增或更新车辆原则上采购新能源汽车，鼓励农村客货邮融合适配车辆更新为新能源汽车，新能源汽车采购占比逐年提高。
2023 年 8 月 2 日	《交通运输部关于下达 2023 年交通运输标准化计划（第一批）的通知》	国家交通运输部	包含一项氢能产业相关标准《氢气（含液氢）道路运输技术规范》，文件拟规定氢气道路运输涉及的运输装备、运输条件、运输安全及应急处置等环节的要求。适用于运输压缩氢气及冷冻液态氢气的道路运输经营活动。
2023 年 8 月 8 日	《氢能产业标准体系建设指南（2023 版）》	国家标准委等 6 委	在基础与安全、氢制备、氢储存和输运、氢加注、氢能应用方面提出了标准制修订工作的重点，推动氢能相关新技术、新工艺、新方法、安全相关标准的制度修订。明确了近三年国内国际氢能标准化工作重点任务，部署了核心标准研制行动和国际标准化提升行动等"两大行动"，提出了组织实施的有关措施。
2023 年 8 月 15 日	《享受车船税减免优惠的节约能源 使用新能源汽车车型目录》	工业和信息化部	燃料电池汽车产品共 13 户企业 25 个型号，均为商用车型，具体包括新楚风汽车、中国重汽、陕西汽车集团、吉利远程、宇通、飞驰、航天晨光、新飞电器。

第一章 新能源产业全景分析

续表

发布时间	政策名称	发布机构	主要内容
2023年8月17日	《关于2022及以前年度新能源汽车推广应用补助资金清算审核初审情况的公示》	工业和信息化部	本批次共有3家车企就159辆燃料电池汽车进行推广应用补贴申报,其中132辆通过了审核,补助金额合计5280万元,每辆补贴金额为40万元,审核通过率相对较低。核准通过的132辆燃料电池车由4家配套商参与配套,其中,亿华通配套70辆、重塑科技配套36辆、爱德曼配套25辆、清能股份1辆。本次核算的4家车企中,仅有2家车企的申报获核准。申龙客车核算通过107辆,共计获得补贴4280万元。厦门金旅核算通过25辆,共计获得补贴1000万元。
2023年8月29日	《加快电力装备绿色低碳创新发展行动计划》	工业和信息化部等6委	着力攻克可再生能源制氢等技术装备。推进火电、水电、核电、风电、太阳能、氢能、储能、输电、配电及用电10个领域电力装备绿色低碳发展。加快制氢、氢燃料电池电堆等技术装备研发应用,加强氢燃料电池关键零部件、长距离管道输氢技术攻关。完善新型储能、氢能等全产业链标准体系。开展制氢关键装备及技术应用,推进不同场景下的可再生能源-氢能综合能源系统应用,推动长距离管道输氢与终端装备应用。在偏远孤岛等输电线路建设成本较高的地区,发展风电+电解水制氢技术。
2023年10月12日	《国家能源局综合司关于下达2023年能源领域行业标准制修订计划及外文版翻译计划的通知》	国家能源局	氢能行业标准共14项,包括氢气输送管道焊接技术规范、固体氧化物电解池单电池测试方法、固体氧化物燃料电池10千瓦以上固定式发电系统及机组安装、电力制氢可行性研究报告编制规程、低碳清洁氢能评价标准等。
2023年11月28日	《关于组织开展第四批能源领域首台(套)重大技术装备申报工作的通知》	国家能源局	申报项目重点聚焦先进可再生能源、新型电力系统、氢能及其综合利用等方向。将对填补国内空白、打造世界首台(套)领先优势、引领新兴产业发展的成套、整机设备及关键零部件予以鼓励和倾斜。

· 81 ·

续表

发布时间	政策名称	发布机构	主要内容
2023年12月7日	《全面对接国际高标准经贸规则推进中国（上海）自由贸易试验区高水平制度型开放总体方案》	国务院	支持临港新片区加快氢能核心技术攻关与标准体系建设，允许依法依规建设制氢加氢一体站，开展滩涂小规模风电制氢，完善高压储氢系统。

资料来源：政府官网、索比氢能网、申万宏源研究

中国政府的氢能政策旨在促进氢能产业的健康、快速发展，推动能源结构的优化和环保事业的进步。未来，随着技术的进步和应用领域的拓展，氢能将在中国的能源和环保领域发挥越来越重要的作用。

三、行业现状

在全球范围内，氢能产业正迅速成为能源转型中的明星领域。随着各国政府对清洁能源的重视和政策支持，氢能技术的研发和应用得到了前所未有的推动。氢能作为一种清洁、高效的能源形式，具有许多优势，如环保、高效、可再生等，它能够助力实现碳减排目标，并为未来的可持续发展提供动力。

（一）国际氢能现状

从全球角度来看，随着全球低碳转型进程的加快，氢能特别是清洁氢能将得到迅速发展。目前全球氢能市场的总规模约为1250亿美元，到2030年将在此基础上翻一番，到2050年达到万亿美元市场规模。随着可再生能源制氢技术的突破和成本的降低，氢能在全球能源市场中的占比也将进一步提升。根据国际能源署统计，2021年全球氢气总产量达到9423万吨，同比增加5.5%，全球氢能市场规模达到1250亿美元；2022年中国氢气产量9813万吨，同比增加13.1%，保持稳健增长，增速领先全球

全球工业氢能发展现状分析：氢能在工业领域的应用非常广泛。2022年，全球工业用氢占总用氢比重达99%。全球氢能约43%用于石油炼化，约33%用于合成氨生产，约17%用于甲醇，约6%用于还原铁（见图1.14）。目前绝大部分工业用氢均通过化石燃料制备，因此2022年仅工业用氢的制备便造成了高达68000万吨的碳排放。碳捕集在工业领域是一种常见的做法，可以通过碳捕集生产蓝氢，但捕获的二氧化碳中的大部分用于其他工业应用（如尿素生产）并最终被释放，只有少数项目将二氧化碳储存在地下。倘若维持当前排放水平，则全球气候目标将难以达成，工业用氢势必将由灰氢向绿氢转变。

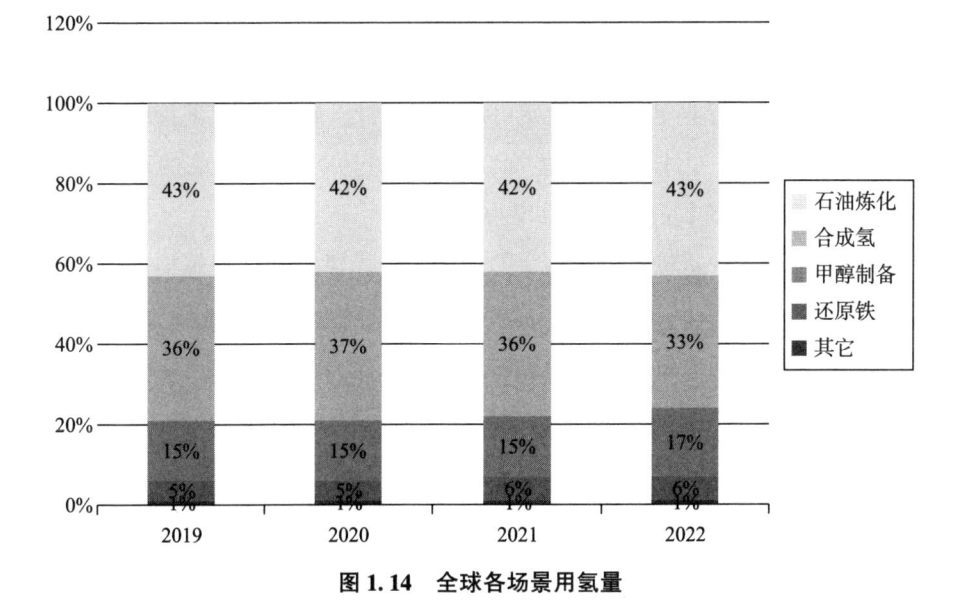

图 1.14　全球各场景用氢量

资料来源：国际能源署，M2觅途咨询研究与分析

全球交通氢能发展现状分析：尽管起点相对较低。2022年与2021年相比交通氢能使用量增加了45%左右，燃料电池汽车在汽车销售方面，在轿车和公共汽车领域取得了最早的成功，但随着重型燃料电池卡车销售的增加，其在总消费量中的份额正在迅速增加。中国对重型汽车的关注，以及在部署燃料电池卡车方面发挥的巨大作用，意味着尽管所有燃料电池车中只有20%在中国，但它们消耗的氢超过道路运输所用氢的一半。

截至2023年底，全球约有1100个加氢站在运行，另有数百个加氢站建设计划。在现有的加氢站中，300多个在中国，欧洲约有250个，韩国和日本约有180个。在美国，加氢站的库存自2019年以来仅增长了10%。由于燃料电池汽车车队以更高的速度增长，燃料电池汽车与加氢站的比例在这段时间内稳步增长，到2023年6月，每个站点几乎达到240辆。自2019年以来，韩国每个加氢站的燃料电池汽车比例一直保持在140—200辆。

全球建筑氢能发展现状分析：纵观全球，氢能对满足建筑行业能源需求的贡献可以忽略不计，2023年没有重大发展。作为实现全球气候目标的重要组成部分，有必要将建筑物中化石燃料的使用转向低碳替代品，但通过热泵电气化、区域供热和分布式可再生能源等选项来实现相较于氢能都更加成熟。建筑行业使用氢能脱碳可以忽略不计，到2030年氢能使用量将略高于100万吨，占该行业总能源需求的0.14%。根据目前的政策，到2030年，全球建筑物的氢使用量仅为3万吨。

由于氢转换、运输和使用相关的能量损失，氢能用于建筑物比其他可用选项的效率低得多，并且它们需要新的或改变用途的基础设施和设备。例如，电动热泵与电解氢锅炉相比，提供相同的热量所需的电力要少5—6倍。2023年全球在部署可能使用氢气的建筑技术方面进展甚微。目前，建筑行业的燃料电池在过去几年经历了少量市场增长，大部分安装在欧洲、日本、韩国和美国，主要使用化石燃料。在日本，由于ENE-FARM家用热电联供系统项目，到2023年底，部署的燃料电池微型热电联产单元的存量超过了45万台。对于各种系统尺寸的固定式燃料电池，在2023年，美国的装机容量约为600兆瓦，日本约315兆瓦，欧洲约230兆瓦，韩国大约20兆瓦。

全球氢能发电发展现状分析：氢作为燃料发电的情况在各个国家的电力部门中极为罕见，全球发电组合中的份额仅占不到0.2%（主要不是来自纯氢，而是来自钢铁生产、炼油厂或石化厂的含氢混合气体）。使用燃氢发电的技术今天已经商业化，一些燃料电池、内燃机和燃气涡轮机的设计能够在富氢气体甚至纯氢上运行。以氨的形式使用氢气可能是发电的另一种选择。在日本和中国的燃煤电厂中，氨共烧已经成功地进行了试验验证。氨也可以成为燃气轮机的燃料。2023年，日本在2兆瓦燃气轮机中成功地展示了100%氨的直接使用，目前正在努力开发用于纯氨的40兆瓦燃气轮机。虽然使用氢气和氨可以减少发电过程中的二氧化碳排放量，但氮氧化物（NOx）的排放是一个问题。现代燃气轮机使用干式低NOx技术来管理NOx排放，根据燃烧器设计和实施的燃烧策略，允许氢共烧份额为30%—60%（按体积计算）。研发活动进行中，已开发干式低NOx燃气轮机，可以处理全氢混合范围高达100%。对于氨排放的氮氧化物，燃煤发电厂已有选择性催化还原等烟道气处理技术。氨燃烧也会导致一氧化二氮排放，这是一种强烈的温室气体，但在日本的2兆瓦示范项目中，与使用天然气的燃气轮机相比，燃烧氨的燃气轮机的总体温室气体排放可以减少99%。

（二）中国氢能现状

在中国，氢能产业的发展也备受关注。目前，我国氢气制取以煤制氢方式为主，占比约80%。现阶段由于绿氢的制取成本较高，绿氢的经济性面临挑战。但在技术进步、可再生能源发电成本的下降、政策指引和企业社会责任意识的多重作用下，绿氢制备的制取成本有望持续下降，将使绿氢的经济优势更为突出。根据《中国氢能源及燃料电池产业白皮书》预测，目前绿氢仅占据氢气总产能的4%，到2030年绿氢市场规模增长将近30倍，2030年绿氢占比将提高到10%，到2060年绿氢占比则将提高到70%。

中国产业发展促进会氢能分会发布的《国际氢能技术与产业发展研究报告2023》预测，到2050年，全球氢能需求将增至目前的10倍。这意味着氢能产业链产值将大幅度增长，为相关企业和投资者带来巨大的商机。在技术方面，氢能产业已经取得了一系列突破。电解水制氢技术是其中的代表，通过该技术可以将水分解为氢气和氧气，从而提供清洁的能源。碱性电解槽和PEM电解槽是电解水制氢技术的两种主要类型，它们在制氢效率和环保性能方面均表现出色。然而，尽管氢能产业具有巨大的发展潜力，但仍然面临一些挑战。例如，基础设施建设、储存和运输技术、成本效益等问题仍需进一步解决。但随着技术的不断进步和政策支持的加强，相信这些问题也将逐步得到解决。氢能行业正在快速发展，其投资额和市场需求都在不断增长。未来，随着技术的进步和产业的成熟，氢能将在全球能源转型中发挥越来越重要的作用。对于企业和投资者而言，密切关注这一领域的发展动态并抓住商机将是明智的选择。

四、投资现状

（一）产业资本投资更趋向于下游应用领域，大型企业针对全产业链整合速度加快

通过对产业资本投资氢能相关事件进行梳理后发现，2022年第三季度至2023年第二季度共有83项。其中产业资本投资主要集中在氢能综合投资、燃料电池材料、制氢、燃料电池系统方面。氢能综合投资主要以设立相关公司开展氢能全产业布局，或投资氢气制取、燃料电池相关生产基地为主。制氢环节主要以大型企业投资制氢环节或成立氢能子公司为主，包括美锦能源、亿华通、九丰能源等公司。燃料电池系统主要以成立子公司拓展产业布局为主，其中有中原内配拟与上海重塑能源、北京氢璞创能设立合资公司；兰石集团与氢元科技、清创思邦及氢实科技成立合资公司等。

从披露投资金额的33个项目来看，股权投资规模在5000万元以内的项目12个，规模5000万—1亿元的项目6个，规模在1亿—5亿元的项目12个，规模超过5亿元的项目3个。规模最大项目是渭南市农投集团与航控绿能科技产业（陕西）有限公司共同出资成立的集投资运营、项目管理、技术研发、能源供应、能源转化于一体的氢能全产业链科技型企业渭南中氢绿能科技有限公司，投资规模达305.08亿元。整体来看，产业资本

股权投资类项目规模以 5 亿元以内项目为主。

（二）融资事件主要集中于燃料电池系统领域，涌现了超大融资规模项目

2022 年第三季度至 2023 年第二季度氢能产业融资主要集中于燃料电池领域，其中以业务专注氢能综合技术的公司为主。对氢能相关公司融资事件进行梳理，根据不完全统计，2022 年第三季度至 2023 年第二季度共有 29 项重要的氢能投融资事件。氢能产业融资以 IPO 为主，B 轮融资中涌现超大规模融资项目。从 2022 年第三季度以来的融资事件来看，除去 4 家披露 IPO 招股的公司，披露金额的 23 个事件中，1 亿元以内的融资事件 14 个，融资超过 5 亿元的事件 3 个，其中国电投氢能科技 B 轮融资共 45 亿元，未势能源 B 轮融资 5.5 亿元。从融资轮次来看，天使轮融资 3 家，preA 轮融资 2 家，A 轮融资 3 家，A+轮融资 2 家，B 轮融资 5 家，B+轮融资 1 家，IPO 的 4 家。总体来看，尽管目前氢能产业融资以早期投资为主，但是在 B 轮融资事件中存在个别大规模的融资事件。

（三）前景展望

在辅助服务市场方面，明确制/储氢设备参与辅助服务是发挥电氢协同价值的重要因素。未来，明确电解水制氢及氢储能设备独立的市场主体地位、明确其可参与的辅助服务类别、明确其辅助服务补贴机制，有助于充分发挥其"灵活负荷、长时储能"的柔性特质，实现电氢协同的技术/商业价值。

在现货市场方面，不同时间维度电价差持续拉大是提升氢储能收益的重要因素。氢储能可通过在低电价时段制氢储氢，高电价时段释放氢气发电，实现套利。但由于目前制氢储氢整体成本较高，当前的分时电价下，氢储能难以盈利。因此，未来更大的分时电价差、跨季节电价差将有力支撑电氢协同的盈利模式。

在碳交易市场方面，碳价/碳税是实现氢能助力深度脱碳的重要因素。

2023年2月，欧盟碳边境调节机制碳关税范围扩展至氢气，灰氢、蓝氢将收取关税，绿氢将免于碳关税。当前碳税50元/吨，绿氢零碳排优势难以凸显，未来，当碳税突破200元/吨时，绿氢有望在原料成本上与灰氢持平，尤其在难以深度电气化的行业竞争中绿氢的优势凸显（见表1.13）。

表1.13 绿氢灰氢经济性对比

碳税条件	不考虑碳税	Now 碳税 50	Future 碳税 200
煤制氢	0.9—1.2	1.0—1.3	1.4—1.7
天然气制氢	1.4—1.6	1.5—1.7	1.6—1.8
电解水制氢	1.6—2.5	1.6—2.5	1.6—2.5

单位：1. 元/f CO_2（碳税） 2. 万元/f H_2（原料成本）

资料来源：M2觅途咨询研究与分析

第二章
新能源产业融资需求、特点与模式

第一节　新能源产业融资需求

在我国努力实现"碳达峰""碳中和"目标的发展背景下,新能源产业成为带动国民经济发展的主要力量之一,成为当今时代最新的经济增长引领者。能源是保证各行各业稳定发展的关键,面对传统能源储量不断减少的现状,新能源的可再生性与低碳环保性,受到社会各界的高度关注,新能源产业也成为我国经济市场中不可或缺的存在,新能源产业要想不断地提高自身的发展水平,并对国家提出的减碳号召予以积极的响应,就必须要在大规模资金的支持下进行技术创新和产业升级,对国内的能源结构进行调整,并为其他行业实现节能减排提供参考。融资是为新能源产业提供大规模资金支持的主要渠道,要想促进新能源产业的稳定发展,必须要为新能源产业的发展提供稳定、丰富的融资渠道,并对新能源产业融资过程中存在的问题予以重点解决。

对于融资存量市场,当前新能源基础设施建设的发展重点集中在清洁能源和可再生能源电力建设领域,我国新能源电力投融资总额占我国GDP的比重自2018年起稳步提升,新能源电建融资规模在2017年实现了31%的正增长。"十四五"时期我国在新能源建设上迎来融资规模的显著提升。由于2020年和2021年资金基数不断增加,新能源投融资规模增幅有所回落。总体上,新能源受政策利好,其项目融资规模依旧维持在年均超20%

的高速增长赛道。

目前，新能源产业整体处于快速增长阶段。风能、太阳能、氢能、生物能等可再生能源的应用不断扩大，在此基础上，电动汽车充电桩行业和储能行业也在蓬勃发展。随着新技术的成熟和应用，以及各级政府的政策支持不断加强，将进一步为产业高速增长奠定坚实基础。

一、光伏发电行业融资需求

随着全球对可再生能源的关注度不断提高，光伏电站成为一种备受瞩目的投资项目。光伏电站的投资成本因多种因素而异，如果考虑光伏电站的效率和性能较高，可以减少光伏电池的用量，从而降低投资成本。反之，如果光伏电站的效率和性能较低，则需要增加光伏电池的用量，从而增加投资成本。

以目前的市场情况为例，光伏组件的价格大约在每瓦3—5元之间。对于1兆瓦光伏电站而言，组件成本约为300万—500万元。这仅仅是组件的成本，还需要加上安装、逆变器费用、支架费用、电缆费用等。一般来说，安装费用约为组件成本的10%—20%，其他设备和材料费用约为组件成本的20%—30%。此外，土地费用也是光伏电站投资成本的重要组成部分。不同地区的土地价格差异较大，因此土地费用也会有较大波动。一般来说，城市地区的土地费用较高，而农村地区相对较低。综合考虑以上因素，1兆瓦光伏电站的投资成本大致在600万—900万元之间。具体投资成本取决于光伏电池板的价格、逆变器、支架、电缆、配电柜等其他费用以及各种材料、人工等因素。总体而言，对于光伏发电行业，投资者需要具备较强的资金实力，同时进行科学合理的成本控制。

受益于国内积极的政策环境，近年来我国光伏发电行业取得了不俗的成绩，新增装机、累计装机在全球遥遥领先。据工信部数据，2022年全年我国光伏产业链各环节产量再创历史新高，行业总产值突破1.4万亿元。光伏电站的建设和维护需要大量的资金投入，有数据显示，2023年光伏产业在一级市场的融资数量已达到2022年全年的90%，二级市场上相关上市公司的再融资计划金额更是超1300亿元。据不完全统计，2023年，光伏领域一级市场投融资事件有58起（见图2.1），涉及的投资机构包括深创投、毅达资本等头部机构，以及国家绿色发展基金、国调基金、合肥产投集团等国资机构。值得注意的是，在资本的助力下，光伏发电行业如今已跑出多家独角兽企业。如成立于2018年，主要从事高效光伏电池、组件封装技术、系统应用研发和制造的一道新能公司，目前已完成了9轮融资，估值超过90亿元；而近期完成C轮融资的正泰新能公司，投后估值已达130亿元；还有成立于2020年，主做异质结电池、组件开发应用和产品规模化生产的华晟新能源公司，至今已完成了四轮融资，最新估值已达100亿元。

近年来，光伏发电行业以其相对确定的前景、较高的盈利和估值水平，颇受资本青睐。光伏发电行业投融资规模呈现增长的趋势，2023年，企业积极融资扩产，光伏融资规模进一步扩大。

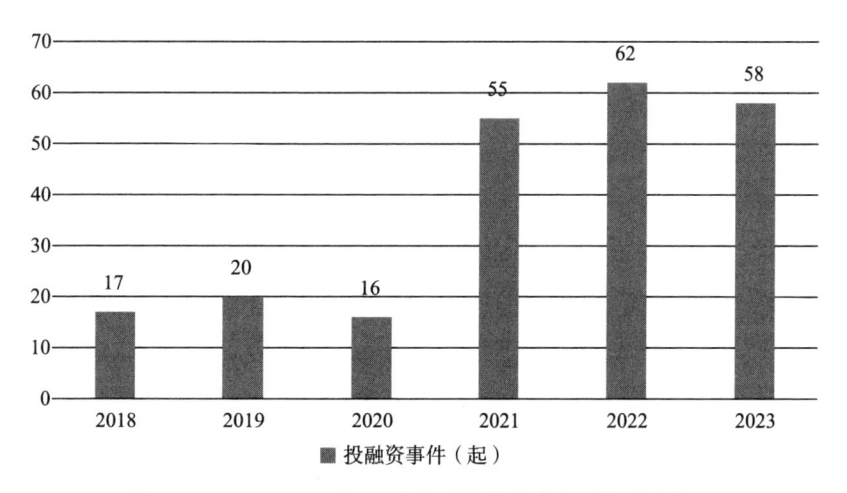

图2.1 2018—2023年11月中国光伏发电行业投融资情况

数据来源：IT桔子、中商产业研究院整理

光伏赛道高景气的背后是持续的高需求和较强的市场预期。据工信部发布的数据，2023年全年光伏产业链各环节产量再创历史新高，多晶硅环节，1—12月全国产量超过143万吨，同比增长66.9%。硅片环节，1—12月全国产量超过622吉瓦，同比增长67.5%，产品出口70.3吉瓦，同比增长超过93.6%。电池环节，1—12月全国晶硅电池产量超过545吉瓦，同比增长64.9%；产品出口39.3吉瓦，同比增长65.5%。组件环节，1—12月全国晶硅组件产量超过499吉瓦，同比增长69.3%；产品出口211.7吉瓦，同比增长37.9%。而即便在装机淡季的一季度，光伏新增装机也达48.31吉瓦。2023年3月，我国光伏组件出口约20.26吉瓦，同比增长40.11%。

光伏发电赛道融资持续火热有三方面原因：第一，从行业前景来看，光伏发电行业是个很大的赛道，未来二三十年的增长是确定性的，不仅国内有实现"双碳"的目标，欧洲的市场需求也很大；第二，光伏发电行业如今处于技术变革的窗口期，即N型光伏技术替代P型技术已经成为行业共识，新技术将带动新材料、设备、工艺的变革，从而带来弯道超车的机会，未来还有出现新的行业巨头的机会；第三，对风险投资来说，产业的想象空间越大越能吸引资金进入。基于上述原因，资本就纷纷涌进了这个既符合政策鼓励的大方向，又有着确定性市场空间的赛道。

光伏发电行业投融资及兼并重组总结如表2.1所示。

表2.1 光伏发电行业投融资及兼并重组总结

投融资	兼并重组	产业园区
● 投融资处于中后期，多为上市融资及战略融资等。 ● 江苏投资最为频繁，上海和浙江光伏发电服务及运营商是资本较为青睐的投资对象。 ● 光伏发电行业以同业机构投资为主，其次是投资机构。	● 目前光伏发电行业兼并重组事件较多，涉及金额较大，多为企业间的横向收购以扩大规模。	● 光伏发电行业产业园区建设集中在江苏、浙江等光伏产业链完善的区域，其次是太阳能资源丰富的青海、新疆、四川等地。

二、电动汽车充电桩行业融资需求

随着电动汽车的普及，越来越多的人开始关注建设充电桩的问题。充

第二章　新能源产业融资需求、特点与模式

电桩是新能源汽车基础设施建设的重要组成部分，一个完整的充电桩主要包括充电系统、监控系统、计量计费系统等。那么，建一个充电桩到底需要多少钱呢？充电桩的费用取决于多个因素，包括安装的类型、数量、所在地区、电力接入方式以及所需的电气工程等。一般来说，安装一台单相交流充电桩的成本可能在1000—5000元左右。如果选择3.3千瓦或7.7千瓦三相充电桩，费用可能会更高，大约需要2万—5万元。但这仅仅是基本的安装费用，实际花费还需要考虑电力供应、基础设施改建、配建车位和维护成本等其他因素。在政策和市场的双重驱动下，充电桩产业迎来加速发展，市场规模实现快速增长。中商产业研究院发布的《2023—2028年中国充电桩专题研究及发展前景预测评估报告》显示，按终端销售口径统计，2022年中国充电桩市场规模为372亿元，同比增长69.1%，2023年约为431亿元。中商产业研究院分析师预测，2024年市场规模将达517亿元（见图2.2）。

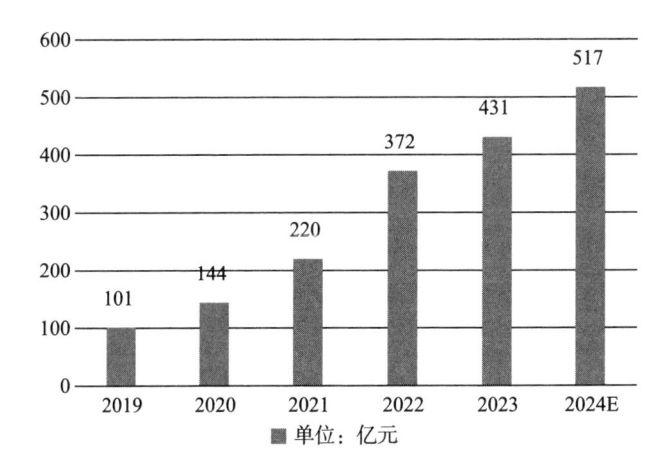

图2.2　2019—2024年中国电动汽车充电桩市场规模预测趋势图

数据来源：弗若斯特沙利文、中商产业研究院整理

2018—2021年我国充电桩领域投融资金额规模总体呈扩大趋势，2023年充电桩领域投融资依旧活跃，投融资事件23起，投融资金额26.25亿元（见图2.3）。

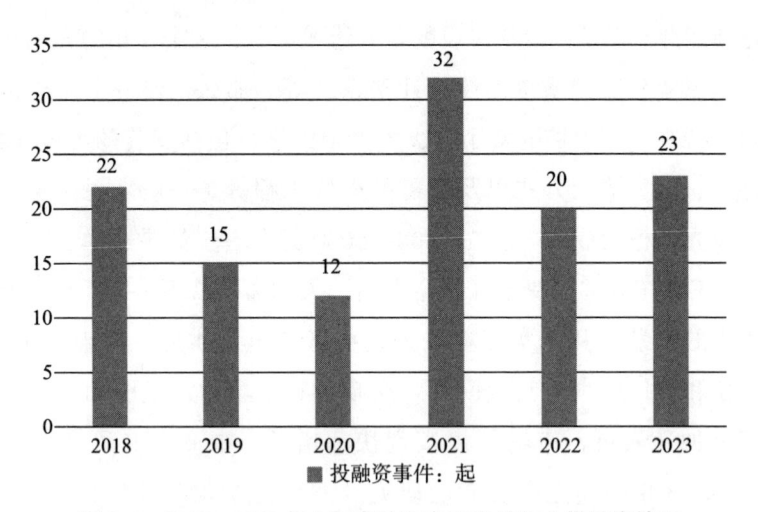

```
  35 ─
             32
  30 ─
                            23
  25 ─ 22
                       20
  20 ─         15
           12
  15 ─
  10 ─
   5 ─
   0 ─
      2018  2019  2020  2021  2022  2023
          ■ 投融资事件：起
```

图 2.3　2018—2023 年中国电动汽车充电桩行业投融资情况

数据来源：IT 桔子、中商产业研究院整理

目前电动汽车充电桩行业的产业投资基金比较少，在中国证券投资基金业协会中仅查询到相关产业基金两家，即国创（北京）新能源汽车投资基金管理有限公司和湖北长江蔚来新能源投资管理有限公司，其管理规模均为 50 亿—100 亿元（见表 2.2）。

表 2.2　中国电动汽车充电桩相关产业基金

私募基金管理人名称	办公地	登记时间	在管基金数量	管理规模
国创（北京）新能源汽车投资基金管理有限公司	北京市	2020 年 9 月 7 日	1	50 亿—100 亿元
湖北长江蔚来新能源投资管理有限公司	上海市	2017 年 5 月 22 日	1	50 亿—100 亿元

资料来源：中国证券投资基金业协会、前瞻产业研究院

电动汽车充电桩行业投融资及兼并重组总结如表 2.3 所示。

表 2.3 电动汽车充电桩行业投融资及兼并重组总结

投融资	产业基金	兼并重组
● 投融资仍处于早期，大部分为 C 轮以前的投资。 ● 北京投资最为频繁，其次为广东和上海。 ● 解决方案和充电服务是两大投资热点。 ● 电动汽车充电桩行业以投资机构的投资为主，实业类企业较少。	● 目前在中国证券投资基金业协会备案的相关产业基金仅有 2 家，基金投资规模均为 50 亿—100 亿元。	● 同为充电桩行业的企业兼并重组较多为电气设备制造等上游行业的龙头企业为扩大业务规模或战略转型而并购电动汽车充电桩企业。

资料来源：前瞻产业研究院

三、电力变压器行业融资需求

随着我国发电量的不断增加，电力变压器的需求也越来越多。电力变压器站的费用取决于多个因素，包括变压器的容量、类型、材质、品牌等，以及变压器站的位置、规模、设计、施工、接入等。对于 35 千伏变 10 千伏高压变电站，14 路负载，每路 2500 千伏安，占地约 200 平方米，设备投资约 200 万，房屋造价约 100 万元，总投资约 300 万元。对于 110 千伏变电站，供电容量 4＊63 兆伏安，占地约 3000 平方米，如果采用户内 GIS 设备，总投资约 2800 万—3200 万元；如果采用户外常规设备，总投资约 2500 万—3000 万元。500 千伏安变压器作为施工临时电，需箱变成套，此部分除设备价外，还需要考虑运输、吊装、设备基础及调试测试费用。另外还需要考虑变压器到工厂设备的电缆敷设费用，使用 3＊95 的中压铠装电缆，还要进行电缆沟开挖回填等，总预算为 40 万元左右。

中国电力变压器行业投融资事件较少，2018—2021 年未发生投融资事件。2022—2023 年中国电力变压器行业融资活跃度有所上升，2022 年发生融资事件共 4 起。2023 年，中国电力变压器行业融资事件共 4 起（见图 2.4）。

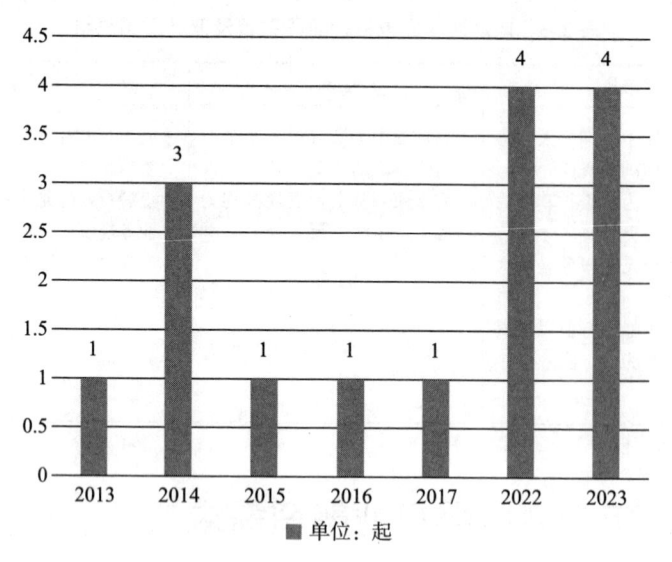

图 2.4　2013—2023 年中国电力变压器行业融资整体情况

资料来源：1T桔子、前瞻产业研究院

从已公布的单笔融资金额来看，2015—2023 年中国电力变压器行业单笔融资金额最高为 2023 年，为 1.19 亿元；其次是 2017 年，为 1.14 亿元；2022 年最高单笔融资金额达 1 亿元（见图 2.5）。

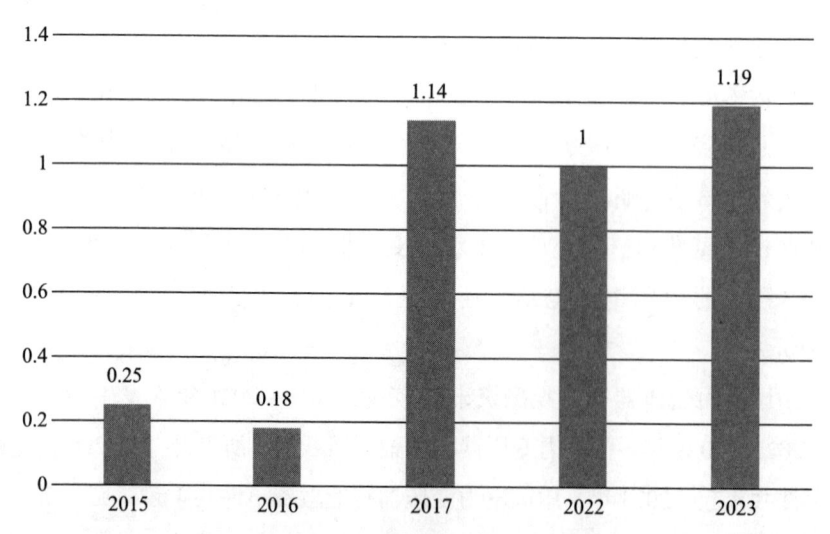

图 2.5　2015—2023 年中国电力变压器行业单笔融资情况（单位：亿元）

资料来源：1T桔子、前瞻产业研究院

中国电力变压器行业投融资及兼并重组总结如表 2.4 所示。

表 2.4　中国电力变压器行业投融资及兼并重组总结

投融资	兼并重组
• 近年来行业投融资活跃度有所上升，2022—2023 年投融资事件均 4 起。 • 融资活动最活跃的地区为陕西、江苏等地区。 • 行业投融资事件形式主要以 A 轮/A+轮为主。 • 融资主体整体估值较小。	• 2020—2023 年行业兼并重组事件主要集中在中游企业横向并购以扩大市场份额、整合资源优势。

资料来源：前瞻产业研究院

四、核电行业融资需求

中国核电行业的商业模式具有独特性，主要体现在项目建设的高准入门槛、严格的政府审批流程，以及市场参与主体的有限性等方面。核电项目的建设和运营不仅涉及巨额的资本投入，还需要满足严格的安全和技术标准，这决定了核电行业的商业模式与一般能源项目有所不同。核电站的建设成本是一个复杂而且多变量的问题，它包括了建造期和全寿期的费用。不同类型和规模的核电站建设成本有所差异。例如，中型核电站的建设成本大约在 200 亿—300 亿美元，而小型核电站的投资成本则在 50 亿美元左右。此外，核电站的运行成本也较高，大约每瓦时 0.1—0.2 美元。设计和建设核电站需要大量的技术和资金，包括设计、建设、安装、维护等方面。这些因素共同决定了核电站的总成本。纵观全球，核电发展需求总体呈增长态势。根据国际原子能机构等的预测数据，到 2050 年全球核电装机还有一定的增长空间，届时核电装机规模有望比现在增长 60%—146%。目前国际上主要的核电大国有美国、法国、日本、俄罗斯、韩国、加拿大等。

截至 2022 年 12 月 31 日，世界 32 个国家在运核电机组共计 411 台，装机容量 371.0 吉瓦。世界 18 个国家在建核电机组共计 58 台，装机容量为 59.3 吉瓦。其中除了中国、印度、俄罗斯、英国等已有核电国家具备较大增长潜力外，沙特、孟加拉国、白俄罗斯、埃及、印度尼西亚、波兰、土耳其、约旦等国家都已经制定了完善的核电发展计划，泰国、摩洛哥、马来西亚、尼日利亚、以色列、智利、阿尔及利亚等国也在考虑发展核电。

国际进口核电技术的机组数量占全球在建机组总数近 1/3 的比重。全球在建的 58 台核电机组中，有 17 台为进口核电技术，白俄罗斯、孟加拉国、乌克兰、巴基斯坦、英国、芬兰、巴西、土耳其等国的在建核电全部为进口技术。我国已成功向阿尔及利亚、巴基斯坦、尼日利亚、叙利亚、伊朗、加纳和约旦等国累计出口了 8 台核电机组、6 座研究堆和 1 台次临界装置，中核集团是唯一实现批量出口核电机组和核设施的企业。"华龙一号"海外首堆工程的顺利进展，增强了"一带一路"共建国家对"华龙一号"的信心，将加速推进有关国家、企业与我国的核能合作。而融资模式成为影响核电发展的主要因素之一。

中国核电行业投融资及兼并重组总结如表 2.5 所示。

表 2.5　中国核电投融资及兼并重组总结

投融资	产业基金	兼并重组
● 融资事件主要集中在核电装备制造。 ● 融资事件主要分布于山东省与北京市。 ● 代表性企业的对外投资主要为产业链一体化，其次则为多样化业务和产能投资。	● 产业基金管理公司主要有国核投资有限公司、中核产业基金管理有限公司与中广核产业投资基金管理有限公司，相关产业基金建设火热。	● 目前核电行业的兼并重组事件目的多为推动新能源发展战略。

资料来源：前瞻产业研究院

五、储能行业融资需求

随着可再生能源的快速发展和能源转型的推进，储能电站作为一种重要的能源存储方式，正逐渐引发投资热潮。储能电站的投资成本受地理位置、储能方式、装置容量等多种因素影响。目前认为储能电站的投资成本

第二章 新能源产业融资需求、特点与模式

约为每千瓦时1600—2300元。储能电站项目的融资对于推动能源转型、提高能源利用效率具有重要意义。储能行业融资的需求主要来自以下三个方面。一是可再生能源消纳问题。可再生能源的波动性和不确定性使得其消纳成为一个重要问题。储能电站作为能源存储的有效方式，可以调节可再生能源的供需平衡，缓解可再生能源消纳压力。二是电力市场需求。随着电力市场的逐步市场化，储能电站可以提供调频、备用调度等增值服务，满足电力市场的需求，进而获得收益。三是电网运行安全。储能电站可以提供备用容量和频率调节能力，增强电网的稳定性和安全性，降低电网运行风险。

近年来，在政策与资本的助推下，新能源配储市场"风光无限"，推动了储能产业规模高速增长。但同时，2023年储能产业上游的锂电原材料价格大幅波动，储能电芯和储能系统价格"内卷"加上IPO发行节奏的调整，行业面临重新洗牌。市场风向的转变也辐射到IPO市场。据不完全统计，2023年有24家储能相关企业更新上市进度。随着中国证监会调整IPO发行节奏，部分冲刺IPO的储能企业选择"主动撤回"或暂停。当然，也有更多储能企业向IPO发起冲刺，IPO"后备军"也持续扩容。2023年以来，西典新能、三晶股份、海博思创、双登股份等多家储能企业递交上市申请；海辰储能、德兰明海、麦田能源等多家企业也已进行辅导备案登记，开启IPO之旅，万亿储能赛道依旧充满想象。

2023年对于储能产业而言，一方面是新能源配储驱动下，政策之手推高赛道热度，吸引资本竞相涌入；另一方面是电芯价格走低，海外户储市场遇冷，行业进入"挤泡沫"阶段，部分跨界进入储能市场的玩家已退场。在业内人士担忧产能过剩之际，储能行业初创企业投融资热度依旧不减。据调查，2023年成立的储能相关且仍存续或在业的企业有6.6万多家，较上年增长约67%。统计数据显示，2023年1—8月，100多家储能相关企业推出项目规划，计划投资金额超5700亿元，储能电池及系统集成项目规划建设产能超1.5太瓦时。据不完全统计，2023年储能相关领域有119家企业完成一级市场融资，总金额超230亿元，储能系统集钠电池、电池材料等环节投融资热度高涨，融资金额最高的为海辰储能，C轮融资

超45亿元；广东、北京等地公司获投数量排在前列，投资活跃度较高的机构包括峰和资本、朝希资本、高创投、基石资本。

此外，2023年储能赛道也彻底被洗礼。比如，在政策与需求的驱动下，新型储能制造掀起"军备竞赛"，各地储能电站建设如火如荼。从储能企业在一级市场的融资情况来看，在过剩"价格战"等声音裹挟的2023年，储能依旧是备受资本重视的热门产业。据不完全统计，2023年，国内储能赛道119家初创企业完成融资，合计142起融资事件（见图2.6），融资金额超230亿元（43起融资事件未披露融资金额），其中超过亿元以上的融资有47起，占比超3成。

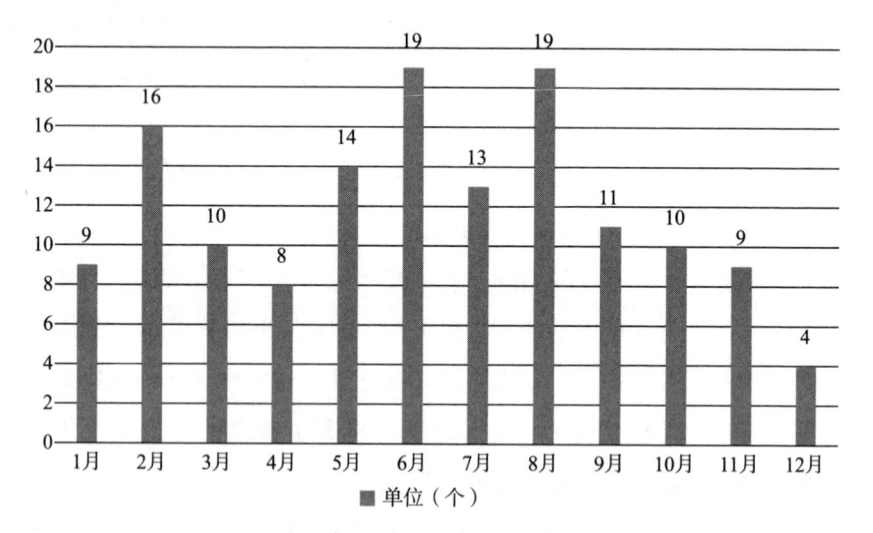

图2.6 2023年储能行业投融资数量

数据来源：天眼查、公开资料等

从融资规模来看，在A轮拿下最高融资金额的为中储国能，该公司于2023年5月份完成超10亿元融资；在天使轮拿下超亿元融资的企业共有3家，在该轮次融资金额最高的为智能充电桩初创品牌无尽瓦特，该公司成立于2023年7月，成立4个月即拿到1.5亿元天使轮融资。投资活跃地区方面，广东、江苏地区获投储能相关企业数量最多，分别有30家、21家企业获得投资，占比分别为25.21%、17.64%，凸显珠三角、长三角地区的技术、产业和资金优势，上海、北京获投企业数量超过10家，其中北京受益于高校和科研院所众多，研发能力领先，涌现较多实力企业；此外，部分获投企业也具备区域性特点，譬如，湖南3家锂电池材料企业获得融资，湖南郴州等地的锂矿资源较为丰富，主营锂电池正极材料的湖南裕能已于2023年2月登陆创业板。

中国储能行业投融资及兼并重组总结如表2.6所示。

表2.6　中国储能行业投融资及兼并重组总结

投融资	产业基金	兼并重组
●储能行业投融资集中在战略融资阶段，投融资多发生于新型储能技术领域。	●产业基金和政府基金共同发力，目前新能源相关产业基金建设火热。	●储能行业倾向于进行纵向整合以延伸产业链。

六、氢能行业融资需求

氢能作为新型能源体系的重要一环，对减少温室气体排放，尽早实现"双碳"目标具有重要意义。近年来，全球加氢站数量持续增长。当前我国已建成加氢站中多是外供氢高压氢气加氢站，加氢站中主要设备包括储氢装置、压缩设备、加注设备、站控系统等。建设加氢站平均每座投资1500万元。其中，设备采购成本占总投资的60%—80%。主要原因是核心部件仍然依赖进口。但随着工业化进程的快速推进，核心零部件有望在未来三年实现国产化，设备采购成本有望降低30%。以外供氢高压加氢站为例，需要采购压缩机、储氢瓶、加氢及冷却系统等控制系统，还包括土地成本、设计建设成本、设备安装成本等。据透露，单座加氢站年运营成本为200万元，目前大部分处于亏损状态。主要原因是制氢成本高。以1000标方/小时规模的PEM电解槽制氢为例，制氢成本近40元/公斤。国家能源集团、中石化、中石油等大型企业参与了加氢站的投资建设。国家规划2025年国内加氢站1000座，到2021年底建成加氢站207座，广东省以36座位居第一，河北省和山东省以21座并列第二。据不完全统计，5个示范城市群涉及13个省市的40个城市。到2025年，各城市设定的氢燃料电池汽车推广目标总量达到 89840 辆，规划加氢站总量超过 822 座，加氢站建设总规模将超过 125 亿元。

2023 年，国内氢能产业累计发生 61 起融资，数量同比大幅增长 80%；融资总额（含测算金额）超 80 亿元，与 2022 年基本持平，呈现数量显著增长但单笔融资金额下降的特点。需要指出的是，61 起融资事件中，2 起为港股 IPO 融资，融资主体分别为亿华通和国鸿氢能，两者 IPO 融资合计近 24 亿元。从单笔融资规模来看，2023 年氢能产业大额融资事件较少，多数企业融资规模不足 1 亿元（见图 2.7）。具体来看，39 起融资事件的融资规模小于等于 1 亿元，占比超 60%；7 笔融资事件融资规模介于 1 亿—5 亿元，占比 11%。融资金额超 5 亿元的仅 4 起，融资主体分别为国鸿氢能、亿华通、中科富海、阳光氢能。不考虑 IPO 融资，2023 年氢能行业单笔融资最高的为中科富海，该企业于 2023 年 8 月完成 C 轮融资，融资总额高达 8 亿元。

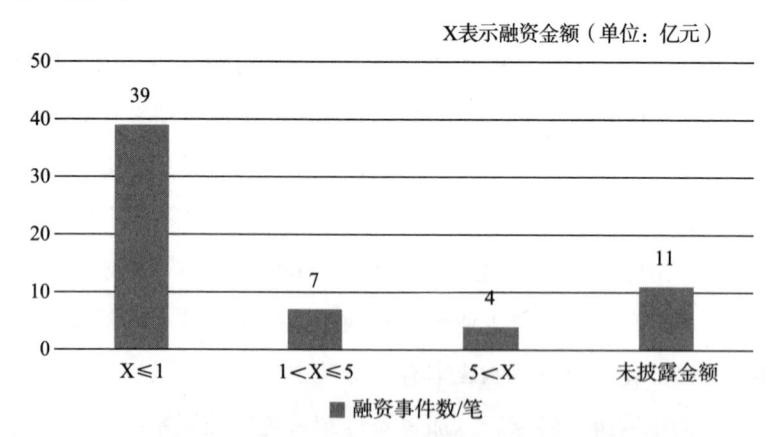

图 2.7 2023 年中国氢能行业融资事件金额分布情况

数据来源：高工氢电产业研究所

从融资事件数量来看，2023 年燃料电池和制氢环节融资企业较多，占比分别为 48%、31%，其中制氢环节融资事件由 2 起增至 19 起，成为行业投资热点，尤其是电解制氢核心材料备受资本关注。从融资金额来看，燃料电池环节融资金额占比从将近 90% 下降至 52%，制氢和储运加环节分别占比 26% 和 20%，氢能上游投资占比明显提升（见图 2.8）。

第二章 新能源产业融资需求、特点与模式

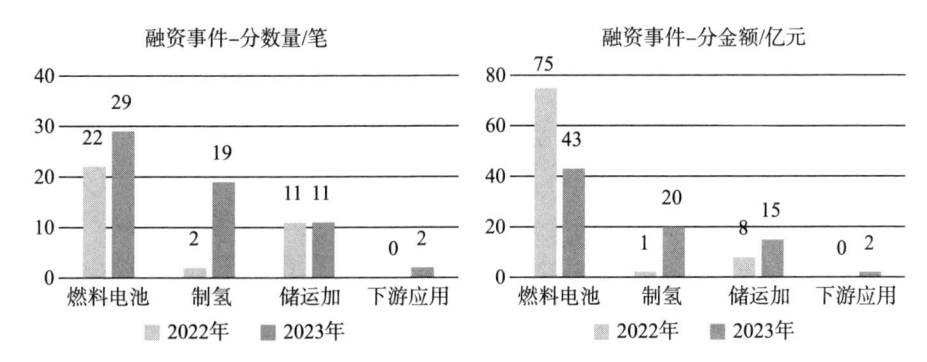

图 2.8 2022—2023 年中国氢能行业各环节融资分布对比

数据来源：高工氢电产业研究所

近年来，氢能企业纷纷开启更大规模融资，数家企业步入亿元融资时代。与此同时，氢能概念不断升温，同花顺氢能源指数显示，自 2023 年 4 月底 A 股掀起反弹行情以来，氢能源指数涨幅已接近 50%。2023 年，上海骥翀氢能、新研氢能、东方氢能、国鸿氢能、中科富海等氢能企业融资规模均超亿元。7 月，国氢科技更是发起规模突破 15 亿元的新一轮项目融资。据不完全统计，2023 年前 8 个月，共发生 35 起投融资事件，其中投资 15 起，金额超过 16 亿元；融资 20 起，金额超 47 亿元。自 2017 年起，我国氢能产业投资数量明显提升，投资金额逐年升高。2021 年，在《中华人民共和国能源法（征求意见稿）》和"十四五"规划等一系列政策红利的刺激下，氢能产业投资市场活跃度进一步提升。即使受到新冠疫情影响，2022 年上半年我国氢能并购交易金额及笔数较同期仍有所上涨。统计数据显示，2022 年上半年披露的交易金额同比涨幅超过 250%，2022 年上半年披露的平均交易金额为 1.5 亿元，较 2021 年的 1.2 亿元增长约 25%。

可再生能源制氢行业投融资总结如表 2.7 所示。

表 2.7 可再生能源制氢行业投融资总结

融资	投资
• 可再生能源制氢是氢能产业第二大融资领域。 • 可再生能源制氢融资集中于电解水制氢设备及其零部件。	• 2023 年可再生能源制氢规划总投资超 4100 亿元。 • 内蒙古可再生能源制氢项目投资规模领先。 • 可再生能源制氢项目投资下游应用集中于绿氢和绿色甲醇。

第二节 新能源产业融资特点

与其他类型企业的融资相比,新能源产业的融资具有一定的特殊性,表现出以下特点。首先,新能源产业的投资风险具有较大的不确定性。新能源产业属于高新技术产业类型,要想不断提高自身的发展能力,并实现可持续发展,就必须要不断地创新。但是,科技成果的创新是一种无形资产,在其没有被研发出来之前,很难得到公允、准确的估价,未来的收益也无法提前预知。这样一来,很多金融机构和风投公司,就不愿意将大量的资金投入这一产业。另外,部分新能源项目的原材料价格波动较大,也为融资带来了一定困难,例如光伏电站使用光伏板的价格波动大。其次,新能源产业的投资回收期非常长。新能源产业的发展,涉及大量的光伏设备、风力发电设备等。这些设备体积比较庞大。要想对新能源产业进行技术创新,对相关的运行设备进行改造升级,需要很长的投资建设期。所以,新能源产业的投资方式以长期融资为主。而这显然不符合金融机构选择投资项目的标准。最后,新能源产业的商业信用判定难度较大。一般情况下,商业信用等级对于新能源产业的融资成本与融资效率有着直接的影响。只有拥有良好的商业信用评级,才能够获得更多投资公司的信赖,进而保证融资效率,成功获得融资。但是,新能源产业未来能够获得的收益却是不确定的,很多新能源企业都存在着较高的商业信用风险,这也会对其成功获得融资产生阻碍。

一、光伏发电行业融资特点

近年来,节能减排已成为全球共识,光伏行业进入黄金发展期,伴随着产业链各环节积极扩张产能,光伏制造企业存在大量融资需求。光伏制造企业的债务融资以银行等金融机构间接融资为主,以资本市场直接融资为辅。一是金融机构间接融资渠道较为通畅,覆盖短、中、长期各类信贷品种,结

第二章 新能源产业融资需求、特点与模式

合具体情况亦可采用保证、项目资产抵押等多种增信方式，能有效实现企业需求与多元金融产品的匹配。二是可转债品种具有融资成本相对较低、灵活调节资债结构等优势特点，有助于光伏企业应对潜在的债务压力，对于可转债融资渠道通畅的光伏上市龙头企业，会较多运用这一融资品种。

光伏行业投融资集中在江苏、上海和浙江等地。从融资区域来看，目前江苏省的融资企业最多，2013—2021年累计达到112起，其中2016年和2017年分别达到28起和27起。上海和浙江的累计融资事件达35起，并列第二位。光伏行业的投资者以同行业能源企业为主，代表性投资主体有露笑科技、中国核能科技、森特股份、聆达股份等；投资类的投资主体有盈科资本、摩根大通和中金资本等。

从投融资特点看，光伏产业整体资金需求量较大，除组件环节资金需求相对较少外，其余生产制造及发电应用环节基本为资本密集型（见表2.8）。具体看，硅料、硅片环节资金需求量大，属于高耗能化工制造业。电池片环节投资需求高，主要源于相关设备价格较高（尤其初期多数设备源于进口），而且技术更迭快，要求企业不断加大研发投入，才能在激烈竞争中保持核心竞争力。产业链下游光伏发电系统的装机规模主要取决于资金规模，除了光伏组件、逆变器、电缆等主要设备成本，还需土地、安装工程、项目运营等方面的资金投入。而光伏组件环节生产周期短、生产规模相对较小的特点决定了该环节资金需求量相对较小，进入壁垒相对较低，更易成为企业进入光伏行业的突破口。

表2.8 光伏产业链各环节技术要求及投融资特点

光伏产业链环节	技术要求	投融资特点
硅料	技术含量高	资本密集型
硅片	技术含量不高	资本密集型
光伏电池	技术含量较高	资本密集型
光伏组件	技术含量低	劳动密集型（初期）
光伏应用系统	技术含量较低	资本密集型

分布式光伏发电的特点包括以下三个方面。一是单个项目投资较小。分布式光伏发电特指在用户场地附近建设的光伏发电设施，所发电能就地

利用，而且建设规模较小，单个并网点总装机容量不超过6兆瓦，每兆瓦投资成本在1000万元左右，因此该类项目单个投资最大，约为6000万元。如果是家庭自己安装，装机容量大约在2千瓦，投资大约2万元左右。二是分布式光伏发电电源较为分散，单个项目均需并网设备，相比独立电站投资成本较高。而且东、中、西部地区光照时间、光照密度也不尽相同，西部每度电发电成本较东部地区低出很多，因此国家在制定度电补贴政策时应考虑这种差异。三是发电具有"自发自用、余电上网，电网平衡"的特点，这对电网接入特别是智能电网建设提出了较高要求，比如在德国的分布式光伏发电系统中，用户可以通过安装双向电表分别实现销售给电网的电量和从电网购买的电量的计量及结算。

二、电动汽车充电桩行业融资特点

电动汽车充电桩行业投融资集中在北京、广东和上海。从电动汽车充电桩行业的企业融资区域来看，目前北京的融资企业最多，2015—2022年8月累计达到51起，其中2017年累计达到10起，而2017年全国整个电动汽车充电行业仅发生融资事件25起，由此北京区域的电动汽车充电桩投融资活跃度可见一斑。此外，广东、上海、江苏、浙江等地的电动汽车充电桩投融资市场也较为活跃。

电动汽车充电桩行业的投资者以投资类企业为主（见图2.9）。根据对电动汽车充电桩行业投资主体的总结，我国电动汽车充电桩行业的投资主体主要以投资类为主，代表性投资主体有中金资本、中电投融、国调基金、鼎晖投资等，实业类的投资主体有宁德时代、ABB和比亚迪等。

从投资轮次分析，目前电动汽车充电桩行业的融资轮次仍然处于早期阶段，C轮后的融资寥寥无几。2021年尽管电动汽车充电桩行业的融资事件和融资金额水涨船高，但是结合轮次分析来看，主要是由于当前电动汽车充电桩行业处于新能源的风口，普遍存在融资的早期创业公司融资上涨的情况。电动汽车充电桩企业横向收购扩大规模。目前中国电动汽车充电桩行业的兼并重组事件的类型主要为上游企业后向一体化。

第二章 新能源产业融资需求、特点与模式

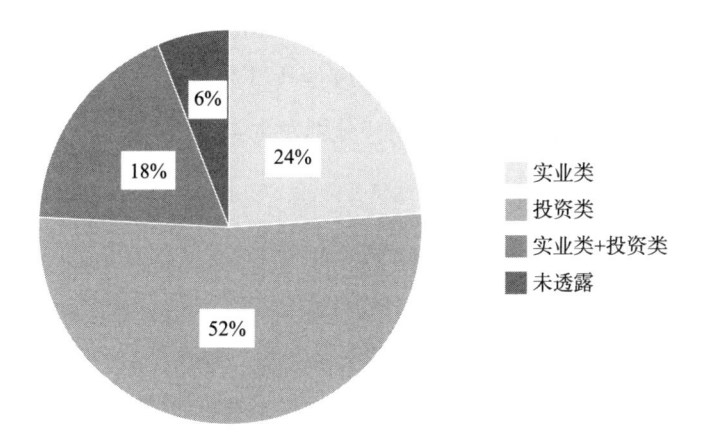

图 2.9　2018—2022 年中国电动汽车充电桩行业投资主体分布

三、电力变压器行业融资特点

从国内电力变压器行业的企业融资区域来看，陕西的融资事件最多，2016—2023 年累计达到 3 起；其次为江苏，融资事件均为 2 起；广东、山东、湖北和安徽各有 1 起（见图 2.10）。

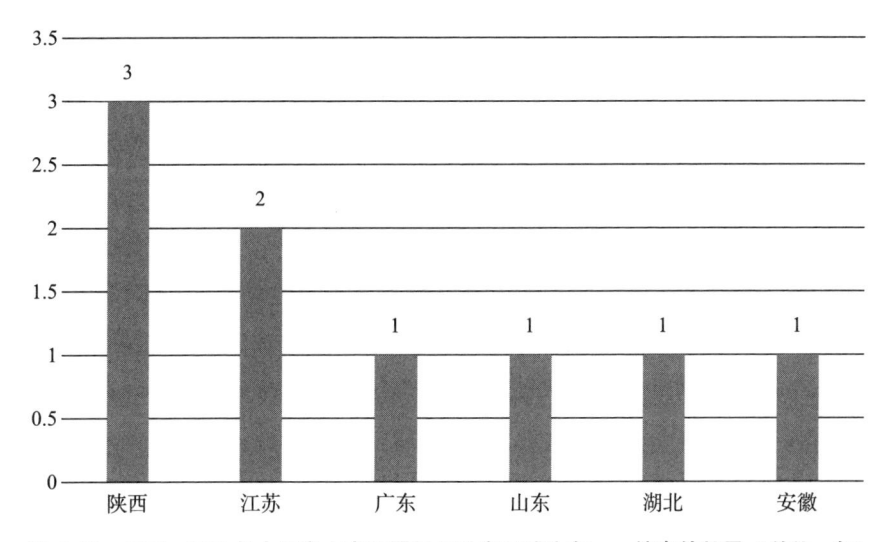

图 2.10　2016—2023 年中国电力变压器行业融资区域分布——按事件数量（单位：起）

资料来源：IT 桔子、前瞻产业研究院

从电力变压器行业的投融资轮次分析，2013—2023 年中国电力变压器行业投融资 15 起事件中，A 轮/A+轮事件数量最多，达 8 起，占总事件数的 53%；其次是战略投资和天使轮，分别发生 4 起和 3 起（见图 2.11）。

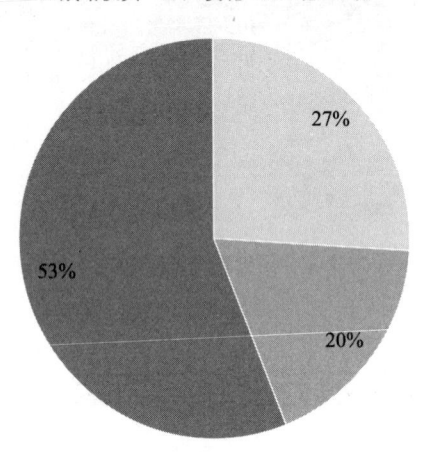

图 2.11 2013—2023 年中国电力变压器行业投融资轮次情况——按事件数量

资料来源：IT 桔子、前瞻产业研究院

电力变压器行业融资主体估值较低。从国内电力变压器行业融资企业估值情况来看，2013—2023 年融资主体总体上估值较小，均为 7 亿元以下。其中，1 亿—5 亿元较多，占比达 47%；其次 5 亿—7 亿元和 1 亿元以下的融资主体分别占 26%、27%（见图 2.12）。

2013—2023 年国内电力变压器行业的主要投融资事件轮次集中在天使轮、A 轮/A+轮和战略投资。从金额来看，大多数融资事件金额集中在数千万元和数亿元，单笔最高金额为 1.19 亿元。中国电力变压器行业兼并重组意图主要集中于扩大市场份额及整合资源优势（见表 2.9）。

第二章　新能源产业融资需求、特点与模式

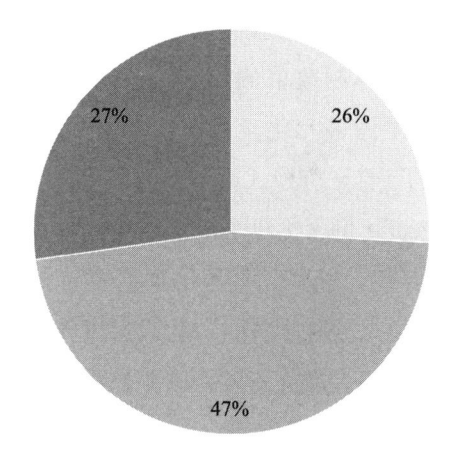

■ 5—7亿元　■ 1—5亿元　■ 1亿元以下（不含1亿元）

图2.12　2013—2023年中国电力变压器行业融资主体估值分布——按事件数量（单位：起）

资料来源：IT桔子、前瞻产业研究院

表2.9　中国电力变压器行业兼并重组意图

兼并重组意图	案例	具体分析
扩大市场份额	伊戈尔收购云变电气55%的股权	伊戈尔是一家电源及其组件产品制造商，主要产品包括电源变压器、电感器、特种变压器、电抗器、电乐器LED应用产品等共八大类500多个品种，云变电气是一家变压器生产制造商，主要产品包括电力变压器H级绝缘赛格迈干式变压器等，并为用户提供变压器产品定制服务。通过收购云变电气，伊戈尔可以扩大自身市场份额。
整合资源优势	可立克收购海光电子64%的股权	可立克公司与海光电子同属于磁性元件行业，收购后，通过协同整合进一步巩固上市公司在磁性元件领域的市场竞争力。

资料来源：伊戈尔等公司公告、前瞻产业研究院

四、核电行业融资特点

（一）产融结合成趋势，民营资本大有可为

从融资模式发展进程可看出，我国核电起步由政府直接投资驱动，1985年中国第一台自主制造的核电站——秦山核电站便是由政府投资开建。随后奠定以核养核、滚动发展融资战略的基础，核电发展初期，中国

采取的是高度集中的"一体化"投融资方式。

随着我国市场经济体制改革的深入，核电行业逐渐呈现出商业化特点，初步进入投融资主体多元化阶段，以提高核电发展的资金保障；自2005年，多种形式的证券融资模式逐渐形成，摆脱了主要依靠银行融资的局面，提高了直接融资比例，优化了融资结构，增加了企业资金的流动性和充裕度。直至2016年，中央全面深化改革领导小组会议通过《关于深化投融资体制改革的意见》并强调，深化投融资体制改革，要确立企业投资主体地位，平等对待各类投资主体，放宽放活社会投资。这意味着核电站的建设向民间资本、社会资本开放，核电行业投资由此迎来新的机遇。

如今，中国已形成一条较为完整的自主化核电工业体系，成为国际上拥有最大核电机组产能的国家。我国正在建设的核电机组数量，是过去几十年累计建成数的总和，市场空间巨大由此可见一斑。在能源改革的大背景下和整个核电行业产业链逐步有序放开、引入竞争和市场主体多元化的大趋势下，有国家政策的支持和引导，大量民营资本可以通过参股的形式，参与核电设备市场。

核电行业的融资问题是世界上各种融资中最复杂、风险最大的问题。例如，英国建一个辛克莱的核电站，这背后是资本密集的基础电力的金融需求，需要英国政府加上中国政府、法国政府以及若干家企业合作才能够解决融资的问题。无论从核电项目贷款，还是项目资本金需求的角度看，核电企业都面临着巨大的资金缺口和融资需求。因此，风险共担的多元化融资趋势在未来核电发展中不会改变，扩大融资渠道、实现多元化融资仍然是今后核电投资主体满足投资需求、控制风险的重要措施。同时，要进一步开发利用现代融资工具，采取多种融资方式，进一步拓宽多元化融资渠道。只有民营资金、民营企业共同参与到核电行业中，未来才能形成一种健康、可持续的发展模式。尤其是对"一带一路"共建国家的能源合作而言，能源企业和金融企业实现产融结合，金融资本和产业资本抱团合作，将来必有金融推动核能发展的黄金时代。国内核能电力企业在14年间接连上市，一方面是为其核电项目建设融资，另一方面也显示了跟公众共享核电未来30年甚至50年的经济效益的意愿，"一带一路"共建国家对核电的需求为中国核电走出去创造了大好机会，在融资模式上，可以有一些更为激进的股权融资模式。

（二）核电项目融资偿还贷款的资金来源主要是项目商运后发售电所产生的现金流量

与其他融资方式相比，项目商运后发电能力和售电价格是影响银行等金融机构对核电项目的风险研究评判与贷款投放意向的重要决定因素。为了最大程度规避核电项目的融资风险，需要对融资方式、融资时机、融资结构、融资风险等进行统筹安排，形成系统全面的融资策略。核电项目的融资策略是出于核电项目公司对自身资金安全研判、资金成本压降的考虑后所形成的资金管理方式。与其他固定资产投资项目相比，核电项目建设期融资对金融机构普遍具有较高的要求。这是由于核电项目建设前期资金投入高、投资体量大、建设周期长，使核电项目建造阶段需要充裕而且借款期限长的资金，借款期间所面临的市场风险更多而且不可预见。在实际筹资过程中，核电项目融资的方式相对单一，这是由于我国中小型金融机构资金体量难以达到核电项目资金体量的要求。国内核电企业基本有大型国有能源集团的支持，而且在核电项目建成商运后，将产生大量长期而且稳定的现金流入量，使核电项目融资基本不存在债务违约的风险。

五、储能行业融资特点

从融资时间分布来看，2023年储能赛道融资事件主要集中在前三季度，6月、8月分别有19起融资事件，该事件数为年内峰值。

融资轮次方面，年内储能行业依然是早期投融资占主导，大多集中在A轮和天使轮，分别有33个和27个项目获投，占比分别为23%、19%；Pre-A轮、B轮融资数量也相对较多，分别有15起和14起，占比分别约为11%和10%（见图2.13）。

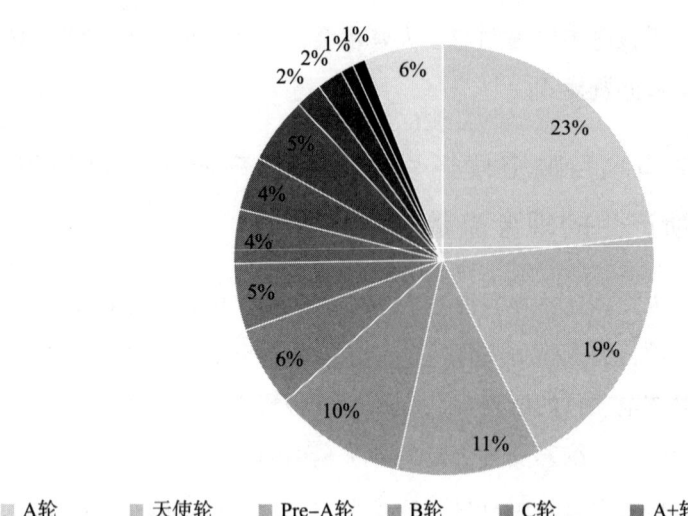

图 2.13　2023 年储能赛道各轮次融资数量占比

数据来源：天眼查、公开资料等

图 2.14 为 2023 年各地区储能赛道的融资数量。

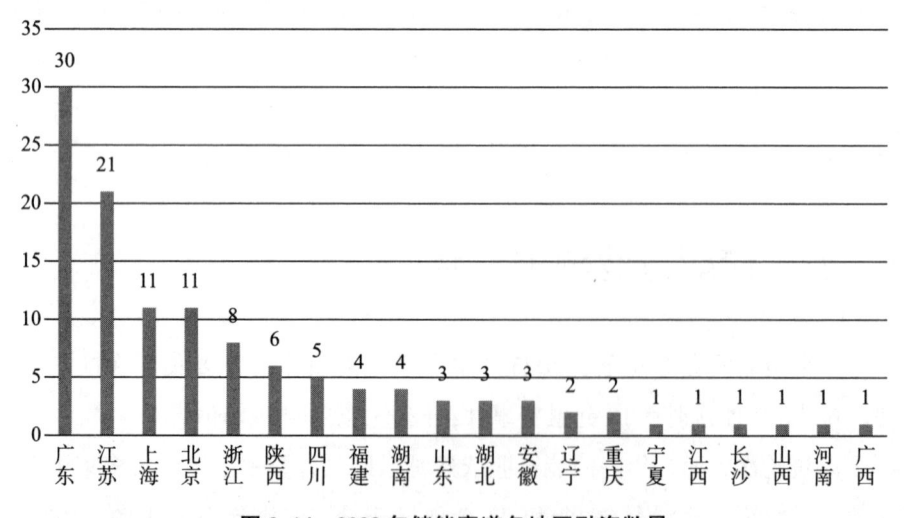

图 2.14　2023 年储能赛道各地区融资数量

数据来源：天眼查、公开资料等

在投资方的分布上，参与投资的机构或企业不乏高瓴创投、IDG 资本、红杉中国等知名投资机构，包括尚顾资本、格力金投等产业基金，以及雄韬股份、鹏辉能源、英飞特等A股上市企业。其中，投资次数最多的是聚焦储能赛道投资的峰和资本。公开资料显示，峰和资本诞生于2021年，机构取名"碳达峰、碳中和"之意，团队由储能行业领袖和资本市场专家构成。据不完全统计，2023年，峰和资本参与7家储能相关公司的投融资，其中较为瞩目的是参与海辰储能45亿元C轮融资，峰和资本还投资了奇点能源、京清数电、和储能源、欣视界、容钠新能源等企业，涉及储能变流器、固态电池、钠电池材料、工商业储能系统等多个环节。与此同时，峰和资本还与海辰储能深度"绑定"。2023年5月，峰和资本联合重庆铜梁区政府与厦门海辰成立总规模11亿元的储能产业基金，12月7日，峰和资本再度携手海辰储能、重庆渝富控股集团、重庆市铜梁区政府共同发起设立总规模15亿元的重庆渝海峰和储能产业投资基金。此外，2023年，储能赛道投资活跃度较高的还有高创投、朝希资本、同创伟业、中金资本，上述机构投资均超过4次，海辰储能、奇点能源、欣视界科技等项目获得多个资本同时加持。整体来看，"投早投小"的投资策略在储能领域已越发明显，本身有较强的产业背景，能与储能产业协同发展的产业资本，或曾投资过新能源产业的明星资本在储能赛道更加活跃。

储能产业链包括上游电池原材料、生产设备供应商等，中游主要为电池、电池管理系统储能变流器等，下游主要为储能系统集成商、安装商以及终端用户。从细分赛道的投融资情况来看，与2022年相似的是，接受投资的企业中，储能设备类占据较大比重，如储能系统集成、储能变流器等。与此同时，硅碳负极材料、液流电池、钠离子电池、固态电池等新型材料和技术也备受资本追捧。

六、氢能行业融资特点

从融资轮次来看，2023年中国氢能产业融资轮次以A轮为主，占比41%，其次为天使轮和B轮融资，占比分别为21%、13%，三者合计占比高达75%，可见目前中国氢能产业融资以早期投资为主（见图2.15）。

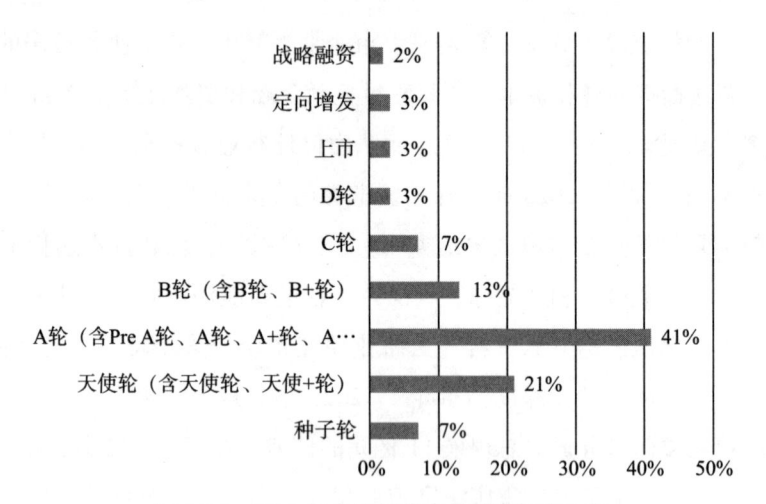

战略融资 2%
定向增发 3%
上市 3%
D轮 3%
C轮 7%
B轮（含B轮、B+轮）13%
A轮（含Pre A轮、A轮、A+轮、A…）41%
天使轮（含天使轮、天使+轮）21%
种子轮 7%

图2.15 2023年中国氢能产业融资轮次分布

数据来源：高工氢电产业研究所

从融资企业产业环节来看，制氢环节中融资主体以电解槽核心材料企业为主，其中碱性隔膜材料企业占比超5成；其次为电解槽企业，占比21%（见图2.16）。燃料电池环节中，融资企业主体为电堆及系统厂商，占比43%；其次为燃料电池核心材料厂商，占比37%；燃料电池BOP厂商占比20%。值得一提的是，2023年氢能融资事件中首次出现2家氢能下游应用企业，以氢能重卡运营为主营业务的羚牛氢能，和以氢燃气轮机发电为主营业务的慕帆动力，两者均获得5000万元Pre-A轮/A轮融资。

制氢环节：电解槽核心材料 74%，电解槽 21%，制氢电源 5%

燃料电池环节：电堆及系统 43%，燃料电池核心材料 37%，燃料电池BOP 20%

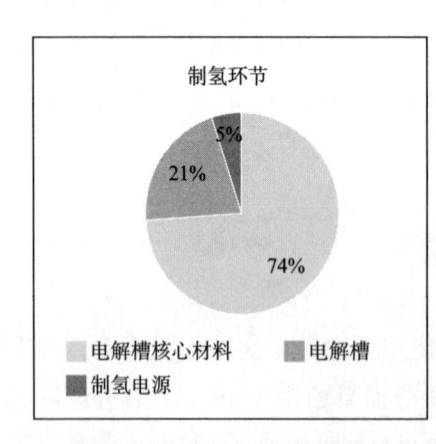

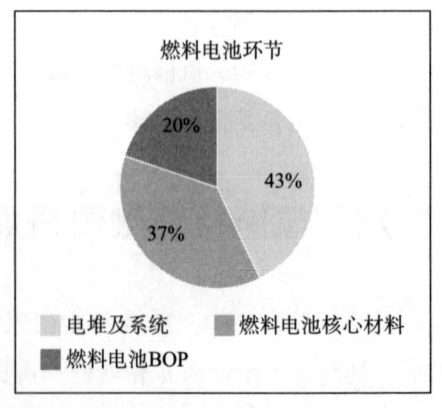

图2.16 2023年中国制氢及燃料电池环节融资主体分布情况——按数量

数据来源：高工氢电产业研究所

第二章　新能源产业融资需求、特点与模式

氢能产业融资事件主要集中于燃料电池系统领域，涌现了超大融资规模项目。2022年下半年至2023年上半年氢能产业融资主要集中于燃料电池领域，其中以业务专注氢能综合技术的公司为主。对氢能相关公司融资事件进行梳理，据不完全统计，共有29项重要的氢能投融资事件。

氢能产业融资以IPO为主，B轮融资中涌现超大规模融资项目。从2022年下半年以来的融资事件来看，除去4家披露IPO招股的公司，披露金额的23起事件中，1亿元以内的融资事件14起，融资超过5亿元的事件3起，其中国电投氢能科技B轮融资共45亿元，未势能源B轮融资5.5亿元。从融资轮次来看，天使轮融资3家，preA轮融资2家，A轮融资3家，A+轮融资2家，B轮融资5家，B+轮融资1家，IPO的4家。总体来看，尽管目前氢能产业融资以早期投资为主，但是在B轮融资事件中存在个别大规模的融资事件。

氢能总融资企业数量上涨、总融资额度下降。公开信息显示，2023年上半年公开的24起氢能企业融资事件，数量同比增长约26%；融资总额超26亿元，总额同比减少16.1%，平均单笔融资额度有所下降，其中，获得过亿融资的企业仅有6家，包括亿华通、唐锋能源、科润新材料、东德实业、大陆制氢、鲲华科技。

融资逐渐多元化，如图2.17所示，融资前三名环节分别为燃料电池及零部件、电解槽及零部件、氢储运。但与以往燃料电池环节占据绝对融资数量的情况不同，2023年上半年燃料电池环节仅有14起融资，对照2022年，融资企业数量占比同比下降20.6%。其中，各类零部件企业7起融资，包括膜电极、质子交换膜、碳纸等；电解设备、材料及零部件环节有3起以上，包括一家老牌槽商、两家新进入的零部件等企业；其他产业链环节，包括氢储运环节3起、用氢环节3起、加氢站环节1起融资事件。

资本前瞻性布局增多，小众、技术未成熟环节受到资本关注。2023年相对小众的技术路线开始受到部分资本关注，例如在储运环节的3起融资事件中，氢源智能为固态储氢、中太技术为液氢、氢易能源为有机液体储氢；掺氢燃气轮机企业慕帆动力和聚焦热电联供的铧德氢能也于上半年完成了大额融资。此外，有3家企业成立时间不到一年，分别为氢新科技、

华胜渭蒲和福氢氢能，其中华胜渭蒲于 2023 年 1 月成立。

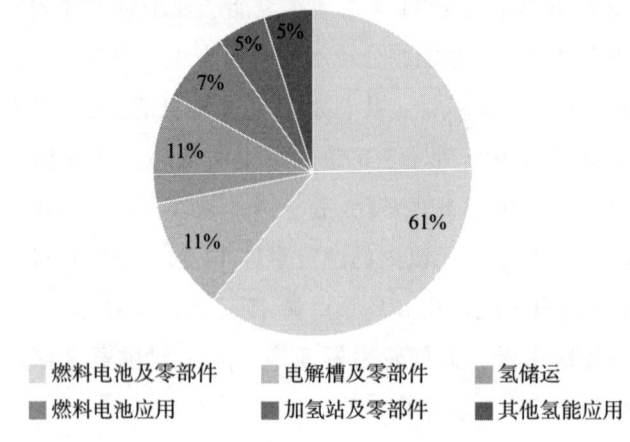

图 2.17　2023 年氢能融资项目构成情况

第三节　新能源产业融资模式

新能源产业是一个资本密集型产业。尤其在初期发展阶段，需要获得较大规模的资金支持。如何提高新能源产业的融资水平与融资效率，成为相关人士研究的重点。

新能源项目根据其所在产业链的位置及投资收益水平，其投融资模式和资金来源也不同。一般而言，新能源公益性建设项目如水电站、光伏屋顶等，主要由政府主导投资，其投融资模式包括政府直接投资、政府专项债投资、政府授权国有企业投资等，资金来源主要为财政拨款、政府专项债、政府投资基金等。

对于公益性要求较高，收益回报机制还需要政府补贴、规划调整较复杂的项目，如新能源汽车、新能源充电站建设/运营等，适宜采用政府与社会资本合作的模式，并通过市场化方式进行融资（银行贷款、融资租赁、资产证券化、REITs 等）。该种方式包括政府和社会资本合作模式（PPP）/特许经营模式、设计采购施工总承包（EPC）、地方政府+能源企业等。

对于资金需求量大、经营性较强、收益回报机制清晰的项目，如能源基地、产业园区、配输电系统建设、储能产业等，宜采用市场化模式引入社会资本主导实施。

一、政府主导投资

（一）财政拨款

以政府部门为实施主体，利用财政资金直接进行建设投资。其建设资金的主要来源是政府财政直接出资。该模式适用于公益性较强、收益回报时间较长的项目，如水电站的建设等。

优势是项目启动速度快，政府作为直接投资人可以控制项目进展；劣势是财政资金有限，对项目的选择较为严格。

（二）政府债券

以政府为实施主体，通过新能源项目专项债或财政资金+专项债形式进行投资。专项债的主要收入来自发电、充电桩运营等经营性收入。该模式适用于有一定盈利能力，经营性收入可以覆盖专项债本息、实现资金自平衡的新能源项目。

优势是专款专用，资金成本低，运作规范；劣势是专项债总量较少，投资强度不高，项目经营效率较低。

新能源领域符合条件的公益性建设项目纳入地方政府债券支持范围。

（三）政府投资基金

以政府为实施主体，通过以市场为导向的股权投资等形式，对新能源产业进行支持。不同的政府投资基金运作模式包括股权投资、股权+债券投资和债券投资，其中股权投资是主要方式。政府投资基金主要来源于各级政府预算。

优点主要有两个：一是融资渠道更加广泛，通过与社会资本的合作，可以提高其融资能力；二是政府投资基金可以以较少的资本投入来带动行业的发展，从而达到以低成本带动新能源产业发展的目的。

（四）地方政府授权国企

以地方国企为实施主体，通过承接债券资金与配套融资、发行债券、政策性银行贷款、专项贷款等方式筹集资金。收入来源于项目收益、专项资金补贴等方面。该种模式适用对象为需政府进行整体规划把控，有一定经营收入，投资回报期限较长，需要一定补贴的项目。

优势是可有效利用国企资源及融资优势，多元整合新能源项目各种收益，能承受较长期限的投资回报；劣势是投资收益与风险取得平衡期限较长、较难，在目前国家投融资体制政策下融资面临挑战。

二、政府和社会资本合作

（一）政府和社会资本合作模式/特许经营模式

政府和社会资本合作模式/特许经营模式下，政府通过公开引入社会资本方，由政府出资方代表和社会资本方成立项目公司，以项目公司作为项目投融资、建设及运营管理的实施主体。项目投入资金依赖于股东资本金及外部市场化融资。该模式适用于运营边界较为清晰，经营需求明确，回报机制较为成熟的新能源项目。

优势是通过市场化运作，引入社会资本提高新能源项目的运营效率和价值，风险与收益双方合理分担；劣势是运作周期较长，符合政府和社会资本合作模式/特许经营模式回报机制的新能源项目较少。

2016年安庆市政府正式启动新能源汽车充电基础设施PPP项目。项目分两期进行，一期覆盖安庆城区103平方公里，二期覆盖市辖一市六县，并逐步扩展至乡镇。项目计划总投资8.18亿元，到2020年，建设各类充电场站及公共充电桩近 2 万个。

项目经竞争性磋商最终确认青岛特锐德电气股份有限公司（联合体，青岛特锐德占股 72%）为中选社会资本，由安庆市同安实业公司代表政府出资（占注册资本 10%）与中选社会资本共同组建项目公司。项目合作期为 13 年，回报机制为"使用者付费（充电服务费）+可行性缺口补贴"。

（二）地方政府+能源企业

由地方政府提供产业配套设施，并提供资金支持（财政补助、国资入股或低息贷款），新能源企业进行研发、生产和运营。通过"政府+新能源企业"组合的发展模式，不仅可以加快新能源项目落地，也可以提升项目的运营收益。该模式对于新能源企业的选择及政府相关配套的措施要求较为严格。

优势是整合政府和新能源企业的资源优势，推进新能源项目的有效运营；劣势是该模式涉及政府和新能源企业双方，协商难度较大。

合肥市政府于 2020 年与蔚来汽车签署框架合作协议；合肥市建设投资控股（集团）有限公司、国投招商投资管理有限公司以及安徽省高新技术产业投资有限公司与蔚来签署关于投资蔚来中国的最终协议，根据最终投资协议，战略投资者将向蔚来中国的法律主体蔚来（安徽）控股有限公司投资 70 亿元。

蔚来与合肥市经济技术开发区就蔚来中国总部入驻达成协议，蔚来总部迁到合肥，其上下游合作伙伴一并迁至合肥，蔚来的月度销量、盈利预期、股价屡创新高；同时合肥市政府对蔚来的投资获得 10 余倍的浮盈收益，实现了合作双方共赢。

三、社会资本自主投资

（一）EPC

EPC 作为工程总承包形式的一种，是新能源领域最为常见的建设组织形式。根据目前新能源产业，特别是光伏领域的实际情况，资金及实力更为雄厚的 EPC 总包方往往在承担施工等工作的同时，还要承担垫资及协助业主融资的义务。

优势是便于对新能源项目进行全过程的管理和控制，保障项目管理效果和施工质量；劣势是承包商垫资压力较大，成本管理较为困难。

2023 年初，国家能源集团神府至河北南网输电通道配套新能源项目石拉界 300 兆瓦、摆言采当 300 兆瓦、摆言采当 400 兆瓦光伏 EPC 项目进行招标，招标范围包含光伏施工准备、勘察、设计、采购、施工、调试、并网、培训、试运行、验收、移交生产等 EPC 总承包一揽子工程（工程建设监理、设备监造除外），陕西建工新能源有限公司为中标方，中标金额407400.2301 万元，折合单价 4.07 元/瓦。

在此基础上可以延伸出 EPC+融资租赁、投资人+EPC 等模式，有效缓解 EPC 承包方的资金压力。"投资人+EPC"模式下，工程总承包单位对工程款自行垫资或与财务投资人组成联合体，由财务投资人进行垫资，工程完工后由建设单位按照一定比例再向工程总承包单位或财务投资人支付工程款。主要包括以下三种交易模式：联合体融建模式，即财务投资人与EPC 总包方组成联合体共同中标项目，财务投资人在施工过程中负责支付工程款，EPC 总包方负责施工，待工程完工后再由业主向财务投资人支付相当于"工程款+利息"的回购款；小股大债模式，即财务投资人作为项目公司的小股东，同时以股东借款的方式为项目公司提供融资；明股实债模式，即财务投资人作为项目公司的股东投资项目，待项目建成后，再由业主以固定价格回购财务投资人持有的项目公司股权，以实现固定收益退出。"EPC+融资租赁"模式下，工程承包方为业主解决部分项目融资款，或者协助业主获取融资以启动项目。在该模式中 EPC 方也是设备的供应商，设备的购买价款由融资租赁公司直接向 EPC 方支付，该模式可以解决业主的融资难题和 EPC 方的垫资压力。该模式适用于以风电、光伏为主体的新能源电站的建设。

2018 年新疆哈密 20 兆瓦分散式风电项目的项目公司与工程公司签订EPC 合同，负责该项目的设计、采购和施工。工程方引进租赁公司设计融资租赁方案为项目公司解决融资问题。该项目顺利实现放款并起租，对项目的建设起到了强力的支撑作用，并在固定期间内顺利建成并网并取得补贴，实现了业主、EPC 方以及融资租赁公司的三方共赢。

（二）企业直投

该模式下，由企业直接投资新能源项目，投资主体可以是具有资源优势的央企和地方国企、有技术研发优势的民企或新能源企业，以及有资金优势的财务投资机构等。该模式适用于发展时间较短，但是具有核心科技竞争力的新能源产业独角兽企业。

优势是企业/项目具有极大的发展潜力；劣势是投资风险较大，需要对企业/项目进行全方位的评估。

上海同驭汽车科技有限公司成立于 2016 年，是一家智能底盘核心部件一级供应商。2023 年 12 月 4 日，该公司完成第七轮 5 亿元 B 轮战略融资，投资者由深创投、纪源资本、北汽产投、星航资本、国江基金、南方产投等 20 余家机构组成。其中劲邦资本和武岳峰资本，连续参与了公司 A 轮、A+轮及 B 轮三轮融资。

同驭汽车科技本轮融资的主要目的是线控制动系统的增产和研发以及同驭上海总部园区建设。经过七次融资，同驭汽车科技建成产能 150 万套的智能制造中心，与数十名知名客户合作，已为乘用车、商用车、无人车三大领域 100 余款车型配套。众多的资本投资激发了独角兽企业的发展潜力，实现了多方共赢。

（三）能源央企主导

该模式下，由能源央企作为主导，选择与央企、地方国企或民企进行合作，适用于大型产业园区、输送电系统的建设项目或是开发新型发电模式项目。

优势是集合央企、国企和民企在各自领域的优势，实现资源共享，达到规模效益；劣势是涉及主体较多，协商难度较大，较为弱势的民企可能缺少话语权。

1. 央企合投

2022年4月东方电气集团、中国大唐海南能源开发有限公司和中国电力建设集团山东电力建设第三工程有限公司三家央企在洋浦签署《海南洋浦海上风电产业园区合作协议》，共同打造洋浦海上风电产业园区和高端出口型海上风电产业集群。海南洋浦海上风电产业园区总投资达48亿元，总用地面积1060亩，建设年产百万千瓦级海上风电装备基地。

项目依托三大央企在能源领域的资金、技术、制造、销售链优势，联手布局海上风电全产业链，项目建成投产后，预计年产值可达124亿元，年纳税5.5亿元。项目方将充分借助海南自贸港政策、区位和资源优势，推动儋州洋浦产业转型升级，实现地方和央企的共同发展。

2. 央企+民企

2017年，安徽绩溪高空风能发电示范项目经安徽省能源局核准公布，由中国能建与中路股份合作投资，中国能建安徽院总承包、江苏电建一公司承建。项目采用广东高空风能技术有限公司研发的5兆瓦高空风能发电机组，建设非常规新能源（高空风能）发电企业，总建设规模100兆瓦，总投资7.9亿元。

该项目建设工期3年，于2022年完成竣工验收并实现并网发电投入运营，为华东地区提供高品质的清洁能源。该项目实现央企和民企的优势互补，完成商业化高空风能发电项目。

四、创新性探索

（一）绿色电力证书融资

绿色电力证书是一种通过市场募集资金，把资金投向可再生能源发电企业的融资机制。国家对符合条件的可再生能源电量核发绿证，1个绿证单位对应1000千瓦时可再生能源电量。绿证作为可再生能源电力消费凭证，用于可再生能源电力消费量核算、可再生能源电力消费认证等。其中，可交易绿证除用作可再生能源电力消费凭证外，还可通过参与绿证绿电交易等方式在发电企业和用户间有偿转让。

优势是通过这种方式募集到的所有资金可以直接转入发电企业，实现直接融资；劣势是绿证客户群体较少，暂无二级市场交易，绿证交易难度大。

2022年12月13日，国家电投湖北分公司与中国建设银行武汉省直支行完成国内首笔绿色电力证书收益权质押贷款合同的签订。国家电投湖北分公司在集团碳资产管理公司的专业指导下，通过质押绿色电力证书收益权的方式，获得5000万元的低息流动资金贷款，为期1年，融资利率低于同期水平。

绿证收益权融资合同的成功签订，充分体现了金融领域对于绿色电力环境价值的认同，标志着公司在绿色消费、碳金融方面的零的突破，不仅有效盘活了绿色轻资产，也是助力公司降本增效的积极举措。

（二）能源购买协议

能源购买协议是发电方（通常是可再生能源发电项目的开发者或运营者）与购电方（例如工厂、商业用户或电力公司）签订长期购电协议来确保稳定的现金流，从而支持项目融资，主要适用于风电、光电等企业。

优点是为新能源发电方提供了稳定的收入流，降低了市场价格波动的风险；劣势是购买协议时间较短，通常只有3—5年。

2023年汽车及工业产品供应商舍弗勒集团与欧洲最大的可再生能源提供商挪威国家电力公司达成长期绿色风电采购协议。根据协议，从2024年起的五年内，挪威国家电力公司位于德国黑森州施陶芬贝格的风力发电厂将向舍弗勒供应绿色电力。该发电厂于2022年10月投入使用，总装机容量达18兆瓦。届时，该发电厂提供的绿色电力将满足舍弗勒在德国8%的电力需求。

2022年9月，舍弗勒与挪威国家电力公司签订了一份光伏电力采购协议。自2023年起，挪威国家电力公司位于德国的两个光伏发电园区已经开始为舍弗勒供应电力，满足舍弗勒在德国11%的电力需求。2022年12月，舍弗勒集团收购了BayWar. e.集团位于德国卡梅尔斯泰因的光伏发电农场，该农场总装机容量达9.9兆瓦（峰值）。

第四节 新能源产业融资困境

随着全球气候变化和能源危机的日益严峻，新能源产业发展前景被广泛看好。作为推动能源结构转型和实现绿色发展的关键力量，新能源产业在中国的发展得到了国家政策的大力支持。然而，尽管有着巨大的市场潜力和政策红利，新能源产业在融资方面仍面临着一系列挑战。资金缺口大、融资成本高以及风险管理不足等问题，严重制约了产业的快速发展。新能源产业的融资困境主要有以下六点。

（一）面临风险偏大

新能源产业发展的时间短，而且存在着技术不成熟、投资回报周期长等特点。与传统产业相比，新能源产业发展过程中面临着较大的风险。

首先，新能源产业面临着较大的行业风险。资本投入大、技术性强是新能源产业发展最突出的特点。这一特点的存在，意味着新能源企业在创立之初和成长阶段，需要较大规模的投资支持。但是，新能源产业在发展过程中，面临着各种各样的经营性风险。近几年的国际市场上，新能源项目涌现速度非常快，市场竞争异常激烈，市场需求变化存在着很多不确定因素。如充电桩行业具有前期投入高、回报周期长、产业链交叉复杂等特点，快速扩大建桩规模和提高建桩速度是行业发展过程的首要追求，但也容易造成阶段性过剩和区域性供需结构不匹配，导致充电桩整体利用率不高，企业前期经营困难。充电桩行业迎来黄金时代的同时，其竞争格局也更趋白热化，行业正处在洗牌阶段，进而迫使部分企业重新定位或者开展

第二章　新能源产业融资需求、特点与模式

产业转型，因此投资风险较大。

其次，新能源产业面临着较大的技术风险。虽然国家对这一产业的发展予以了大力的支持，但是尚未成熟的技术很容易被新技术替代，也使得新能源生产阶段面临着较大的技术风险。

最后，新能源产业面临着较大的市场风险。目前，国内新能源产业发展中用到的一些核心技术或产品，依然需要进口，并且销售市场也以国际市场为主。原材料的市场价格，对于新能源项目的实施成本有着直接的影响。如果新能源项目中某些原材料的市场价格出现明显的波动，那么新能源产业的发展速度也会减慢。而这也会进一步增大新能源产业的融资难度。如核电项目融资。现阶段核电项目大部分采用银行借款，向国内各政策性银行、商业银行筹资。在资金市场流动性较充裕、利率下行的情况下，各合作银行踊跃放款，并通过签署补充协议下调放款利率。若提款政策缺乏弹性，完全按价格优先原则提款，提款很可能集中在1—2家银行，大部分银行不提款或仅提少量贷款激活额度，不利于稳定债务结构。考虑到联合贷款没有牵头行，相比于银团贷款，资金保障职责由借款人独立承担，银团贷款历史上也出现过银行拒绝放款，甚至要求价格补偿的情况，所以应在提款阶段制订统筹方案，以确保长短期债务比重适中、融资结构稳健。

金融风险主要表现在项目融资中利率风险和汇率风险两个方面。项目发起人与贷款人须对金融市场上可能出现的变化认真加以分析和预测，例如汇率波动、利率上涨、通货膨胀、国际贸易政策的趋向等，这些因素会引发项目的金融风险。目前核电项目融资主要以银行贷款为主，集团委贷、债券、上市为辅。银行贷款属于债券融资，相较于权益融资，具有成本低、方便灵活等优点。但其融资渠道相对单一，一旦银行收紧银根，将引发银行抽贷，出现违约等金融风险。目前国内两大核电集团均已上市，可通过资本市场拓宽融资渠道，但所占比例较小。同时，国内相关制度不完善，股权融资、债券融资可能出现道德风险。虽然核电项目、太阳能、风能均属于资本密集型行业，但核电项目涉及的风险较高，投资者要求核电项目的回报率可能高于太阳能、风能。借款人的信用评级是影响银行等

金融机构贷款投放利率的因素之一，信贷评级较低难以借款，有可能需要支付较高的财务费用，从而承担较高的融资成本。X 项目采用我国拥有完全自主知识产权的"华龙一号"三代核电技术，项目投资中以美元计价的费用占比极小，由此可见与外汇汇率波动有关的风险对 X 项目的融资风险影响微乎其微。

（二）融资渠道不够畅通

新能源产业的间接融资难度较大。各类商业银行是新能源产业获得间接融资的主要渠道。传统的商业银行面对的信贷对象都是一些大中型国有企业。因为信贷范围有限，所以商业银行对于大中型国有企业的借贷要求非常高。银行设定的信贷融资要求使得很多新能源企业望而却步。区域性商业银行存在着信贷方向涉及面窄等问题，信贷资金规模有限，而且没有配备完善的信贷措施，没有足够的能力满足新能源产业发展过程中对于大规模资金的需求。我国基础设施建设传统的融资渠道主要有财政类拨款、债务性融资和资源性融资。充电桩作为新型基础设施建设，基于城市基础设施的基本属性，建设资金一直是以政府资金为主，辅以银行贷款。但近年来我国地方政府财政收支不平衡情况加剧，单纯依靠财政收入补给的传统融资模式蕴含着巨大的地方政府债务风险。传统的以政府为主导的融资模式已经很难满足实际建设力度所需的资金要求，为了促进新型城市基础建设平稳健康发展，亟须建立多元化、多主体、多渠道的综合性融资体制机制，向市场化融资、创新型融资、证券化融资等方面探索，确保基建项目建设资金的持续供给。

直接融资渠道存在阻碍。近几年来，新能源产业通过直接融资方式获取到的资金非常少，仅占整个产业发展资金来源的 10%。首先，股票融资是新能源产业进行直接融资的主要渠道。但是，受到发行新股流程繁复、要求苛刻，需要经过层层审批等因素的限制，仅有极少数的新能源企业能够成功从资本市场获得融资。其次，风险投资也是新能源产业进行直接融资的主要渠道。但是，绝大多数的风险投资企业因为专业性较低，不能对新能源项目的商业模式与投资效果进行准确的评估。所以，针对新能源产业的投资项目，依然持以谨慎的观望态度。从实际情况来看，核电项目建设阶段一般限于资本金融资和银行贷款，其他诸如融资租赁、票据、信用证等融资方式，由于其成本上升、期限配比、额度限制、供应商接受程度等问题，应用场景极为有限，这也就导致了核电项目建设的融资手段相对单一，存在融资路径僵化等系列问题。

（三）融资高需求性凸显

由于新能源是基于新材料、新技术基础上的高科技产业，具有资本密集型的特征，无论是在技术研发、项目投放安装，还是在后续的运营方面，都需要大量的资金支持。即便是规模较大的新能源企业，在面对动辄千万元甚至上亿元的项目投资时都压力颇大，大部分新能源企业都属于中小型企业，还处于发展初期，因此仅靠内源性的资金不可能满足如此大规模的资金需求，还需要借助外源性融资。

以光伏电站项目为例，据统计，企业以自有资金对其的投入一般只占20%—30%，剩余部分便需要依靠贷款。另外，政府为促进新能源产业的发展，长期对其实行优惠补贴政策。但随着新能源并网装机的增加，新能源补贴也对国家财政造成重大负担，导致补贴的缺口越来越大，补贴的拖欠也导致企业现金流承压。截至2018年，补贴缺口累计在2000亿元，预计到2030年将超1万亿元，大规模的补贴延缓拨付，使拥有大量存量项目的发电企业现金流面临严峻考验，因此企业融资需求也越来越大。

新能源产业作为我国战略性新兴产业之一，近年来发展迅猛。伴随着产业规模的快速扩张，其融资需求也在不断扩大，新能源产业对融资的高需求日益凸显，然而市场上现有的资金供给并不能满足新能源产业的融资需求，制约了新能源产业的发展。

（四）融资"难""贵"

我国新能源企业在数量和规模上都在迅速扩大，资金需求也越来越大。即便国家大力扶持新能源企业，但不同规模和性质的新能源企业对融资难度的感受是不同的。国有企业以及资金充裕的大型企业往往能够吸引到更多的投资和贷款，而对于更依赖外源性资金的中小型企业和民营企业来说，想要获得资金支持要困难得多，即便能够获得融资，融资成本也相对较高。

据统计，我国光伏企业的平均融资成本在8%—10%，而海外仅有3%—5%左右。对于发展初期的新能源企业而言，高昂的融资成本也使得其财务负担较大，制约了新能源企业的技术研发与创新，阻碍了新能源企业的快速发展。

对于新能源电站，随着"双碳"目标与构建以新能源为主体的新型电力系统的提出，绿色发展和高效发展已成为我国能源体系建设的未来方向，风、光、储等产业都迎来了新的发展机遇。根据国务院印发的《2030年前碳达峰行动方案》，2030年全国非化石能源消费比重将达25%左右，同时，风电、太阳能发电总装机容量将达12亿千瓦以上。

然而，由于以风电、光伏为代表的新能源电站具有外部性、受产业政策影响明显、融资规模大、投资回收期长、融资时间紧等特点，导致以银行为代表的传统资金匹配度不高；同时，在早期新能源产业开发的主体中，中小型民营企业占据了很大比例，这些主体普遍存在规模较小、市场集中度不高、技术成熟度低和管理不规范等问题。这些问题直接导致了项目主体的融资困难，具体表现为项目公司注册资本多为认缴，缺乏优质抵押资产，项目公司股东担保能力较弱，导致银行贷款动力不足。因此，要实现"双碳"目标，以风电、光伏为代表的新能源电站建设的融资问题是必须直面的难题。

水利项目投融资遇到如下难点。一是举债融资相关政策收紧。2017年以来，国家为防范化解财政金融风险，出台《关于进一步规范地方政府举债融资行为的通知》（财预〔2017〕50号）和《关于坚决制止地方以政府购买服务名义违法违规融资的通知》（财预〔2017〕87号）等一系列政策文件，加强对地方政府举债融资行为的规范管理。部分地方政府原有的、不合规的投融资渠道行不通了，并且由于早年间大规模举债，已面临较为严重的债务危机。二是 PPP 模式推广受限。在国家强监管政策下，地方政府 PPP 项目上马受到严格限制，每一年度本级全部 PPP 项目列支的财政支出责任应"不超过当年本级一般公共预算支出的 10%"。部分地方政府受到红线约束，水利 PPP 项目的推广空间较小。三是地方政府专项债券支持力度不足。虽然近两年地方政府专项债券为水利项目投融资开辟了新的有效渠道，但是受地方债务额度等影响，部分地方政府更倾向于工业园建设等产业项目，水利项目在地方政府专项债券支持方面处于弱势。

对于氢能产业融资，经济性验证尚未结束，仍处在资本观望或试水阶段。截至 2023 年，全球氢能产业基本完成了技术验证，但商业模式或者经济性验证尚未正式完成，还处于市场化阶段前期，叠加当下一二级市场还缺乏"赚钱效应"，以及资本市场对于氢能发展规律、前景存在认知不充分的前提下，大量资本还处于早期了解赛道，对标的企业考察以及观望和试水阶段。赚钱"引爆点"没出现，资本方观望、犹豫，不愿大规模下场，可能是氢能融资总额下降的原因。

由于核电项目融资的特点，核电企业的项目贷款利率一般均为 5 年期及以上 LPR 利率增加或减少一定的基点，也就使其项目建设成本对市场利率变动极为敏感，市场利率的上升将导致项目融资额度显著增长，使得核电项目建设期的融资压力和运营期还款压力增加，项目经济性受到挑战；核电项目工期压力巨大，建设工序排布紧密，现场工作变动频繁，同时涉及的子项、供应商、合同、节点、人员情况复杂，对资金支付的时效性要求极高，若项目资金计划管理水平无法跟上如此精密的资金支付要求，为避免资金不足风险，容易出现项目账面留存大量备付资金的情况，加大企业融资成本。

（五）项目盈利能力亟待提高

市场化、创新性融资方式的运用，对项目的盈利能力有较高要求。如发行企业债券的基本条件为连续 3 年盈利；上市融资的基本条件为财务指标合格，具备完善的公司治理结构等。而新能源项目完全符合条件的不多。如充电桩运营商的盈利模式主要靠电力差价、服务费、停车费和广告费等。其中，收取充电电费和停车服务费是大部分运营商最主要的盈利方式，增值服务包括广告、租赁、维修等，目前整个行业内即便是第一梯队的充电桩运营企业盈利状况也一般而且不稳定，甚至连盈亏平衡都很难保证。

（六）客观条件困境

作为可再生能源的水、风、光发电，与不可再生能源发电相比更加依赖发电地区的自然环境，这一现象在极端天气频发的当下尤为突出。新能源基建高速增长的同时，新能源电机的发电量占比较低、风力发电对风场条件和自然风质量要求高，在发电过程中对风力的利用效率难以预估，此外，风、光能都会因为自然条件削减电力转化，或产生窝电造成能源浪费。因此，自然条件带来的不确定性无法避免。

新能源产业要想实现快速发展，就必须不断地加大融资力度。面对风险大、扶持政策不够系统、融资渠道不够畅通等问题，只有扩大扶持政策的覆盖范围、打通新能源产业的融资渠道，并对资本市场融资予以合理应用，才能够从整体上提高新能源产业的融资水平，为新能源产业的稳定发展提供保证。

第三章
基础设施公募 REITs 概述

REITs（Real Estate Investment Trusts），即不动产投资信托基金，是以发行权益投资证券的方式募集资金，并将资金专门投资于不动产领域，将投资综合收益按比例分配给投资者的一种产业投资模式。REITs 起源于 20 世纪 60 年代的美国，经过 60 余年的不断发展，全球已有 43 个国家和地区发行了 REITs 产品，总市值超过了 2 万亿美元。2021 年 6 月 21 日，首批 9 只基础设施公募 REITs 在我国上海证券交易所（简称"上交所"）和深圳证券交易所（简称"深交所"）正式上市交易，实现了 REITs 公募和以基础设施为底层资产的两大历史性突破，具有划时代的历史意义。本章依次从基本概念、底层资产、上市流程、国内上市情况四个方面对国内截止到 2024 年 5 月 31 日已经上市的 36 只 REITs 产品做总体介绍。

第一节 基础设施公募 REITs 的基本概念

一、基础设施

基础设施是指为社会生产和居民生活提供公共服务的物质工程设施，是用于保证国家或地区社会经济活动正常进行的公共服务系统，是社会赖以生存发展的一般物质条件。基础设施包括交通、邮电、供水供电、商业服务、科研与技术服务、园林绿化、环境保护、文化教育、卫生事业等市政公用工程设施和公共生活服务设施等。

目前，国内基础设施具有存量规模大、增长空间大、需求稳定和收益稳定等特点。与一般的建筑设施相比，基础设施有其自身的特点。主要包括以下四个方面。

一是基础性。基础设施为国民经济其他生产部门的生产提供基础性条件，因此也奠定了其先行地位，需要超前建设。

二是公共性。任何基础设施都不是专门为某一个单位、企业或个人服务的，而是为整个社会提供公共服务。

三是系统性。每一个基础设施都从属于一个大系统，而不是完全独立的个体，所以其建设要考虑与其他基础设施和周边环境的协调一致，要服从于城市的整体规划。

四是效益的间接性。基础设施建设并不着眼于项目本身的经济效益，而在于它对整个城市以及区域经济发展的贡献。所以短期内可能不存在显著的效益，但从长远来看基础设施的社会效益是巨大的。

二、资产证券化

资产证券化是指把缺乏流动性但未来具备稳定现金流的非标准资产组合形成资产池，并以该资产池产生的现金流为资产标准化证券，是国际上一种常见的资金融通方式。通过这个过程使原本难以流通的资产可以便捷地在市场流通，对原有资产的风险收益特征进行了重组。具体而言，资产证券化是以项目所拥有的资产为基础，以基础资产未来所产生的现金流为偿付支持，通过结构化设计进行信用增级，在此基础上发行资产支持证券（Asset-backed Securities，ABS）的过程。它是以特定资产组合或特定现金流为支持，发行可交易证券的一种融资形式，这里所说的资产证券化仅指狭义的资产证券化。

广义的资产证券化是指某一资产或资产组合采取证券资产这一价值形态的资产运营方式，它包括以下四类。

一是实体资产证券化。即实体资产向证券资产的转换，是以实物资产和无形资产为基础发行证券并上市的过程。

二是信贷资产证券化。是将一组流动性较差的信贷资产，如银行的贷款、企业的应收账款，经过重组形成资产池，使这组资产所产生的现金流收益比较稳定，并且预计今后仍将稳定，再配以相应的信用担保，在此基础上把资产所产生的未来现金流的收益权转变为可以在金融市场上流动、信用等级较高的债券型证券进行发行的过程。

三是证券资产证券化。即证券资产的再证券化过程，就是将证券或证券组合作为基础资产，再以其产生的现金流或与现金流相关的变量为基础发行证券。

四是现金资产证券化。是指现金的持有者通过投资将现金转化成证券的过程。

三、基础设施公募 REITs

基础设施公募 REITs 是以基础设施项目为底层资产的 REITs，通过公开发行基金份额汇集投资者资金，投资于基础设施项目，并将底层资产产生的租金或收益分配给投资者。其本质是基础设施项目的上市，以基础设施为底层资产进行资产证券化，从而通过不动产证券化，实现基础设施项目的上市。这一过程把流动性低、非证券化的基础设施项目，转化为资本市场的金融产品。

作为我国新兴的金融工具，2020 年以前，受到国内监管因素限制，我国发行的 REITs 产品以商业地产类 REITs 为主，尚未出现真正的公募 REITs。事实上，类 REITs 的本质是债，而 REITs 则是一种股权融资工具，两者存在本质差别。2020 年以来，REITs 发行进入以基础设施为主的突破期，2020 年 4 月，国家发展改革委与中国证监会联合发布了《关于推进基础设施领域不动产投资信托基金（REITs）试点相关工作的通知》。2021 年 6 月 21 日，国内首批基础设施公募 REITs 上市交易，基础设施公募 REITs 迈出实质性一步。

我国拥有庞大的基础设施存量市场，可为 REITs 发展提供丰富的底层投资资产。从增量市场分析，虽然经过多年快速建设，我国基础设施条件得到了明显改善，但是区域差距较大，中西部地区相对比较落后，教育、医疗等公共服务供给也不足；同时，5G 建设、数据中心等新基建领域正在发力，未来我国新老基建都将具备较大的发展空间。

相比于传统模式，作为权益型金融工具，基础设施公募 REITs 以不动产资产持续、稳定的运营收益为派息来源，具有流动性较高、收益相对稳定、安全性较强等特点，可将企业融资由债务融资转变为权益融资，减少企业债务融资所带来的财务成本。基础设施公募 REITs 可以有效盘活存量资产，充分利用基础设施库存资产，提高基础设施运营效率。同时可以拓宽社会资本投资渠道，给众多金融机构带来业务机会，提升直接融资比重，填补当前金融产品空白，进一步化解地方隐性负债，增强资本市场服务实体经济的效果。

第二节　基础设施公募 REITs 的底层资产

一、基本要求

（一）国家发展改革委的要求

国家发展改革委分别于 2020 年 8 月 3 日、2021 年 6 月 29 日、2021 年 12 月 29 日发布《关于做好基础设施领域不动产投资信托基金（REITs）试点项目申报工作的通知》（发改办投资〔2020〕586 号，简称"586 号文"）、《关于进一步做好基础设施领域不动产投资信托基金（REITs）试点工作的通知》（发改投资〔2021〕958 号，简称"958 号文"）、《关于加快推进基础设施领域不动产投资信托基金（REITs）有关工作的通知》（发改办投资〔2021〕1048号，简称"1048号文"），三份政策文件均对基础设施底层资产的选定提出设置要求。

对比586号文、958号文、1048号文，可以清晰地发现基础设施REITs政策逐步积极向好，产业领域逐步打开，对基础设施底层资产的设置要求不断放宽。截至2021年12月29日（1048号文颁布之日），国家发展改革委规定基础设施底层资产应满足如下基本要求。

一是基础设施项目权属清晰、资产范围明确，发起人（原始权益人）依法合规直接或间接拥有项目所有权、特许经营权或经营收益权。项目公司依法持有拟发行基础设施REITs的底层资产。

二是土地使用依法合规。

对项目公司拥有土地使用权的非PPP（含特许经营）类项目。如项目以划拨方式取得土地使用权，土地所在地的市（县）人民政府或自然资源行政主管部门应对项目以100%股权转让方式发行基础设施REITs无异议；如项目以协议出让方式取得土地使用权，原土地出让合同签署机构（或按现行规定承担相应职责的机构）应对项目以100%股权转让方式发行基础设施REITs无异议；如项目以招拍挂出让或二级市场交易方式取得土地使用权，应说明取得土地使用权的具体方式、出让（转让）方、取得时间及相关前置审批事项。

对项目公司拥有土地使用权的PPP（含特许经营）类项目。发起人（原始权益人）和基金管理人应就土地使用权作出包含以下内容的承诺：项目估值中不含项目使用土地的土地使用权市场价值，基金存续期间不转移项目涉及土地的使用权（政府相关部门另有要求的除外），基金清算时或特许经营权等相关权利到期时将按照特许经营权等协议约定以及政府相关部门的要求处理相关土地使用权。

对项目公司不拥有土地使用权的项目。应说明土地使用权拥有人取得土地使用权的具体方式、出让（转让）方和取得时间等相关情况，土地使用权拥有人与项目公司之间的关系，以及说明项目公司使用土地的具体方式、使用成本、使用期限和剩余使用年限，分析使用成本的合理性，并提供相关证明材料。

三是基础设施项目具有可转让性。

发起人（原始权益人）、项目公司相关股东已履行内部决策程序，并协商一致同意转让。

如相关规定或协议对项目公司名下的土地使用权、项目公司股权、特许经营权、经营收益权、建筑物及构筑物转让或相关资产处置存在任何限定条件、特殊规定约定的，相关有权部门或协议签署机构应对项目以100%股权转让方式发行基础设施REITs无异议，确保项目转让符合相关要求或相关限定具备解除条件。

对PPP（含特许经营）类项目，PPP（含特许经营）协议签署机构、行业主管部门应对项目以100%股权转让方式发行基础设施REITs无异议。

四是基础设施项目成熟稳定。

项目运营时间原则上不低于3年。对已能够实现长期稳定收益的项目，可适当降低运营年限要求。

项目现金流投资回报良好，近3年内总体保持盈利或经营性净现金流为正。

项目收益持续稳定且来源合理分散，直接或穿透后来源于多个现金流提供方。因商业模式或者经营业态等原因，现金流提供方较少的，重要现金流提供方应当资质优良，财务情况稳健。

预计未来3年净现金流分派率（预计年度可分配现金流/目标不动产评估净值）原则上不低于4%。

五是资产规模符合要求。

首次发行基础设施REITs的项目，当期目标不动产评估净值原则上不低于10亿元。

发起人（原始权益人）具有较强扩募能力，以控股或相对控股方式持有、按有关规定可发行基础设施REITs的各类资产规模（如高速公路通车里程、园区建筑面积、污水处理规模等）原则上不低于拟首次发行基础设施REITs资产规模的2倍。

六是发起人（原始权益人）等参与方符合要求。

优先支持有一定知名度和影响力的行业龙头企业的项目。

发起人（原始权益人）、项目公司、基金管理人、资产支持证券管理人、基础设施运营管理机构近3年在投资建设、生产运营、金融监管、市场监管、税务等方面无重大违法违规记录。项目运营期间未出现安全、质量、环保等方面的重大问题或重大合同纠纷。

（二）中国证监会的要求

2020年4月30日，中国证监会与国家发展改革委联合发布《关于推进基础设施领域不动产投资信托基金（REITs）试点相关工作的通知》（证监发〔2020〕40号），2020年8月7日中国证监会发布第54号公告《公开募集基础设施证券投资基金指引（试行）》（简称"《基础设施基金指引》"），两份文件对基础设施基金拟持有的基础设施项目做出了明确要求，具体要求如下。

一是项目权属清晰，已按规定履行项目投资管理，以及规划、环评和用地等相关手续，已通过竣工验收。PPP项目应依法依规履行政府和社会资本管理相关规定，收入来源以使用者付费为主，未出现重大问题和合同纠纷。

二是原始权益人享有完全所有权或经营权利，不存在重大经济或法律纠纷，且不存在他项权利设定，基础设施基金成立后能够解除他项权利的除外。

三是主要原始权益人企业信用稳健、内部控制制度健全，具有持续经营能力，最近3年无重大违法违规行为。

四是原则上运营3年以上，已产生持续、稳定的现金流，投资回报良好，并具有持续经营能力、较好增长潜力。

五是现金流来源合理分散，且主要由市场化运营产生，不依赖第三方补贴等非经常性收入。

六是中国证监会规定的其他要求。项目运营时间虽不满3年但满足"已产生持续、稳定的现金流，投资回报良好，并具有持续经营能力、较好增长潜力"。未来可能会被允许纳入试点范围,但在建项目或虽已竣工验收但未投入使用的项目不在试点范围内。

(三) 交易所要求

根据《公开募集基础设施证券投资基金指引(试行)》《上海证券交易所公开募集基础设施证券投资基金(REITs)业务办法(试行)》《上海证券交易所公开募集基础设施证券投资资金(REITs)规则使用指引第1号——审核关注事项(试行)》《深圳证券交易所公开募集基础设施证券投资基金业务办法(试行)》《深圳证券交易所公开募集基础设施证券投资基金业务指引第1号——审核关注事项(试行)》等文件以及上海、深圳两地证券交易所相关业务规则,本书整理了交易所对基础设施底层资产的设置要求。

一是基本条件设置上,要求基础设施项目应当符合以下条件。

其一,权属清晰,资产范围明确,并依照规定完成了相应的权属登记。

其二,不存在法定或约定的限制转让或限制抵押、质押的情形,且转让已获得有效的审批手续(如适用)。

其三,不存在抵押、质押等权利限制,基础设施基金成立后能够解除相关限制的除外。

其四,基础设施资产已通过竣工验收,工程建设质量及安全标准符合相关要求,已按规定履行规划、用地、环评等审批、核准、备案、登记以及其他依据相关法律法规应当办理的手续。

其五,基础设施资产的土地实际用途应当与其规划用途及其权证所载用途相符。如不一致,基金管理人和资产支持证券管理人聘请的律师应说明其实际用途的法律、法规及政策依据,基金管理人和资产支持证券管理人应当在相关文件中充分揭示风险,并设置相应的风险缓释措施。

其六,基础设施资产涉及经营资质的,相关经营许可或者其他经营资质应当合法、有效。相关经营资质在基础设施基金和基础设施资产支持证

第三章　基础设施公募 REITs 概述

券存续期内存在展期安排的，应当按照相关规定或主管部门要求办理展期手续，基金管理人和资产支持证券管理人应当在相关文件中披露具体安排。

其七，中国证监会和交易所规定的其他条件。

二是原始权益人应当满足下列要求：依法设立且合法存续；享有基础设施项目完全所有权或者经营权利，不存在重大经济或法律纠纷；信用稳健，内部控制制度健全，具有持续经营能力；最近3年（未满3年的自成立之日起，下同）不存在重大违法违规记录，不存在因严重违法失信行为被有权部门认定为失信被执行人、失信生产经营单位或者其他失信单位并被暂停或者限制进行融资的情形；中国证监会和交易所规定的其他要求。

三是基础设施项目公司应当符合如下具体条件：依法设立并合法存续；财务会计制度和财务管理制度规范；合法持有基础设施项目相关资产；中国证监会和交易所规定的其他条件。

四是基础设施项目现金流应当符合以下条件：基于真实、合法的经营活动产生，价格或收费标准符合相关规定；符合市场化原则，不依赖第三方补贴等非经常性收入；持续、稳定，近3年（不满3年的，自开始运营起）未出现异常波动，存在异常波动的，需说明波动原因和合理性；来源合理分散，直接或穿透后来源于多个现金流提供方，因商业模式或者经营业态等原因，现金流提供方较少的，重要现金流提供方应当资质优良，财务情况稳健；近3年总体保持盈利状态或经营性净现金流为正；中国证监会和交易所规定的其他条件。

五是基础设施项目运营情况应当符合以下条件：具备成熟稳定的运营模式，运营收入有较好增长潜力；运营时间原则上不低于3年，投资回报良好；若为产业园、仓储物流、数据中心等依托租赁收入的基础设施项目，近3年总体出租率较高，租金收入较高，租金收缴情况良好，主要承租人资信状况良好、租约稳定，承租人行业分布合理；若为收费公路、污水处理等依托收费收入的基础设施项目，近3年运营收入较高或保持增长，使用者需求充足稳定，区域竞争优势显著，运营水平处于行业前列；中国证监会和交易所规定的其他条件。

六是关联交易上,基金管理人、资产支持证券管理人应当核查并披露基础设施项目最近 3 年及一期的关联交易情况,前述关联交易应当符合以下要求。

其一,符合相关法律法规的规定和公司内部管理控制要求。

其二,定价公允,定价依据充分,与市场交易价格或独立第三方价格不存在较大差异。

其三,基础设施项目现金流来源于关联方的比例合理,不影响基础设施项目的市场化运营。基础设施项目存在关联交易情形的,基金管理人、资产支持证券管理人应当分析关联交易的合理性、必要性及潜在风险,并设置合理充分的风险防控措施。

二、底层资产类别

我国的基础设施 REITs 试点项目,既包括传统意义上以交通运输、供水供电、通信设施、生态环保和市政设施等为主要内容的基础设施资产,也包括产业园区、仓储物流、数据中心等物业资产。根据资产性质、收入来源、现金流特征以及运营管理重点的不同,目前底层资产可以分为两大类。

第一类是以租金(或运营外包服务)为主要收入来源的产权类资产(又称"权益类资产"),如产业园区、仓储物流、数据中心等。

第二类是依据与政府签署的特殊经营协议进行收费的特许经营类资产,如高速公路、污水处理、水电气热市政工程、清洁能源、轨道交通等。上述两类基础资产的详细对比(见表 3.1)。

表 3.1 两类基础设施资产对比

比较项目	特许经营类资产	产权类资产
资产性质	具有公共服务性质,经营管理和收费标准受到政府的严格指导和管控,受经济周期波动影响小	运营具有显著的市场化特征,受经济周期波动影响大

续表

比较项目	特许经营类资产	产权类资产
收益来源	基于特许经营权或经政府部门批准的收费权利而取得经营收入	基于资产所有权而取得租金收入
资产价值变化	有特许经营期限或政府批准的经营期限价格体系受政府指导和管控，期限届满后需无偿归还政府，上述特征导致随着剩余经营年限的缩短，资产估值呈现逐年递减的趋势，资产价值到期后将归零	租期一般较长，租金收入可以根据市场情况增长，租金的增长在一定程度上抵消了土地剩余期限带来的负面影响，同时考虑到一些核心城市的稀缺土地资源在市场交易中价格升高的预期，随着时间推移资产具有较大升值可能
现金流分配特征	由于经营期限到期后资产价值归零，投资人的投资本金和收益需要在经营期间每年逐步回收，所以分派的现金流包含了投资人的本金和收益，现金流分派率较高	分派现金流属于物业资产出租形成的租金收益率，现金流分派率低于特许经营类资产
运营管理重点	运营管理重点在于保障安全、提高效率和降本增效，尤其是安全运营和保障安全方面责任较大	运营重点在于物业资产的招商能力、物业管理和服务水平、智能化应用及公共交通餐饮等配套设施

第三节　基础设施公募 REITs 的上市流程

一、申报与审批流程

基础设施公募 REITs 的申报与审批包括了项目准入与推荐、基金审批与注册、基金发售与上市三个主要环节，如图 3.1 所示。

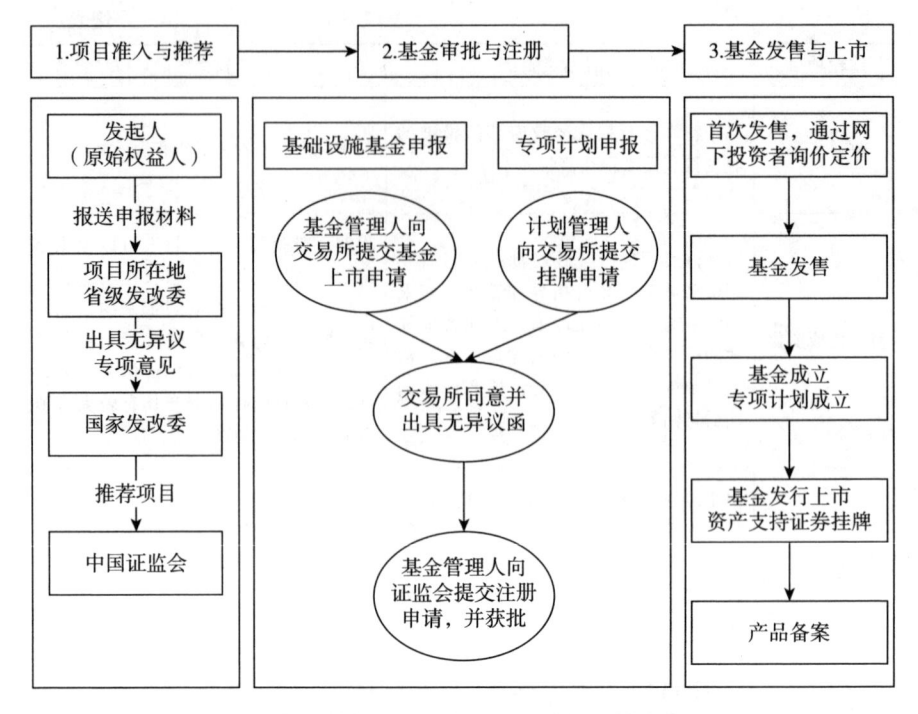

图 3.1　基础设施公募 REITs 申报审批流程

（一）项目准入与推荐

项目准入与推荐是指各地选择优质底层资产项目，逐级报送至国家发展改革委和中国证监会审批的环节，具体要求及流程包括以下内容。

一是各地发展改革委组织发起人（原始权益人）等有关方面选择优质项目，纳入全国基础设施 REITs 试点项目库。

二是发起人（原始权益人）选择符合条件的入库项目，向项目所在地省级发展改革委报送试点项目申报材料。未纳入全国基础设施 REITs 试点项目库的项目不得申报。

三是发起人（原始权益人）拟整合跨地区的多个项目一次性发行基础设施 REITs 产品的，应向注册地省级发展改革委报送完整的项目申报材料，并分别向相关省级发展改革委报送涉及该地区的项目材料；发起人（原始权益人）注册地省级发展改革委对本地区项目和基础设施 REITs 发行总体方案审查把关,其他相关省级发展改革委对本地区项目审查把关。发起人(原始权益人)为中央企业的跨地区打包项目,有关中央企业可将申报请示文件和项目申报材料直接报送国家发展改革委,同时须附项目所在地省级发展改革委意见。对于项目收益是否满足试点基本条件,需以打包后项目整体收益进行判断。

四是对本地区符合相关条件、拟推荐开展试点的项目,省级发展改革委向国家发展改革委上报项目申报请示文件和项目申报材料,或为有关中央企业出具意见。项目申报请示文件或省级发展改革委为中央企业出具的意见中,需包含"经初步评估,所推荐项目符合国家重大战略、发展规划、宏观调控政策、产业政策、固定资产投资管理法规制度,以及试点区域、行业等相关要求,推荐该项目开展基础设施REITs试点"的表述。

五是国家发展改革委根据项目申报材料,对项目进行综合评估后,确定拟向中国证监会推荐的项目名单。国家发展改革委推荐项目时一并将有关项目材料转送中国证监会。

(二)基金审批与注册

基金审批注册是指将底层资产进行资产证券化、申请审批上市注册的过程,具体要求及流程包括以下内容。

一是基础设施基金拟在交易所上市,基金管理人应当向拟上市交易所提交基础设施基金上市申请,由交易所审核是否具备上市条件;资产支持证券管理人应当同时向交易所提交基础设施资产支持证券挂牌申请,由交易所确认是否符合相关条件;基础设施基金申请在交易所上市的,应当符合《基础设施基金指引》和交易所规定的条件;基础设施资产支持证券申请在交易所挂牌的,应当符合《基础设施基金指引》《资产证券化业务管理规定》及交易所资产证券化相关业务规则等规定的条件。

二是基金管理人、资产支持证券管理人应当聘请符合规定的专业机构提供评估、法律、审计等专业服务,对拟持有的基础设施项目进行全面尽职调查。基金管理人拟委托运营管理机构运营管理基础设施项目的,应当对拟接受委托的运营管理机构进行充分的尽职调查，确保其在专业资质（如有）、人员配备、公司治理等方面符合规定的要求，具备充分的履职能力。

基金管理人与资产支持证券管理人聘请的专业机构可以为同一机构。资产支持证券管理人聘请资产服务机构的，资产服务机构可以与运营管理机构为同一机构。基金管理人可以依据《基础设施基金指引》聘请财务顾问开展尽职调查，也可以与资产支持证券管理人联合开展尽职调查，但应当各自依法承担相应的责任。

三是基金管理人、资产支持证券管理人提交申请文件，申请文件一经受理，基金管理人、资产支持证券管理人等业务参与机构及其人员，以及为基础设施基金提供服务的专业机构及其人员即须承担相应的法律责任。未经交易所同意，不得对申请文件进行修改。

四是交易所比照公开发行证券要求建立基础设施资产支持证券挂牌及基金上市审查制度。相关工作流程信息对外披露，接受社会监督。

五是交易所接收申请文件后，在5个工作日内对申请文件是否齐备和符合形式要求进行形式审核。文件齐备的，予以受理；文件不齐备或不符合形式要求的，一次性告知补正。

六是交易所受理申请后确定审核人员对申请材料进行审核。自受理之日起30个工作日内出具首次书面反馈意见；无需出具反馈意见的，应当通知基金管理人、资产支持证券管理人。

基金管理人、资产支持证券管理人应当在收到书面反馈意见后30个工作日内予以书面回复。基金管理人、资产支持证券管理人不能在规定期限内予以回复的，应当向交易所提出延期回复申请，并说明理由和拟回复时间，延期时间不得超过30个工作日。

交易所对回复意见文件进行审核，不符合要求的，可再次出具反馈意见；不需要基金管理人和资产支持证券管理人进一步落实或反馈的，依程序进行评议。

七是交易所根据评议结果出具基础设施资产支持证券挂牌和基础设施基金在交易所上市的无异议函或者作出中止审核的决定，并通知基金管理人和资产支持证券管理人。

八是交易所出具无异议函后至基础设施基金上市前，发生可能对基础设施基金投资价值及投资决策判断有重大影响事项的，基金管理人、资产支持证券管理人等相关业务参与机构应当及时向交易所报告，必要时应当聘请专业机构进行核查，交易所依相关程序处理，并视情况向中国证监会报告。

（三）基金发售与上市

基础设施基金份额的发售，分为战略配售、网下询价并定价、网下配售、公众投资者认购等环节。基金管理人应当按照《基础设施基金指引》及交易所基础设施基金发售业务的有关规定办理基础设施基金份额发售的相关业务活动，具体要求及流程包括以下内容。

第一，参与基金份额战略配售的投资者（简称"战略投资者"）应当满足《基础设施基金指引》规定的要求，不得接受他人委托或者委托他人参与，但依法设立并符合特定投资目的的证券投资基金、公募理财产品和其他资产管理产品，以及全国社会保障基金、基本养老保险基金、年金基金等除外。

基础设施项目原始权益人或其同一控制下的关联方参与基础设施基金份额战略配售的比例合计不得低于本次基金份额发售总量的20%，其中基金份额发售总量的20%持有期自上市之日起不少于60个月，超过20%部分持有期自上市之日起不少于36个月，基金份额持有期间不允许质押。设置原始权益人战略配售的要求，是为了防止原始权益人通过REITs完全退出项目，以切实保护投资者利益。

第二，基础设施基金首次发售的，基金管理人或者财务顾问应当通过向网下投资者询价的方式确定基础设施基金份额认购价格；交易所为基础设施基金份额询价提供网下发行电子平台服务；网下投资者及配售对象的信息以中国证券业协会注册的信息为准。

第三，网下投资者通过交易所网下发行电子平台参与基金份额的网下配售。基金管理人或财务顾问按照询价确定的认购价格办理网下投资者的网下基金份额的认购和配售；公众投资者可以通过场内证券经营机构或者基金管理人及其委托的场外销售机构认购基础设施基金。

第四，基础设施基金完成资金募集后，应当按照约定将80%以上基金资产用于投资基础设施资产支持证券的全部份额。

第五，基础设施基金符合交易所《证券投资基金上市规则》规定的上市条件的，基金管理人向交易所申请基金上市，应提交下列文件：交易所《证券投资基金上市规则》要求的基金上市申请文件；已生效的基础设施基金认购基础设施资产支持证券的认购协议；基础设施基金所投资专项计划的成立公告；基础设施基金所投资专项计划的已生效的基础资产买卖协议；交易所要求的其他文件。

第六，基础设施基金符合上市条件的，交易所向基金管理人出具上市通知书。基金管理人应当在基金份额上市交易的3个工作日前，公告上市交易公告书。上市交易公告书除应披露中国证监会《证券投资基金信息披露内容与格式准则第1号》规定的内容外，还应披露下列内容：基础设施基金发售情况；基础设施项目原始权益人或其同一控制下的关联方、其他战略投资者参与本次基金战略配售的具体情况及限售安排；基础设施基金投资运作、交易等环节的主要风险；基础设施基金认购基础设施资产支持证券以及基础设施基金所投资专项计划的基础资产情况；交易所要求的其他内容。

第七，基础设施基金的开盘价为当日该证券的第一笔成交价格，收盘价为当日该证券最后一笔交易前一分钟所有交易的成交量加权平均价（含最后一笔交易）。基础设施基金份额上市首日，其即时行情显示的前收盘价为基础设施基金发售价格。

第八，战略投资者持有的基础设施基金战略配售份额应当按照《基础设施基金指引》的规定以及相关约定进行限售管理。基金管理人应当制定专项制度，加强对战略投资者持有基金份额的限售管理。

第九，战略投资者持有的基础设施基金战略配售份额符合解除限售条件的，可以由基金管理人在限售解除前5个交易日披露解除限售安排。申请解除限售时，基金管理人应当向交易所提交下列文件：基金份额解除限售申请；全部或者部分解除限售的理由和相关证明文件（如适用）；基金份额解除限售的提示性公告；交易所要求的其他文件。

基金管理人应当披露战略投资者履行限售承诺的情况以及律师的核查意见（如需）。

第十，普通投资者首次认购或买入基础设施基金份额前，基金管理人、交易所会员应当要求其以纸质或者电子形式签署风险揭示书，确认其了解基础设施基金产品特征及主要风险。

第十一，资产支持证券管理人应按照交易所资产证券化相关业务规则向交易所申请基础设施资产支持证券挂牌。挂牌申请文件完备的，交易所向资产支持证券管理人出具接受挂牌通知书。

第十二，基础设施基金可以采用竞价、大宗、报价、询价、指定对手方和协议交易等交易所认可的交易方式。基础设施基金竞价、大宗交易适用基金交易的相关规定，报价、询价、指定对手方和协议交易等参照适用债券交易的相关规定，交易所另有规定的除外。

第十三，交易所对基础设施基金交易实行价格涨跌幅限制，基础设施基金上市首日涨跌幅限制比例为30%，非上市首日涨跌幅限制比例为10%，交易所另有规定的除外。基础设施基金涨跌幅价格的计算公式为：涨跌幅价格＝前收盘价×（1±涨跌幅比例）。

第十四，交易所在交易时间内通过交易系统或交易所网站即时公布基础设施基金以下信息：证券代码、证券简称、申报类型、买卖方向、数量、价格、收益率等。

第十五，基础设施基金采用竞价交易的，单笔申报的最大数量应当不超过1亿份；基础设施基金采用询价和大宗交易的，单笔申报数量应当为1000份或者其整数倍。交易所可以根据市场发展需要，调整基础设施基金交易申报数量。

第十六，基础设施基金申报价格最小变动单位为0.001元。

第十七，基础设施基金可作为质押券按照交易所规定参与质押式协议回购、质押式三方回购等业务。原始权益人或其同一控制下的关联方在限售届满后参与上述业务的,质押的战略配售取得的基础设施基金份额累计不得超过其所持全部该类份额的50%,交易所另有规定的除外。

第十八,基础设施基金上市期间,基金管理人原则上应当选定不少于1家流动性服务商为基础设施基金提供双边报价等服务。基础设施基金管理人及流动性服务商开展基金流动性服务业务,按照《上海证券交易所上市基金流动性服务业务指引》及其他相关规定执行。

二、材料申报与审查

(一)项目准入的申报材料要求

基础设施项目申报发行基础设施公募REITs,其申报材料应符合以下基本要求。

项目申报材料须包含基础设施REITs设立方案等项目基本情况、依法依规取得固定资产投资管理手续等项目合规情况,以及产权证书、政府批复文件或无异议函、相关方承诺函等项目证明材料。

发起人(原始权益人)应严格按照本申报要求准备项目申报材料。国家发展改革委向中国证监会推荐项目时,将以适当方式一并转送项目申报材料中的有关内容。

发起人(原始权益人)对材料真实性、有效性、合规性、完备性负责。对缺少相关材料、未办理相关手续,以及需要说明的重大问题等,发起人(原始权益人)要在项目申报材料中对有关情况和原因进行详细说明。

(二)项目准入的审查内容

针对拟发行基础设施公募REITs的基础设施项目,地方发展改革委、国家发展改革委、中国证监会主要从以下方面对相关材料进行审查,以决定项目是否准入。

第三章　基础设施公募 REITs 概述

1. 符合宏观管理政策要求

一是符合国家重大战略、国家宏观调控政策有关要求。

二是符合国民经济和社会发展总体规划、有关专项规划和区域规划（实施方案）要求。

三是符合《产业结构调整指导目录》和相关行业政策规定，符合行业发展相关要求。

四是外商投资项目还需符合外商投资管理有关要求。

2. 依法依规取得固定资产投资管理相关手续

一是项目审批、核准或备案手续。

二是规划、用地、环评、施工许可手续。

三是竣工验收报告（或建设、勘察、设计、施工、监理"五方验收单"，或政府批复的项目转入商运文件）。

四是外商投资项目应取得国家利用外资有关手续。

五是依据相关法律法规应办理的其他必要手续。

项目投资管理手续的合法合规性，应以办理时的法律法规、规章制度、国家政策等为判定依据。项目无需办理上述手续的，应说明有关情况，并提供证明材料。项目投资管理手续缺失的，应依法依规补办相关手续，或以适当方式取得相关部门认可；如现行法律法规、规章制度、政策文件等明确无需办理的，应对有关情况作出详细说明，并提供项目所在地相关部门或机构出具的证明材料。

3. PPP（含特许经营）类项目还需满足以下条件

一是 2015 年 6 月以前采用 BOT、TOT、股权投资等模式实施的特许经营类项目，应符合当时国家关于特许经营管理相关规定。2015 年 6 月以后批复实施的特许经营类项目，应符合《基础设施和公用事业特许经营管理办法》（国家发展改革委等 6 部委第 25 号令）有关规定。

二是 2015 年 6 月以后批复实施的非特许经营类 PPP 项目，应符合国家关于规范有序推广 PPP 模式的规定，已批复的 PPP 项目实施方案，通过公开招标等竞争方式确定社会资本方，并依照法定程序规范签订 PPP

合同。

三是收入来源以使用者付费（包括按照穿透原则实质为使用者支付费用）为主。收入来源含地方政府补贴的，需在依法依规签订的PPP合同或特许经营协议中有明确约定。

四是项目运营稳健、正常，未出现暂停运营等重大问题或重大合同纠纷。

4. 鼓励将回收资金用于基础设施补短板项目建设

一是回收资金应明确具体用途，包括具体项目、使用方式和预计使用规模等。在符合国家政策及企业主营业务要求的条件下，回收资金可跨区域、跨行业使用。

二是90%（含）以上的净回收资金（指扣除用于偿还相关债务、缴纳税费、按规则参与战略配售等资金后的回收资金）应当用于在建项目或前期工作成熟的新项目。

三是鼓励以资本金注入方式将回收资金用于项目建设。

5. 促进基础设施持续健康平稳运营

一是基础设施运营管理机构具备丰富的项目运营管理经验，配备充足的运营管理人员，公司治理与财务状况良好，具有持续经营能力。

二是基金管理人与运营管理机构之间建立合理的激励和约束机制，明确奖惩标准。

三是明确界定运营管理权责利关系，并约定解聘、更换运营管理机构的条件和程序。

（三）基金审批注册的申报文件及要求

基础设施公募REITs申请上市，上交所与深交所对申报材料的规定一致，申请文件的内容应当真实、准确、完整、简明清晰、通俗易懂，具体文件要求包括以下内容。

基金管理人申请基础设施基金上市，应当向交易所提交以下文件：上市申请；基金合同草案；基金托管协议草案；招募说明书草案；律师事务所对基金出具的法律意见书;基金管理人及资产支持证券管理人相关说明材料,包括但不限于投资管理、项目运营、风险控制制度和流程,部门设置与人员配备,同类产品与业务管理情况等;拟投资基础设施资产支持证券认购协议;基金管理人与主要参与机构签订的协议文件;交易所要求的其他材料。

资产支持证券管理人申请基础设施资产支持证券挂牌条件确认,应当向交易所提交以下文件:挂牌条件确认申请;资产支持证券管理人合规审查意见;基础设施资产支持专项计划说明书、标准条款(如有);基础资产买卖协议、托管协议、监管协议(如有)、资产服务协议(如有)等主要交易合同文本;律师事务所对专项计划出具的法律意见书;基础设施项目最近3年及一期的财务报告及审计报告,如无法提供,应当提供最近1年及一期的财务报告及审计报告,相关材料仍无法提供的,应当至少提供最近1年及一期经审计的备考财务报表;基础设施项目评估报告;专项计划尽职调查报告;关于专项计划相关会计处理意见的说明(如有);法律法规或原始权益人公司章程规定的有权机构作出的关于开展资产证券化融资相关事宜的决议;交易所要求的其他材料。

第四节　国内基础设施公募 REITs 的上市情况

一、已上市公募 REITs 的情况

截止到2024年5月31日,已有36只基础设施公募REITs上市,分布于仓储物流行业、产业园区行业、保障性租赁住房行业、高速公路行业、生态环保行业、新能源产业、消费基础设施行业7个行业。我国公募REITs市场募集资金规模达到了千亿元里程碑。基础设施公募REITs底层资产具体上市情况如表3.2所示。

表 3.2　36 只公募 REITs 具体上市情况

行业分布		REITs 项目名称	基金代码	上市时间	首发规模（亿）	扩募规模（亿）
产权类	仓储物流（3只）	中金普洛斯 REIT	508056.SH	2021-06-21	58.35	18.53
		红土创新盐田港 REIT	180301.SZ	2021-06-21	18.40	4.15
		嘉实京东仓储基础设施 REIT	508098.SH	2023-02-08	17.57	—
	产业园区（3只）	博时蛇口产园 REIT	180101.SZ	2021-06-21	20.79	12.44
		华安张江产业园 REIT	508000.SH	2021-06-21	14.95	15.53
		东吴苏园产业 REIT	508027.SH	2021-06-21	34.92	—
	保障性租赁住房（4只）	建信中关村 REIT	508099.SH	2021-12-17	28.80	
		国泰君安临港创新产业园 REIT	508021.SH	2022-10-13	8.24	
		华夏和达高科 REIT	180103.SZ	2022-12-27	14.04	
		国泰君安东久新经济 REIT	508088.SH	2022-10-14	15.18	
产权类	消费基础设施（11只）	华夏合肥高新 REIT	180102.SZ	2022-10-10	15.33	
		中金湖北科投光谷 REIT	508019.SH	2023-06-30	15.75	
		华夏北京保障房 REIT	508068.SH	2022-08-31	12.55	
		中金厦门安居 REIT	508058.SH	2022-08-31	13.00	
		红土创新深圳安居 REIT	180501.SZ	2022-08-31	12.42	
		华夏基金华润有巢 REIT	508077.SH	2022-12-09	12.09	
		国泰君安城投宽庭保租房 REIT	508031.SH	2023-12-27	31.73	
		华夏金茂商业 REIT	508017.SH	2024-01-31	11.06	
		嘉实物美消费 REIT	508011.SH	2024-01-31	10.48	
		华夏华润商业 REIT	180601.SZ	2024-02-27	69.43	
		中金印力消费 REIT	180602.SZ	2024-04-16	32.40	
特许经营权类	高速公路（9只）	平安广州广河 REIT	180201.SZ	2021-06-21	91.14	
		浙商杭沪甬 REIT	508001.SH	2021-06-21	43.60	
		华夏越秀高速 REIT	180202.SZ	2021-12-14	21.30	
		国金中国铁建 REIT	508008.SH	2022-07-08	47.93	
		中金安徽交控 REIT	508009.SH	2022-11-22	108.80	
		华泰江苏交控 REIT	508066.SH	2022-11-15	30.54	

续表

行业分布		REITs项目名称	基金代码	上市时间	首发规模（亿）	扩募规模（亿）
特许经营权类	高速公路（9只）	华夏中国交建REIT	508018.SH	2022-04-28	93.99	—
		中金山东高速REIT	508007.SH	2023-10-27	29.85	—
		易方达深高速REIT	508033.SH	2024-03-12	20.13	—
	生态环保（2只）	富国首创水务REIT	508006.SH	2021-06-21	18.50	—
		中航首钢绿能REIT	180801.SZ	2021-06-21	13.30	—
	新能源（4只）	中航京能光伏REIT	508096.SH	2023-03-29	29.35	—
		中信建投国家电投新能源REIT	508028.SH	2023-03-29	78.40	—
		鹏华深圳能源REIT	180401.SZ	2022-07-26	35.38	—
		嘉实中国电建清洁能源REIT	508026.SH	2024-03-15	10.70	—

若以上市日期为标准，36只产品中，共有16只产品上市以来实现了正收益，其中，中航首钢绿能REIT上市近三年以来的涨幅达17.14%；其余20只产品则均有不同程度的亏损，其中又以建信中关村REIT和华夏中国交建REIT为甚，二者上市以来亏损幅度分别35.08%、40.37%。

不过，2024年以来，借着政策和行情东风，绝大部分REITs产品均实现了正收益，占比94.44%，其中年内涨幅超5%的产品有24只，涨幅超10%的产品有13只，博时蛇口产园REIT和建信中关村REIT年内涨幅分别为21.97%、20.84%。上述36只产品中，仅有中金印力消费REIT和嘉实京东仓储基础设施REIT出现一定亏损。

二、二级市场的表现情况

中证REITs指数自2021年9月30日起正式发布，是目前唯一公开披露的权威公募REITs指数。中证REITs指数的样本空间由沪深交易所上市时间超过三个月的REITs组成，而且样本满足"过去一年日均成交金额达500万元"的可投资性筛选条件。中证REITs指数可以体现公募REITs市场的整体走势，具有很好的代表性，2021年6月14日至2024年6月13日中证REITs指数走势如图3.2所示。

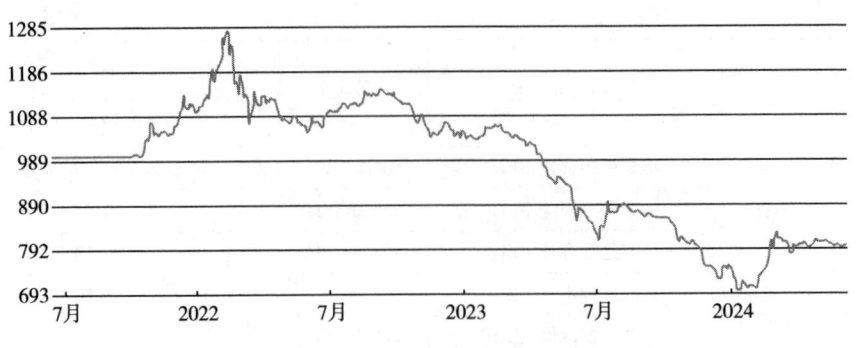

```
1285
1186
1088
 989
 890
 792
 693
     7月  2022  7月  2023  7月  2024
```

图 3.2 中证 REITs 指数走势图

资料来源：中证指数

整体上，我国公募 REITs 市场呈现先上涨后下跌的行情。公募 REITs 一经上市便受到投资者的追捧，交易情绪高涨，并于 2022 年初达到峰值。此后呈现出连续下跌行情，市场的交投活跃度相对较低，主要原因如下：第一，市场对于我国经济强劲复苏预期较 2022 年初有所下调，对不动产市场价格产生偏负向影响；第二，现金分红次数偏少，实际可供分配金额略低于市场预期值；第三，评估报告的底层基础资产评估值具有一定滞后性，与二级市场投资者的估值预期会产生偏差。

2023 年以来，公募 REITs 市场大幅暴跌，主要跟宏观景气度、出租率下滑、流动性等因素有关，其中本质上是价值回归，市场"赚钱效应"下降。进入 10 月以来，全市场进入新一轮的下跌，跌幅明显加大。主因一是两单最高涨幅标的解禁引发机构止盈，在市场同趋向性下，普跌趋势形成；二是全市场流动性进一步收紧，主要是资金需求加大、供给压力增加和汇率贬值的约束，10 月以来 REITs 日均换手率 0.6%，流动性的紧缩进一步放大了 REITs 市场的流动性压力；三是年末机构的考核压力。

2024 年以来，REITs 项目在二级市场的表现快速回暖。截至 2024 年 5 月 16 日收盘，相较发行价，目前共有 14 只 REITs 的盘中价格保持上涨。其中，华夏北京保障房 REIT 涨幅最好，2024 年新成立的嘉实物美消费 REIT 涨幅也接近 10%。在市场基本面稳定的前提下，多重因素共同提升了 REITs 的市场表现。

第三章 基础设施公募REITs概述

多因素助力公募REITs出现反弹。首先，经营业绩改善。随着2024年一季度报告的披露，部分项目经营数据稳定，可供分配金额完成情况优于预期，这是二级市场表现的重要基础。其次，制度体系不断优化。新"国九条"等政策为REITs市场提供了政策支持和发展方向，有利于强化长期持有投资逻辑，降低市场波动性，提升REITs长期配置价值。最后，债市利率中枢下行，REITs作为高分红资产的整体配置价值有望持续提升，也需要持续关注底层资产经营分化对二级市场的影响。

2024年以来，FOF作为公募REITs增量资金持续入市，截至一季度末共持有公募REITs 4365万元，持仓规模环比提升36.6%。

当前市场的问题均是初级市场必须经历的探索阶段，投资者不必苛刻，应正确看待当下市场走低的情况。另外，REITs是重分红的长期投资品种，投资者应秉持长期投资理念。

第四章
新能源产业 REITs 融资的必要性和可行性

第一节　新能源产业 REITs 融资的必要性

一、助力社会主义现代化建设的需要

基础设施是经济社会发展的重要支持,"十四五"规划纲要将"建设现代化基础设施体系"作为"加快发展现代产业体系巩固壮大实体经济根基",并指出系统布局新型基础设施夯实现代化强国先进物质基础。中央财经委员会第十一次会议指出,要加强交通、能源、水利等网络型基础设施建设,把联网、补网、强链作为建设的重点,着力提升网络效益。并在加快建设国家综合立体交通网主骨架、发展分布式智能电网、加快构建国家水网主骨架和大动脉等方面提出明确要求。

新型基础设施体系建设开展公募 REITs 可以有效拓宽融资渠道,提升资金的流动性,帮助企业降低财务风险,加快基础设施建设进度,支持社会主义现代化建设。2020 年 4 月基础设施 REITs 试点启动以来,各项工作平稳有序推进,市场认可度较高,运行总体平稳,达到预期目标。形成了一定的规模效应、示范效应。在各方共同努力下,初步探索出了一条既遵循成熟市场规律、又适应中国国情的 REITs 发展之路。

二、国家能源结构实现绿色转型的需要

新能源REITs以能源基础设施作为底层资产进行投资，兼具股票和债券的特性，能够帮助新能源产业基础设施建设快速募集资金，助力新能源产业的发展，帮助国家能源结构实现绿色转型。以电力行业为例，中国能源禀赋多煤、贫油、少气，其目前的发电结构以火电为主，而火电以燃烧煤炭为主。根据中电联统计，2019年中国发电量中火电的占比高达72%，电力领域碳排放占全国碳排放总量的30%以上。根据清华大学气候变化与可持续发展研究院的测算，在碳中和的目标下，2050年中国非石化发电量占总电量的比例将超过90%，煤炭比例则将降至5%以下。可见中国电力结构低碳转型乃至最终实现净零所面临的任务十分艰巨。能源消费低碳化趋势不变，低碳能源消费占比稳步提升。从能源品种看，煤炭需求持续高位运行，足量稳价供应态势良好。近十年来，清洁能源消费占能源消费总量的比重从2013年的15.5%上升到2023年的25.9%，提升超10个百分点，能源消费结构持续向绿色低碳转型。历年来能源消费结构如图4.1所示。

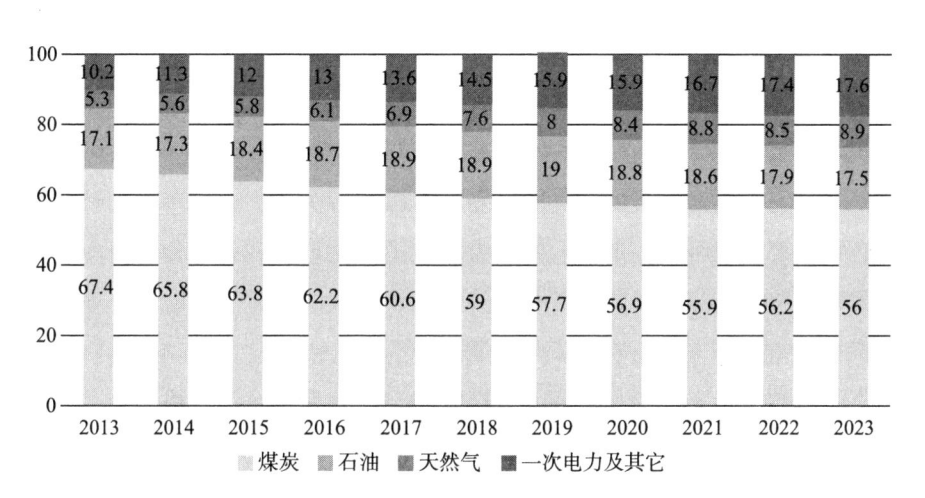

年份	煤炭	石油	天然气	一次电力及其它
2013	67.4	17.1	5.3	10.2
2014	65.8	17.3	5.6	11.3
2015	63.8	18.4	5.8	12
2016	62.2	18.7	6.1	13
2017	60.6	18.9	6.9	13.6
2018	59	18.9	7.6	14.5
2019	57.7	19	8	15.9
2020	56.9	18.8	8.4	15.9
2021	55.9	18.6	8.8	16.7
2022	56.2	17.9	8.5	17.4
2023	56	17.5	8.9	17.6

图4.1 2013—2023年能源消费结构

资料来源：国家统计局

假定风能光伏新能源实现电力平价上网，按照现在的电价，涉及的资金投入在 260 万亿元左右。若要在 20 年之内取代 50% 的化石能源，则每年的投入需要超过 6 万亿元，这是非常庞大的投资。对于这么大规模的资产，必须要有稳定的金融环境来支持。要想实现绿色低碳转型，还需要大量的清洁能源基础设施在供给端提供丰富的清洁能源产量，大量的基础设施建设需要募集足够的资金，筹集长期稳定的资金流。只有利用公募 REITs 才能为基础设施建设募集充足的、长期稳定的资金。

三、解决新能源产业投资困难、满足投资退出的需要

新能源产业属于高新技术产业类型，要想不断提高自身的发展能力，并实现可持续发展，就必须要不断地创新，但是，科技成果是一种无形资产，在其没有被研发出来之前，很难得到公允、准确的估价，未来的收益也无法提前预知。这样一来，很多金融机构和风投公司，就不愿意将大量的资金投入到这一产业。另外，部分新能源项目的原材料价格波动较大，也为融资带来了一定困难。同时，新能源产业是一个资本密集型产业，尤其在初期发展阶段，需要获得较大规模的资金支持。新能源产业投资回收期长，资金流动性差，在经营期内，投资企业想要退出很难找到"接盘者"。

当前，新能源经济的融资已经发展为以银行为主、金融市场为辅的模式，即主要有三种融资渠道：银行为主和国家主导的间接融资，资本市场主导的直接融资以及风险投资主导的新融资形式。但是，新能源企业的发展需要大量资金支持。在我国新能源企业发展过程中，由于融资约束大、资金成本高、投资周期长等原因，新能源企业的融资难问题成为制约新能源企业发展的重要因素。新能源项目资金来源如表 4.1 所示。

第四章 新能源产业 REITs 融资的必要性和可行性

表 4.1 新能源项目资金来源

项目	资金来源
风力发电	银行贷款、企业自筹资金、绿色债券、政府补贴、股权融资
光伏发电	银行贷款、企业自筹资金、股权融资、绿色电力证书出售、政府补贴、融资租赁
生物质发电	银行贷款、企业自筹资金、政府补贴、融资租赁、PE/VC 投资
核电	企业自筹资金、债券、股权融资、融资租赁
水力发电	政府财政投资、企业自筹资金、债券、股权融资、基础设施基金投资
储能电站	企业自筹资金、银行贷款、融资租赁
天然气发电	政府投资、银行贷款、股权融资

资料来源：中央财经大学绿色金融研究

借助基础设施公募 REITs 的政策东风，积极推动新能源 REITs 产品的包装上市，对于当前绿色基础设施项目面临的资金难题、产业升级瓶颈等问题均可发挥重要作用。其中最重要的一点是，通过发行 REITs，可以丰富投资人在新能源项目的退出渠道，打通碳中和产业的整个融资链条。以具有稳定的盈利模式的光伏电站为例，在项目获取阶段采用自有资金；项目电气工程阶段，光伏企业可以申请银行的短期贷款（1—2 年左右）；项目的土木工程阶段，光伏企业通过私募基金和供应链金融的形式融资；电站运营阶段，采用基础设施 REITs 和 Pre-REITs。发电设施投资回收周期较长（一般为 10—18 年），能源发电企业融资工具有限，有了公募REITs 作为新能源项目投资的退出渠道，土木工程阶段，企业可以与私募基金及供应链资金方约定退出方式与退出时间；电气工程阶段，明确的退出方式可以让项目成本变得可控，使得银行短期贷款的意愿增强，企业可以以较低的短期利率获得银行贷款。也就是说，每个阶段的投资人都有了明确的预期，整个资金链条被打通。简言之，REITs 产品可为企业充分打通基础设施资产的"投融管退"流程，服务于行业的长期建设、管理与运营。

第二节 新能源产业 REITs 的可行性

一、国家和地方政策大力支持

我国地域辽阔，各类新能源资源丰富，存量资产可观，行业集中度高。国家及不少省份陆续推出政策，鼓励新能源企业积极参与基础设施公募 REITs 项目申报，推动能源基础设施公募 REITs 的发展。REITs 相关政策梳理如表 4.2 所示。

表 4.2 REITs 相关政策梳理

发布时间	发布单位	政策名称	相关内容
2021 年 7 月	国家发展改革委	《关于进一步做好基础设施领域不动产投资信托基金（REITs）试点工作的通知》（发改投资〔2021〕958 号）	首次将包括风电、光伏发电、水力发电、天然气发电、生物质发电、核电等新能源项目纳入试点行业范围
2022 年 1 月	国家发展改革委、国家能源局	《"十四五"现代能源体系规划的通知》（发改能源〔2022〕210 号）	推动电力系统向适应大规模高比例新能源方向演进。加快发展风电、太阳能发电。提升终端用能低碳化电气化水平
2023 年 3 月	中国证监会	《关于进一步推进基础设施领域不动产投资信托基金（REITs）常态化发行相关工作的通知》	依托 REITs 储备项目丰富的重点地区，聚焦国家产业政策鼓励的能源、交通、生态环保、保障性租赁住房和数据中心等重点领域，推动完善由地方发展改革委、证监局、金融局、国资委等多部门参加的综合推动机制，统筹协调解决 REITs 涉及的项目合规、国资转让、税收政策、权益确认等问题，保障常态化发展的项目资源供给。坚持"两个毫不动摇"方针，着力推动解决民营企业 REITs 试点存在的困难和问题

续表

发布时间	发布单位	政策名称	相关内容
2023年9月	国家发展改革委	《关于进一步抓好抓实促进民间投资工作努力调动民间投资积极性的通知》	鼓励民间投资项目发行基础设施领域不动产投资信托基金（REITs）。我委将进一步加大工作力度，推荐更多符合条件的民间投资项目发行基础设施REITs，促进资产类型多样化，进一步拓宽民间投资的投融资渠道，降低企业资产负债率，提升再投资能力。各省级发展改革委要与自然资源、生态环境、住房城乡建设等部门加强沟通协调，重点围绕前期手续完善、产权证书办理、土地使用管理等方面，帮助落实存量资产盘活条件，支持更多的民间投资项目发行基础设施REITs

资料来源：中央财经大学绿色金融研究院

二、新能源基础设施存量资产巨大

截至2023年，中国在新能源基础设施方面的投资规模非常庞大。根据中国政府网发布的《新时代的中国能源发展》白皮书，中国在能源领域的发展取得了显著成就，特别是在新能源领域。白皮书提到，中国坚持优先发展非化石能源，推动能源消费革命，抑制不合理的能源消费，同时推动能源供给革命，建立多元供应体系。中国在水电、风电、光伏发电累计装机容量均居世界首位。随着中国在风能、太阳能、水力发电等领域的持续投资，新能源基础设施的存量规模已经相当可观。根据国家能源局发布的数据，截至2023年底，全国累计发电装机容量约29.2亿千瓦，同比增长13.9%。其中，太阳能发电装机容量约6.1亿千瓦，同比增长55.2%；风电装机容量约4.4亿千瓦，同比增长20.7%。历年装机容量如表4.3所示。

表 4.3　历年装机容量（万千瓦）

年份	风电	光伏	水电	火电	核电
2000	34	0	7935	23754	210
2001	38	0	8301	25301	210
2002	47	0	8607	26555	447
2003	55	0	9490	28977	619
2004	82	0	10524	32948	696
2005	106	0	11739	39138	696
2006	207	0	13029	48382	696
2007	420	0	14823	55607	908
2008	839	0	17260	60286	908
2009	1760	3	19629	65108	908
2010	2958	26	22106	70967	1082
2011	4623	212	23298	76834	1257
2012	6142	341	24947	81968	1257
2013	7716	1589	28044	87009	1466
2014	9637	2486	30486	93232	2008
2015	12934	4318	31954	100544	2717
2016	14864	7742	33207	106094	3364
2017	16367	12942	34359	110495	3582
2018	18426	17433	35259	114408	4466
2019	21005	20468	35640	119055	4874
2020	28153	25343	37016	124517	4988
2021	32800	30598.7	39100	129678	5464
2022	36544	39339.7	41350	133239	5553
2023	44134	60949	42154	139032	5691

资料来源：国家统计局

此外，我国还在积极推进新能源汽车充电基础设施的建设，以支持新能源汽车的快速发展。随着多年来的发展，我国新能源汽车进入规模化的快速发展新阶段，并已建成世界上数量最多、服务范围最大、品种类型最全的充电基础设施体系。截至2023年底，我国充电基础设施总量达859.6万台，同比增长65%。充电基础设施体系规模持续扩大、网络加快完善，截至2023年底，全国共有6328个服务区配建了充电设施，占服务区总数

第四章 新能源产业 REITs 融资的必要性和可行性

的95%，北京、上海、河北、安徽等15个省市高速公路服务区已全部具备充电能力。充电基础设施与电动汽车对比情况显示，2023年1—12月，充电基础设施增量为338.6万台，新能源汽车销量949.5万辆，充电基础设施与新能源汽车继续快速增长。桩车增量比为1∶2.8，充电基础设施建设能够基本满足新能源汽车的快速发展的需求。在此基础上，国家提出了我国充电基础设施发展的总体目标，即到2030年，基本建成覆盖广泛、规模适度、结构合理、功能完善的高质量充电基础设施体系，有力支撑新能源汽车产业发展，有效满足人民群众出行充电需求。历年充电桩规模以及未来预计充电桩规模如图4.2所示。

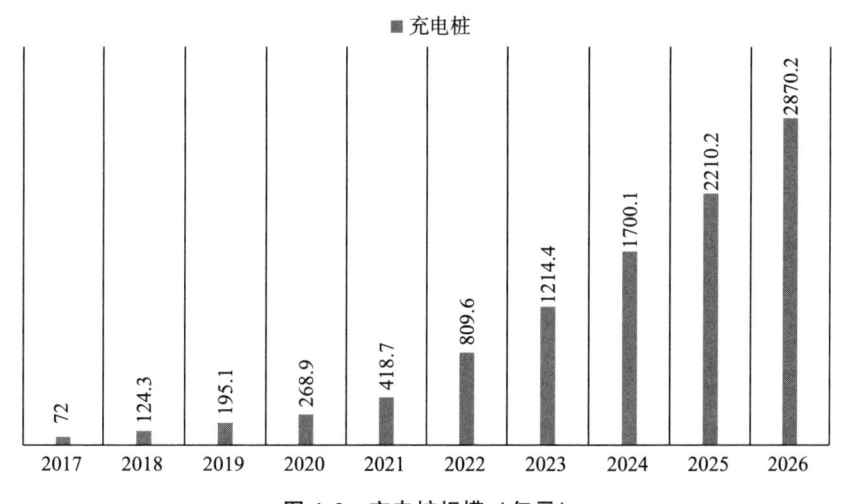

年份	充电桩
2017	72
2018	124.3
2019	195.1
2020	268.9
2021	418.7
2022	809.6
2023	1214.4
2024	1700.1
2025	2210.2
2026	2870.2

图4.2 充电桩规模（亿元）

目前我国的新能源产业虽然存量资产巨大，但在盈利和有效运营方面还存在问题，此时发行新能源产业公募 REITs 可以有效盘活存量资产，促进新能源产业健康高质量发展。从项目质地来看，我国的新能源基础设施具有标准化程度高、运营体系成熟稳定、信息化智能化程度较高的特点，整体运营难度和运营成本较低，而且由于企业规模大，大多具有专业性强且成熟的经验，因此适合公募 REITs 基金管理人委托运营人进行专业化的管理，与公募 REITs 对管理方面的要求契合度较高。从经济回报来看，水电、核电、风电、光伏发电均能够保持盈利且经营性净现金流为正，可提供长期的现金流，其中从盈利能力来看水电发行公募 REITs 可行性最高。从现金流来源看，新能源发电的主要收入为电网公司按月结算的上网电费，而电网公司则收取输送电量的过网费，对于可领取可再生能源补贴的企业，则可定期领取由可再生能源基金发放的补贴，整体现金流来源分散，周期性和可预测性强，符合公募 REITs 发行对现金流的相应要求。

三、REITs 为新能源产业大规模高质量发展拓宽融资渠道

新能源是典型的资金密集型行业，兼具公共性、基础性。如何为新能源发展拓展资金来源和渠道是重要问题。新能源投资有以下几个特点：一是资金需求规模大；二是初始投资占比高，不同于传统行业，由于发电燃料取自天然，因此新能源产业一次性投资占比高，后期运营投资需求显著减少；三是投资收益稳定；四是运营寿命长，一般的项目投资运营周期达到 30 年以上。

新能源产业现有融资渠道主要有：以银行为主的间接融资渠道，以资本市场为主的直接融资渠道，以风险投资为主的新融资业态。目前，大部分新能源项目融资以银行贷款、融资租赁等间接融资方式为主，存在授信主体不匹配、授信品种不匹配、授信审批时间长以及担保要求高等问题，导致部分企业尤其是民营企业存在"融资难""融资贵"的问题。直接融资渠道门槛较高，限制较多。因此，亟须丰富绿色金融产品和服务，为新能源企业提供更便利、更廉价、覆盖更广的融资服务。

与其他融资工具相比，REITs 具备以下几方面优势。一是可以缓解资本金压力，募集资金用于补充项目建设资本金，有力拓展资本金融资渠道，缓解自筹压力，深度贴合新能源初始投资大、运行成本低的特点。二是控杠杆，通过引入长期权益资金，提高能源企业直接融资比例，降低资产负债率，释放新增投融资空间，助力能源企业低碳转型的同时控制杠杆率。三是释放存量资产价值，通过证券化方式将流动性较弱的存量资产转化为流动性较强的可交易证券，提前回笼资金进行再投资，让存量资产变

为有效增量资金。四是打通资金链条，为前期投资方提供畅通明确的退出方式，形成"投、融、管、退"闭环，以存量驱动增量，促进形成存量资产和新增投资的良性循环。

四、五只新能源 REITs 成功发行

如今，国内新能源公募 REITs 仍处于起步阶段。自 2020 年基础设施公募 REITs 试点工作正式启动以来，共发行 36 只公募 REITs 产品，其中 5 单投向新能源领域，如表 4.4 所示。鹏华深圳能源 REIT 于 2022 年 7 月 26 日在深圳证券交易所上市，为全国首单天然气能源基础设施 REIT。中信建投国家电投新能源 REIT 和中航京能光伏 REIT 于 2023 年 3 月 29 日在上海证券交易所正式上市，成为全国首批两只新能源基础设施公募 REITs，其底层资产分别为海上风电和光伏发电项目，嘉实中国电建清洁能源 REIT 于 2023 年 9 月 21 日在上海证券交易所上市，其底层资产为四川省甘孜藏族自治州九龙县五一桥水电站（1—5 号机组）项目。华夏特变电工新能源 REIT 于 2024 年 6 月 12 日正式面向公众发售，其底层资产为新疆维吾尔自治区哈密市光伏项目。

表 4.4　5 只已发行新能源 REITs 基本信息

	鹏华深圳能源 REIT	中信建投国家电投新能源 REIT	中航京能光伏 REIT	嘉实中国电建清洁能源 REIT	华夏特变电工新能源 REIT
发行时间	2022 年 7 月 26 日	2023 年 3 月 29 日	2023 年 3 月 29 日	2023 年 9 月 21 日	2024 年 6 月 12 日
发行规模	35.38 亿元	78.40 亿元	29.35 亿元	10.70 亿元	11.637 亿元
存续年限	34 年	21 年	20 年	40 年	18 年
底层资产	深圳能源集团东部电厂（一期）项目	中电投江苏滨海北 H1、H2 海上风电项目	随州光伏发电项目、榆林光伏发电项目	四川省甘孜藏族自治州九龙县五一桥水电站（1—5 号机组）	新疆维吾尔自治区哈密市光伏项目
项目类别	特许经营权	特许经营权	特许经营权	特许经营权	特许经营权
现金流来源	售电收入	售电收入+国补	售电收入+国补	售电收入	售电收入+国补

续表

	鹏华深圳能源REIT	中信建投国家电投新能源REIT	中航京能光伏REIT	嘉实中国电建清洁能源REIT	华夏特变电工新能源REIT
国补到期日	—	2036年（H1） 2038年（H2）	2034年（榆林） 2035年（晶泰）	—	2036年
机器寿命	2037年	2041/2043年	2042/2040年	2058年（1、2、3） 2039年（4、5）	2041年

我国发行的公募REITs均通过"公募基金+资产支持证券（ABS）"的结构持有项目公司股权。目前发行的公募REITs均采用自由现金流贴现法，公募REITs的收益来源分别来自资产端和产品端：资产端主要为底层基础设施产生的现金流，包括经营性现金流和资产增值收益；产品端方面，公募REITs可以在二级市场自由流通，其收益同股票一样，受市场供给、投资者情绪等诸多因素的影响。

在底层资产方面，各项目的装机量在投资初期基本确定，对应的发电量和售电量相对稳定，上网电价有一定保障，且绿色环境价值有望逐步被认可。

从电价体系来看，整体低电价、稳波动的原则不会有太大变化，但点状需求侧的峰谷价差预计将随着需求的波动呈现拉大态势。近年来中国平均电价如表4.5所示。

表4.5 中国平均电价   元/千瓦时

	2021年	2022年	2023年
代理购电电价	0.42	0.43	0.43
输配电价	0.22	0.22	0.23
平时段电价	0.66	0.68	0.70
峰谷价差	0.66	0.72	0.71

资料来源：国家电网、南方电网

在成本方面，营业成本以固定资产折旧为主，属于固定成本，扰动项较少。新能源项目收益具有较强的可预测性和稳定性。在二级市场方面，由于国家政策的大力扶持和人们绿色环保理念的不断加强，投资者对新能源企业的关注度越来越高，这会进一步加快REITs二级市场的流动性，加快资金流转，提高新能源REITs的收益。

在收益分配方面，基础设施基金应当将90%以上合并后基金年度可供分配金额以现金形式分配给投资者，在符合分配条件的情况下，每年不得少于1次。根据万联证券的研究，截至2023年7月25日，公募REITs整体的现金分派率为6.7%（按照最新市值计算），其中产权类为3.9%，特许经营权类为9.1%（按照募集说明书公告2023年可供分配现金与总市值进行估算）。清洁能源REITs的现金分派率达10.55%，表现良好、收益可观，能够吸引更多的投资者参与。已发行公募REITs的2023年现金分派率如图4.3所示。

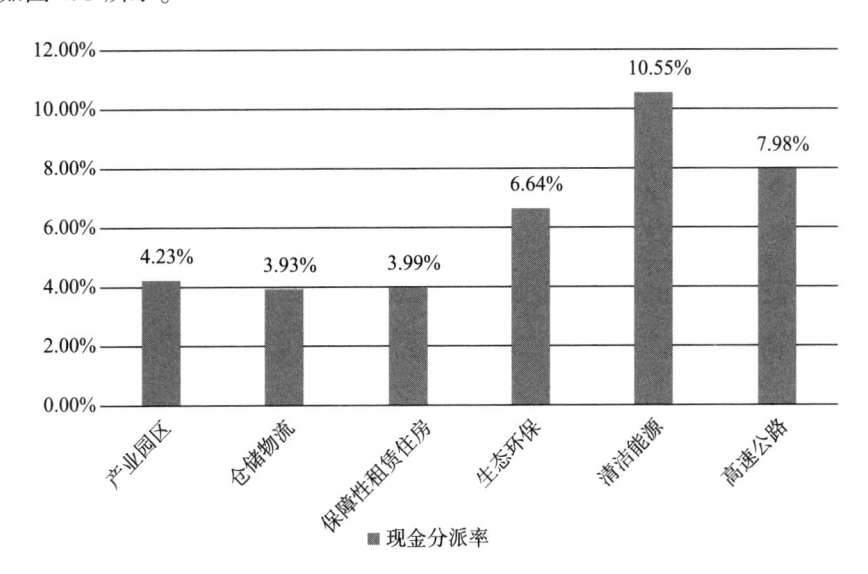

图4.3　已发行公募REITs的2023年现金分派率

在项目运营方面，鹏华深圳市场电量售电比例明显提高。自该REIT成立以来，东部电厂（一期）的生产运营表现稳中向好。2023年，项目公司实现售电收入190041.24万元，上网电量378515.50万千瓦时，全年加权平均售电单价约为0.5673元/千瓦时（含税），较同期预测值的2023年平均售电单价0.4840元/千瓦时（含税）增长17.21%。发电成本方面，目前东部电厂（一期）的天然气采购价格及数量根据天然气长协约定执行，合同有效期至2031年，价格区间合同期内锁定。

中航京能光伏REIT：中航京能光伏REIT所涉及的基础设施项目包括榆林光伏项目和晶泰光伏项目。两个项目均为集中式光伏电站，电力销售是其主要营业收入来源。中航京能光伏REIT的底层资产光伏电站的发电收入由电价收入和补贴收入构成，国补占比超五成，国补退坡政策将对未来现金流的稳定性产生不利影响。发电收入的计算方式涉及结算电量和结算电价，结算电价以上网电价为主，扣除补偿、考核及分摊费用后的价格，光伏项目的全部结算电量享受可再生能源补贴。从售电模式来看，中航京能光伏REIT的两个光伏项目保障电量与交易电量的比例受电力市场化改革的政策影响，交易电量比例增大，收入趋向以市场化为主且更具弹性。对于榆林光伏项目，从电价来看，陕西省执行上网电价（标杆电价+国补）0.8元/度，2022年榆林光伏项目的国补单价为0.4655元/度，分别占当地燃煤发电标杆上网电价和市场交易价格的58%和63%；从电量来看，陕西省实行"保量保价"与"保量竞价"相结合的制度。对于晶泰光伏项目，从电价来看，湖北省晶泰光伏项目的上网电价（标杆电价+结算电价）为1元/度，2022年晶泰光伏项目的国补单价为0.5839元/度，分别占当地燃煤发电标杆上网电价和市场交易价格的58%和56%；从电量来看，陕西省自2022年起实行按设计上网电量的20%参与市场交易，剩余电量正常上网的售电模式。

中信建投新能源REIT：中信建投国家电投新能源REIT不涉及市场化交易，稳定性高但易受风力资源不确定性的影响。海上风电收入由电价收入和补贴收入构成，上网电价包括标杆上网电价和国补两部分。从电价来看，2023年江苏省的国补电价为每千瓦0.459元（含税），占滨海北H1项目和滨海北H2项目上网电价的54%，国补占比高，需考虑国补退坡后对底层资产现金流稳定性的影响；从电量来看，本基础设施项目不涉及市场化交易，电量由江苏电网全额收购，稳定性相对较高，但海上风力发电的发电能力受风力资源影响较大，年均风速高的年份相应具有更高的发电量，从历史数据来看，近年来滨海北H1项目和H2项目的发电量与上网电量存在一定波动，相对于天然气发电与光伏发电具有更高的波动性。

嘉实中国电建清洁能源REIT：早在募集期间，本项目便受到市场各方广泛关注。对清洁能源REITs优质底层资产的认可，让项目在机构网下认购和公众认购中均出现了较低的配售比。数据显示，嘉实中国电建清洁能源REIT网下投资者发售曾提前结募，配售比例为17.42%。这既体现出投资者对清洁能源REITs优质底层资产的认可，也体现出市场对公募REITs产品的肯定和期待。

华夏特变电工新能源REIT：本项目底层资产哈密光伏项目位于新疆维吾尔自治区哈密市伊州区，哈密市是全国风资源和光资源最好的地区之一，全年日照时数3 170—3 380小时，是全国日照时数最多的地区之一，是光能产业开发的理想之地。哈密光伏项目是"天中直流"（哈密至郑州）的配套项目，电量消纳以外送天中为主，优先保供河南，通过外送天中消纳电量近三年累计占比近97%，历史收益情况稳定，资产韧性强劲。

五、降低投资门槛，提高投资的便利性和普及性

公募REITs面向社会公众投资者公开募集资金，这意味着任何符合条件的投资者都可以参与，不像私募REITs那样有较高的投资门槛。与传统融资方式不同，公募REITs上市，个人投资者可以通过开设证券账户，借助经纪商或在线交易平台轻松购买和出售REITs份额。相较于直接购买不动产份额，REITs的最小交易单位"一手"门槛降低，使得更多的个人投资者和社会资金参与进来，为投资者提供了更多的投资组合，新能源REITs为投资者增加了分散投资的机会，降低了单一资产的风险。

第三节 REITs模式应用于新能源产业的意义

一、降低企业财务压力，助力其长远发展

新能源项目的主要资金来源是自有资金和银行贷款，实际运营中也有工程公司工程垫款、供应商先发货后付款等方式，对于一些大型国有电力公司来说，资金来源比较通畅，而小的创新型新能源公司，融资则存在一定的困难。无论新能源项目原先采取的是权益性还是债权性融资，只要采取REITs的方式，都降低了企业短期资金的压力。而且通过REITs规范了项目的运营，对新能源项目自身也有提升的作用，使新能源企业更关注长期发展而不是仅仅注重短期效益。

与此同时，相关文件也明确规定，原始权益人要将基础设施REITs回收资金以资本金注入等方式投入新项目建设，投入比例原则上不低于80%，从而形成存量基础设施置换流量资金，满足补短板项目、新型基础设施项目新建扩建的投资需求，为新能源发电产业的快速发展和扩容提供长期可持续的资金支持，为能源行业产业结构调整和低碳转型提供强有力的金融支撑。

二、助力国家实现能源结构加速转型

21世纪以来，全球能源结构加快调整，新能源技术水平和经济性大幅提升，风能和太阳能利用实现跃升发展，规模增长了数十倍。全球应对气候变化开启新征程，《巴黎协定》得到国际社会广泛支持和参与。中国、欧盟、美国、日本等130多个国家和地区提出了碳中和目标，世界主要经济体积极推动经济绿色复苏，绿色产业已成为重要投资领域，清洁低碳能

源发展迎来新机遇。

"十三五"规划以来,我国加快调整能源结构、减少煤炭消费、稳定油气供应、大幅增加新能源比重。"十三五"时期,我国能源结构持续优化,低碳转型成效显著,非化石能源消费比重达到15.9%,煤炭消费比重下降至56.8%,常规水电、风电、太阳能发电、核电装机容量分别达到3.4亿千瓦、2.8亿千瓦、2.5亿千瓦、0.5亿千瓦,非化石能源发电装机容量稳居世界第一。"十四五"时期现代化能源体系在能源转型方面的主要目标是单位GDP二氧化碳排放5年累计下降18%。到2025年,非化石能源消费比重提高到20%左右,非化石能源发电量比重达到39%左右,电气化水平持续提升,电能占终端用能比重达到30%左右。

新能源企业通过发行基础设施公募REITs将成熟的存量资产盘活,将回收资金用于新的项目建设,新资产成熟后可再通过公募REITs等方式予以盘活,形成投资的良性循环,从而助力国家实现能源供给结构转型。

三、助力"双碳"目标实现

为应对气候变化,197个国家于2015年12月12日在巴黎召开的缔约方会议第二十一届会议上通过了《巴黎协定》,中国承诺会始终坚定地、积极地应对气候变化,落实《巴黎协定》,高度重视应对气候变化工作,把推进绿色低碳发展作为生态文明建设的重要内容,作为加快转变经济发展方式、调整经济结构的重大机遇。在我国设定"双碳"目标的背景下,新能源基础资产契合"双碳"目标,对减少碳排放、减缓气候变化具有直接的正面作用。新能源产业的基础设施公募REITs在助力国家绿色转型上的社会价值进一步提升。同时,近年来ESG理念在我国的热度和呼声越来越高,ESG是Environmental(环境)、Social(社会)、和Governance(治理)的缩写,是一种关注企业环境、社会、公司治理绩效而非传统财务绩效的投资理念和企业评价标准。ESG理念也将作为新能源产业基础设施公募REITs高质量发展的重要推动力,ESG评价体系有望成为未来新能源产业基础设施公募 REITs 发行和扩募以及基金管理人绩效表现的关键指标。目前已有新能源基础设施项目率先自愿发布了 ESG 报告,披露了基金管理人及项目运营管理机构履行 ESG 责任的相关表现及进展信息。此举为基础设施公募 REITs 未来的发展趋势起到良好的示范作用。

第五章
新能源基础设施项目公募 REITs 设计

第一节 底层资产类别

2021年6月29日,国家发展改革委发布的《基础设施领域不动产投资信托基金(REITs)试点项目申报要求》(简称"申报要求")明确提出将"风电、光伏发电等清洁能源项目纳入公募基础设施 REITs 的试点范围"。2022年1月30日,国家发展改革委及国家能源局联合发布的《关于完善能源绿色低碳转型体制机制和政策措施的意见》(发改能源〔2022〕206号)也明确提出"推动清洁低碳能源相关基础设施项目开展市场化投融资,研究将清洁低碳能源项目纳入基础设施领域不动产投资信托基金(REITs)试点范围"。

鹏华深圳能源 REIT 作为全国首单天然气能源基础设施 REIT,自2022年7月26日上市以来表现稳健,为新能源 REITs 的发展起到了良好的示范作用。此外,中信建投国家电投新能源 REIT 和中航京能光伏 REIT 于2023年3月29日正式上市,其底层资产分别为海上风电和光伏发电项目,标志着新能源 REITs 市场迈出了坚实的一步。

随着国家对绿色能源和绿色金融产品、服务发展的重视,越来越多的新能源基础设施项目成为具备发行 REITs 条件的优质资产。展望未来,可能发行 REITs 的新能源基础设施项目类型多样,包括风电、光伏、核能、生物质能、储能、氢能、水电及充换电基础设施项目等。

一、风电基础设施项目

风电基础设施项目的核心在于通过风力涡轮机设备将自然界的风能转换为电力。当风吹过风力涡轮机的叶片时，叶片旋转带动发电机，产生电力。这个过程涉及一系列精密的机械和电气组件，包括叶片、塔架、齿轮箱、发电机和控制系统。风力涡轮机的设计和安装需要考虑多种因素，如风速、风向、地形和气候条件，以确保能量捕获和发电效率的最大化。

我国是全球风电装机容量最大的国家，2023年全年风电装机容量约4.4亿千瓦，同比增长20.7%。1—12月全国新增风电并网装机7590万千瓦，同比增长102%。技术方面，技术创新推动了风电机组容量的增加和效率的提升，同时，数字化和智能化技术的应用，如远程监控和预测性维护，进一步提高了风电场的运营效率。此外，海上风电技术的突破推动了项目向深远海区域的拓展。这表明我国在风电领域的投资和建设活动持续活跃，风电技术不断进步，成本效益显著提高，为实现国家碳达峰和碳中和目标提供了有力支撑。

风电基础设施项目作为REITs底层资产进行上市融资的可行性已经得到了实践的验证。2023年，中信建投国家电投新能源REIT成功上市，其底层资产包括位于江苏省盐城市的滨海北H1、滨海北H2海上风电和配套运维驿站项目（第六章将详细介绍该项目）。风电项目通常能够提供稳定的现金流，符合REITs对底层资产的基本要求，同时，证监会和国家发展改革委等部门出台大量政策鼓励风电基础设施项目通过REITs模式进行融资。新能源REITs不仅为风电项目提供了新的融资渠道，还有助于盘活存量资产、改善能源电力企业财务结构，其回收资金可用于投资项目建设，形成投融资良性循环，推动风电基础设施行业快速发展。

二、光伏基础设施项目

光伏基础设施项目通过光伏板将光照转化为电能，当太阳光照射到光伏板的半导体材料上时，将产生直流电。随后，逆变器将直流电转换为交流电，以便与电网连接并供应给用户。光伏基础设施的运行效率受到光照强度、温度和光伏板材料性能等多种因素的影响。

我国光伏发电基础设施的发展表现强劲，已成为全球光伏市场的领导者。2023年新增并网容量21630万千瓦，其中集中式光伏电站12001.4万千瓦，分布式光伏电站9628.6万千瓦；而分布式光伏中户用光伏装机达到4348.3万千瓦。这一增长趋势反映了市场对光伏发电需求的增强以及光伏发电成本下降带来的经济效益。

在技术进步的推动下，光伏发电效率不断提高，成本持续下降。PERC（Passivated Emitter and Rear Cell）和TOPCon（Tunnel Oxide Passivated Contact）等高效电池技术的应用，智能制造和自动化生产线的引入，都极大地提升了光伏产品的竞争力，此外，光伏组件制造、系统集成和应用解决方案等方面也展现出强大的创新能力。自2007年以来，我国光伏发电成本累计下降超过90%，光伏上网电价不断逼近平价。未来，随着技术进步和成本下降，光伏行业的规模将持续扩大，政府政策的支持和市场驱动将推动分布式光伏发电市场的发展，进一步优化国家能源消费结构，并对环境保护产生积极的影响。

2023年3月，首单光伏基础设施REITs项目——中航京能光伏REIT成功上市，标志着光伏发电基础设施作为REITs底层资产的融资模式取得了实质性进展。中航京能光伏REIT的底层资产包括陕西榆林的300兆瓦光伏发电项目和湖北随州的100兆瓦光伏发电项目。这两个项目分别于2017年和2015年实现全容量并网发电，运营成熟度较高，年发电收入合计超过4亿元，具有稳定的现金流和良好的经济效益。此外，这些项目位于国家重大战略区域，如黄河流域生态保护和高质量发展及长江经济带，符合国家能源转型和绿色发展战略。中航京能光伏REIT的成功发行，不仅为光伏发电项目提供了新的融资渠道，也为投资者提供了分享新能源产业发展红利的机会，预计未来将有更多优质的光伏发电基础设施项目通过REITs模式进行融资。

三、核能基础设施项目

核能基础设施项目利用核反应堆中核裂变过程产生的热量，将核能转化为电能。在这一过程中，核燃料（如铀或钚）在反应堆内发生可控的链式反应，释放出大量热能，这些热能被用来加热水，产生蒸汽，驱动涡轮机旋转，进而带动发电机产生电力。核能发电具有高能量密度和低排放的特点，是实现低碳能源供应的重要途径。

国家能源局发布的数据显示，截至2023年，我国大陆在运核电机组数量为55台，总装机容量达到57吉瓦，位居全球第三。核准及在建核电机组36台，总装机容量约44吉瓦，继续保持全球第一的规模。在核能装备自主化和国产化方面，主要核电堆型设备的国产化率已经达到90%以上。预计到2035年，我国核能发电量在总发电量的占比将达到10%左右，相比2023年翻倍。

我国的核能发展不仅在规模上保持领先，而且在技术创新和装备制造方面也展现出强大的实力，为实现能源结构优化和低碳发展目标提供了有力支撑。我国的核电技术不断创新，自主三代核电技术"华龙一号"已经成功投运，标志着我国实现了从二代向自主三代核电技术的全面跨越。除了传统的压水堆技术，我国在快堆、小型模块化反应堆以及高温气冷堆等领域进行了积极探索，这些技术的研发不仅提高了核能发电的安全性和经济性，也为核能的可持续发展提供了新的可能。同时，我国在核废料处理和核安全监管方面也建立了严格的体系，确保核能利用的安全可靠。

我国的核能发展策略强调安全、高效和清洁，这与新能源REITs追求稳定现金流和长期投资回报的目标相契合。然而，核能项目的特点，如高初始投资、长运营周期、严格的安全和监管要求，以及公众对核能安全的关注，都可能影响其作为REITs底层资产的吸引力。尽管如此，随着政府部门对清洁能源和绿色金融的持续支持以及资本市场的创新，未来有可能探索出将核能基础设施项目作为REITs底层资产的新模式。这将有助于拓宽核能项目的融资渠道，优化资本结构，同时为投资者提供新的投资机会。

四、生物质能基础设施项目

生物质能基础设施项目主要通过将生物质资源，如农作物秸秆、畜禽粪便、城市有机垃圾等，转化为能源，实现能源的可持续利用。这一过程通常涉及生物质的收集、预处理、燃烧或气化，然后通过热能转化为电能或其他形式的能源。生物质发电技术包括直燃发电、混合燃烧发电、气化发电和沼气发电等方式，这些技术能够有效地将生物质能转化为电力，减少环境污染。

国家能源局的数据显示，截至2023年底，全国可再生能源发电新增装机容量3.05亿千瓦，总装机容量达到15.16亿千瓦，发电量近3万亿千瓦时。其中，生物质发电全国并网装机容量约4414万千瓦，较上年增加282万千瓦；年发电量约1980亿千瓦时，较上年增加156亿千瓦时；年上网电量约1667亿千瓦时，较上年增加136亿千瓦时，生物质能在我国能源结构中的比重逐渐增加。生物质能发电不仅有助于减少温室气体排放，还促进了农业废弃物的资源化利用，支持了乡村振兴战略。我国生物质能资源储量丰富，包括农业废弃物、林业废弃物、畜禽粪便、城市生活垃圾、有机废水和废渣等，每年可作为能源利用的生物质能资源总量约4.6亿吨标准煤。其中农业废弃物资源量约4亿吨，折算成标煤量约2亿吨；林业废弃物资源量约3.5亿吨，折算成标煤量约2亿吨；其余相关有机废弃物约为6000万吨标准煤。

近年来，我国在生物质能技术创新方面取得了显著进展，特别是在提升发电效率和降低成本方面实现了重大突破，涵盖新型生物质发电设备的研发、生物质燃料的改进以及生物质能与其他可再生能源的集成应用。例如，热电联产技术的应用显著提升了能源的综合利用效率，而生物天然气（沼气）产业的兴起则开辟了生物质能多元化利用的新路径。此外，生物质能的开发利用将向综合能源服务方向转变，单一的生物质发电模式将向综合能源服务转型，生物质能在非电领域的应用将会加强。未来，生物质能基础设施的发展将呈现跨行业、跨产业融合协同的发展趋势。生物质能与天然气、风电、光伏发电、地热、氢能等清洁能源融合发展，实现能源智慧互联，提高能源综合利用效率。同时，生物质能开发通过"农业—环境—能源—农业"高效发展模式，与现代农业、生态环境治理、能源转型、乡村振兴、城乡融合等目标高度协同发展，形成绿色低碳发展的良性循环。

随着清洁能源需求的增长及对绿色金融产品重视程度的提高，生物质能项目有望成为推动能源转型和实现环境目标的重要力量。2022年7月，首单以生物质能基础设施项目作为底层资产的REITs基金——首钢绿能REIT成功上市，进一步验证了生物质能项目通过REITs进行融资的可行性。通过REITs这一金融工具，生物质能项目能够吸引更广泛的投资者参与，为其发展提供资金支持，同时也为投资者提供了参与绿色能源革命的机会。

五、储能基础设施项目

储能基础设施项目的核心运行原理是通过特定的技术手段，将过剩的或低谷时段的电力储存起来，在电力需求高峰或供应不足时段释放，以实现电力系统的平衡和优化。这种技术能够提高电网的稳定性，减少"弃风弃光"现象，支持可再生能源的大规模并网，同时为电力市场提供调峰、调频等辅助服务，是构建新型电力系统的关键环节。

我国储能基础设施发展迅速，截至2023年底，全国已建成投运新型储能项目累计装机规模达3139万千瓦/6687万千瓦时，平均储能时长2.1小时。2023年新增装机规模约2260万千瓦/4870万千瓦时，较2022年底增长超过260%，近10倍于"十三五"末装机规模。从投资规模来看，自"十四五"以来，新增新型储能装机规模直接推动经济投资超1千亿元，带动产业链上下游进一步拓展，成为我国经济发展"新动能"。

储能技术的发展呈现出多元化趋势，锂离子电池技术不断进步，压缩空气储能、液流电池等技术也在加速发展，飞轮储能等短时高频技术的应用需求持续增加。此外，高压级联、分布式、模块化集成技术等新产品或新方案的发布，为储能在新型电力系统的规模化应用提供了关键技术支撑。

随着新能源装机的扩大和电力系统绿色低碳转型的推进，我国储能基础设施的建设和市场需求正在快速增长，展现出强劲的发展势头和广阔的市场前景，储能基础设施项目作为 REITs 底层资产的潜力将进一步得到释放。

六、氢能基础设施项目

氢能基础设施项目的运行涉及氢气的制备、储存、运输和应用。在制备阶段，氢能通常通过电解水、化石燃料重整或工业副产氢等方式产生。储存环节则包括高压气态、液态氢、固态氢等多种方式，以确保氢气的安全性和高效性。运输方面，氢能可以通过管道、长管拖车或专用船舶等方式进行。在应用层面，氢能被广泛应用于燃料电池汽车、工业生产、发电和供暖等领域，实现清洁能源的高效利用。

国家发展改革委和国家能源局联合发布的《氢能产业发展中长期规划（2021—2035 年）》明确了氢能在我国能源绿色低碳转型中的战略定位，提出了氢能创新体系、基础设施、多元应用、政策保障等方面的具体规划，为氢能产业的中长期发展描绘了宏伟蓝图。该规划提出，到 2025 年，我国将初步建立以工业副产氢和可再生能源制氢就近利用为主的氢能供应体系。燃料电池车辆保有量约 5 万辆，部署建设一批加氢站。可再生能源制氢量达到 10 万—20 万吨/年，成为新增氢能消费的重要组成部分，实现二氧化碳减排 100 万—200 万吨/年。到 2030 年，形成较为完备的氢能产业技术创新体系、清洁能源制氢及供应体系。到 2035 年，形成氢能产业体系，构建涵盖交通、储能、工业等领域的多元氢能应用生态。

我国是全球最大的制氢国，截至 2023 年底，氢气产能约为 4000 万吨/年，产量约为 3300 万吨/年。在氢气储运方面，我国现阶段主要以高压气态长管拖车运输为主，管道运输仍为短板，液态储运、固态储运均处于小规模实验阶段。在管道输氢方面，我国目前氢气管道里程约400公里，其中在用管道仅有百公里左右，输送压力为4兆帕。加氢站建设方面，我国已建成加氢站200余座，主要以35兆帕气态加氢站为主，70兆帕高压气态加氢站占比小，液氢加氢站、制氢加氢一体站建设和运营经验不足。现有加氢站的日加注能力主要分布于500—1000公斤的区间，大于1000公斤的规模化加氢站仍待进一步建设布局。

氢能基础设施项目建设需要大量的前期投资，并且运营周期较长，这与REITs追求长期稳定现金流的目标相契合。随着技术的进步和成本的降低，氢能项目的经济效益将逐步提高，这将进一步增强其作为REITs底层资产的吸引力。

七、水电基础设施项目

水电基础设施项目利用水的势能和动能来产生电能，水流通过导流渠道被引到涡轮机的叶片上，水流的动能推动涡轮机旋转，进而带动发电机产生电能。这种清洁能源技术不仅能够提供稳定的电力供应，还有助于减少温室气体排放，对实现能源安全和环境保护具有重要意义。

在政策支持和技术创新的推动下，我国水电基础设施获得了快速的发展，成为国家能源结构的重要组成部分。截至2023年11月，我国水电装机容量42 134万千瓦，同比增长2.7%。水电新增装机容量939万千瓦。全国水利建设完成投资达到10 938亿元，同比增长8.5%，提前一个月实现了年度投资目标。新开工水利项目数量达到2.73万个，同比增长10.5%，其中投资规模超过1亿元的项目有1 879个。这些数据表明，水电在我国能源体系中占有重要地位，而且具有稳定的发电能力和良好的经济效益。此外，政府部门高度重视水电资源的开发利用，提出要优化水电开发布局，加强水电资源保护，提高水电开发利用效率。

在大型水电工程的建设和智能水电技术应用等方面，我国已经实现了全面进步，特别是在抽水蓄能技术、智能水电技术、新材料和新工艺的应用等方面取得了显著成果。例如，抽水蓄能技术的发展为电网的安全稳定运行提供了重要保障，而智能水电技术的应用则正在改变传统的水电站运营模式，提高了运营效率和安全性。

首先，由于水电发电不受燃料价格波动的影响，而且运营成本相对较低，水电项目通常能够提供稳定的现金流，这符合 REITs 投资者对稳定收益的追求。其次，水电技术相对成熟，项目风险较低，这使得水电项目作为 REITs 底层资产更具吸引力。同时，水电发电对环境影响较小，符合绿色投资理念，这有助于吸引环保意识较强的投资者。然而，将水电基础设施项目作为 REITs 底层资产也面临一些挑战，如项目前期投资大、建设周期长、移民安置和生态保护等问题。在发行新能源 REITs 时，需要充分考虑这些因素，确保项目的合规性、可持续性以及投资者利益。

八、充电换电基础设施项目

充电换电基础设施项目通过建设充电站和换电站，为电动汽车提供能量补给服务。充电基础设施包括交流充电桩和直流快充站，它们能将电网中的电能转换为电动汽车所需的直流电，实现快速充电。换电基础设施则涉及建设换电站，通过更换电池包的方式，为电动汽车提供即时能量补给，这种模式尤其适用于出租车、公交车等高频使用场景。

我国充电换电基础设施发展迅速，据中国电动汽车充电基础设施促进联盟数据显示，截至 2023 年底，我国充电基础设施总量达 859.6 万台，同比增长 65%。其中，公共充电基础设施保有量为 262.6 万台，同比增长 51.7%；私人充电基础设施保有量为 563.8 万台，同比增长 75.2%。这一增长得益于政策和市场的双轮驱动，中央及地方政府出台了一系列政策支持新能源汽车充电换电基础设施的建设，《新能源汽车产业发展规划（2021—2035 年）》明确提出，到 2025 年，新能源汽车新车销量占比将达到 20% 左右，同时加快充电换电基础设施建设，形成适度超前、布局合理、智能高效的充电换电服务体系。

充电换电技术方面，我国正朝着高电压平台充电设备、智能有序充电桩、光储充一体化模式等方向发展。技术创新不断推动充电设施的智能化、高效化、无线充电、V2G（Vehicle-to-Grid）车网互动等技术的应用，以及换电技术的标准化和规模化，都在提升充电换电服务的便捷性和经济性。

新能源汽车市场的快速增长为充电换电基础设施带来了巨大的市场需求，从而为这些项目提供了稳定的现金流来源，符合新能源REITs基金发行的基本要求。同时，政府部门通过多项政策鼓励新能源汽车产业的发展，包括对充电换电基础设施的建设给予财政补贴、税收优惠等，这些政策有助于降低项目的成本，提高其经济性。此外，充电技术的不断发展使得充电效率得到显著提升，降低了运营和维护成本，为投资者提供了更高的回报预期。综上所述，充电换电基础设施项目适合作为新能源REITs的底层资产项目发行上市。

第二节 底层资产遴选

新能源REITs底层资产项目的遴选涉及多个层面。首先，项目必须确保合法合规，包括土地使用权、环保法规、特许经营权等，合法合规性是项目能够顺利运行和吸引投资者信任的基础，项目在建设、运营以及在REITs结构中的合规性都需要得到严格的审查。

其次，项目应能够产生稳定的现金流，这对于保证基金的投资回报率至关重要。投资者通常寻求可预测且稳定的收益，因此项目的现金流稳定性是评估其吸引力的关键因素。这通常涉及对项目的收入、成本、维护费用以及市场需求的深入分析。

再次，项目对环境的影响也是遴选过程中需要考虑的重要因素。新能源项目虽然旨在减少对环境的负面影响，但仍需评估其可能产生的环境风险，包括但不限于生态破坏、水资源利用等。项目的环境影响评估和相应的环保措施是确保项目可持续性的重要环节。

最后，项目运营管理团队的综合能力对于项目的长期运行同样重要。经验丰富、技术熟练的管理团队能够有效地运营项目，应对市场变化，确

第五章　新能源基础设施项目公募 REITs 设计

保项目的稳定运行和现金流的持续。管理团队的背景、经验以及过往业绩都是评估项目潜力的重要指标。

一、底层资产项目的合法合规性

在进行新能源 REITs 底层资产的遴选时，应该注意底层资产项目的合法合规性，所选项目应该符合固定资产相关规定，项目的特许经营权、土地使用权、运营资质及股权转让应合法合规，同时，还要注意项目的关联交易和同业竞争情况。

（一）底层资产项目应符合固定资产相关规定

根据相关文件，新能源项目在投资建设前必须完成前期工作，包括项目建议书、可行性研究报告、初步设计等，确保项目符合国家产业政策、环保要求和土地利用规划。此外，新能源基础设施项目还应遵循《固定资产投资项目节能审查办法》（国家发展改革委令第 44 号）中的相关规定，在项目设计和建设阶段进行节能审查，确保项目符合国家节能标准和政策要求。同时，新能源项目需要进行环境影响评价，确保项目在建设和运营过程中不会对环境造成不良影响。

投资管理手续是否合规，应以项目投资建设时的法律法规和国家政策作为主要判定依据。项目投资建设时无需办理但按现行规定应当办理的有关手续，应按当时规定进行判断，并说明有关情况；项目投资建设时应当办理但现行规定已经取消或与其他手续合并的有关手续，如有缺失，应由相关负责部门说明情况或出具处理意见；按照项目投资建设时和现行规定均须办理的有关手续，如有缺失，原则上应由相关负责部门依法补办，确实无法补办的应由相关负责部门出具处理意见。如项目曾进行改变功能用途的重大改扩建，应主要依据改扩建时的相关手续办理情况判断其投资管理合规性。

严格遵循固定资产投资管理的相关政策和规定，确保项目的合法性、合规性和可持续性，不仅有助于降低投资风险，也有助于提升新能源项目作为 REITs 底层资产的吸引力，为投资者提供稳定和可靠的投资回报。

（二）底层资产项目应该拥有合法、完整的特许经营权

首先，项目公司应依法持有拟发行新能源 REITs 的底层资产，且权属清晰、资产范围明确。项目公司必须持有政府或相关监管机构颁发的特许经营权，这一权利不仅赋予了项目公司在特定期限内建设和运营新能源项目的资格，还明确了其在经营过程中的权利和义务。特许经营权通常包括项目的地理位置、规模、技术路线、运营标准以及收益分配等核心要素，确保项目在规定的范围内合法运作。

其次，在遴选过程中，REITs 管理团队需要对特许经营权的相关文件进行严格审查，包括特许经营权证书、合同副本等，以验证其合法性和有效性。此外，项目公司还必须遵守所有相关的法律法规，包括环保、安全生产、税收等方面的规定，确保项目的合规性。特许经营权的期限应足以覆盖 REITs 产品的整个投资周期，同时，项目公司应能够满足监管要求，如出具定期报告和审计等。

（三）底层资产项目的土地使用应合法合规

用地（海）是新能源项目中较为复杂的问题之一，新能源项目用地可能涉及国有以及集体土地，甚至是海洋。对于国有土地来说，需要关注土地划拨或者出让手续是否合规，集体土地的使用则需要关注是否履行相应的备案或审批程序。此外，还需注意项目用地（海）是否占用基本农田、林地和草地、军事禁区、生态红线、水源保护区等。

如项目以划拨方式取得土地使用权，土地所在地的市（县）人民政府或自然资源行政主管部门应对项目以 100% 股权转让方式发行基础设施 RE-ITs 无异议；如项目以协议出让方式取得土地使用权，原土地出让合同签署机构（或按现行规定承担相应职责的机构）应对项目以 100% 股权转让方式发行基础设施 REITs 无异议；如项目以招拍挂出让或二级市场交易方

式取得土地使用权，应说明取得土地使用权的具体方式、出让（转让）方、取得时间及相关前置审批事项。

对项目公司不拥有土地使用权的项目，应说明土地使用权拥有人取得土地使用权的具体方式、出让（转让）方和取得时间等相关情况，土地使用权拥有人与项目公司之间的关系，以及说明项目公司使用土地的具体方式、使用成本、使用期限和剩余使用年限，分析使用成本的合理性，并提供相关证明材料。如光伏项目中较为常见的租赁用地，需提供有效的土地租赁协议，并且符合《关于支持新产业新业态发展促进大众创业万众创新用地的意见》（国土资规〔2015〕5号）、《关于支持光伏扶贫和规范光伏发电产业用地的意见》（国土资规〔2017〕8号）等文件对土地使用的相关要求。另外，根据《中华人民共和国民法典》第七百零五条规定，租赁期限不得超过二十年，超过二十年的，超过部分无效，因此，还需注意土地租赁合同期限的有效性。

（四）底层资产项目的运营资质应合法合规

新能源项目的审批手续根据具体的项目性质有所区别，例如光伏电站项目适用备案制，风电项目也正在由核准制逐步调整为备案制。新能源项目依法获得建设规划指标是其得以正常运行的前提和基础。在对项目进行核查时，应关注项目备案或核准是否过期、与实际建设情况是否一致、补贴政策是否发生变化，项目公司是否已依法取得并持有在有效期内的电力业务许可证等资质证照，如果REITs存续期内电力业务许可证无法续期，则可能面临无法正常从事发电业务的风险。

交易所审核指引第13条及《公开募集基础设施证券投资基金尽职调查工作指引》（简称"《尽调指引》"）第17条进一步对基础设施的资质作出明确要求，基础设施资产需按照规定履行规划、用地（用海）、环评、竣工验收以及其他依据相关法律法规应当办理的手续，土地（海洋）实际用途应当与其规划用途及其权证所载用途相符，并且经营资质（如涉及）应当合法有效。

除新能源基础设施项目开发过程中依照相关法律法规均应当办理的手续外，在海上风电项目中，特别是施工过程中，还可能需要取得《海上风电工程开展海底电缆调查、勘测工作的批复》《风电场电缆穿越海堤暨陆上升压站工程建设方案的行政许可决定》《涉水工程审批意见》《海底电缆及复建施工许可》《水上水下活动许可证》《风电场电缆穿越海堤工程防洪影响补偿工程专项验收意见的通知》等特别资质。如果未取得相关许可，将会受到行政处罚，进而影响新能源REITs的发行。

（五）底层资产项目的股权转让应合法合规

新能源REITs项目运行过程中涉及多个转让行为，包括但不限于：基金设立前的项目公司重组（资产剥离、利润分配、减资等）、资产支持证券管理人从原始权益人处受让标的股权（"SPV转让行为"）、SPV受让项目公司的100%股权（"项目公司转让行为"），项目公司反向吸收SPV并承继SPV的全部资产（项目公司股权除外）及负债等行为，这不仅要求原始权益人履行合法有效的内部授权，还要求其获得对应所有权人、贷款人等的外部审批或同意。

《申报要求》第二点项目基本条件中不仅要求基础设施项目应当成熟且具有可转让性，还特别要求发起人（原始权益人）、项目公司相关股东已履行内部决策程序，并协商一致同意转让。存在限定条件（如国有资产转让）或是特殊规定、约定的，还应确保项目转让符合相关要求，或者确保相关限定具备解除条件。《尽调指引》第6条及22条则还规定了需要对项目公司重大股权变动、基础设施项目转让的合法合规性进行核查。

首先遴选时应确保项目公司的法律结构清晰，所有相关的法律文件，如公司章程、股东协议、合同等，都完整且合法。这些文件中应明确界定公司的所有权结构，确保在股权转让过程中不会出现法律纠纷。其次，项目的产权必须清晰，包括土地使用权、特许经营权、知识产权等。所有这些权利都应当在法律框架内明确，并且在转让过程中得到妥善处理。任何产权不清或存在争议的情况都可能导致股权转让的合法性受到质疑。此外，股权转让程序必须遵循相关法律法规，包括但不限于公司法、证券法以及 REITs 相关的监管规定。这可能涉及股东大会的决议、股权转让协议的签订、相关政府部门的审批等。在进行股权转让时，应确保所有必要的法律程序都得到遵守，以保证转让的合法性。

在股权转让过程中，还应考虑到税务影响。股权转让可能涉及资本利得税、印花税等，这些税务问题需要在转让前进行充分评估，并在必要时寻求专业的税务咨询。股权转让的合理性也是评估的重点，转让价格应当公允，反映项目的真实价值，避免出现利益输送或损害其他股东利益的情况。此外，股权转让后，项目公司的管理结构和运营策略应保持稳定，以确保项目的长期发展和投资者的利益。

（六）底层资产项目的关联交易和同业竞争情况

新能源项目中投资方通过不同项目公司间接控制多个新能源项目、或是基金管理人可能同时管理其他与该基金同类型的基础设施基金，抑或是项目公司存在关联交易的情形时有发生，因此需要对可能存在的同业竞争、关联交易进行核查。就上述情形，需重点关注公司章程或其他的内部制度中对管理关系及可能出现的利益冲突情形制定相关的治理安排，如不存在相关治理安排，那么基金管理人及其关联方应就可能发生的此类情况出具承诺函，例如当存在关联交易时需要关注关联交易是否符合相关规定，关联交易定价依据是否充分，定价是否公允等。

《尽调指引》第 14 条要求对原始权益人及其控股股东、实际控制人之间是否存在关联关系、基础设施运营管理机构的实际业务范围及业务开展情况、定价是否公允，与市场交易价格或独立第三方价格是否有较大差异及其原因等进行调查。对项目参与机构是否采用充分、适当的措施避免可能出现的利益冲突进行判断。新能源 REITs 中的项目公司一般需要单独制定有关关联交易及同业竞争的内部管理制度，否则需要就关联交易及同业竞争情况出具《承诺和声明函》。

在底层资产遴选过程中，对项目公司的关联交易和同业竞争情况进行深入分析至关重要。在新能源 REITs 的背景下，同业竞争可能涉及风电、太阳能发电等项目的建设和运营，为避免同业竞争对 REITs 的负面影响，项目公司应与控股股东或关联企业签订避免同业竞争的协议，并在必要时采取适当的隔离措施。此外，新能源 REITs 的管理团队需要对项目公司的关联交易和同业竞争情况进行详细审查，包括评估关联交易的公允性、合理性和必要性，以及评估同业竞争对项目市场地位和盈利能力的影响。通过严格的尽职调查和风险管理，新能源 REITs 可以确保所选项目的质量和投资价值，为投资者提供稳定和可持续的回报。

二、底层资产项目的现金流稳定性

在遴选新能源 REITs 的底层资产时，重点考虑项目运营过程中现金流的稳定性是确保投资者获得稳定回报的关键。REITs 产品的核心吸引力在于其能够为投资者提供可预测和稳定的现金流，并通过现金分红的方式确保投资者获得回报，降低投资风险。新能源项目虽然具有清洁、可再生的特点，但其现金流稳定性会受到多种因素的影响，包括市场需求、电价波动、技术进步、政策支持等。发起人在遴选底层资产时可以从以下角度综合考虑。

（一）底层资产项目是否具有稳定的市场需求

大多数新能源基础设施项目主要利用可再生能源资源来产生电力，遴选底层资产时，需要考虑项目所在地的用电量需求和输电成本，这些因素对项目的经济效益和现金流稳定性有着直接影响。首先，项目所在地的用电量需求是评估项目市场潜力的关键指标，强劲的用电量需求通常意味着新能源项目有着较好的市场前景。工业发达地区和人口密集的城市通常对电力需求较高，新能源发电项目在这些地区可能更容易获得稳定的电力销售合同，从而确保稳定的现金流。其次，输电成本也是影响项目经济性的

第五章 新能源基础设施项目公募 REITs 设计

重要因素。新能源项目通常位于资源丰富但可能距离用电负荷中心较远的地区。输电成本包括建设输电线路的费用和运营维护成本。如果输电成本过高，可能会侵蚀项目的收益，降低其对投资者的吸引力。因此，项目选址时需要考虑输电线路的规划和成本，以及与现有电网的连接情况。

在实际操作中，项目公司和 REITs 管理团队可通过详细的市场调研和成本分析来评估这些因素，或与电网公司合作，了解输电线路的规划和费用以及未来可能的电价政策变化。同时，应当关注当地政府对新能源项目的支持政策，如补贴、税收优惠等，这些政策可能会降低项目的运营成本，提高其经济效益。

（二）底层资产项目是否具有成熟的经营模式

成熟度较高的新能源项目通常已经完成建设阶段，进入了稳定运营期，这意味着项目的技术和运营风险相对较低，能够提供可预测的现金流。例如，一个已经稳定运行数年的风电场，其发电能力和维护成本已经相对明确，发起人可以基于历史数据和运营记录来预测未来的现金流。此外，成熟的项目往往拥有完善的管理体系和经验丰富的运营团队，这有助于确保项目的高效运作和成本控制，进一步增强现金流的稳定性。同时，成熟的项目还可能已经建立了良好的市场声誉和客户关系，这有助于在市场波动时维持稳定的销售收入。

在遴选过程中，发起人会优先考虑那些已经完成建设、通过试运行，并已获得必要运营许可的项目。这些项目通常能够提供详细的财务报告和运营数据，使得投资者能够对项目的现金流进行更准确的评估。然而，成熟度较高的项目也可能面临技术更新换代的挑战，需要定期进行设备维护和升级，这可能会对现金流产生一定影响。因此，遴选中还需要考虑项目的维护成本和未来技术升级的潜在需求。

（三）底层资产项目是否拥有成熟的新能源技术

新能源技术的成熟度直接关系到项目的发电效率、运营成本以及长期盈利能力。随着风电和太阳能技术的不断进步，现代风力发电机组和光伏电池板的转换效率得到了显著提升，降低了单位电量的生产成本，提高了项目的经济效益。技术成熟度较高的新能源项目通常具有更低的技术风险，在经历充分的市场验证和长时间的运行测试后，这些项目能够更可靠地预测和控制运营成本，从而为投资者提供稳定的现金流。例如，海上风电技术的发展使得风电场能够在更远的海域建设，利用更稳定的风资源，从而减少对风速变化的敏感性，提高发电量的稳定性。

然而，技术进步也可能带来更新换代的挑战。项目公司需要考虑技术更新对现有资产的影响，以及可能产生的额外投资。例如，随着储能技术的进步，新能源项目可能需要增加储能设施以提高电力系统的灵活性，这可能会增加初始投资和运营成本。此外，项目公司的创新能力和研发投入也是评估其技术发展潜力的重要指标，一个拥有强大研发团队和持续创新能力的公司更有可能在未来的技术变革中保持领先地位。发起人应考察项目公司是否在新技术的研发和应用上投入了足够的资源，以及它们是否已经取得了相关的技术专利或行业认证。最后，还应考虑项目所采用的技术是否符合国际和国内的标准，以及是否具备市场竞争力。这不仅关系到项目的合规性，也影响项目的市场接受度和长期盈利能力。

在遴选过程中，发起人会综合考虑技术成熟度、成本效益、市场接受度以及未来技术发展趋势，优先选择那些技术成熟、运营成本可控且市场需求强劲的项目，以确保新能源 REITs 产品的长期稳定和投资者的收益。

（四）考虑特许经营权对项目现金流稳定性的影响

特许经营权是新能源项目合法运营的基础，它确保了项目公司在特定期限内对项目的独家经营权，这对于保障项目的稳定收入和现金流至关重要。首先，特许经营权为项目提供了法律保护，确保了项目在合同期内不受竞争性项目的干扰，从而维护了项目的市场份额和收入稳定性。例如，风电和光伏发电项目在获得特许经营权后，通常能够锁定一定的发电量和电价，为项目的长期收益提供保障。其次，特许经营权的存在降低了政策风险，政府在授予特许经营权时通常会承诺一定的政策支持，如税收优惠、补贴等，这些支持措施有助于稳定项目的现金流。同时，特许经营权也有助于项目公司在融资时获得银行和其他金融机构的信任，降低融资成本。

然而，特许经营权的获取和维护可能涉及复杂的法律程序和高昂的费用，这可能会对项目的现金流产生负面影响。此外，特许经营权的期限有限，项目公司需要考虑特许经营权到期后的续约问题，以及可能的市场竞争。因此，遴选中发起人应仔细评估特许经营权的合法性、有效性和可持续性，优先选择那些已经获得或即将获得特许经营权，且特许经营权期限较长、条件优惠的项目，以确保新能源 REITs 产品的现金流稳定性和长期投资价值。同时，项目公司还需考虑特许经营权到期的应对策略，以保障项目的长期运营。

（五）考虑存续期内是否存在国补退坡

新能源基础设施项目的收入对新能源产业补贴的依赖较大，随着新能源产业的成熟和成本的降低，政府将逐步减少对新能源项目的补贴，即"国补退坡"，这一政策变化会对新能源项目的经济效益和现金流稳定性产生显著影响。

首先，国补退坡意味着新能源项目的收入减少，这将直接影响项目的现金流，对于国补占比较高的项目来说影响较大。其次，国补发放的及时性对于项目现金流的稳定性同样重要，如果补贴发放存在延迟，可能会影响项目的流动性和短期财务状况。此外，国补退坡促使新能源项目更加注重成本控制和效率提升。项目公司需要通过技术创新和管理优化来降低运营成本，以维持项目的竞争力。这种压力可能会推动行业内部的技术创新和成本降低，从而提高项目的长期盈利能力。

遴选过程中，发起人需特别关注项目对电价补贴的依赖程度，关注补贴发放的周期和历史纪录，评估潜在流动性风险。优先考虑那些即使在补贴减少的情况下，仍能通过绿证交易、保理等其他收益方式保持稳定现金流的项目，这样的项目能在补贴政策变化的背景下依旧为 REITs 产品的投资者提供稳定的回报。

（六）定量指标

1. 运营期限

运营期限通常指从项目开始运营到预期结束的时间跨度，项目的运营期限直接关系到投资者的长期收益和资产的稳定性，在计算新能源基础设施项目的运营期限时，还需要综合如下因素（见表 5.1）。

表 5.1 影响新能源项目运营期限的因素

因素	注意事项
项目类型	不同类型的新能源项目可能有不同的运营期限。例如，风电和太阳能光伏项目通常有较长的运营期限，而一些生物质能项目可能因为原料供应或技术更新换代而有较短的运营期限
设备寿命	新能源发电设备的预期寿命是确定运营期限的重要因素。例如，风力涡轮机的设计寿命通常在 20—25 年，而太阳能光伏板的寿命可能在 25—30 年
技术更新换代	新能源技术的进步可能导致现有设备需要提前更新或升级，因此，需要评估技术更新对项目运营期限的影响
合同期限	项目可能受到购电合同（PPA）或其他长期合同的限制，这些合同的期限将影响项目的运营期限
政策和法规	政府政策和法规的变化可能会影响项目的运营期限。例如，补贴政策的调整、排放标准的变化或土地使用权的到期等
维护和大修计划	项目的维护和大修计划也会影响运营期限，定期的大修和维护可以延长设备的使用寿命

计算运营期限时，需要综合考虑上述因素对项目进行长期预测。例如，某太阳能光伏发电项目的设计寿命为 25 年，且预计在第 20 年进行一次大修，那么该项目的运营期限可能被设定为 25 年。然而，如果考虑到技术进步可能带来的设备提前更新，运营期限可能会相应缩短。在实际操作中，项目公司和 REITs 管理团队会根据项目具体情况和市场动态，对运营期限进行详细评估，并在项目申报材料中提供相应的预测和分析，这有助

第五章　新能源基础设施项目公募 REITs 设计

于投资者了解项目的长期价值和潜在风险。

2. 资本化率

资本化率是一个重要的财务指标,它反映了投资者对资产的预期回报率。资本化率的计算方法相对简单,通常基于项目的净营业收入和资产的市场价值。资本化率的计算公式为:

$$资本化率 = \frac{净营业收入}{资产市场价值}$$

在新能源基础设施项目中,净营业收入通常指的是项目在扣除运营成本、维护费用、税费等之后的实际收入。资产市场价值则是投资者愿意为该资产支付的价格。例如,如果一个新能源发电项目预计年净营业收入为 100 万元,而市场估值为 1000 万元,那么资本化率就是:

$$资本化率 = \frac{100\ 万元}{1000\ 万元} = 0.10(10\%)$$

资本化率越高,意味着投资者对资产的预期回报率越高,但也可能意味着资产的风险较高。在遴选底层资产时,发起人应根据市场情况、项目特性和风险偏好来评估资本化率的合理性,一个合理的资本化率能够反映项目的长期稳定性和现金流的可预测性。

新能源基础设施项目的资本化率受到多种因素的影响,这些因素共同决定了投资者对项目预期回报的要求。新能源项目的市场需求较为强烈,投资者对稳定现金流的需求较高,这通常会导致资本化率较低;技术成熟且运营稳定的项目往往有较低的资本化率,因为其风险较小;政府对新能源项目的支持政策,如补贴、税收优惠等,可以降低项目成本,提高资本化率;项目融资成本的高低会影响资本化率,融资成本较低的项目资本化率可能较高;大型项目可能因为规模经济而有较低的资本化率,而小型项目可能因为管理成本较高而资本化率较高;市场风险、技术风险、环境风险等风险因素也会影响项目的资本化率,风险较高的项目资本化率通常较高;项目所在地区的竞争状况也会影响资本化率,竞争激烈的市场可能导致资本化率较低。

资本化率的计算简单,易于理解和比较。同时,资本化率可以作为市场基准,帮助投资者评估项目的投资吸引力。但需要注意的是,资本化率是一个静态的指标,它不考虑资产价值随时间的变化,新能源基础设施项目容易受技术更新换代、政策变动等影响,因此在评估新能源REITs底层资产时,还需要结合其他动态财务指标和市场趋势进行综合分析。

3. 内部收益率

内部收益率(Internal Rate of Return,简称"IRR")反映了项目投资的盈利能力。IRR是使得项目净现值(Net Present Value,简称"NPV")等于零的折现率,即投资者预期从项目中获得的年化收益率。

计算内部收益率的步骤如下,首先,需要确定项目的现金流,包括初始投资、每年的现金流入(如发电收入)和现金流出(如运营成本、维护费用等)。其次,使用不同的折现率计算净现值,直到找到一个折现率使得净现值等于零。净现值的计算公式为:

$$NPV = \sum_{t=0}^{n} \frac{CF_t}{(1+r)^t} - I_0$$

其中,CF_t是第t年的现金流,r是折现率,I_0是初始投资,n是项目寿命。最后,通过试错法或使用财务计算器、电子表格软件等工具,找到使NPV等于零的折现率r,这个r就是项目的内部收益率。

在新能源基础设施项目中,内部收益率的计算需要考虑项目的具体运营情况,包括发电效率、电价、补贴政策、维护成本等因素。一个较高的内部收益率通常意味着项目具有较好的盈利潜力,但同时也可能意味着较高的风险。需要注意的是,内部收益率的计算假设现金流是连续且稳定的,这在实际运营中可能并不总是成立。因此,在遴选新能源REITs的底层资产时,发起人通常会结合其他财务指标和市场分析来综合评估项目的吸引力和风险。

4. 投资回收期

投资回收期(Payback Period)是衡量投资者从项目中收回初始投资所需时间的指标,该指标通常基于项目的净现金流进行计算。首先,计算项目的总初始投资成本,包括土地、设备、安装和调试等费用。其次,确定项目在每个会计期间的净现金流,即现金流入减去现金流出,通常包括运营收入、运营成本、维护费用、税收等。从项目开始运营起,累计每个期间的净现金流,直到累计净现金流达到或超过初始投资。如果最后一个期间的净现金流不足以覆盖剩余的投资额,则投资回收期为最后一个期间的开始到累计净现金流达到初始投资的时间。计算公式为:

$$\sum_{t=1}^{N} \frac{C_t}{C_0} = -1$$

其中,C_t 为第 t 期净现金流,n 为投资回收期,C_0 为初始投资额,现金流为负。投资回收期的优点在于它直观地反映了投资者收回投资的时间,有助于投资者评估项目的风险和流动性。然而,它的缺点在于不考虑时间价值,即未来的现金流没有按照其现值进行折算,因此可能低估了长期项目的价值。此外,投资回收期不考虑回收期之后的现金流,这可能导致对项目整体盈利能力的低估。

在实际应用中,发起人可结合投资回收期与其他财务指标,如 IRR、NPV 等,全面评估项目的财务表现和风险。

三、底层资产项目对环境的影响

在新能源 REITs 底层资产项目的遴选过程中,要注意新能源项目对环境的影响,项目是否进行完整的环境影响评估、是否制定生态环保措施、是否进行合理的环境风险管理以及是否具有企业责任感等都是需要考量的因素。

(一) 环境影响评估

环境影响评估是确保项目可持续性和合规性的关键步骤,它不仅能评估项目对当地生态系统的潜在影响,还涉及对项目运营过程中可能产生的环境风险的识别和缓解措施的制定。

首先,环境影响评估有助于确保新能源项目在设计和建设阶段就考虑到环境保护要求,从而避免或减少对环境的负面影响。例如,风电项目可能会对鸟类迁徙产生影响，而光伏项目可能需要大量土地，从而改变当地植被。通过环境影响评估，项目开发者可以采取适当的措施，如调整项目位置或设计，以减轻这些影响。其次，环境影响评估要求项目在运营期间实施环境监测和管理计划，这有助于及时发现和解决环境问题。例如，水电站项目需要监测水质和水生生物多样性，以确保其运营不会对河流生态系统造成不可逆的损害。最后，环境影响评估还涉及对项目可能产生的环境风险的评估，如意外泄漏、设备故障等。通过制定应急预案，项目公司可以减少这些风险对环境和社区的影响。

在遴选底层资产时，发起人应优先考虑那些已经完成环境影响评估并获得相关批准的项目。这些项目通常具有更清晰的环境合规路径，能够更好地管理环境风险，从而为投资者提供稳定和可预测的现金流。

（二）生态环保措施

企业或项目的生态环保措施是评估其可持续性和社会责任感的重要标准，这些措施不仅关系到项目的长期运营稳定性，也是投资者和监管机构关注的重点。

首先，项目公司应建立有效的环境管理体系，确保项目在建设和运营过程中遵循严格的环保规范，包括对废弃物的妥善处理、减少温室气体排放、保护生物多样性以及合理利用水资源等。其次，项目公司应采取创新的环保技术，通过使用低排放材料、提高能源效率、采用清洁生产技术等方式减少项目对环境的负面影响。

在项目生命周期结束后，环境恢复和生态修复计划的制定和执行也尤为重要。项目公司应在项目设计阶段就考虑到项目结束后的环境影响，制定详细的环境恢复和生态修复计划，包括对项目区域的土壤、水源、植被和野生动物栖息地的恢复措施，确保项目结束后能够恢复到接近原始状态。项目公司还应与当地环保部门和社区合作，确保环境恢复和生态修复计划的实施。这可能涉及与当地居民的沟通，以及对环境恢复工作的监督和评估。此外，项目公司应确保环境恢复和生态修复的资金来源，设立项目运营期间的专项资金积累机制，或者通过与第三方机构合作来获取必要的资金支持。

在遴选底层资产时，发起人应优先考虑那些已经实施了全面环保措施并取得显著成效的项目。这些项目不仅能够为投资者提供稳定的现金流，还能够为社会和环境带来积极影响，符合绿色金融和可持续发展的全球趋势。

（三）环境风险管理

新能源项目在运营过程中可能面临多种环境风险，包括自然灾害、技术故障、环境污染等，这些风险可能对项目的现金流和声誉产生重大影响，因此，项目的环境风险管理是评估其长期稳定性和可持续性的关键因素。

首先，自然灾害如洪水、地震、台风等可能对新能源基础设施造成直接损害，影响发电能力。项目公司应评估这些自然灾害发生的可能性，并采取相应的预防措施，如加固设施、制订应急计划等，以减轻潜在损失。其次，技术故障可能导致设备停机，影响发电效率。项目公司应确保设备维护和监控系统的有效性，定期进行检查和维护，以预防故障发生。同时，应建立快速响应机制，以便在技术故障发生时迅速恢复生产。

遴选过程中，发起人应全面评估项目的环境风险管理能力，审查项目的风险管理计划，优先考虑那些已经建立了健全环境风险管理体系的项目。

（四）企业责任感

项目方的企业责任感也是评估的重要指标，具有强烈社会责任感的企业不仅会在项目设计和运营中考虑环境保护，还会积极参与社区发展，推动绿色就业，以及支持相关的环保教育和科研活动。社会责任感不仅体现了项目的可持续发展理念，也有助于提升项目的长期价值和投资者的认同感。

首先，项目在就业方面的贡献是社会责任感的重要体现，新能源项目通常能够创造大量的就业机会，包括直接的运营和维护工作，以及间接的供应链和相关服务行业的就业，项目公司应确保提供足够的就业机会，并为员工提供良好的工作环境和职业发展路径。其次，项目公司应注重员工发展，保护员工的合法权益，包括合理的薪酬、安全的工作环境、职业培训和晋升机会。通过投资员工的发展，不仅能够提升员工满意度和忠诚度，还能够通过提高员工技能和知识水平来提升项目的整体运营效率。

社区发展是另一个关键领域。新能源项目应与当地社区建立积极的关系，通过参与社区活动、支持社区发展项目等方式，促进当地经济的繁荣。积极参与社区环境改善活动，如植树造林、水源保护等，在提高当地居民生活质量的同时提升项目的公众形象。此外，项目公司应考虑其活动对周边居民的影响，定期发布环境影响报告，公开透明地展示其环保措施和成果，增强社会信任。

遴选过程中，发起人应优先考虑那些已经建立了健全环境责任体系和补救措施的项目。同时，还应重视其对社会、环境和社区的影响，通过全面评估项目的社会责任感，确保REITs投资不仅能够为投资者带来经济回报，同时也能够促进社会的整体福祉和可持续发展。

四、项目管理人的运营能力

新能源项目遴选过程中，要注意底层资产项目管理团队的项目运营能力，运营团队应该具有丰富的管理经验及高效的运营效率。

（一）项目管理团队的管理经验

经验丰富的项目管理团队能够在新能源领域的复杂环境中引领项目稳健发展。首先，管理团队应具备成熟的管理体系，包括对项目的日常运营、维护、技术升级和市场策略的全面掌控，并展示出其在新能源领域内的专业知识和对行业趋势的深刻理解,以及成功运营类似项目的历史记录。其次,项目管理团队应具备持续学习和适应新技术的能力,确保项目能够随着行业的发展而不断进步,包括对新兴技术的敏感度,以及将这些技术应用于项目中以提高效率和降低成本的能力。

此外,核心团队成员的稳定性对于项目的长期运营至关重要,稳定的管理团队能够确保项目运营的连续性和一致性,减少因人员变动带来的不确定性。最后,管理团队在合法合规性方面的经验和能力同样重要,团队成员应熟悉并遵守所有相关的法律、法规和行业标准,包括环保法规、土地使用权和特许经营权等,以确保项目的合规运营。

遴选过程中,发起人应优先考虑那些拥有经验丰富、管理体系成熟、未来成长性强、核心团队稳定且合法合规的管理团队的项目。这些项目不仅能够为投资者提供稳定的现金流和可观的长期回报,还能够在新能源产业的快速发展中保持竞争力。

(二)项目管理团队的运营效率

项目的运营效率是评估其长期投资价值和现金流稳定性的关键因素,高效运营的项目能够确保成本控制、技术更新和维护管理的有效性。

首先,管理团队应能够展示出在维护项目设施、确保设备正常运行以及优化生产流程方面的专业能力。包括定期的设备检查、预防性维护以及对潜在故障的快速响应。其次,管理团队应具备识别和采纳新技术的能力,以提高能源转换效率、降低运营成本,并确保项目在技术进步中保持领先地位。最后,管理团队应能够通过有效的财务管理和成本削减措施,最大限度地降低项目运营成本,提高项目的盈利能力。

在遴选底层资产时,发起人应优先考虑那些在日常运营、技术升级和成本控制方面表现出色的项目。

(三)项目管理团队的风险管理

一个有效的风险管理体系能够帮助项目应对市场化、技术进步和环境挑战，确保现金流的稳定性和投资回报的可预测性。首先，管理团队应具备对市场风险的敏锐洞察力，包括电价波动、补贴政策变化以及市场需求变化等，通过制定相应的市场策略减轻这些风险对项目收益的影响。这要求团队不仅对新能源产业有深入了解，还要对宏观经济、能源政策和市场供需有全面的认识。

其次，管理团队应具备对新能源技术发展趋势的深刻理解，能够识别和评估新技术对现有项目可能带来的影响。包括对风电、太阳能、储能等领域的最新技术进展的跟踪以及对这些技术在提高发电效率、降低成本和增强系统稳定性方面潜力的评估。

再次，团队需要制定明确的技术升级计划，以确保项目能够及时采用新技术，从而保持其在市场上的领先地位，这涉及对现有设备的改造、新设备的采购以及对运营流程的优化。管理团队还应具备与技术供应商、研究机构和行业专家建立合作关系的能力，以便获取技术支持和知识共享。这有助于项目在技术创新方面保持领先地位，并能够快速响应市场变化。

最后，管理团队还应建立全面的法律合规体系，以应对政策变动、土地使用权争议等法律风险。管理团队应具备与政府、监管机构和行业伙伴有效沟通的能力，以确保项目能够充分利用政策支持，同时遵守所有相关法规。包括及时了解和适应政策变化，如可再生能源补贴政策的调整或碳排放交易市场的新规定。

在遴选新能源基础设施项目作为REITs底层资产时，发起人应优先考虑那些已经建立了健全风险管理体系的项目。

（四）项目管理团队的财务管理能力

在新能源REITs底层资产的遴选过程中，项目的财务表现是评估其经济价值和投资吸引力的核心指标，稳健的财务状况和良好的盈利能力能够为投资者提供稳定的回报，并增强项目的市场吸引力。

首先，项目的财务报告应提供清晰、透明的收入和成本信息，包括电力销售收入、运营成本、维护费用以及可能的补贴收入等。其次，现金流是衡量项目财务健康状况的关键指标，管理团队应能够有效管理现金流，确保项目在运营过程中有足够的流动性来应对日常开支和潜在的财务压力。最后，盈利能力是投资者关注的重点，管理团队应通过优化财务结构，如合理配置资产负债、降低财务成本、提高资产周转率等，来提升项目的净利润率和股东权益回报率。

在遴选底层资产时，发起人应优先考虑那些财务表现强劲、现金流稳定且盈利能力良好的项目。

五、金融机构的产品运营能力

（一）金融机构的专业能力

基金管理人和资产支持计划管理人在新能源领域的经验以及其在设计和执行REITs产品方面的专业知识，对于评估项目的长期价值和投资吸引力至关重要。

首先，产品运营机构在新能源领域的经验是评估其专业能力的重要指标，管理机构应具备管理类似资产的历史纪录，能够展示出对新能源市场动态的深刻理解，以及在应对市场变化和技术进步方面的灵活性。其次，管理机构需要具备设计和执行REITs产品方面的专业知识及处理资产证券化、现金流分配和税务规划的能力，这涉及对REITs结构的深入理解，包括如何将底层资产转化为可交易的证券，以及如何优化现金流分配以最大化投资者回报。

发起人应优先考虑与那些具有丰富经验和专业能力的金融机构合作。

（二）金融机构的流动性管理能力

金融机构的流动性管理能力对于确保投资者能够灵活进出投资至关重要，它不仅影响投资者的交易体验，也是衡量新能源REITs产品市场吸引力和投资者信心的重要指标。

首先，金融机构应具备有效的流动性管理策略，确保二级市场交易的活跃度，并通过与市场参与者的积极沟通和市场推广活动，提高 REITs 产品的市场认知度和交易量，从而增强其流动性。其次，金融机构应确保资产的可交易性，这意味着底层资产应具有较高的市场接受度和易于转让的特性，新能源基础设施项目通常具有稳定的现金流和可预测的收益，这些特征有助于提高资产的吸引力和流动性。最后，金融机构还应考虑通过技术手段提升流动性，如利用电子交易平台和算法交易策略，以提高交易效率和降低交易成本。

发起人应优先考虑与那些具备强大流动性管理能力的金融机构合作。

（三）技术平台和运营效率

金融机构的技术平台和运营效率对于确保 REITs 产品的高效运作和成本控制至关重要，强大的技术支持和优化的运营流程能够提升管理效率，降低运营成本，从而为投资者提供更高的回报。

首先，金融机构应具备先进的技术平台，如资产管理系统、风险管理系统和交易执行系统。这些系统能够自动化处理日常运营任务，如资产估值、现金流管理和税务报告，从而提高工作效率和准确性。其次，运营流程的优化对于降低成本和提高服务质量同样重要。金融机构应实施标准化的操作流程，确保所有业务环节的高效执行，包括对项目的日常监控、定期审计和合规性检查，以及对市场变化的快速响应等。最后，金融机构还应考虑采用新兴技术，如人工智能、大数据分析和区块链等，以增强风险管理能力、提高决策效率并增强透明度。这些技术可以帮助金融机构更好地了解市场趋势，优化资产配置，以及提高与投资者的沟通效率。

发起人应优先考虑与那些技术平台先进、运营流程高效的金融机构合作。

（四）金融机构的财务管理能力

金融机构的财务管理能力是需要考量的重点因素，首先，金融机构应提供详尽的财务报告，这些报告应能够全面反映项目的财务状况，清晰、准确的财务报告不仅有助于投资者做出明智的投资决策，也是监管机构和市场对金融机构信任度的重要体现。报告中应明确展示项目的收入来源、成本结构、现金流状况以及盈利能力，确保投资者能够对项目的财务表现有清晰的认识。

其次，金融机构应确保财务报告的透明度，这意味着报告应遵循相关的会计准则和披露要求，避免使用复杂的会计处理方法来掩盖项目的财务状况。此外，报告中应包含对关键财务指标的解释，以及对任何重大变化的合理说明。金融机构还应定期更新财务报告，并在必要时提供额外的财务分析，如敏感性分析和风险评估，以帮助投资者更好地理解项目的财务风险。

发起人应优先考虑与那些提供高质量、透明财务报告的金融机构合作。

（五）金融机构的投资者关系管理

新能源 REITs 产品管理团队与投资者的沟通能力，以及其如何维护和提升 REITs 的市场形象，对于确保投资者的满意度和 REITs 产品的成功至关重要。

首先，管理团队应具备有效的沟通策略，能够及时、透明地向投资者报告项目的运营状况、财务表现和市场动态，通过定期的财务报告、投资者会议以及通过各种渠道与投资者保持互动。其次，管理团队应展现出对投资者关切的敏感性，理解投资者的需求和期望，并对投资者的反馈和建议给予充分重视，以优化项目的运营和财务策略。最后，管理团队还应致力于提升 REITs 的市场形象，通过积极的公共关系活动和品牌建设，如参与行业会议、发布新闻稿以及与媒体和分析师建立良好的关系等，增强市场对 REITs 产品的认知度和信任度。

发起人应优先考虑与那些在投资者关系管理方面表现出色的金融机构合作。

第三节 新能源REITs基金产品设计

一、整体架构

根据《公开募集基础设施证券投资基金指引（试行）》（简称"基金指引"）和配套业务规则的征求意见稿，新能源REITs的标准交易结构为REITs（公募基金产品）-ABS（资产支持证券）-SPV（基础设施项目公司）的三级结构。首先，由符合条件的取得公募基金管理资格的证券公司或基金管理公司，依法依规设立公募基础设施证券基金；其次，经中国证监会注册后，公开发售基金份额募集资金；最后，投资人投资于新能源REITs基金份额，基金持有资产支持专项计划100%份额，通过资产支持专项计划直接或间接持有项目公司100%股权和股东借款债权，自此完成对标的基础设施的收购，开展基础设施REITs业务。

新能源REITs基金的交易结构具体如图5.1所示。

二、资产重组

（一）资产重组的原因与目的

根据公募REITs相关法律法规的规定，只有满足特定条件的基础设施资产才可以作为发行公募REITs的基础设施资产。因此，在新能源REITs发行之前，要确定拟用于发行新能源REITs的基础设施资产范围，即挑选出拟入池的基础设施资产（简称"基础设施资产"），并且该基础设施资产应符合公募REITs发行的要求和条件（应属于"合格资产"）。

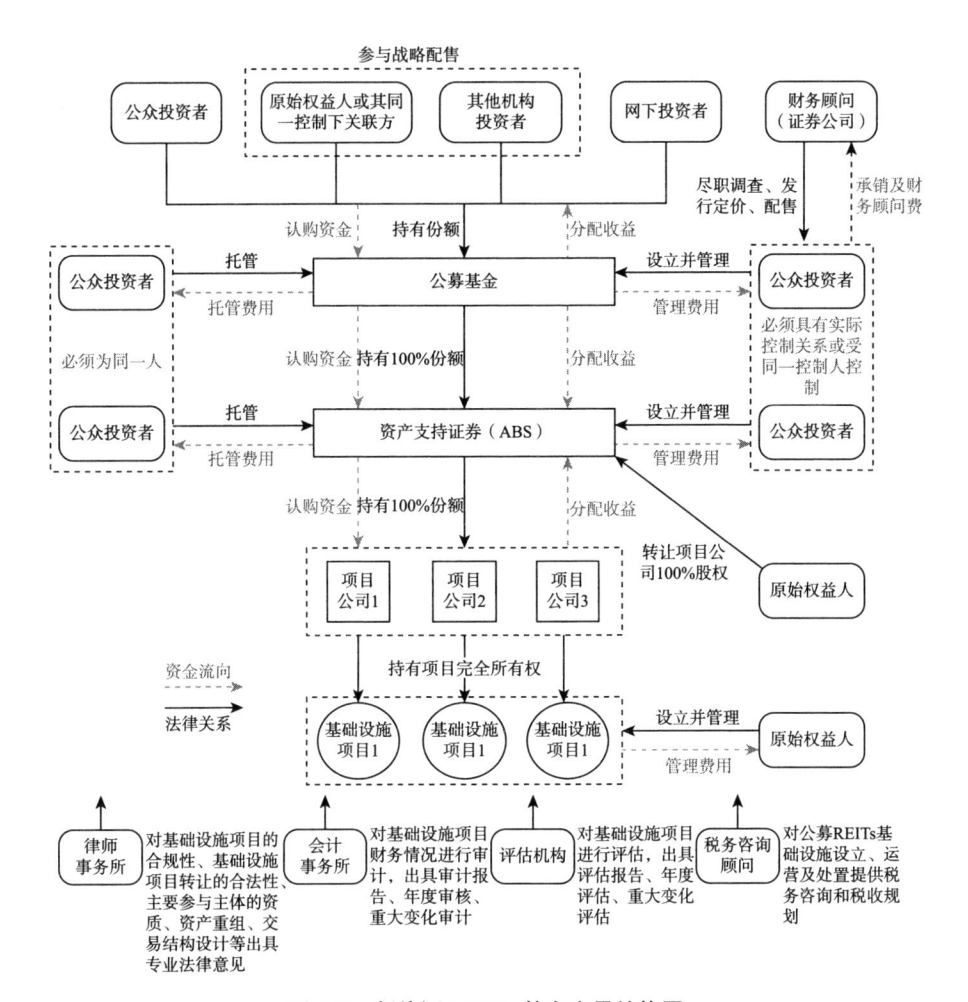

第五章 新能源基础设施项目公募 REITs 设计

图 5.1 新能源 REITs 基金交易结构图

根据基金指引的规定，要求所设立的新能源 REITs 基金（简称"基金"）通过资产支持证券和项目公司等载体取得基础设施项目完全所有权或经营权。目前市场发行的新能源 REITs 普遍采用"公募基金+资产支持专项计划+项目公司"的交易结构，该交易结构下，为实现通过资产支持专项计划 100%持有项目公司股权让基金间接持有基础设施资产，并实现有效的风险隔离，需构建或者拥有一个独立的项目公司装入基础设施资产，即需要保证持有基础设施资产的项目公司不持有基础设施资产之外的其他资产，并保障其不存在其他不必要的法律（包括破产风险在内）和税务等风险。

因此，在基金设立前须根据原始权益人及其所持有基础设施资产的实际情况、项目交易架构以及所在地方税收政策的要求，确定是否需要对入池的基础设施资产进行重组以及采用何种方式进行资产重组。

（二）新能源基础设施项目在资产重组时的注意事项

在进行新能源 REITs 产品设计阶段的资产重组时，需要特别注意新能源项目特有的几个方面。

首先，新能源项目通常涉及复杂的技术系统，这些技术在成熟度、运营稳定性和维护要求上可能与传统基础设施有所不同。因此，在资产重组过程中，必须确保技术系统的完整性和可靠性，避免因技术问题导致运营中断或效率下降。

其次，新能源项目的收益往往受到政策支持和市场环境的影响，资产重组时应充分考虑政府补贴政策的变动、电价波动以及市场需求的变化等因素，确保重组后的资产能够适应这些外部条件的变化。

再次，新能源项目的环境影响评估和合规性审查是资产重组中不可忽视的环节，项目在建设和运营过程中必须遵守环保法规，包括土地使用权、水资源管理、生态保护等。重组过程中应确保所有相关环保文件和许可齐全，避免因环境合规问题而影响项目的运营。同时，在采用涉及资产出资或转让的资产重组方式时，应确保资产评估的准确性，特别是对于新能源项目中的无形资产评估，如技术专利、运营许可等。

最后，新能源项目的运营和维护需要特定的专业知识和技能。在资产重组时，应评估项目公司的管理团队是否具备足够的经验和能力来管理新能源项目，以及是否有必要引入外部专业管理机构。此外，项目公司的治理结构和内部控制机制也是资产重组时需要关注的重点。

（三）正向剥离模式下的公司分立方式

从是否需要变更入池基础设施资产持有主体的角度分类，实务中新能源 REITs 产品涉及基础设施资产重组时，主要采用正向剥离和反向剥离两

第五章 新能源基础设施项目公募 REITs 设计

种方式。

正向剥离是指基础设施资产持有人通过派生分立方式以标的资产分立形成新项目公司，或者原持有主体设立子公司，将标的资产以出资或者划拨方式注入该子公司。正向剥离方式将基础设施资产注入新成立的项目公司，基础设施项目与项目公司之间的法律关系更为清晰明了，其重组模式如图5.2所示。

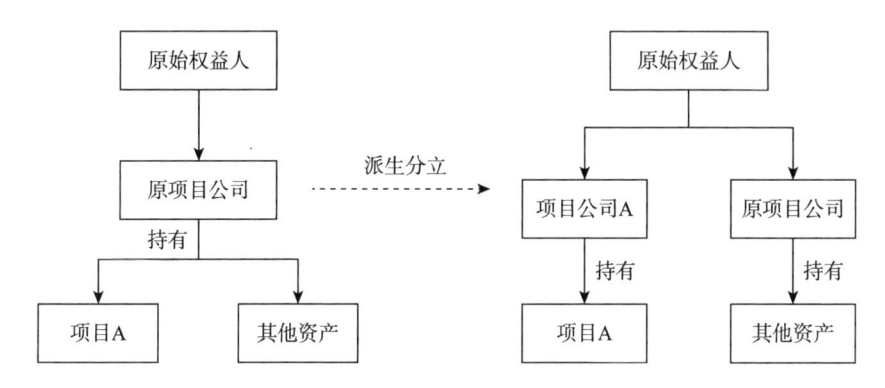

图5.2 正向剥离方式示意图

在该项目中，原始权益人通过派生分立的方式，分立为存续公司项目公司A和原项目公司，分立实施完毕后，项目公司A持有底层基础设施资产项目A，从而完成了资产的重组。通过公司分立方式形成的新项目公司股权清晰，资产的权属明确，但根据《公司法》等相关法律法规的规定，公司分立前存在的债务由分立后的公司（项目公司）承担连带责任的风险，相应的原始权益人应在设计方案时对此做出责任承担的具体安排或措施，并在项目申报文件中进行充分的披露。以图5.2为例，就原项目公司分立前的债务由分立后存续的原项目公司与派生分立产生的项目公司承担连带责任的问题，可在项目申报《法律意见书》中载明"原始权益人已出具《承诺函》，承诺如项目公司需对原项目公司分立前的任何债务和担保责任承担责任或被第三方追索的，由原始权益人承担责任及追索后果，并赔偿项目公司因此所受损失"。

(四) 正向剥离模式下的资产出资方式

正向剥离模式下的资产出资方式是指原始权益人将其持有的基础设施资产作为出资,设立一家新公司作为项目公司,即以非货币作价出资的方式设立项目公司的形式实现基础设施资产的重组。

如图5.3所示,原始权益人先投资设立一家新项目公司,然后将其持有的项目A、项目B的物业及土地使用权作为非货币财产出资增资到该项目公司,从而完成资产重组。根据《公司法》等相关法律法规的规定,股东可以使用货币出资,也可以使用土地使用权等非货币财产作价出资,但对作为出资的非货币财产应当评估作价。因此,采用基础设施资产作价出资方式的,还应履行必要的资产评估程序。

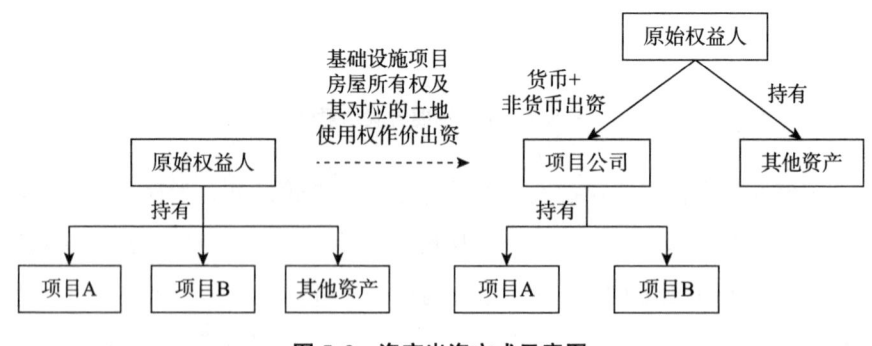

图 5.3 资产出资方式示意图

(五) 正向剥离模式下的资产转让方式

资产划转最初是适用于国有企业的一种特殊资产重组方式,即"国有资产无偿划转"方式,且法律法规中对国有资产的无偿划转有明确性规定。目前,现行法律规定中虽没有关于"非国有企业"资产划转定义等的明确规定,但依据现行税收政策文件的有关规定,"资产划转"可适用于"非国有企业"的资产重组,并且该方式也是目前实务中REITs最常采用的一种资产重组方式,选择该方式的一个主要原因是拟通过合理合法的税收筹划,以达到享受税收优惠的目的。

第五章 新能源基础设施项目公募 REITs 设计

总体来说，资产划转就是原始权益人将其持有的基础设施资产直接进行转让或转移（转给新设立的项目公司）以达到资产重组的目的。出于税收筹划的考虑，重组采用资产划转方式的同时还常伴随着将资产、负债及人员的一并划转（见图5.4）。资产划转不同于资产出资，虽然两种方式都涉及资产在不同主体之间的转移，但资产划转方式不涉及基础设施资产的作价出资。

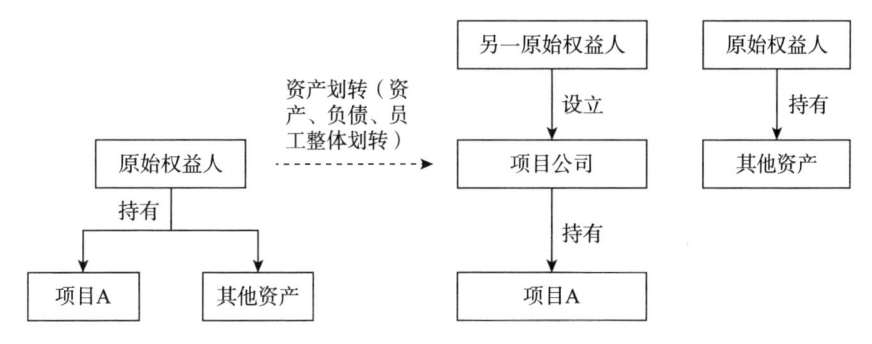

图5.4 资产转让方式示意图

（六）反向剥离模式

反向剥离是指将持有基础设施及其他资产的项目公司中与基础设施资产无关的资产和业务剥离到其他主体后，项目公司仅持有与基础设施资产相关的资产及业务。在反向剥离方式下，基础设施资产由原资产持有人持有，原资产持有人承担其过往经营过程中产生的法律风险、财务风险及税务风险等。但反向剥离方式操作过程更为复杂，涉及成立新项目公司，其重组模式如图5.5所示。

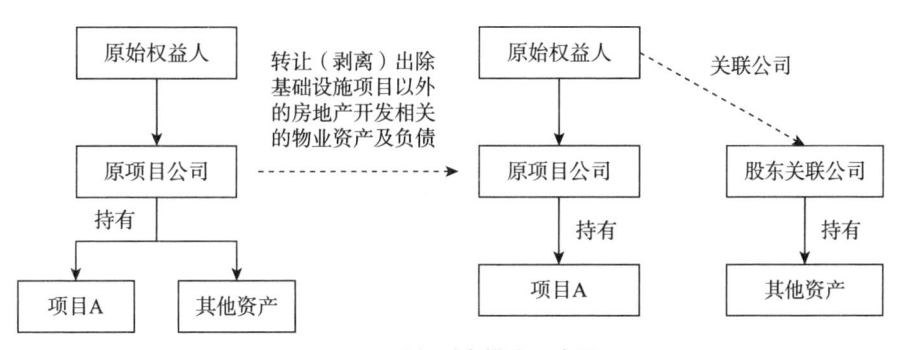

图5.5 反向剥离模式示意图

· 209 ·

本项目中，原始权益人以转让的方式将其持有的除基础设施项目 A 以外的资产及负债，从原项目公司剥离至其股东的关联公司，以实现基础设施项目业务的单独实体运营。

三、基金设立及资金募集

由基金管理人依照《基金法》《运作办法》《销售办法》《基础设施基金指引》《基金合同》及其他有关规定设立新能源基础设施投资基金。

基金份额发售的相关业务活动应当符合法律法规、业务规则的有关规定。若证券交易所、登记机构、证券业协会、基金业协会及相关登记机构、销售机构针对基础设施证券投资基金的发售推出新的规则或对现有规则进行调整，基金管理人可相应对基金的发售方式进行调整，但应在实施日前依照《信息披露办法》的有关规定在规定媒介上进行公告。

（一）基金的运作方式

新能源 REITs 基金的运作方式为契约型封闭式基金，这种基金结构具有其独特的特点和运作机制。契约型基金是基于基金合同设立的，基金管理人、托管人和投资者三方通过签订基金合同来明确各自的权利和义务。基金合同是基金运作的基础法律文件，它规定了基金的投资目标、投资策略、收益分配方式、费用结构、风险控制措施以及基金终止和清算等重要事项。在这种结构下，基金的运作是封闭式的，这意味着基金份额在发行后不再接受新的认购，也不会赎回。投资者购买基金份额后，只能在二级市场上进行交易，不能直接向基金管理人赎回。这种封闭式运作有助于基金管理人更好地执行长期投资策略，避免频繁的资金流入和流出对基金运作产生影响。

在基金的运作过程中，基金管理人负责日常的投资决策和管理，包括资产配置、风险控制和收益分配等。基金托管人则负责基金资产的保管和监督基金管理人的投资行为，确保基金资产的安全和合规运作。投资者通过购买基金份额参与基金的收益分配，同时承担相应的投资风险。

总之，契约型封闭式运作方式旨在为投资者提供一个稳定、透明的投资平台，通过专业的投资管理和严格的风险控制，力求实现资产的长期增值，为投资者带来稳定的投资回报。

（二）募集规模

新能源 REITs 的募集规模直接影响到基金的运作效率和投资者收益，募集规模的确定通常涉及多个因素。首先，需要对新能源基础设施项目进行全面的资产评估，包括对项目的发电能力、运营成本、技术成熟度、市场需求以及政策支持等因素的深入分析。资产评估价值为基金募集提供了基础，确保募集的资金能够满足项目建设和运营的资金需求。其次，基金管理人会进行市场询价，以了解潜在投资者对新能源 REITs 产品的购买意愿和预期。这一过程涉及与各类投资者的沟通，包括机构投资者和个人投资者，以评估市场对新能源 REITs 的需求。市场询价结果有助于基金管理人了解投资者的偏好，从而调整募集规模以满足市场需求。

结合新能源基础设施项目的特点，基金管理人还需要考虑项目的长期性和政策依赖性。新能源项目通常受益于政府的补贴政策，这些政策可能会影响项目的现金流和收益预期。因此，在确定募集规模时，应充分考虑政策变动对项目未来现金流的影响。最后，根据基础设施项目资产评估价值和市场询价结果综合确定新能源 REITs 的募集规模，确保基金在为投资者提供稳定收益的同时支持新能源产业的健康发展。

（三）基金期限

新能源 REITs 的基金期限是基金运作周期的关键参数，基金期限的确定需要综合考虑新能源基础设施项目的特点。首先，新能源基础设施项目通常具有较长的建设周期和投资回收期，即使进入稳定运营阶段，仍有较长的运营期。因此，为确保投资者能够从项目中获得预期的回报，新能源 REITs 的基金期限通常较长。其次，新能源技术更新换代的速度较快，可能需要定期的技术升级和设备更换。基金期限的设定应考虑到这些潜在的更新需求，以便在必要时为项目提供资金支持，确保其持续的竞争力。

再次，新能源项目的收益在很大程度上依赖于政府的政策支持，基金期限的确定需要考虑政策的稳定性和可持续性，确保在政策变动时，基金能够灵活调整策略，以保护投资者的利益。此外，基金期限的确定还需要考虑新能源基础设施项目特许经营期限和土地使用期限的限制。最后，市场需求的稳定性也是确定基金期限的重要因素。新能源基础设施项目的收益受到电力市场供需状况的影响，对于基金期限应考虑到市场需求的长期趋势，确保在市场需求变化时，基金能够适应市场变化，维持稳定的现金流。

（四）资金募集

基础设施基金份额的发售，分为战略配售、网下询价并定价、网下配售、公众投资者认购等活动。借鉴境外市场公募REITs询价发行的成熟做法，新能源REITs基金经中国证监会注册后，其认购价格通过交易所网下发行电子平台向网下投资者以询价的方式确定，基金管理人或其聘请的财务顾问受委托办理路演推介、询价、定价、配售等相关业务活动。

基金管理人通过公开发售基金份额来募集资金，这一过程通常包括以下几个步骤。首先，基金管理人会制定详细的募集计划，明确募集目标、募集规模、募集期限以及募集资金的用途。这一计划需要符合监管机构的要求，并确保募集活动合法合规。其次，基金管理人会准备募集文件并将其提交给监管机构进行审查和批准。这些文件包括招募说明书、基金合同、托管协议等，详细说明基金的投资策略、风险收益特征、费用结构以及投资者权益等内容。

在获得监管机构的批准后，基金管理人会启动公开发售活动，通过各种渠道向潜在投资者推介新能源REITs产品，包括投资者路演、媒体宣传、线上和线下的营销活动等。在这个过程中，基金管理人需要向投资者清晰地传达新能源REITs的投资价值和风险，确保投资者充分理解产品特性。

图 5.6 为基金募集结构。

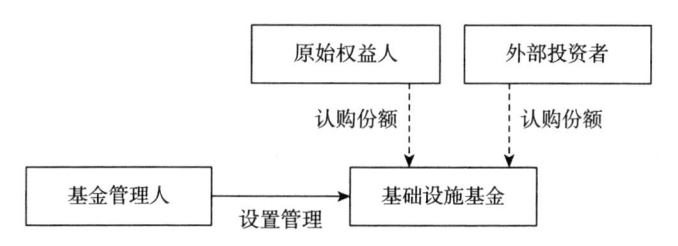

图 5.6 基金募集结构示意图

此外，基金管理人需要在募集文件中充分披露基金发行所涉及的风险，并在投资策略中考虑如何降低这些风险对投资者收益的影响。同时，新能源项目的运营可能需要特定的专业知识和技能，在募集过程中，基金管理人需要确保项目公司有足够的资源来吸引和保留必要的运营团队，以维持项目的高效运营。

（五）投资目标

新能源 REITs 将 80% 以上基金投资于专项计划发行的 ABS 并持有其全部份额，通过资产支持证券等持有新能源基础设施项目公司股权，最终取得相关基础设施项目完全所有权。通过主动的运营管理和投资管理，在保障公共利益的基础上力求实现基础设施项目的平稳运营，为 REITs 份额持有人提供稳定且长期可持续的收益分配。

（六）投资人及持有期安排

原始权益人或其同一控制下的关联方参与新能源 REITs 份额战略配售的比例合计不得低于该次基金份额发售数量的 20%，其中发售总量的 20% 持有期自上市之日起不少于 60 个月，超过 20% 部分持有期自上市之日起不少于 36 个月，新能源 REITs 份额持有期间不允许质押。专业机构投资者可以参与新能源 REITs 份额战略配售，其持有期限自上市之日起不少于 12 个月。这种安排为专业机构投资者提供了参与新能源基础设施项目的机会，同时也有助于提高 REITs 的市场流动性。

此外，新能源 REITs 份额在持有期间不允许质押，这一规定有助于维护 REITs 的稳定性，防止因质押行为导致的潜在风险。同时，对于新能源基础设施项目而言，投资者的持有期限安排应与项目的长期性相匹配。

四、专项计划设立与项目公司股权收购

（一）资产支持专项计划设立

资金募集完成后，基金管理人将募集资金扣除基金预留的必要费用后 100%认购资产支持证券全部份额（见图 5.7）。资产支持证券管理人完成资产支持专项计划的设立，基金管理人和资产支持证券管理人必须具有实际控制关系或受同一控制人控制。

```
┌──────────────┐
│  基础设施基金  │
└──────┬───────┘
       │ 认购资产支持
       │ 证券全部份额
       ▼
┌──────────────┐
│ 资产支持专项计划 │
└──────────────┘
```

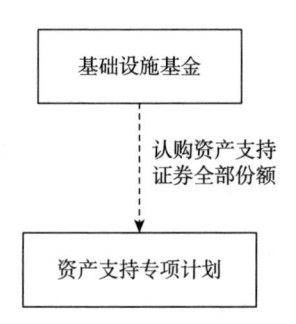

图 5.7　资产支持专项计划的设立

资产支持证券管理人将负责完成相关的法律和财务手续，包括资产评估、资产转让协议的签订、资产支持证券的发行和登记等，所有这些步骤都需要严格遵守监管机构的规定，确保资产支持专项计划的合法性和合规性。

认购人根据《专项计划资产支持证券认购协议》交付认购资金，专项计划设立后，计划管理人按照《专项计划标准条款》管理、运用由认购资金而形成的全部资产及其所有权利、权益或收益，包括基础资产、回收款、处分收入以及其他根据专项计划文件属于专项计划的资产等。

(二) 专项计划资金的运用

专项计划资金应用于购买作为基础资产的项目公司全部股权，计划管理人应根据《股权转让协议》的约定，以《股权转让协议》中付款先决条件的满足为前提，按照相关合同约定的付款安排向专项计划托管人发出划款指令，指示专项计划托管人将划款指令载明金额作为项目公司的股权转让价款划拨至原始权益人指定的账户。专项计划托管人应根据《专项计划托管协议》的约定对划款指令中资金的用途及金额进行形式审查，审查无误后按照《专项计划托管协议》及划款指令的要求予以付款。

此外，专项计划资金还应用于向项目公司发放股东借款。计划管理人向原始权益人支付首笔股权转让价款后，应根据《股东借款协议》的约定向专项计划托管人发出划款指令，指示专项计划托管人将划款指令载明金额作为股东借款划拨至运营收支账户。专项计划托管人应根据《专项计划托管协议》的约定对划款指令中资金的用途及金额进行形式审查，审查无误后应按照《专项计划托管协议》的约定予以付款。与购买作为基础资产的项目公司全部股权和向项目公司发放股东借款划款有关的任何银行收费属于专项计划费用，由专项计划承担。

(三) 项目公司股权收购

使用专项计划资金购买项目公司全部股权，向项目公司发放股东借款并向原始权益人支付股权对价款。资产支持专项计划与项目公司的原始权益人进行谈判，确定股权转让的价格和条款，这一估值过程需要准确反映项目公司的新能源项目资产价值，包括其当前的运营状况以及未来收益的潜力。

在股权转让的同时，资产支持专项计划向项目公司发放股东借款，以满足项目公司的运营资金需求。这些资金可能用于日常维护、技术升级或市场扩张等目的。股东借款的条款需要明确借款金额、利率、还款期限等，以确保借款的合理性和项目的财务健康。完成股权转让后，资产支持专项计划向原始权益人支付股权对价款，从而完成整个交易（见图 5.8）。

这一过程必须符合相关法律法规，包括公司法、证券法以及税务法规等，必要时需要向法律和税务专家咨询，以确保交易的合规性。

```
        ┌─────────────────┐
        │ 资产支持专项计划 │
        └─────────────────┘
        ↙支付股权对价款    ↘发放股东借款
┌──────────┐           ┌──────────┐
│ 原始权益人 │           │  项目公司 │
└──────────┘           └──────────┘
```

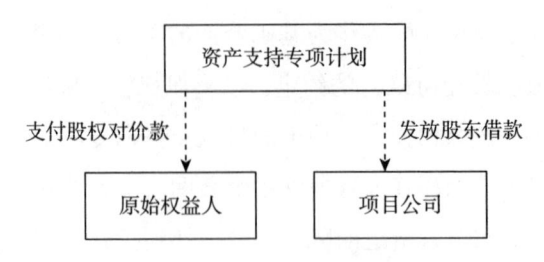

图 5.8　项目公司股权收购示意图

在整个交易过程中，风险管理至关重要。市场风险、信用风险和流动性风险都需要被评估和控制。必要时，应采取适当的风险缓释措施，如信用增强、担保或其他投资者可能接受的保障措施。同时，信息披露也是交易过程中的关键环节。向投资者充分披露股权转让和股东借款的详细信息，包括交易的目的、对项目公司运营和财务的影响，以及潜在的风险等，有助于增强投资者的信心，提高透明度。

进行股权转让变更登记，原始权益人将于交割日（前）完成项目公司的交割股东名册、出资证明书及公司章程的移交，并配合专项计划进行股权转让工商变更登记。这一步骤涉及向工商行政管理部门提交股权转让的相关文件，包括股权转让协议、股东会决议、新的公司章程等。工商变更登记的完成标志着股权转让在法律上的正式生效，新的股东（即资产支持专项计划）将正式成为项目公司的股东。图 5.9 为股权转让变更的示意图。

```
┌─────────────────┐
│ 资产支持专项计划 │
└─────────────────┘
         │ 持有100%股份
         ↓
┌─────────────────┐
│     项目公司     │
└─────────────────┘
         │ 持有
         ↓
┌─────────────────┐
│      项目A      │
└─────────────────┘
```

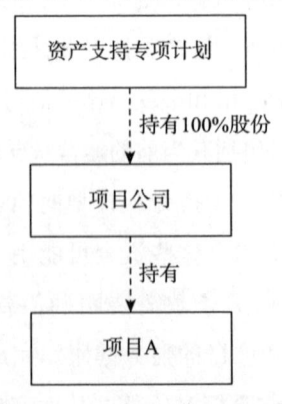

图 5.9　股权转让变更示意图

第五章 新能源基础设施项目公募REITs设计

在整个交割过程中，原始权益人和资产支持专项计划需要密切合作，确保所有文件的准确性和完整性，以及所有法律和行政程序的顺利进行。这不仅关系到交易的合法性和有效性，也影响到项目公司的稳定运营和投资者的利益。

（四）涉及SPV的项目公司股权收购

部分股权收购过程中涉及特殊目的载体公司（SPV）的设立，其收购过程如下。在完成资产支持专项计划的设立后，原始权益人设立SPV公司，认缴出资并持有SPV100%的股权（见图5.10）。

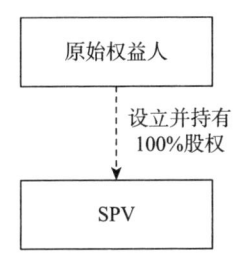

图5.10 原始权益人设立SPV公司

资产支持专项计划管理人向原始权益人购买其持有的SPV100%股权，并在成为SPV股东后向SPV实缴注册资本并增资（见图5.11）。

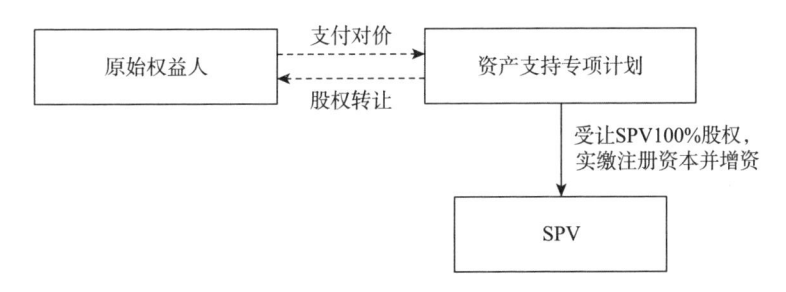

图5.11 资产专项计划收购SPV公司股权

资产支持专项计划管理人（代表资产支持专项计划）向SPV发放股东借款（见图5.12）。

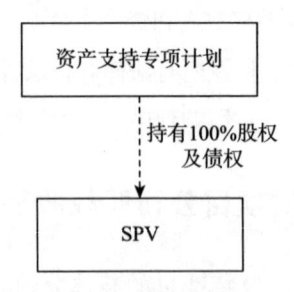

图 5.12　资产支持专项计划持有 SPV 公司

SPV 向原始权益人购买其持有项目公司的 100% 股权，并向原始权益人支付股权转让价款（见图 5.13）。

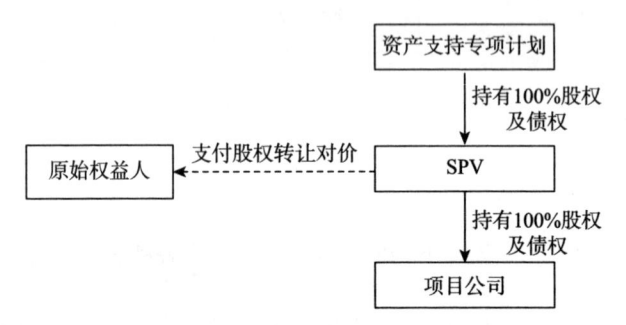

图 5.13　SPV 公司购买项目公司股权

项目公司吸收合并 SPV，注销 SPV 的独立法人地位，项目公司承继 SPV（见图 5.14）。

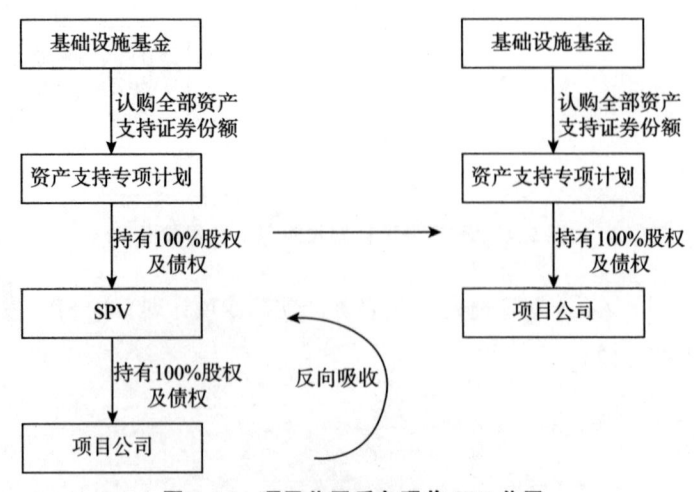

图 5.14　项目公司反向吸收 SPV 公司

第五章　新能源基础设施项目公募 REITs 设计

五、收益分配机制

(一) 新能源基础设施项目的收益稳定性分析

新能源基础设施项目成本具有较强的稳定性，付现成本主要包括人力成本、维修成本等。项目收益的稳定性主要取决于发电收入，发电收入取决于上网电量和售电价格（见图 5.15）。其中，上网电量主要受到来水量（风量）、电力市场供需、电网消纳能力等因素的影响。售电价格分为计划内电价和市场化电价，其中计划内电价由主管部门制定，变化较小，历史的变动主要由不同时期发电量的差异导致，市场化电价受到电力市场供需影响较大。

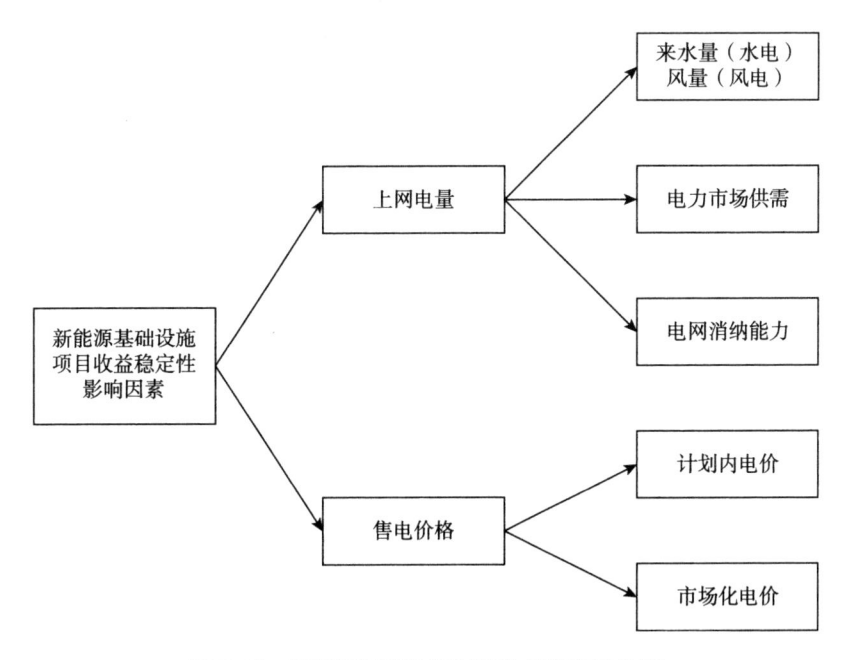

图 5.15　新能源基础设施项目收益稳定性分析

1. 来水量、风量

在水力发电项目中，来水量是决定项目收益稳定性的关键因素之一。

来水量的分析通常涉及对历史数据的回顾、气候模式的研究以及对未来趋势的预测。

首先，项目团队会收集和分析历史来水量数据，包括过去几年甚至几十年的降雨量、径流量以及水库蓄水量等。这些数据有助于了解来水量的季节性变化和长期趋势，从而为项目提供历史参考和经验基础。其次，气候模式研究是来水量分析的重要组成部分。气候学家会利用气候模型来预测未来降雨模式和季节性变化，这些模型可以基于全球气候数据、区域气候特征以及特定流域的气候条件。通过这些模型，项目团队可以对未来的来水量进行较为准确的预测。再次，随着全球气候变暖，极端气候事件频率和强度的增加可能导致来水量的不确定性增加，项目团队需要考虑这些潜在因素的影响。最后，来水量分析还需要考虑人类活动的影响，如水库的调节、上游用水需求以及水资源管理政策等。这些因素可能会改变来水量的自然模式，对项目的发电能力产生直接影响。

对于风电项目来说，风量的详细分析对于评估项目的发电潜力和经济效益至关重要。风量的分析通常包括对风速、风向、风能密度以及风资源的季节性变化等方面的研究。

首先，项目团队需要收集和分析项目所在地的历史风速数据，包括平均风速、最大风速以及风速的日间和季节性变化。这些数据可以帮助团队了解风电场的潜在发电能力，并为风电机组的选择和布局提供依据。其次，风向分析对于风电场的布局设计同样重要，风向数据可以帮助确定风电机组的最优朝向，以最大限度地捕获风能。

此外，风能密度是另一个需要考虑的因素。风能密度是指单位时间内通过单位面积的风能，它与风速的立方成正比。因此，即使在风速较低的地区，如果风能密度足够高，风电项目也能具有较好的经济效益。最后，风力资源的季节性变化对风电项目的收益稳定性有着显著影响。某些地区的风速可能在一年中的某些月份显著增加，从而导致发电量的季节性波动，项目团队需要评估这种波动对项目现金流的影响，并在必要时采取相应的风险管理措施。

第五章 新能源基础设施项目公募 REITs 设计

2. 电力市场供需

在新能源基础设施项目中，电力市场供需分析是评估项目收益稳定性的关键环节。这一分析涉及对电力市场的历史数据、当前状况以及未来趋势的深入研究。

首先，项目团队需要回顾历史电力消费数据，以了解不同季节和时间段的电力需求变化。通过对工业、商业和居民用电的分析，以及对电力需求季节性波动和长期增长趋势的认识，揭示市场对电力的基本需求模式。其次，项目团队需要对现有发电设施的产能、运行状态以及新建项目的规划和建设进度进行详细评估，并考虑各种能源类型，如天然气、核能、风能、太阳能等，在电力市场中的份额和变化趋势。

再次，政策因素对电力市场供需的影响不容忽视。政府的能源政策、补贴措施、环保法规以及可再生能源目标等，都会对电力市场的供需平衡产生显著影响。此外，电力市场供需分析还需要考虑技术进步和创新的影响。例如，储能技术的发展可能会改变电力的存储和调度方式，从而影响供需平衡。智能电网技术的应用也可能提高电力系统的灵活性和效率。最后，项目团队需要对未来电力市场供需进行预测，通常涉及宏观经济预测、人口增长、工业发展以及技术变革等因素，准确的预测有助于项目团队制定长期的发电计划和市场策略。

综合上述分析，对电力市场供需的详细分析为新能源基础设施项目提供了重要的市场信息，有助于项目团队制定合理的发电计划，优化资源配置，并为投资者提供稳定的收益预期。

3. 电网消纳能力

电网消纳能力是指电网系统在特定时间内能够接纳和分配的电力总量，它是新能源基础设施项目收益稳定性的关键因素之一。对电网消纳能力的详细分析涉及对电网结构、运行状态以及未来扩展能力的全面评估。

首先，项目团队需要评估现有电网的物理结构，包括输电线路的容量、变电站的配置以及电网的布局。这些因素决定了电网在当前状态下能够承载的最大电力负荷。电网的稳定性和可靠性也是评估消纳能力的重要方面，这些因素将直接影响到电网在高负荷情况下的运行表现。其次，项目团队需要考虑电网在不同时间段的负荷情况，包括高峰和低谷时段的电力需求差异。此外，电网的调度策略和备用容量管理也是影响消纳能力的重要因素。

再次，电网的调度策略需要根据行业发展状况进行及时调整，以适应可再生能源的间歇性和不稳定性。例如，风能和太阳能发电的输出可能会受到天气条件的影响，这要求电网具备一定的灵活性和调节能力。未来对电网扩展能力的分析同样重要，随着新能源基础设施的建设和电力需求的增长，电网可能需要进行升级和扩建。项目团队需要评估电网的长期规划，包括新建输电线路、扩建变电站以及引入智能电网技术等措施，以确保电网能够满足未来新能源项目的接入需求。最后，政策和法规对电网消纳能力的影响也不容忽视。政府对电网建设和运营的监管政策，以及对新能源接入的支持政策，都可能影响电网的消纳能力和项目的经济效益。

综上所述，对电网消纳能力的详细分析为新能源基础设施项目提供了关键的市场和技术信息，通过准确评估电网的当前状态和未来发展潜力，项目团队可以更好地规划新能源项目的接入策略，优化发电计划。

4. 计划内电价

计划内电价，也称为固定电价或政府指导价，是指由政府主管部门根据国家能源政策和市场状况设定的电力价格。在新能源基础设施项目中，计划内电价是影响项目收益稳定性的重要因素，对计划内电价的详细分析涉及对定价机制、历史变动以及未来趋势的深入研究。

首先，计划内电价的定价机制通常基于成本加成原则，即在发电成本的基础上加上一定的利润率，包括燃料成本、运营维护成本、资产折旧以及合理的利润空间。政府在设定计划内电价时，会考虑到电力供应的稳定性、能源结构的优化以及环境保护等因素。其次，计划内电价的历史变动反映了电力市场的发展和政策调整，随着新能源技术的进步和成本的降低，政府可能会逐步降低计划内电价，以鼓励更多新能源项目的建设和运营。再次，能源丰枯期发电量的差异也可能导致计划内电价的调整，以平

第五章　新能源基础设施项目公募 REITs 设计

衡不同时期电力供需。

此外，未来计划内电价的趋势分析需要考虑多个因素，随着全球对可再生能源需求的增加，政府可能会继续提供价格支持，以促进新能源项目的发展。然而，随着新能源技术成熟和成本下降，政府也可能会逐步减少补贴，使新能源发电价格更加市场化。最后，电力市场的竞争加剧和供需变化也可能影响计划内电价的设定。因此，项目团队在评估新能源项目时，需要密切关注计划内电价的政策动态，并将其纳入项目的经济性分析中。综上所述，通过准确评估计划内电价的定价机制、历史变动以及未来趋势，项目团队可以更好地规划新能源项目的运营策略，优化资源配置。

5. 市场化电价

市场化电价是指电力价格由市场供需关系决定，而非政府直接设定。在新能源基础设施项目中，市场化电价的波动性可能会对项目收益产生显著影响。对市场化电价的详细分析涉及对市场动态、竞争格局以及政策环境的深入研究。

首先，市场化电价的形成受电力市场供需状况的直接影响。在需求强劲时期，电力价格可能会上升，而在需求疲软时期，价格可能会下降。新能源项目可通过市场机制来优化其发电计划，以适应价格变化。其次，市场竞争格局对市场化电价也有重要影响，随着新能源技术的成熟和成本的降低，新能源发电在电力市场中的竞争力逐渐增强，这可能导致传统能源发电的市场份额下降，从而影响电力价格。

此外，政策环境对市场化电价的影响同样重要，政府可通过市场准入政策、税收优惠、补贴政策等手段来影响电力市场的竞争格局和价格水平。例如，通过绿色证书交易、碳交易市场等机制来激励新能源发电，从而影响市场化电价。在新能源基础设施项目中，市场化电价的不确定性可能会增加投资风险。项目团队需要密切关注市场化电价的动态，将其纳入项目的经济性分析中，通过有效的风险管理策略，如签订长期购电合同（PPA）或采用金融衍生品进行风险对冲，降低市场化电价波动对项目收益的影响。

(二) 新能源 REITs 基金可供分配金额的计算方式

可供分配金额是指在合并净利润基础上进行合理调整后的金额，包括合并净利润和超出合并净利润的其他返还。基金管理人计算可供分配金额过程中，应当先将合并净利润调整为税息折旧及摊销前利润，并在此基础上综合考虑项目公司持续发展、项目公司偿债能力、经营现金流等因素后确定可供分配金额计算调整项。涉及的相关计算调整项一经确认，不可随意变更。

其中，将净利润调整为税息折旧及摊销前利润需加回以下调整项：折旧和摊销、利息支出和所得税费用。将税息折旧及摊销前利润调整为可供分配金额可能涉及的调整项包括：当期购买基础设施项目的资本性支出、基础设施项目资产的公允价值变动损益（包括处置当年转回以前年度累计调整的公允价值变动损益）、取得借款收到的本金、偿还借款本金支付的现金、基础设施项目资产减值准备的变动、基础设施项目资产的处置利得或损失、支付的利息及所得税费用、应收和应付项目的变动、未来合理相关支出预留（包括重大资本性支出，如固定资产正常更新、大修、改造等）、未来合理期间内的债务利息和运营费用等、其他可能的调整项（如新能源 REITs 基金发行份额募集的资金、处置基础设施项目资产取得的现金、金融资产相关调整、期初现金余额等）。

基金存续期间，如需调整可供分配金额相关计算调整项的，应由基金管理人与基金托管人协商一致后决定对基金可供分配金额计算调整项的变更事宜。在根据法律法规规定履行相关程序后，在当期基金收益分配方案中对调整项目、调整项变更原因进行说明，并在基金更新的招募说明书中予以列示。

此外，新能源基础设施项目在进行可分配收益预测时还应注意相关要点（见表 5.2）。

表 5.2 新能源基础设施项目收益预测要点

名称	内容
预测年限	发电机组是能源发电经营权的基础，未来收益预测期的确定，应在核查发电机组并网发电时间、尚可使用经济年限的基础上确定其预测年限

第五章　新能源基础设施项目公募 REITs 设计

续表

名称	内容
装机容量	项目装机容量以企业实际装机容量为基础，测算时还需要关注核准或备案文件的要求
发电利用小时	目前已发行的 REITs 项目预测期间的发电利用小时主要根据历史年度平均发电利用小时测算。测算过程中还需关注可行性研究报告的数据；风资源、光资源的季节性和周期性；极端天气的影响；装机容量的增加、特高压输电工程的建设等对区域能源基础设施供给的影响；周期性维修、个别因素检修的影响；当地需求不足导致限电的影响
上网结算电价	目前已发行的 REITs 项目预测期间的上网结算电价主要根据历史年度的上网结算电价测算。受到市场交易等因素的影响，上网结算电价与批复电价存在一定的差异。上网结算电价还应当关注：项目并网发电是否满足批复电价的相关要求；标杆电价；可再生能源发电补贴的规定；市场交易因素的影响；相关细则考核对收入的影响
可再生能源发电补贴及绿证交易	根据《关于做好可再生能源绿色电力证书全覆盖工作 促进可再生能源电力消费的通知》（发改能源〔2023〕1044号），对全国风电（含分散式风电和海上风电）、太阳能发电（含分布式光伏发电和光热发电）、常规水电、生物质发电、地热能发电、海洋能发电等已建档立卡的可再生能源发电项目所生产的全部电量核发绿证，实现绿证核发全覆盖。目前已发行的 REITs 项目基于审慎原则，鉴于未来绿证单价具有不确定性，未考虑绿证交易获得收益对项目收入的补充
税收优惠政策	项目应当充分关注发电项目享受的税收优惠政策对现金流的影响

（三）收益分配原则

第一，在符合有关基金分红的条件下，新能源 REITs 基金的基金管理人可以根据实际情况进行收益分配，每年至少进行收益分配 1 次，每次收益分配的比例应不低于合并后基金年度可供分配金额的 90%，若《基金合同》生效不满 6 个月，则可不进行收益分配。

第二，收益分配方式为现金分配，每一新能源 REITs 份额享有同等分配权。

第三，法律法规或监管机关另有规定的，从其规定。

第四，在对基金份额持有人利益无实质不利影响的前提下，基金管理人可对基金收益分配原则和支付方式进行调整，无需召开基金份额持有人大会，但应于变更实施日前按照《信息披露办法》的要求在规定媒介进行公告。

第五，基金收益分配方案中应载明权益登记日、收益分配基准日、现金红利发放日、可供分配金额（含净利润、调整项目及调整原因）、按照基金合同约定应分配金额等事项，并至少在权益登记日前2个交易日公告。

第六，收益分配方案由基金管理人拟定，并由基金托管人复核，依照有关规定在规定媒介进行公告。

第七，基金收益分配时所发生的银行转账或其他手续费用由投资者自行承担。

（四）新能源REITs进行收益分配时的注意事项

新能源REITs在确定分红频率和分红比例时要充分考虑到短期内项目现金流的稳定性、政策变化、市场需求变化、法律法规要求等因素。

首先，项目现金流的稳定性是分红政策制定的基础。新能源项目的现金流可能会受到天气条件、设备维护周期等因素的影响，REITs管理团队需要对此进行详细分析，并在分红政策中考虑到这些潜在因素的波动。其次，政策变化对新能源REITs的分红政策也有显著影响，政府对新能源项目的支持政策可能会随着时间而调整，管理团队需要密切关注相关政策的动态，并评估其对项目收益的影响。

再次，市场需求的变化同样重要。电力市场的需求可能会受到经济周期、行业发展趋势等因素的影响，新能源REITs需要根据市场需求的变化来调整其发电计划和销售策略，以最大化收益。在确定分红频率和比例时，管理团队需要考虑市场需求的长期趋势和短期波动。此外，法律法规要求也是必须考虑的因素。新能源项目的运营需要遵守一系列环保、安全和行业标准。这些法规可能会对项目的运营成本和收益产生影响。例如，环保法规可能要求项目公司进行额外的设备升级或维护，从而增加成本。在制定分红政策时，管理团队需要确保遵守所有相关法规，并考虑这些法规对现金流的影响。

六、其他产品要素设计

（一）上市场所

新能源 REITs 的上市场所涵盖了中国两大主要证券交易所——上海证券交易所和深圳证券交易所。这些交易所为新能源 REITs 提供了交易平台，使得投资者能够方便地买卖基金份额。

上海证券交易所作为中国最大的证券交易所之一，拥有庞大的投资者群体和丰富的交易经验。新能源 REITs 在上海证券交易所上市，可以吸引更多的投资者关注和参与，提高基金的市场流动性。同时，上海证券交易所的严格监管和先进的交易系统为 REITs 的稳定运作提供了保障。

深圳证券交易所同样是一个重要的资本市场，以其创新和活跃的市场环境而闻名。新能源 REITs 在深圳证券交易所上市，可以进一步拓宽投资者基础，提高基金的知名度。深圳证券交易所的高效交易机制和灵活的市场规则有助于新能源 REITs 更好地适应市场变化，实现资产的有效配置。

（二）杠杆安排

杠杆安排是新能源 REITs 产品结构搭建中的重要部分，合理的杠杆水平可使 REITs 的投资安排更加灵活，在控制风险的前提下提高权益投资人的收益。

杠杆要求方面，监管部门对于外部杠杆的适用要求较为严格，包括对总杠杆规模及用于项目收购的杠杆规模设置上限，偿付安排及借款用途应明确，不得依赖外部增信、不得存在抵押质押等他项权利。以对投资人的利益保护为出发点，降低杠杆可能带来的偿付风险。

杠杆安排途径方面，相关政策规定新能源 REITs 可以直接或间接对外借入款项，但在实践中新能源 REITs 增加杠杆的途径仍较为有限。银行等金融机构仍然偏向为具备法人主体性质的公司提供债务融资服务，而使用资产支持证券层面、公募基金层面的借贷具有较大难度。目前情况下，可行度比较高的做法仍然是以项目公司作为独立法人主体进行借款后用于存量债务置换。

补贴政策的调整变动通常会影响新能源基础设施项目的现金流，在设计杠杆结构时，应充分考虑这些政策变动对项目收益的潜在影响，确保即使在政策变动的情况下，REITs仍能保持稳定的偿债能力。新能源项目的技术更新换代速度较快，这意味着项目资产的折旧和维护成本较高。在进行杠杆安排时，应考虑到这些成本对项目现金流的影响，并在财务模型中合理预测未来的维护和更新需求。此外，新能源项目可能面临市场波动风险，电力市场价格的波动可能会直接影响项目的收益。在设计杠杆水平时，应评估市场风险对项目现金流的敏感性，并在可能的情况下，通过合同锁定价格或采用其他风险管理工具来降低市场风险。

大部分满足公募REITs上市条件的新能源项目建成期较早，享受国补政策，为解决国补发放时间不确定的问题，保理业务成为新能源项目平衡现金流的有效手段。通过将应收账款转让给保理公司，项目公司能够将未来的现金流提前变现，从而在一定程度上增加其可用的现金流，这可以视为一种"隐性"的杠杆。它允许项目公司在不增加实际债务的情况下，利用未来的现金流来支持当前的运营，改善项目的财务结构，减少应收账款，降低资产负债表上的应收账款占比，从而提高财务杠杆比率。

（三）募集资金用途

新能源REITs募集的资金常用于新增项目投资、偿还存量债务、存量项目改造等。首先，新能源领域不断有新的技术突破和市场机会，新能源REITs可以通过投资新的风电、太阳能、水力发电等项目，扩大其资产组合，提高整体的收益潜力。其次，募集到的资金也常用于偿还存量债务，新能源基础设施项目往往需要大量的初始投资，这可能导致项目公司承担较高的债务负担。通过REITs募集资金，项目公司可以降低负债率，优化财务结构，减轻财务压力，从而提高项目的长期稳定性和可持续性。

此外，资金还可用于存量项目的改造和升级。随着技术的发展，新能源项目可能需要进行技术更新和设备升级，以提高发电效率和降低运营成本。REITs 所募集的资金可以用于这些改造项目，确保资产的竞争力和长期价值。最后，新能源 REITs 所募集的资金还可能用于改善现有项目的运营和维护，包括对现有设施的维护保养、提高运营效率以及优化项目的整体性能。这些措施有助于确保项目能够持续稳定地产生现金流，为投资者提供稳定的回报。

综上所述，新能源 REITs 所募集的资金在多个方面发挥着重要作用，不仅能够支持新能源产业的扩张和创新，也有助于提升现有资产的质量和效益，为投资者创造长期稳定的投资回报。

第四节 上市申报与发行

一、申报流程

（一）总体流程

新能源 REITs 的申报与审批流程是确保项目合规性和市场准入的关键步骤，新能源 REITs 的发行是由国家发展改革委和中国证监会两个部门共同主管、共同审议的。依据相关监管规定，其主要申报流程如图 5.16 所示。

（二）新能源 REITs 申报的参与主体

新能源 REITs 的底层资产所处行业特殊、交易架构复杂，导致参与申报发行的相关市场主体也非常繁杂，需要各方通力协作和配合。除了前面提到的公募基金、ABS 和项目公司之外，还包括各类中介机构和服务提供方（见表 5.3）。

新能源 REITs 上市申报流程

```
开始申报 → 报送材料 → 入库申请 → 审核报送
                                        ↓
设立发行 ← 审查注册 ← 推荐项目 ← 审核项目
    ↓
上市交易 → 发行完成
```

报送材料：发起人（原始权益人）向项目所在地省级发展改革委报送材料。项目跨省的，发起人同时向注册地和项目所在地省级发展改革委报送材料

入库申请：省级发展改革委将符合条件的申报项目纳入试点项目库，试点项目库分为意向项目库、储备项目库、存续项目库

审核报送：省级发展改革委审核项目，对于符合条件的出具无异议专项意见，并向国家发展改革委报送材料

审核项目：国家发展改革委组织项目评审，对项目进行全面评估委托中资公司评估各地申报的项目

推荐项目：国家发改委将符合条件的项目推荐至中国证监会

审查注册：中国证监会负责公募REITs基金的审查、注册，项目申报材料同步发送交易所审核

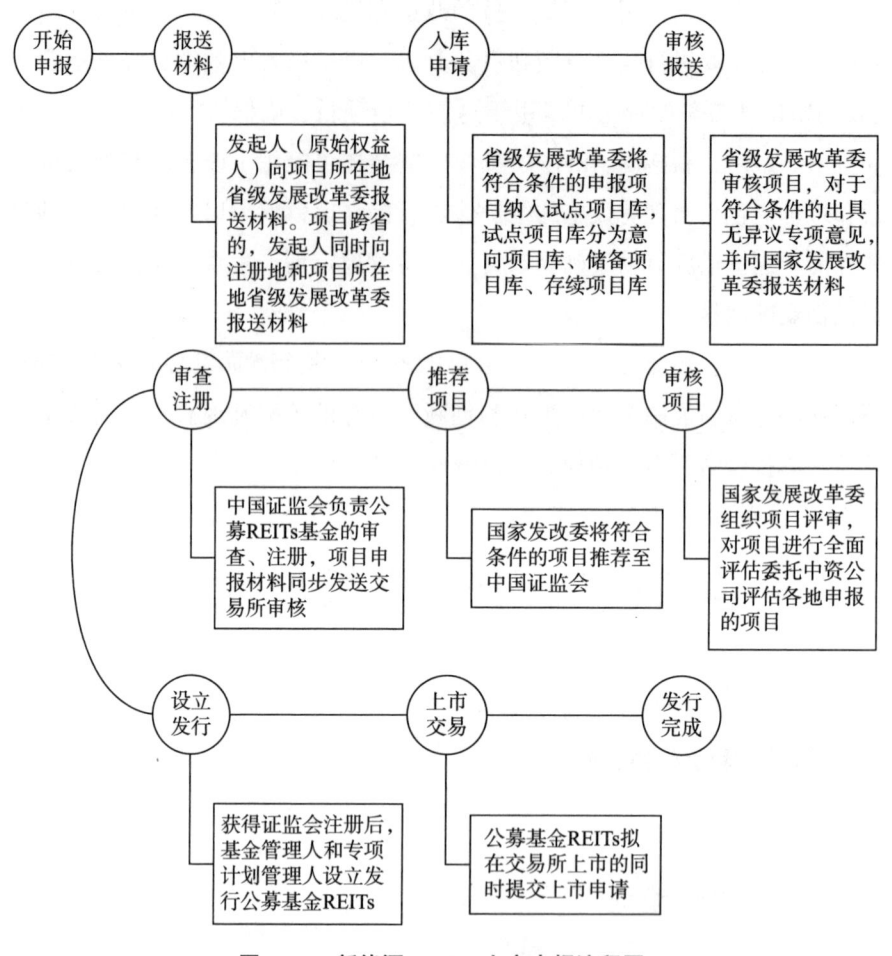

设立发行：获得证监会注册后，基金管理人和专项计划管理人设立发行公募基金REITs

上市交易：公募基金REITs拟在交易所上市的同时提交上市申请

图 5.16 新能源 REITs 上市申报流程图

表 5.3 新能源 REITs 申报参与主体汇总表

主体	功能
基金管理人	基金管理人为基础设施项目的运营主体，持有资产支持证券的全部份额，基金管理人可以委托外部的运营管理机构实际管理项目公司，从治理逻辑上看，基金管理人的职能类似于公司的董事会，外部运营机构类似于经理人
资产支持证券管理人	资产支持证券管理人为项目公司的所有权人，为项目公司的唯一股东，资产支持证券管理人和基金管理人必须是具有实际控制关系或同一控制下的关联方

续表

主体	功能
财务顾问	财务顾问为具备保荐资格的证券公司,组织、配合完成项目尽调,出具财务报告,配合基金管理人完成新能源REITs的发行工作
会计师事务所	会计师事务所应对项目公司开展财务尽调,了解其底层资产是否能满足上市条件,并出具审计报告
税务顾问	税务顾问为新能源REITs基金发行前的资产重组(Pre-REITs)、项目公司的股权转让、上市后的运营等提供税务筹划、纳税申报等税务服务
律师事务所	律师事务所应对底层资产开展法律尽调,了解底层资产的合规情况,为合规整改提供法律建议,为新能源REITs的资产重组提供法律咨询建议,并在发行时对合规性、可转让性等法律问题出具法律意见书
资产评估机构	资产评估机构需对项目公司开展资产评估,进行现金流预测,以确定底层资产的估值、预计派息率等

(三) 申报阶段主要工作内容

新能源REITs项目的申报主要有尽调及申报材料准备、发展改革委申报、中国证监会及交易所申报等阶段,具体工作内容如下。

1. 尽调及申报材料准备阶段

根据国家发展改革委958号文附件《基础设施领域不动产投资信托基金(REITs)试点项目申报要求》,新能源REITs项目尽调及材料准备工作安排如表5.4所示。

表5.4 新能源REITs项目尽调及材料准备工作安排表

工作名称	内容
申报前准备工作	由基金管理人、资产支持专项计划管理人及财务顾问(如有)安排项目团队驻点原始权益人,正式启动前期辅导及申报准备工作。针对项目具体情况,组织协调其他中介机构开展法律尽调、资产评估、财务审计及税务筹划等工作,协助原始权益人完成内部决策流程,取得当地政府主管部门对原始权益人参与公募REITs申报发行的无异议函
正式开展尽职调查	基金管理人将按照《公开募集基础设施证券投资基金尽职调查工作指引(试行)》的要求,协调财务顾问(如有)、资产支持专项计划管理人一同勤勉尽责地通过查阅、访谈、列席会议、实地调查等方式,遵循全面性、审慎性、准确性原则,对基础设施项目的真实性、安全性、稳定性进行充分的调查评估

续表

工作名称	内容
编制申报材料	由基金管理人牵头协调财务顾问（如有）、资产支持专项计划管理人和会计师事务所、律师事务所、资产评估机构等中介机构，按照《基础设施领域不动产投资信托基金（REITs）试点项目申报材料格式文本》的要求，以真实性、准确性、高效性为工作原则，结合前期与相关监管部门沟通得到的反馈意见，进行项目申报方案制作

2. 省发展改革委审核阶段

在完成全套项目材料准备工作后，基金管理人将协助原始权益人将基础设施项目申报方案递交至省发展改革委。在此期间，基金管理人须保持与各监管部门的沟通，并就省发展改革委对申报材料反馈的问题和意见进行完善，协助原始权益人通过省发展改革委的答辩。通过所在地省级发展改革委的项目将推荐至国家发展改革委作为储备项目，只有储备项目才有资格进入基金发行阶段。

发起人（原始权益人）拟整合跨地区的多个项目一次性发行REITs产品的，其申报流程如图5.17所示。

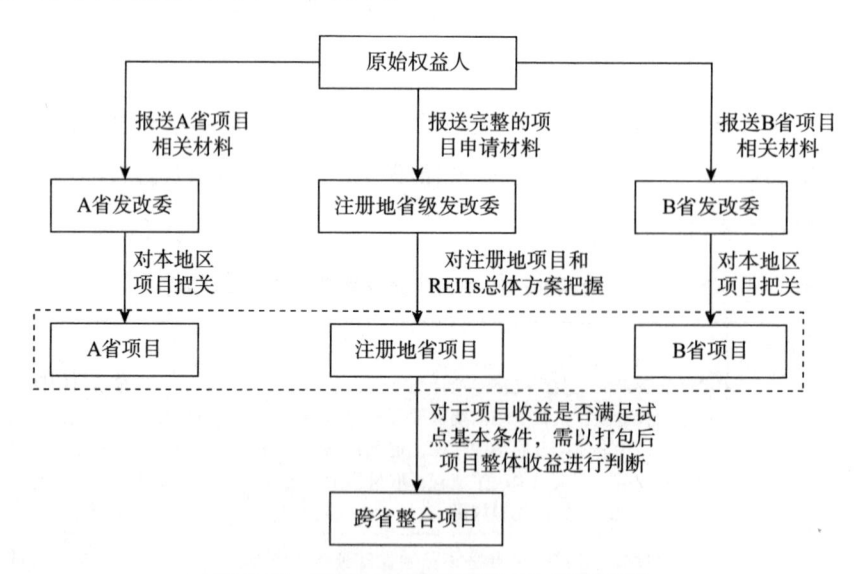

图 5.17 跨地区项目发行 REITs 申报流程

第五章 新能源基础设施项目公募 REITs 设计

3. 国家发展改革委审核阶段

对符合相关条件、拟推荐开展试点的项目，省级发展改革委须向国家发展改革委出具无异议专项意见，同时一并报送试点项目申请材料。根据国家发展改革委办公厅《关于建立全国基础设施领域不动产投资信托基金（REITs）试点项目库的通知》（简称"35号文"）的要求，发展改革委应建立全国性的基础设施 REITs 项目库，通过省级发展改革委审核的项目即可纳入全国基础设施项目库，以便之后 REITs 发行工作的顺利进行，35号文将储备项目库分为三类（见图 5.18）。

意向项目	储备项目	存续项目
属于基础设施项目，基本符合基础设施REITs发行条件，原始权益人具有发行REITs产品的明确意向。如所在地区、行业等不属于基础设施REITs试点范围，可单独备注说明。	项目发起人（原始权益人）已正式启动发行REITs产品准备工作。入库项目应符合中国证监会、国家发展改革委关于推进基础设施REITs试点工作有关要求和规定。	项目已成功发行REITs产品，设立的基础设施基金进入存续管理期

图 5.18 储备项目库分类

在此阶段，基金管理人应联合财务顾问（如有）、资产支持专项计划管理人持续与国家发展改革委沟通交流，就国家发展改革委对于基础设施项目申报材料的反馈意见进行材料补充，协助原始权益人通过国家发展改革委的答辩。国家发展改革委根据项目申报材料，对基础设施项目进行综合评估后，确定拟向中国证监会推荐的项目名单，一并将有关项目材料转送中国证监会和交易所。

4. 中国证监会及交易所申报阶段

新能源项目通过国家发展改革委的审核后，基金管理人可将相关材料递交至中国证监会和交易所，项目即可进入发行与上市审核的阶段，由中国证监会和交易所进行审核。

中国证监会在审核过程中，首先是对总体发行方案和基金结构把关，包括审核基金募集成功后认购基础设施资产支持证券并最终控制基础设施项目公司的交易流程，交易过程中设计的认购协议等。其次，中国证监会还需要对发行联合体质量进行把关。最后，中国证监会在基金募集成功后对基金进行备案。中国证监会在审核过程中主要参照《公开募集基础设施证券投资基金指引（试行）》（简称"第54号公告"）中的规定。

交易所的主要职责是审核基金份额是否满足上市条件和资产支持证券是否符合挂牌条件。在审核过程中主要参照沪深交易所各自的《证券交易所公开募集基础设施证券投资基金（REITs）业务办法（试行）》（简称"《交易所业务办法》"）以及《交易所公开募集基础设施证券投资基金（REITs）业务指南第1-4号》（简称"1-4号指引"）中的规定。沪深交易所各自的业务办法和1-4号指引在内容上没有本质区别，只是在个别条款的措辞上存在差异。一般情况下，在基金管理人将基金注册申请材料提交至中国证监会的同时，资产支持专项计划管理人向交易所提交基金份额上市申请以及资产支持证券挂牌申请。

第54号公告规定，中国证监会应在自受理公开募集基金的募集注册申请之日起六个月内依照法律、行政法规及国务院证券监督管理机构的规定开展审查工作，做出注册或者不予注册的决定，并通知申请人。《交易所业务办法》中规定，交易所自收到材料后35个工作日内完成首轮审核，并做出通过审核或要求基金管理人答复的决定。基金管理人最长需在60个工作日内回复，结束一轮"反馈-回复"，而且交易所可多次出具意见要求基金管理人答复，交易所审理流程如图5.19所示。

二、基本申报要求

（一）行业及地区要求

国家发展改革委办公厅《关于做好基础设施领域不动产投资信托基金（REITs）试点项目申报工作的通知》（简称"586号文件"）和《关于进一步做好基础设施领域不动产投资信托基金（REITs）试点工作的通知》

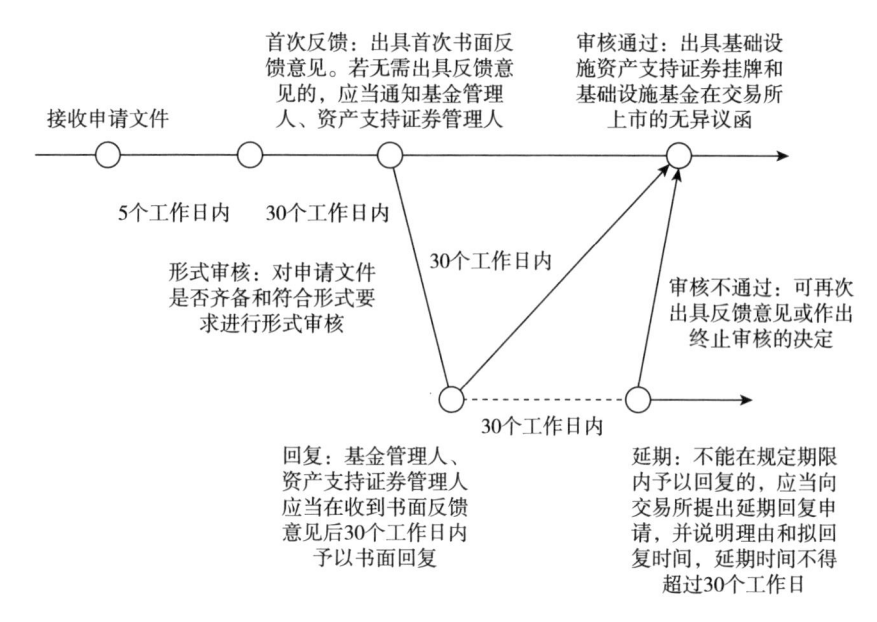

第五章 新能源基础设施项目公募 REITs 设计

```
接收申请文件 ──○────────○────────○────────○──────→
                     │          │          ↑
              5个工作日内  30个工作日内      │
                                            │
              形式审核：对申请文件          │
              是否齐备和符合形式要          │
              求进行形式审核   30个工作日内

首次反馈：出具首次书面反
馈意见。若无需出具反馈意
见的，应当通知基金管理
人、资产支持证券管理人

审核通过：出具基础设
施资产支持证券挂牌和
基础设施基金在交易所
上市的无异议函

审核不通过：可再次
出具反馈意见或作出
终止审核的决定

回复：基金管理人、
资产支持证券管理人
应当在收到书面反馈
意见后30个工作日内
予以书面回复

延期：不能在规定期限
内予以回复的，应当向
交易所提出延期回复申
请，并说明理由和拟回
复时间，延期时间不得
超过30个工作日
```

图 5.19　交易所审理流程示意图

（简称"958 号文"）都对 REITs 底层资产项目的行业及地区范围进行了约束。

文件指出在试点项目地区分布方面，全国各地区符合条件的项目均可申报，重点支持位于京津冀协同发展、长江经济带发展、粤港澳大湾区建设、长三角一体化发展、海南全面深化改革开放、黄河流域生态保护和高质量发展等国家重大战略区域，符合"十四五"有关战略规划和实施方案要求的基础设施项目。

（二）对发行联合体的要求

原始权益人在发行新能源 REITs 时，必须通过招标的方式确定发行联合体，帮助其完成发行申报、基金注册、交易结构设计、基金募集以及存续期管理等工作。因此，发行联合体的资质、不动产投资管理经验、合法合规性和信誉成了硬性约束，只有符合规定的发行联合体才有资格参与 REITs 发行。

958 号文对参与新能源 REITs 的运营管理机构（包括原始权益人、基金管理人和基础设施运营管理机构）提出了相应要求：基础设施运营管理机构具备丰富的同类项目运营管理经验，配备充足的运营管理人员，公司治理与财务状况良好，具有持续经营能力。发起人（原始权益人）、基金管理人、基础设施运营管理机构近3年在投资建设、生产运营、金融监管、工商、税务等方面无重大违法违规记录，项目运营期间未出现安全、质量、环保等方面的重大问题。通常来说，发行联合体是由基金公司与证券公司或资产管理公司组成的。

（三）新能源REITs现金流分派率要求

958号文指出，基础设施项目应权属清晰、资产范围明确，发起人（原始权益人）依法合规拥有项目所有权、特许经营权或运营收费权，相关股东已协商一致同意转让。项目运营时间原则上不低于3年。现金流持续稳定且来源合理分散，投资回报良好，近3年内总体保持盈利或经营性净现金流为正。

2023年3月24日，国家发展改革委发布了《关于规范高效做好基础设施领域不动产投资信托基金（REITs）项目申报推荐工作的通知》，通知表示：根据不同类型基础设施REITs项目的具体情况，合理把握项目收益水平。申报发行基础设施REITs的特许经营权、经营收益权类项目，基金存续期内部收益率（IRR）原则上不低于5%；非特许经营权、经营收益权类项目，预计未来3年每年净现金流分派率原则上不低于3.8%。可通过剥离低效资产、拓宽收入来源、降低运营成本、提升管理效率等多种方式，努力提高项目收益水平，达到项目发行要求。新能源基础设施项目属于特许经营权项目，应符合相应的分派率要求。

（四）特许经营权项目要求

新能源REITs持有的底层资产本质上是一种收费权，即特许经营权。958号文件中明确了对PPP、建设-经营-转让（BOT）、转让-经营-转让（TOT）等模式的特许经营权项目发行REITs的要求，要求原始权益人要依

第五章 新能源基础设施项目公募 REITs 设计

法合规取得项目的特许经营权,且征得相关部门同意转让其特许经营权以发行 REITs。PPP 模式即政府和社会资本合作,该模式鼓励私营企业、民营资本与政府进行合作,参与公共基础设施的建设。BOT 模式即政府授予私人企业特许经营权,私人企业在特许经营权期限内完成项目建设,并通过项目运营赚取收益,特许经营权到期后私人企业将项目归还于政府的基础设施开发模式。TOT 模式与 BOT 类似,区别在于私人企业向政府购买特许经营权,特许经营权到期后将项目归还于政府。

PPP 模式与 BOT、TOT 等模式的主要区别是政府在项目开发中扮演的角色发生了转变。BOT、TOT 等模式是政府授予私人企业特许经营权或私人企业向政府购买特许经营权,可获得项目经营中全部的收益,同时也要独立承担风险,而 PPP 模式是私人企业与政府合作,共同设立项目公司对项目进行开发和运营,共担风险同时也共享收益。BOT 模式和 TOT 模式属于广义上的 PPP 模式,并且在 REITs 发行时也无需将 BOT 模式和 TOT 模式的项目转化为 PPP 模式项目。BOT、TOT 项目在招标的时候为了吸引社会资本参与,政府往往会给予一定的收益保证或优惠政策,且大部分 BOT、TOT 项目均是生态环保、能源等并不直接对接用户的项目,因此现在部分 BOT、TOT 项目依旧是政府及相关部门付费的模式。采用 PPP(含特许经营)和 BOT、TOT 等模式的项目发行 REITs 需满足相关条件(见图 5.20)。

2015年6月以前	2015年6月以后	收入来源
当时采用BOT、TOT、股权投资等模式的特许经营类项目,应符合当时国家关于特许经营管理相关规定。	PPP项目运营成熟稳定且项目转让取得主管部门的同意。已批复PPP项目实施方案,通过公开招标等竞争方式确定社会资本方,并依照法定程序规范签订PPP合同。	收入来源以使用者付费(包括按照穿透原则实质为使用者支付费用)为主。收入来源含地方政府补贴的,需在依法依规签订的PPP合同或特许经营协议中有明确约定。

图 5.20 特许经营模式发行条件

(五) 资产规模要求

首次发行新能源 REITs 的项目，当期目标不动产评估净值原则上不低于 10 亿元。原始权益人具有较强扩募能力，以控股或相对控股方式持有、按有关规定可发行新能源 REITs 的各类资产规模原则上不低于拟首次发行基础设施 REITs 资产规模的 2 倍，即不低于 20 亿元。

三、申报材料梳理

(一) 省级发展改革委审核阶段

该阶段需准备的材料包括基础设施 REITs 试点项目基本情况、基础设施 REITs 试点项目产品方案、基础设施 REITs 试点项目合规性情况、基础设施 REITs 试点项目其他重点情况。此外，还应随附律所出具的《法律意见书》；评估机构出具的《评估报告》；《基金合同》及《运营管理协议》之关键条款及各种佐证材料。

(二) 国家发展改革委审核阶段

除（一）中提到的材料外，还需提交省级发展改革委审阅同意的《基础设施领域不动产投资信托基金（REITs）试点项目确定版材料》（1 份纸质版材料和 1 份电子版光盘）。以省级发展改革委名义正式上报国家发展改革委（如采取机要交换方式，请在信封上将收件人标注为"国家发展改革委投资司投融资处"）。同时，将项目确定版材料（3 份纸质版材料和 1 份电子版光盘），送至中国国际工程咨询有限公司。

(三) 中国证监会/交易所审核阶段

国家发展改革委出具《×××项目推荐函》至中国证监会，同步转交给中国证监会《基础设施领域不动产投资信托基金（REITs）试点项目确定版材料》及其他全套材料。中国证监会及沪深交易所同步对基金相关材料

第五章　新能源基础设施项目公募 REITs 设计

进行审核，所需材料如表 5.5 所示。

表 5.5　中国证监会/交易所审核阶段所需材料汇总表

中国证监会审核阶段	基金管理人	向中国证监会提交	公开募集证券投资基金注册申请文件
			基金管理人及资产支持证券管理人相关说明材料，包括但不限于：投资管理、项目运营、内部控制与风险管理制度和流程，部门设置与人员配备，同类产品与业务管理情况等
			拟投资基础设施资产支持证券相关说明材料，包括但不限于：资产支持专项计划说明书、法律意见书、拟提交中国证券投资基金业协会备案材料等
			拟投资基础设施资产支持证券认购协议
			基金管理人与主要参与机构签订的协议文件
		向沪深交易所提交	上市申请
			基金合同草案
			基金托管协议草案
			招募说明书草案
			律师事务所对基金出具的法律意见书
			基金管理人及资产支持证券管理人相关说明材料，包括但不限于：投资管理、项目运营、风险控制制度和流程，部门设置与人员配备，同类产品与业务管理情况等
			拟投资基础设施资产支持证券认购协议
			基金管理人与主要参与机构签订的协议文件
	专项计划管理人	向沪深交易所提交	挂牌条件确认申请
			资产支持证券管理人合规审查意见
			基础设施资产支持专项计划说明书、标准条款
			基础资产买卖协议、托管协议、监管协议（如有）、资产服务协议（如有）等主要交易合同文本
			律师事务所对专项计划出具的法律意见书
			基础设施项目最近 3 年及一期的财务报告及审计报告
			基础设施项目评估报告
			专项计划尽职调查报告
			关于专项计划相关会计处理意见的说明
			法律法规或原始权益人公司章程规定的有权机构作出的关于开展资产证券化融资相关事宜的决议

(四) 新能源项目相关材料

不同类别的新能源基础设施项目需要提交不同的特殊申报材料,以满足特定项目类型的特殊要求。以风电基础设施项目为例,其所需的部分特殊材料如表5.6所示。

表5.6 风电项目所需的特殊材料汇总表

相关要求	具体文件
海上风电特殊审批事项	1. 用海预审意见
	2. 用海批复
	3. 海域使用权证书
	4. 水上水下活动许可证
	5. 海底电缆路由审查
	6. 通航安全影响论证批复
	7. 电缆穿越海堤许可(如有)

四、审核重点

(一) 国家发展改革委审核的重点

国家发展改革委审核的重点主要包括四大方面:一是固定资产投资管理手续的合规性和证明材料的齐备性,基础设施项目须依法合规取得且已经能够稳定运营,并且需要提供经审计的财务报告和律师事务所依照客观事实出具的法律意见书供发展改革委参考;二是PPP(含特许经营)类项目须符合《基础设施和公用事业特许经营管理办法》的有关规定,通过招标等竞争方式确定社会资本方且收入来源须以使用者付费为主;三是回收资金用途,回收资金是指原始权益人以发行REITs的方式出售资产所获得的资金,回收资金应当用于在建项目或前期工作成熟的新项目;四是重点关注基础设施持续平稳运营方面,从基础设施的平稳运营和管理机构的

第五章　新能源基础设施项目公募REITs设计

能力方面提出具体要求。根据958号文整理的具体审核内容如表5.7所示。

表5.7　国家发展改革委审核内容及具体要求

主要方面	具体要求
宏观管理政策要求	1. 符合国家重大战略、国家宏观调控政策有关要求。 2. 符合国民经济和社会发展总体规划、有关专项规划和区域规划要求。 3. 符合《产业结构调整指导目录》和相关行业政策规定，符合行业发展相关要求。 4. 外商投资项目还需符合外商投资管理有关要求
固定资产投资管理手续	1. 项目审批、核准或备案手续。 2. 规划、用地、环评、施工许可手续。 3. 竣工验收报告（或建设、勘察、设计、施工、监理"五方验收单"，或政府批复的项目转入商运文件）。 4. 外商投资项目应取得国家利用外资有关手续。 5. 依据相关法律法规应办理的其他必要手续。 项目投资管理手续的合法合规性，应以办理时的法律法规、规章制度、国家政策等为判定依据，项目无需办理上述手续的，应说明有关情况，并提供证明材料。项目投资管理手续缺失的，应依法依规补办相关手续，或以适当方式取得相关部门认可；如现行法律法规、规章制度、政策文件等明确无需办理的，应对有关情况作出详细说明，并提供项目所在地相关部门或机构出具的证明材料
证明材料	项目可行性研究报告批复或核准、备案文件复印件；规划、用地、环评、施工许可证书或批复文件复印件，项目竣工验收文件和产权文件（如有）复印件，PPP项目实施方案及批复文件、招标采购文件、PPP合同或特许经营协议复印件；项目经审计的财务报告或备考财务报表；律师事务所就项目权属和资产范围、项目合法合规性、转让行为合法性等出具的法律意见书；发起人承诺材料等
回收资金用途	1. 回收资金应明确具体用途，包括具体项目、使用方式和预计使用规模等。在符合国家政策及企业主营业务要求的条件下，回收资金可跨区域、跨行业使用。 2. 90%（含）以上的净回收资金（指扣除用于偿还相关债务、缴纳费，按规则参与战略配售等资金后的回收资金）应当用于在建项目或前期工作成熟的新项目。 3. 鼓励以资本金注入方式将回收资金用于项目建设
基础设施持续平稳运营	1. 基础设施运营管理机构具备丰富的项目运营管理经验，配备充足的运营管理人员，公司治理与财务状况良好，具有持续经营能力。 2. 基金管理人与运营管理机构之间建立合理的激励和约束机制，明确奖惩标准。 3. 明确界定运营管理权责利关系，并约定解聘、更换运营管理机构的条件和程序

（二）中国证监会审核的重点

1. 核心概念界定

中国证监会规定了对新能源 REITs 结构、投资标的和收益分配的基本要求，《公开募集基础设施证券投资基金指引（试行）》（简称"第 54 号公告"），对基础设施证券投资基金的概念进行了界定。其中，基金封闭期大多是由土地期限和特许经营权期限而决定的。因此，若基金管理人想继续管理 REITs 就必须在基金封闭期内完成扩募以延长封闭期。

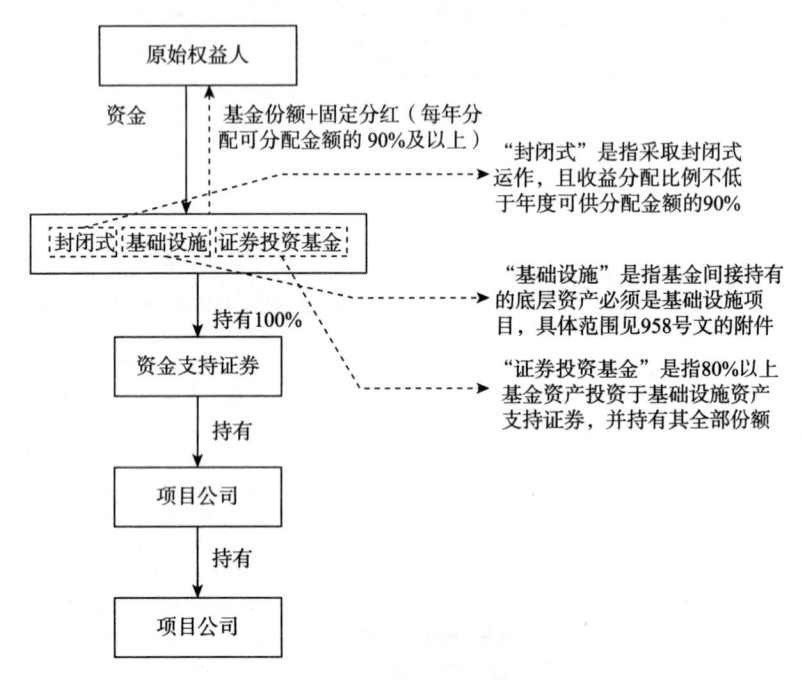

```
原始权益人
    │
  资金    基金份额+固定分红（每年分
    │    配可分配金额的90%及以上）         "封闭式"是指采取封闭式
    ▼    ─────────────────────→       运作，且收益分配比例不低
封闭式 基础设施 证券投资基金              于年度可供分配金额的90%
    │
    │ 持有100%                          "基础设施"是指基金间接持有
    ▼    ─────────────────────→       的底层资产必须是基础设施项
资金支持证券                            目，具体范围见958号文的附件
    │
    │ 持有                              "证券投资基金"是指80%以上
    ▼    ─────────────────────→       基金资产投资于基础设施资产
项目公司                                支持证券，并持有其全部份额
    │
    │ 持有
    ▼
项目公司
```

图 5.21　基础设施投资基金概念界定

2. 发行联合体的审核

此外，中国证监会对发行联合体的审核也作出了具体要求，54 号文指出，申请募集基础设施基金的基金管理人、基金托管人、外部管理机构和财务顾问除了应当符合《证券投资基金法》《公开募集证券投资基金运作管理办法》规定的相关条件，还应分别满足表 5.8 所示的相关要求。

第五章 新能源基础设施项目公募 REITs 设计

表 5.8 中国证监会对发行联合体各单位具体要求汇总表

主体	具体要求
基金管理人	1. 公司成立满 3 年，资产管理经验丰富，公司治理健全，内控制度完善； 2. 设置独立的基础设施基金投资管理部门，配备不少于 3 名具有 5 年以上基础设施项目运营或基础设施项目投资管理经验的主要负责人员，其中至少 2 名具备 5 年以上基础设施项目运营经验； 3. 财务状况良好，能满足公司持续运营、业务发展和风险防范的需要； 4. 具有良好的社会声誉，在金融监管、工商、税务等方面不存在重大不良记录； 5. 具备健全有效的基础设施基金投资管理、项目运营、内部控制与风险管理制度和流程； 6. 中国证监会规定的其他要求，拟任基金管理人或其同一控制下的关联方应当具有不动产研究经验，配备充足的专业研究人员；具有同类产品或业务投资管理或运营专业经验，且同类产品或业务不存在重大未决风险事项
基金托管人	1. 财务状况良好，风险控制指标符合监管部门相关规定； 2. 具有良好的社会声誉，在金融监管、工商、税务等方面不存在重大不良记录； 3. 具有基础设施领域资产管理产品托管经验； 4. 为开展基础设施基金托管业务配备充足的专业人员； 5. 中国证监会规定的其他要求，基础设施基金托管人与基础设施资产支持证券托管人应当为同一人
外部管理机构	1. 具有符合国家规定的不动产运营管理资质； 2. 具备丰富的基础设施项目运营管理经验，配备充足的具有基础设施项目运营经验的专业人员，其中具有 5 年以上基础设施项目运营经验的专业人员不少于 2 名； 3. 公司治理与财务状况良好； 4. 中国证监会规定的其他要求
财务顾问	应当由取得保荐业务资格的证券公司担任
基础设施项目	1. 原始权益人享有完全所有权或经营权利，不存在重大经济或法律纠纷，且不存在他项权利设定，基础设施基金成立后能够解除他项权利的除外； 2. 主要原始权益人企业信用稳健、内部控制健全，最近 3 年无重大违法违规行为； 3. 原则上运营 3 年以上，已产生持续、稳定的现金流，投资回报良好，并具有持续经营能力、较好增长潜力； 4. 现金流来源合理分散，且主要由市场化运营产生，不依赖第三方补贴等非经常性收入； 5. 中国证监会规定的其他要求

3. 对尽调调查的审核

尽调调查应论证净现金流分派率满足发行要求，同时为发行定价提供标准。54号文指出，申请注册基础设施基金前，基金管理人应当对拟持有的基础设施项目进行全面的尽职调查，聘请符合规定的专业机构提供评估、法律、审计等专业服务，与基础设施资产支持证券管理人协商确定基础设施资产支持证券设立、发行等相关事宜，确保基金注册、份额发售、投资运作与资产支持证券设立、发行之间的有效衔接。

审计机构出具的报告须包括过去三年及一期项目公司汇总的财务报表和未来两年的可分配金额测算报告，以项目公司持续运营为假设预测基金成立后两年内的现金分配情况，以便审核机构判断基础设施是否满足分派率的要求。评估机构须在其出具的评估报告采用收益法评估基础设施的公允价值，根据交易所《业务办法》，该公允价值（评估价值）将作为基金发行定价的重要依据。

基金管理人和财务顾问在对基础设施充分地尽职调查后，在财务报告的基础上编写尽职调查报告。尽职调查报告应包括下列内容：基础设施项目财务情况和对外借款情况；基础设施项目现金流的稳定性和历史纪录，及未来现金流的合理测算和分析；已签署正在履行期内及拟签署的全部重要协议；安全生产及环境保护情况，及是否符合城市规划要求；是否已购买基础设施项目保险，及承保范围和保险金额；法律权属，及是否存他项权利限制；应付未付义务是否可合法取得基础设施项目的所有权和经营权利；同业竞争、关联关系及关联交易等潜在利益冲突情况；基础设施项目原始权益人及其控股股东、实际控制人，和项目管理机构等主要参与机构情况。

4. 对评估机构和评估报告的审查

基础设施项目价值评估是基金发行定价的重要依据。审计机构出具的审计报告和评估机构出具的评估报告差异较大。首先，审计报告侧重于揭示基础设施项目过去的运营情况，同时在持续经营的假设下预测基金成立后两年的分派率，预测周期较短。而评估报告目的是测算基础设施的公允价值，需要预测新能源REITs全周期现金流、增长率和折现率，预测周期较长。其次，预测口径不同。审计机构立足于会计准则，在预测时也是基于利润表结构进行预测。而评估机构基于收益法，通过收入、成本和费用的预测计算出每期的现金流，进而通过合理的贴现率折现得到基础设施评估价值。基金管理人应当聘请独立的评估机构对拟持有的基础设施项目进行评估，并出具评估报告。54 号文对评估机构以及评估报告的要求如表 5.9 所示。

表 5.9 评估机构及评估报告要求汇总表

主要方面	具体要求
评估机构	按照《证券投资基金法》第九十七条规定，经中国证监会备案，并符合国家主管部门相关要求，具备良好资质和稳健的内部控制机制，合规运作、诚信经营、声誉良好，不得存在可能影响其独立性的行为。评估机构为同一只基础设施基金提供评估服务不得连续超过 3 年。评估机构在评估过程中应当客观、独立、公正，遵守一致性、一贯性及公开、透明、可校验原则，不得随意调整评估方法和评估结果
评估报告	1. 评估基础及所用假设的全部重要信息； 2. 所采用的评估方法及评估方法的选择依据和合理性说明； 3. 基础设施项目详细信息，包括基础设施项目地址、权属性质、现有用途、经营现状等，每期运营收入、应缴税收、各项支出等收益情况及其他事项； 4. 基础设施项目的市场情况，包括供求情况、市场趋势等； 5. 影响评估结果的重要参数，如土地使用权或经营权剩余期限、运营收入、运营成本、运营净收益、资本性支出、未来现金流变动预期、折现率等； 6. 评估机构独立性及评估报告公允性的相关说明； 7. 调整所采用评估方法或重要参数情况及理由； 8. 可能影响基础设施项目评估的其他事项 基础设施基金份额首次发售，评估基准日距离基金份额发售公告日不得超过 6 个月；基金运作过程中发生购入或出售基础设施项目等情形时，评估基准日距离签署购入或出售协议等情形发生日不得超过 6 个月

（三）交易所对基金份额上市和资产支持证券挂牌的审核重点

基金份额上市过程中，新能源 REITs 基金拟在交易所上市的，在完成基金备案及份额限售和锁定后，指定至少 1 家做市商提供做市服务，并向交易所提出上市申请，且基金应当符合《基础设施基金指引》和交易所规定的条件。其中，基金须经中国证券监督管理委员会核准募集；基金募集金额不低于 2 亿元人民币；基金合同期限为五年以上且基金合同生效；基金份额持有人不少于 1000 人。基金管理人应当聘请符合规定的专业机构提供评估、法律、审计等专业服务，对拟持有的基础设施项目进行全面尽职调查。在提出基础设施基金上市申请时，应提交相应的尽调报告和其他申请材料供审核。

资产支持证券挂牌过程中，资产支持证券管理人应当向交易所提交基础设施资产支持证券挂牌条件确认申请，由交易所确认是否符合《基础设施基金指引》《资产证券化业务管理规定》及交易所资产证券化相关业务规则等规定的条件。资产支持证券管理人应当聘请符合规定的专业机构提供评估、法律、审计等专业服务，对拟持有的基础设施项目进行全面尽职调查。在提出基础设施资产支持证券挂牌申请时，应提交相应的尽调报告和其他申请材料供审核，新能源基础设施资产支持证券挂牌要求如表 5.10 所示。

表 5.10　新能源基础设施资产支持证券挂牌要求汇总表

主要方面			具体要求
资产支持专项计划		一般资产支持专项计划	管理人应当符合本所规定的合格投资者发行资产支持证券，且每期资产支持证券的投资者合计不超过 200 人
	基础设施类	资产的要求	1. 基础资产、底层资产及相关资产应当合法、合规，已按相关规定履行必要的审批、核准、备案、登记等相关程序。 2. 基础资产、底层资产的运营应当依法取得相关特许经营等经营许可或其他经营资质，且特许经营等经营许可或其他经营资质应当能覆盖专项计划期限。 3. 基础资产、底层资产应当可特定化，其产生的现金流应独立、稳定、可预测。基础资产及底层资产的规模、存续期限应当与资产支持证券的规模、存续期限相匹配。 4. 基础资产、底层资产及相关资产的权属应当清晰明确，不得附带抵押、质押等担保负担或者其他权利限制
		原始权益人条件	1. 特定原始权益人开展业务应当满足相关主管部门监管要求、取得相关特许经营等经营许可或其他经营资质，基础资产或底层资产相关业务正式运营满 2 年、具备资产运营能力且符合下列条件之一： (1) 主体评级（原始权益人）达 AA 级及以上。 (2) 专项计划设置担保、差额支付等有效增信措施，提供担保、差额支付等增信机构的主体评级为 AA 级及以上。 2. 原始权益人及其关联方应当保留一定比例的基础资产信用风险，持有最低档次资产支持证券，且持有比例不得低于所有档次资产支持证券发行规模的 5%，持有期限不低于资产支持证券存续期限
		现金流回款路径	自专项计划设立之日起，基础资产或底层资产回款自产生至归集进入专项计划账户的周期应当不超过 1 个月

五、定价与发售

(一) 资产估值

新能源 REITs 的估值直接影响发行价格和上市交易，在项目执行期内，尽职调查执行对底层资产的估值，此估值结果直接影响项目申报发售期基金发行价格的确定，进而在存续期内对二级市场的表现、后期运营及扩募等产生持续影响。

新能源类 REITs 的底层资产多为风电、水电、光伏发电等新能源基础设施项目，其最大的优点是预期收入的稳定性。同时，新能源基础设施项目还具有确定性、可转让性、时效性、排他性、现金流高稳定性等特征（见图 5.22）。

新能源 REITs 资产的基本特征：
- 确定性：资产内容和范围的界定清晰、明确
- 转让性：有较强的流通性，具备可转让性
- 时效性：资产价值与特许经营剩余期限密切相关
- 排他性：在某地区和时间上具有明显的排他性和垄断性
- 现金流高稳定性：现金流稳定性较高、能预测并以货币衡量

图 5.22 新能源 REITs 底层资产的基本特征

在资产估值构成方面，新能源 REITs 资产估值结果主要取决于基础资产的运营收益，不包含项目土地价值；在资产估值期限方面，新能源 REITs 估值的收益期限一般为资产剩余经营年限；在资产残值处理和资产估值折现率方面，新能源 REITs 投资人在收费期满后，资产通常需要无偿移交政府，因此其折现率一般要高于产权类 REITs。

新能源 REITs 的估值方法包括成本法、收益法和市场比较法。其中，市场法估值需要当下市场上有足够多的可比案例，而我国目前新能源 RE-

ITs 市场正处于发展阶段，还不满足使用条件；成本法需要具有可比性的现实资产和历史资产，同样不适用当前的市场情况。而由于新能源 REITs 确定的经营期限、稳定的收入预期以及高稳定性的现金流等特点，适用收益法进行估值。收益法估值原理为在剩余收益期限内对项目可分配现金流逐年折现累加，其公式为：

$$PV_0^* = \sum_{i=1}^{n} \frac{可分配现金流_i}{(1+折现率)^i}$$

其中，PV_0^* 为项目未来可分配现金流的现值，即所求的估值结果，n 代表剩余经营年限。在测算项目未来各年可分配现金流时，需要的主要参数有收益年限、未来各年运营收入、运营成本以及资本性支出。在折现率的确定过程中需要当前时点的无风险收益率、项目的风险系数等参数。估算过程假设项目在收益期限内稳定经营，特许经营权项目到期即停止运营，无残值等收益。新能源 REITs 的估值框架如图 5.23 所示。

主要参数	运营收入：价格、产量预测的基准值和增长率 运营成本：综合历史数据和经营计划预测，可按运营收入的一定比例估计 资本性支出：综合历史数据和经营计划预测 收益期限：剩余经营年限，部分经营收益权项目还应考虑土地使用年限

新能源基础设施估值 ← $\sum_{i=1}^{n} \dfrac{项目可分配现金流_i}{(1+折现率)^i}$

主要参数	新能源类REITs资产评估中折现率主要采用所得税加权平均资金成本（WACCBT），其参数包括：无风险回报率、风险系数、市场风险超额收益率、被评估企业特有风险超额回报率、债务资本成本、股东权益、企业负债、股权占总资本比率、债务占总资本比率和所得税率等

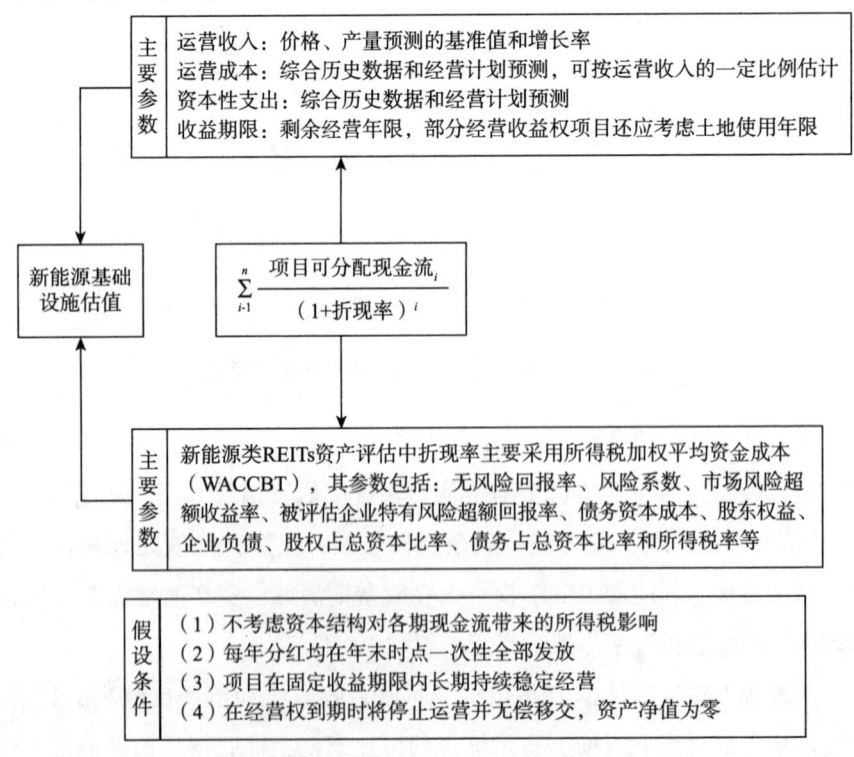

假设条件	（1）不考虑资本结构对各期现金流带来的所得税影响 （2）每年分红均在年末时点一次性全部发放 （3）项目在固定收益期限内长期持续稳定经营 （4）在经营权到期时将停止运营并无偿移交，资产净值为零

图 5.23 新能源 REITs 估值框架图

第五章 新能源基础设施项目公募REITs设计

收益法估值的核心参数主要包括收益期限、预期收益和折现率三个方面（见表5.11）。在收益期限方面，在不考虑扩募的情况下，新能源REITs基金的真实期限由基础设施项目的剩余特许经营期限决定，具有明确的到期期限。剩余经营期限用于为REITs扩募做准备，如果有新装入REITs的资产，REITs期限会相应延长。在预期收益方面，新能源REITs基金预期收益由近3年的运营情况确定基准年收益，接着由各项目存续期内服务量增长和价格增长的预期对资产的未来收益进行评估。在服务量增长率方面，对于大多数新能源基础设施项目，服务量增长率主要由预期用电量增长率决定。在折现率的选取方面，新能源REITs项目的折现率由多个因素决定，所在地区的不同、资产风险系数的大小及REITs发行时期无风险回报率的高低都会影响折现率的最终确定。

表5.11 收益法估计和核心参数及指标

核心参数	具体指标
收益期限	特许经营期限
	剩余经营期限
预期收益	运营收入
	运营成本和资本性支出
折现率	无风险回报率
	风险系数
	市场风险超额收益率
	被评估企业特有风险超额回报率
	债务资本成本
	权益资本成本

项目所在地区也是影响折现率的因素之一。不同地区由于资产流动性、需求稳定性和对投资回报率期望的差异，带来对应地区折现率水平的高低。由于一类地区资产保值增值性较高，对应的折现率要低于其余一类、二类地区的资产。无风险回报率 R_f 参照我国10年期国债利率，即由评估基准日起的10年期国债到期收益率确定，且各REITs无风险回报率随发行时间点会有较大的差异变化。折现系数的确定方面，由不同基金对应

折现期以及折现率共同计算得出，折现期为估值时点距估值年份的期限长度，折现系数 R 的计算公式如下，其中，i 表示折现率，n 为折现期。

$$R=\frac{1}{(1+i)^n}$$

（二）询价环节

基金的认购价格首先需要通过网下询价确定，对标的资产的价值进行评估后，基金管理人、财务顾问与发起人会参考评估值，综合考虑发行份额、未来现金流分配率等因素，审慎确定询价区间。

基金管理人应提前于基金份额发售日至少三天，通过交易所网站披露询价公告、招募说明书、基金产品资料概要、基金合同、托管协议等有关文件，以供网下投资者参阅。基金管理人和财务顾问以基础设施项目评估价值为基准，确定询价区间，进一步根据所有网下投资者报价的中位数和加权平均数，并结合配售对象的报价情况，审慎合理确定认购价格。若认购价格高于上述中位数和加权平均数的孰低值，基金管理人、财务顾问应至少在基金份额认购首日前 5 个工作日发布投资风险特别公告，并披露超过的原因及网下投资者报价差异情况，同时提醒投资者关注投资风险，理性做出投资决策。在战略配售的同时，基金管理人即可发布询价公告，公告内容如表 5.12 所示。

表 5.12 询价公告内容汇总表

主要方面	主要内容
发售基本情况	发售方式、发售数量、定价方式（以基础设施项目评估价值为基准，确定询价区间，进一步根据询价结果确定最终认购价格）、限售期安排、发售重要时间安排
战略配售	参与对象及选择标准、配售数量、配售条件、限售期限、核查情况、认购款项缴纳及验资安排等
网下询价安排	参与网下询价的投资者标准及条件、网下投资者备案核查及相关材料的提交方式、询价安排、网下投资者的违规行为及处理方式

第五章　新能源基础设施项目公募 REITs 设计

续表

主要方面	主要内容
确定有效报价投资者和认购价格	1. 在询价结束后，基金管理人和财务顾问将对网下投资者的报价资格进行核查，剔除不符合要求的投资者报价； 2. 询价时，网下投资者管理的配售对象拟认购价格不低于认购价格即为有效报价投资者，在确定认购价格后，提供有效报价的配售对象方须作为有效报价投资者参与认购
认购方式、缴款安排及认购费用	1. 明确网下及公众投资者认购方式、缴款安排； 2. 披露认购费用标准
回拨机制	认购结束后，基金管理人和财务顾问将根据战略投资者缴款情况确认战略配售份额是否向网下回拨，在此基础上，根据公众和网下认购情况决定是否进一步启动回拨机制，对网下及公众发售的规模进行调节
配售原则及方式	对网下及公众投资者认购基金份额的配售原则及方式
退款	明确网下及公众投资者多缴款项的退款安排
中止发售情况	明确中止发售的触发条件和披露要求

网下询价时间原则上为 1 个交易日，具体时段是询价日的 9：00—15：00。基金管理人或财务顾问应当在交易所规定的时间内，在网下发行电子平台上确认基金代码、名称等相关询价参数，并通过网下发行电子平台确认拟参与网下发售的配售对象名称、场内证券账户或场外基金账户等相关信息，同时剔除不符合指引及询价公告规定的网下投资者及其配售对象账户，完成询价准备的确认工作。询价期间，网下投资者及其管理的配售对象填报的拟认购数量不得超过网下初始发售份额数量，且同一网下投资者全部报价中的不同拟认购价格不得超过 3 个。

（三）公开发售基金份额

基金管理人应当在基金份额认购首日的 3 日前，披露基金份额的发售公告。发售公告应披露投资者详细报价情况、认购价格及其确定过程、募集期起止日、基金份额发售数量、网下发售份额数量、公众投资者发售份额数量、回拨机制、销售机构、认购方式、认购费用，以及以认购价格计算的基础设施项目价值及预期收益测算等内容。

网下投资者和公众投资者应在募集期内认购,募集期原则上不得超过5个交易日,认购申请的时间为募集期内的每个交易日的9:30至15:00。募集期内,网下投资者可以通过网下发行电子平台申请认购,公众投资者可以通过场内证券经营机构或基金管理人及其委托的场外基金销售机构认购基金份额。

(四) 投资者认购

1. 战略投资者认购

原始权益人或同一控制下的关联方,必须参与战略配售,比例合计不少于基金份额发售总量的20%,其中基金份额发售总量的20%持有期不少于60个月,超过20%部分持有期不少于36个月,基金份额持有期间不允许质押。其他专业机构投资者也可以参与战略配售,配售比例由基金管理人合理确定,持有期限不少于12个月。参与战略配售的专业机构投资者,应当具备良好的市场声誉和影响力,具有较强的资金实力,认可新能源REITs的长期投资价值。

与此同时,新能源REITs基金还鼓励下列专业投资者和配售对象参与基础设施基金的战略配售:一是与原始权益人经营业务具有战略合作关系或长期合作愿景的大型企业或其下属企业;二是具有长期投资意愿的大型保险公司或其下属企业、国家级大型投资基金或其下属企业;三是主要投资策略包括投资长期限、高分红类资产的证券投资基金或其他资管产品;四是具有丰富基础设施项目投资经验的基础设施投资机构、政府专项基金、产业投资基金等专业机构投资者;五是原始权益人及其相关子公司;六是原始权益人与同一控制下关联方的董事、监事及高级管理人员参与本次战略配售设立的专项资产管理计划。

在认购流程上,战略投资者事先与基金管理人签署配售协议,并由基金管理人在基金合同、招募说明书、询价公告、发售公告中预先披露战略配售安排,然后战略投资者在募集期内按认购价格认购其承诺的基金份额数量,并在募集期内通过基金管理人完成认购资金缴纳。在认购限制上,

第五章　新能源基础设施项目公募 REITs 设计

战略投资者不得参与网下询价（依法设立且未参与本次战略配售的证券投资基金、理财产品和其他资产管理产品除外），其持有的基金份额在规定的持有期限内不得进行转让、交易。此外，战略投资者不得接受他人委托或者委托他人参与，但依法设立并符合特定投资目的的证券投资基金、公募理财产品和其他资产管理产品，以及全国社会保障基金、基本养老保险基金、年金基金等除外。在限售锁定方面，战略投资者持有的基础设施基金战略配售份额符合解除限售条件的，基金管理人要在限售解除前 5 个交易日披露解除限售安排。申请解除限售时，基金管理人应当向交易所提交基金份额解除限售申请、全部或者部分解除限售的理由和相关证明文件（如适用）、基金份额解除限售的提示性公告及交易所要求的其他文件。

此外，战略投资者持有的基础设施基金战略配售份额应当按照《基础设施基金指引》的规定以及相关约定进行限售管理。基金管理人应当制定专项制度，加强对战略投资者持有基金份额的限售管理，并披露战略投资者履行限售承诺的情况以及律师的核查意见（如需）。

2. 网下及公众投资者认购

网下及公众投资者的认购流程包括如下内容。一是发售公告。基金管理人应当在基金份额认购首日的 3 日前，披露基金份额的发售公告。具体的发售公告应披露投资者详细报价情况、认购价格及其确定过程、募集期起止日、基金份额发售数量、网下发售份额数量、公众投资者发售份额数量、回拨机制、销售机构、认购方式、认购费用，以及以认购价格计算的基础设施项目价值及预期收益测算等内容。

二是募集期的设定。网下投资者和公众投资者应在募集期内认购，募集期原则上不得超过 5 个交易日。

三是网下投资者认购。基金管理人或财务顾问按照询价确定的认购价格办理网下投资者的网下基金份额的认购和配售。交易所接受网下投资者认购申请的时间为募集期内的每个交易日的 9：00—15：00；网下投资者通过证券交易所网下发行电子化平台提交认购申请（仅限于认购阶段提供有效报价的网下投资者），并在募集期内向基金管理人缴纳认购资金，由基金管理人或财务顾问进行配售；扣除向战略投资者配售部分后，向网下投资者发售比例不得低于本次公开发售数量的70%。询价阶段提供有效报价的投资者方可且必须参与认购，且认购份额不得低于询价阶段填报的"拟认购数量"，也不得高于基金管理人、财务顾问确定的每个配售对象认购数量上限，且不得高于网下发售份额总量。对网下投资者进行分类配售的，同类投资者获得的配售比例应当相同。

四是公众投资者认购。公众投资者以询价确定的认购价格参与基金份额认购。销售过程中，基金管理人应当充分进行信息披露和风险揭示，并会同销售机构落实好投资者适当性管理工作；普通投资者参与新能源REITs基金投资无准入要求，但首次认购或买入新能源REITs基金份额前，基金管理人、交易所会员应当要求投资者以纸质或者电子形式签署风险揭示书，确认其了解新能源REITs基金产品特征及主要风险；基金认购价格确定后，基金管理人在发售公告中披露认购价格、销售机构等信息，公众投资者在募集期内通过基金管理人公告的销售机构进行基金份额认购；公众投资者可以通过场内证券经营机构或者基金管理人及其委托的场外基金销售机构认购新能源REITs基金；根据战略配售比例不少于基金份额发售总量的20%、网下配售的比例应不低于本次公开发售数量的80%，公众投资者可以认购新能源REITs基金的基金份额的比例将不超过基金份额发售总量的16%。需要明确的是，网下投资者不能参与公众投资者认购。

五是份额回拨调整。募集期届满，公众投资者认购份额不足的，基金管理人和财务顾问可以将公众投资者部分向网下发售部分进行回拨。网下投资者认购数量低于网下最低发售数量的，不得向公众投资者回拨。网下投资者认购数量高于网下最低发售数量，且公众投资者有效认购倍数较高的，网下发售部分可以向公众投资者回拨。回拨后的网下发售比例，不得低于本次公开发售数量扣除向战略投资者配售部分后的70%。

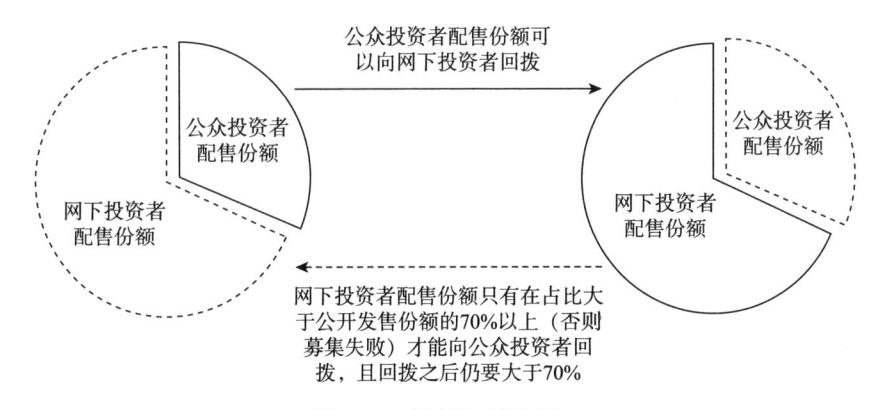

图 5.24　回拨机制示意图

投资者认购缴款结束后，基金管理人、财务顾问应当聘请符合相关规定的会计师事务所对认购和募集资金进行鉴证，并出具验资报告；并聘请律师事务所对网下发售、配售行为，参与定价和配售投资者的资质条件及其与基金管理人和财务顾问的关联关系、资金划拨等事项进行鉴证，出具法律意见书。基金设立之日起 10 个工作日内，基金管理人或财务顾问应当将法律意见书、发售总结报告等文件一并报送交易所。

（五）募集失败的情形与处理

基金募集期限届满，出现下列情形之一的，新能源 REITs 基金募集失败：一是基金份额总额未达到准予注册规模的 80%；二是募集资金规模不足 2 亿元，或投资人少于 1000 人；三是原始权益人或其同一控制下的关联方未按规定参与战略配售；四是扣除战略配售部分后，向网下投资者发售比例低于本次公开发售数量的 70%；五是导致基金募集失败的其他情形。

基金募集失败的，基金管理人应当在募集期限届满后 30 日内返还投资人已缴纳的款项，并加计银行同期存款利息。财务顾问费（如有）、资产评估费等各种费用不得从投资者认购款项中支付。

第五节　基金经营管理

一、基金存续期管理

（一）基金存续期内运营管理要求

新能源 REITs 基金（简称"基金"）应当将 90% 以上合并后基金年度可供分配金额以现金形式分配给投资者且每年不得少于 1 次。根据 2022 年 11 月 18 日沪深交易所发布的《关于规范公开募集基础设施证券投资基金收益分配相关事项的通知》，基础设施 REITs 连续两年未按照法律法规进行收益分配的，基金管理人应当申请基金终止上市。基金进行分配的，应当至少在权益登记日前 2 个交易日公告权益登记日、收益分配基准日、现金红利发放日、可供分配金额（含净利润、调整项目及调整原因）、按照基金合同约定应分配金额等事项。

（二）基金存续期内交易要求

1. 交易涨跌幅限制

新能源 REITs 基金应当采取封闭式运作，符合法定条件并经证券交易所依法审核同意后，可上市交易，上市首日即时行情显示的前收盘价为基金发售价格。交易所对新能源 REITs 基金交易实行价格涨跌幅限制，上市首日涨跌幅限制比例为 30%，非上市首日涨跌幅限制比例为 10%。

2. 基金份额收购

投资者及其一致行动人拥有权益的基金份额达到 10% 及以上，应当参照《上市公司收购管理办法》进行信息披露、份额收购并接受交易限制。投资者及其一致行动人拥有权益的基金份额达到一只基金份额的 10% 时，应当在该事实发生之日起3日内编制权益变动报告书，通知该基金管理人，并予公告；在上述期限内，不得再行买卖该基金的份额。达到10%后，通过交易所交易拥有权益的基金份额占该基金份额的比例每增加或者减少5%，应当依照以上规定进行通知和公告。在该事实发生之日起至公告后3日内，不得再行买卖该基金的份额。

投资者及其一致行动人拥有权益的基金份额达到或者超过该基金份额的10%但未达到30%的，应当参照《上市公司收购管理办法》第十六条规定编制权益变动报告书。投资者及其一致行动人拥有权益的基金份额达到或者超过该基金份额的30%但未达到50%的，应当参照《上市公司收购管理办法》第十七条规定编制权益变动报告书。投资者及其一致行动人拥有权益的基金份额达到基金份额的50%时，继续增持该基金份额的，应当参照《上市公司收购管理办法》以及其他有关上市公司收购及股份权益变动的有关规定，采取要约方式进行并履行相应的程序或者义务。投资者及其一致行动人拥有权益的基金份额达到或者超过基金份额的2/3，继续增持该基金份额的，可免于发出要约。

（三）基金的投资

新能源REITs基金主要资产投资于基础设施资产支持证券并持有其全部份额，通过基础设施资产支持证券、项目公司等载体取得基础设施项目的完全所有权或经营权利。新能源REITs基金的投资范围包括基础设施资产支持证券，国债、政策性金融债、地方政府债、中央银行票据，AAA级信用债（企业债、公司债、金融债、中期票据、短期融资券、超短期融资债券、公开发行的次级债、可分离交易可转债的纯债部分等），货币市场工具（同业存单、债券回购、协议存款、定期存款及其他银行存款等），以及法律法规或中国证监会允许基金投资的其他金融工具（但须符合中国证监会相关规定）。

除基金合同另有约定外，新能源REITs基金的投资组合比例为：基金投资于基础设施资产支持证券的比例不低于基金资产的80%，但因基础设施项目出售、按照扩募方案实施扩募收购时收到扩募资金但尚未完成基础设施项目购入、基础设施资产支持证券或基础设施资产公允价值变动、基础设施资产支持证券收益分配及中国证监会认可的其他因素致使基金投资比例不符合上述规定投资比例的不属于违反投资比例限制；因除上述原因以外的其他原因导致无法满足上述比例限制的，基金管理人应在 60 个工作日内调整。若法律法规的相关规定发生变更或监管机构允许，基金管理人在履行适当程序后，可对上述资产配置比例进行调整。

新能源 REITs 基金可以采用基础设施资产支持证券及基础设施项目投资、固定收益投资两种投资策略，争取为投资者提供稳定的收益分配和可持续、长期增值回报。基础设施资产支持证券及基础设施项目投资策略如表 5.13 所示。

表 5.13 基础设施资产支持证券及基础设施项目投资策略

投资阶段	投资策略
初始投资阶段	新能源 REITs 基金将 80%以上的基金资产投资于基础设施资产支持证券，并间接持有项目公司的 100%股权，以最终获取最初由原始权益人持有的基础设施项目完全所有权或经营权利；资产支持证券将根据需要追加对基础设施项目公司或其他特殊目的载体（如涉及）的权益性或债权性投资
扩募收购阶段	基金将寻求并购符合该基金投资范围和投资策略的其他同类型的基础设施资产，并根据实际情况选择通过基金扩募资金投资于新的资产支持证券，以扩大基金的基础资产规模、分散基础资产的经营风险、提高基金的资产投资和运营收益
资产出售及处置阶段	基金管理人将秉持基金份额持有人利益最大化原则，根据市场环境与基础设施项目运营情况制定基础设施项目出售方案并负责实施。基金管理人将积极寻求综合实力强、报价高的交易对手方，在平衡资产对价、交割速度、付款方案等多个因素后，将资产择机出售
基础设施项目收益期届满后	基金继续存续的，基金管理人可根据情况通过资本性支出、技改等方式使设备处于良好状态，或由项目公司或其指定关联方无偿受让基础设施项目（含项目公司股权、专项计划对项目公司享有的股东借款债权、基础设施项目资产，不包括流动资产和流动负债）

此外，在控制基金风险的前提下，可综合使用各种杠杆工具，力争提高基金份额持有人的投资收益。如使用基金持有的债券资产做正回购、采用杠杆收购的方式收购资产、向银行申请贷款和法律法规允许的其他方

式等。

固定收益投资策略如下，在债券和货币市场工具投资方面，通过深入分析宏观经济数据、货币政策和利率变化趋势以及不同类属的收益率水平、流动性和信用风险等因素，以久期控制和结构分布策略为主，以收益率曲线策略、利差策略等为辅，构造能够提供稳定收益的债券和货币市场工具组合。

（四）上市交易和结算

基金合同生效后，在符合法律法规和证券交易所规定上市条件的情况下，新能源REITs基金可申请在证券交易所上市交易。在确定上市交易的时间后，基金管理人应依据法律法规规定在规定媒介上刊登基金份额上市交易公告书，上市交易费用按照证券交易所有关规定办理。使用场内证券账户认购的基金份额可直接在证券交易所场内交易；使用场外基金账户认购的基金份额应通过办理跨系统转托管业务将基金份额转托管至场内证券经营机构后参与证券交易所场内交易，或在基金通平台转让，具体可参照证券交易所或中国证券登记结算有限责任公司的规则办理。

此外，新能源REITs基金可以采用竞价、大宗、报价、询价、指定对手方和协议交易等证券交易所认可的方式进行二级市场交易。二级市场为新的投资者提供了进入的机会，增加了市场的活跃度和深度。在进行二级市场交易时，投资者需要注意交易成本，关注交易信息的透明度和及时性，以确保交易决策基于准确的市场数据。新能源REITs在二级市场上的表现是投资者评估其投资价值和市场接受度的重要指标，良好的二级市场表现有助于吸引更多的投资者参与、支持新能源基础设施项目的建设和运营，同时也为投资者提供了灵活的投资和退出机制。

新能源REITs基金的结算方式根据《中国证券登记结算有限责任公司公开募集基础设施证券投资基金登记结算业务实施细则（试行）》及其他有关规定执行。中国证券登记结算有限责任公司为基金的交易提供多边净额清算、逐笔全额结算等结算服务。

(五)财产管理

1. 基金财产的保管和处分

基金资产总值是指新能源 REITs 基金拥有的基础设施资产支持证券、各类有价证券、银行存款本息、基金应收款及其他资产的价值总和,即基金合并财务报表层面计量的总资产。基金资产净值是指新能源 REITs 基金资产总值减去基金负债后的价值,即基金合并财务报表层面计量的净资产。

新能源 REITs 基金财产独立于基金管理人、基金托管人、运营管理机构、基金销售机构等相关主体的财产,并由基金托管人保管。基金管理人、基金托管人、基金登记机构、运营管理机构、基金销售机构等相关主体以其自有的财产承担其自身的法律责任,其债权人不得对基金财产行使请求冻结、扣押或其他权利。除依法律法规和基金合同的规定处分外,基金财产不得被处分。

因基金的管理、运用或者其他情形而取得的财产和收益,归入基金财产。基金财产的债务由基金财产承担。原始权益人、基金管理人、基金托管人及其他参与机构因依法解散、被依法撤销或者被依法宣告破产等原因进行清算的,基金财产不属于其清算财产。基金财产的债权,不得与原始权益人、基金管理人、基金托管人及其他参与机构的固有财产产生的债务相抵销。不同基金财产的债权债务,不得相互抵销。非因基金财产本身承担的债务,不得对基金财产强制执行。

新能源 REITs 基金直接持有对应的全部资产支持证券,该专项计划以计划管理人的名义受让项目公司的全部股权,实现专项计划通过项目公司持有基础设施项目,并对项目公司发放股东借款。基金管理人将积极督促计划管理人将项目公司的全部股权登记在其名下并发放股东借款。除非符合基金合同的约定,否则,基金管理人应采取措施禁止计划管理人对其持有的项目公司股权或在项目公司的任何财产上设置质押或任何其他权利限制或负担。如以计划管理人名义持有的项目公司股权因计划管理人自身债务或计划管理人管理的其他财产的债务而被有权机关冻结、扣押、执行，或存在被冻结、扣押、执行风险的，基金管理人应要求并督促计划管理人采取一切合理措施向有权机关说明以计划管理人名义持有的项目公司股权作为基金财产（或基础设施资产专项计划财产）的性质，并尽力避免该项目公司股权被冻结、扣押、执行。

2. 新能源基础设施项目的处置安排

在新能源 REITs 基金合同存续期，本着维护基金份额持有人合法权益的原则，结合市场环境及基础设施项目运营情况，基金管理人将适时制定基础设施项目出售方案并组织实施。在依法合规的前提下，基金管理人聘请的运营管理机构可协助、配合制定基础设施项目出售方案。

经基金份额持有人大会决议，可以对金额（指连续 12 个月内累计发生金额）超过基金净资产 20% 的基础设施项目进行出售（如基金投资于多个基础设施项目的，可以对基础设施项目中的一个或多个项目进行出售，下同）。基金管理人应按照基金份额持有人大会确定的出售方案出售相应的基础设施项目，并按照基金份额持有人大会确定的用途使用基础设施项目出售所得收入。

对于金额（指连续 12 个月内累计发生金额）不超过基金净资产 20% 的基础设施项目或其他根据法律法规规定基金管理人有权自行决定基础设施项目的出售而无须召开基金份额持有人大会决议的，基金管理人有权为了基金份额持有人的利益决定对基础设施项目中的一个或多个项目进行出售、决定出售所得收入用途等事项。在基金合同终止情形下，如基金持有的基础设施项目尚未变现的，基金管理人应当及时对基础设施项目进行处置。

（六）信息披露

1. 信息披露义务人

新能源 REITs 基金信息披露义务人包括基金管理人、基金托管人、召集基金份额持有人大会的基金份额持有人等法律、行政法规和中国证监会规定的自然人、法人和非法人组织。

基金信息披露义务人以保护基金份额持有人利益为根本出发点，按照法律法规和中国证监会的规定披露基金信息，并保证所披露信息的真实性、准确性、完整性、及时性、简明性和易得性。基金信息披露义务人应当在中国证监会规定时间内，将应予披露的基金信息通过符合中国证监会规定条件的全国性报刊（简称"规定报刊"）及《信息披露办法》规定的互联网网站等媒介披露，并保证基金投资者能够按照《基金合同》约定的时间和方式查阅或者复制公开披露的信息资料。

2. 信息披露事务管理

基金存续期间，基金管理人、基金托管人应当建立健全信息披露管理制度，指定专门部门及高级管理人员负责管理信息披露事务。基金信息披露义务人公开披露基金信息，应当符合中国证监会相关基金信息披露内容与格式准则等法规以及证券交易所的自律管理规则的规定。基金托管人应当按照相关法律法规、中国证监会的规定和《基金合同》的约定，对基金管理人编制的基金净值信息、基金定期报告、更新的招募说明书、基金产品资料概要、基金清算报告等公开披露的相关基金信息进行复核、审查，并向基金管理人进行书面或电子确认。

基金管理人、基金托管人应当在规定报刊中选择一家报刊披露基金信息。基金管理人、基金托管人应当向中国证监会基金电子披露网站报送拟披露的基金信息，并保证相关报送信息的真实、准确、完整、及时。基金管理人、基金托管人除依法在规定媒介上披露信息外，还可以根据需要在其他公共媒介披露信息，但是其他公共媒介不得早于规定媒介、基金上市交易的证券交易所网站披露信息，并且在不同媒介上披露同一信息的内容应当一致。为基金信息披露义务人公开披露的基金信息出具审计报告、法律意见书的专业机构，应当制作工作底稿，并将相关档案至少保存到《基金合同》终止后 10 年，法律法规另有规定的从其规定。

基金管理人、基金托管人除按法律法规要求披露信息外，也可着眼于为投资者决策提供有用信息的角度，在保证公平对待投资者、不误导投资者、不影响基金正常投资操作的前提下，自主提升信息披露服务的质量。具体要求应当符合中国证监会及自律规则的相关规定。前述自主披露如产生信息披露费用，该费用不得从基金财产中列支。

3. 信息披露形式和内容

信息披露的主要形式为发布基金定期报告，包括基金年度报告、基金中期报告和基金季度报告。基金管理人应当在每年结束之日起 3 个月内，编制完成基金年度报告，将年度报告登载在规定网站上，并将年度报告提示性公告登载在规定报刊上。基金年度报告中的财务会计报告应当经过符合《证券法》规定的会计师事务所审计。基金管理人应当在上半年结束之日起 2 个月内，编制完成基金中期报告，将中期报告登载在规定网站上，并将中期报告提示性公告登载在规定报刊上。基金管理人应当在季度结束之日起 15 个工作日内，编制完成基金季度报告，将季度报告登载在规定网站上，并将季度报告提示性公告登载在规定报刊上。《基金合同》生效不足 2 个月的，基金管理人可以不编制当期季度报告、中期报告或者年度报告。

基金定期报告除按照法规要求披露相关信息外，应当设立专门章节详细披露下列信息：基金产品概况及主要财务指标；季度报告主要财务指标，包括基金本期收入、本期净利润、本期经营活动产生的现金流量、本期可供分配金额和单位可供分配金额及计算过程、本期及过往实际分配金额（如有）和单位实际分配金额（如有）等；中期报告和年度报告主要财务指标除前述指标外还应当包括期末基金总资产、期末基金净资产、期末基金份额净值、基金总资产占基金净资产比例等，年度报告需说明实际可供分配金额与测算可供分配金额差异情况（如有）；基础设施项目明细及相关运营情况；基金财务报告及基础设施项目财务状况、业绩表现、未来展望情况；基础设施项目现金流归集、管理、使用及变化情况，对于单一客户占比较高的，应当说明该收入的公允性和稳定性；基金与资产支持证券管理人和托管人、运营管理机构等履职情况；基金与资产支持证券管理人、托管人及参与机构费用收取情况；报告期内购入或出售基础设施项目情况;关联关系、报告期内发生的关联交易及相关利益冲突防范措施;报告期内基金份额持有人结构变化情况,并说明关联方持有基金的基金份额及变化情况;可能影响投资者决策的其他重要信息。

二、项目运营与管理

(一)项目运营管理治理决策机制

新能源REITs采用"公募基金+资产支持证券+项目公司"的法律架构。在基础设施项目运营管理的决策机制中,基金管理人、基金份额持有人、资产支持证券管理人以及项目公司的管理人员都发挥着不可或缺的作用,以保证基础设施项目的决策能够高效执行,重要事项能够层层传递。因新能源REITs结构复杂,决策机制的有效设置需结合《证券投资基金法》《公司法》《证券法》《信托法》等法律法规来实现。管理过程中,主要参与人及其权利如表5.14所示。

表5.14 新能源REITs底层资产项目运营管理参与人及其权利

参与方	权利
基金份额持有人大会	基金份额持有人大会的法定权利主要来自《证券投资基金法》第47条以及54号文第32条。但基金份额持有人大会基本不参与对基础设施项目日常运营管理的决策,仅在公募基金层面的投资重大调整、资产购入、扩募、重大关联交易事项进行表决,这也符合《证券投资基金法》第49条基金份额持有人大会及其日常机构不得直接参与或者干涉基金的投资管理活动的规定
基金管理人	基金管理人的法定权利主要来自《证券投资基金法》第19条、第33条以及54号文第36条、第37条、第38条、第39条、第41条和第42条。就基础设施运营管理决策事项而言,基金管理人应当主动履行基础设施项目的运营管理义务,因此,除法律法规明确规定不由基金管理人行使的权利外,基金管理人对其他事项均享有决策权
专项计划管理人	专项计划管理人对于基础设施项目的决策权来自其作为项目公司股东(代表专项计划)的权利。基金管理人与专项计划管理人实为存在实际控制关系或受同一控制人控制的关联方。在实践中,专项计划管理人一般将其股东权利传递至基金管理人,最终股东决策事项可由基金管理人决定

第五章 新能源基础设施项目公募 REITs 设计

续表

参与方	权利
项目公司治理人员	项目公司的治理结构包括股东（专项计划）、董事（会）、监事（会）以及高级管理人员。已发行项目中，项目公司的治理大多数都进行简化处理，不设置董事会及监事会，仅设置执行董事（兼任法定代表人）一名、监事一名，根据《公司法》以及54号文的相关规定，均由基金管理人进行委派，并根据《公司法》、项目公司《公司章程》的相关规定对基础设施项目的运营管理行使决策权。根据54号文第39条"基金管理人委托外部管理机构运营管理基础设施项目的，应当自行派员负责基础设施项目公司财务管理"的规定，项目公司的财务总监或财务人员也由基金管理人委派
运营管理委员会	基金管理人通常会在内部设立运营管理委员会、投资决策委员会或类似机制，就《基金合同》和相关法律、法规规定的由基金管理人决策的项目以及公司有关重大事项进行集体咨询与决策。从已发行项目来看，运营管理委员会的设置主要分为以下两种模式，在表决机制上，通常需要运营管理委员会委员过半数或2/3以上同意。模式一中委员会全部由基金管理人员组成，如高管、核心业务骨干、基金经理等；模式二中委员会由基金管理人任命+原始权益人或其关联方推荐的专家候选人/外部专家组成。其中，模式一更注重基金管理人内部对于基础设施投资决策或基础设施项目运营管理的判断并直接作出决策，而模式二引入外部管理机构推荐的行业专家，在目前外部管理机构均由原始权益人或其关联方担任的背景下，使得基金管理人可充分听取原始权益人关于基础设施项目重大事项决策的相关意见，给予原始权益人参与基础设施项目重大事项决策的一定表决权

（二）基础设施项目财务管理

1. 项目公司账户设置

新能源 REITs 的收益主要来源于基础设施项目的现金流，因此保证对基础设施项目公司资金运转的各环节、全过程实现资金闭环管理至关重要，这也是相关监管规定对基金托管人要求的核心义务之一。54号文第44条规定，基金托管人应当监督基础设施基金资金账户、基础设施项目运营收支账户等重要资金账户及资金流向，确保符合法律法规规定和基金合同约定，保证基金资产在监督账户内封闭运行。《公开募集基础设施证券投资基金运营操作指引（试行）》第6条也规定基础设施项目应通过基础设施项目运营收支账户进行日常收支。基金托管人在付款环节，对基础设施项目运营收支账户的款项用途进行审核监督，基金管理人或其委托的第三方运营管理机构应当予以配合。在鹏华深圳能源项目中，交易所对REITs的资金安全保障安排以及基金托管人的职责权限进行了重点问询。

实践中，对于项目公司账户的安排，通常设置为一个运营收支监管账户以及一个基本户监管账户，其他账户应当予以注销。该种模式下，项目公司的资金流向为：项目公司的全部收入以及除运营管理支出外的支出资金均应通过运营收支账户进行；基于外部管理机构提供的经基金管理人审批通过后的季度运营支出预算表，运营收支账户每季度向基本户支出运营管理预算；外部管理机构有权在预算总额范围内自行安排费用支出（见图5.25）。

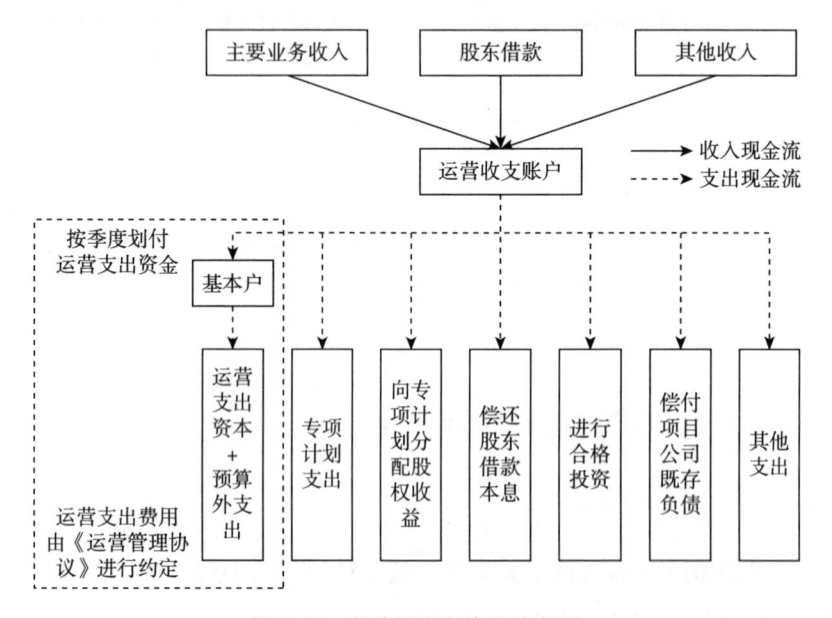

图 5.25 新能源项目资金流向图

该种账户监管模式的优势在于既将项目公司的资金在运营收支账户以及基本户之间形成闭环，保证了基金管理人和基金托管人对资金流向的监管，又同时给予外部管理机构在季度预算内对运营支出资金自由支配的权利，保证了项目公司运营管理的高效便利性。当然，项目公司账户的设置也可依据新能源项目公司实际的资金流向情况进行量身定制，比如设置一个电费收入账户，另外设置一个其他收入账户。因此，账户设置只要可以

第五章　新能源基础设施项目公募 REITs 设计

形成资金闭环并做到层层监管，应当都具备可行性。

2. 重要会计政策

公司固定资产指为生产商品、提供劳务、出租或经营管理而持有的、使用寿命超过一个会计年度的有形资产。固定资产在同时满足下列条件时才能确认：与该固定资产有关的经济利益很可能流入企业；该固定资产的成本能够可靠地计量。固定资产从达到预定可使用状态的次月起，采用年限平均法在使用寿命内计提折旧。

无形资产指公司拥有或者控制的没有实物形态的可辨认非货币性资产，包括软件、专利权、非专利技术、商标权、著作权、土地使用权、特许权等。公司无形资产按照成本进行初始计量。购入的无形资产，按实际支付的价款和相关支出作为实际成本。投资者投入的无形资产，按投资合同或协议约定的价值确定实际成本，但合同或协议约定价值不公允的，按公允价值确定实际成本。自行开发的无形资产，其成本为达到预定用途前所发生的支出总额。

对于使用寿命有限的无形资产，公司在取得时判定其使用寿命，在使用寿命内系统合理摊销，摊销金额计入当期损益。土地使用权从出让起始日起，按其出让年限平均摊销；专利技术、非专利技术和其他无形资产按预计使用年限、合同规定的受益年限和法律规定的有效年限三者中最短者分期平均摊销。摊销金额按其受益对象计入相关资产成本和当期损益。对使用寿命有限的无形资产的预计使用寿命及摊销方法于每年年度终了进行复核，如发生改变，则作为会计估计变更处理。

使用寿命不确定的无形资产不予摊销。在每个会计期间对使用寿命不确定的无形资产的预计使用寿命进行复核，如有证据表明无形资产的使用寿命是有限的，则估计其使用寿命并在预计使用寿命内摊销。

3. 财务管理内容

运营管理实施机构应协助项目公司进行电费等收入的核对工作，并协助项目公司完成电费及其他收入（如有）回收、票据管理等具体财务管理工作。

基金管理人应当委派财务总监负责执行并监督项目公司的财务管理工作。在《运营管理服务协议》有效期内，按《运营管理服务协议》约定需报送基金管理人、资产支持证券管理人审核的相关财务事项（如有），需首先由基金管理人委派的财务总监审核同意。运营管理实施机构应协助项目公司为基金管理人委派的财务人员在相关流程中开通财务审核权限。

在财务核算与审计方面，基金管理人应当聘请审计机构就项目公司年度财务报表出具审计报告。运营管理实施机构应协助基金管理人选聘审计机构、配合审计工作的开展并提供必要信息和协助。基金管理人有权委托第三方专业机构定期或者在基金管理人认为有必要时对项目公司的财务核算情况进行审阅复核，运营管理实施机构有义务协助项目公司将财务复核所需的资料提供给基金管理人并配合相关工作，聘请第三方专业机构的费用由项目公司承担。运营管理机构有义务协助项目公司配合基金管理人及其聘请的第三方专业机构查询、审阅由运营管理机构负责事项的相关业务资料。

此外，基金管理人应当聘请评估机构对基础设施项目进行评估。运营管理实施机构应协助基金管理人选聘评估机构、配合评估工作的开展并提供必要的信息和协助、结合项目实际运营情况和年度预算，与评估机构进行沟通，就评估假设进行合理化建议。运营管理机构有义务协助项目公司配合基金管理人及其聘请的第三方专业机构查询、审阅由运营管理机构负责事项的相关业务资料。

（三）项目运营管理安排

1. 基础设施运营管理机构

在新能源REITs的运营管理中，基金管理人将按照法律法规规定和基金合同约定主动履行基础设施项目运营管理职责。同时，基金管理人拟委托运营管理机构负责基础设施项目的部分运营管理职责，基金管理人依法应当承担的责任不因委托而免除。因此，确定基础设施项目的运营管理机构将直接关系到项目的长期稳定运营和投资者的收益。

第五章 新能源基础设施项目公募 REITs 设计

运营管理机构的职责包括日常运营、维护、技术升级以及风险管理等。首先，运营管理机构的选择应基于其在新能源领域的专业能力和经验，包括对风电、太阳能、水力发电等不同类型新能源项目的管理经验，以及对相关技术和市场动态的深入了解。其次，运营管理机构应具备良好的财务和风险管理能力，包括对项目成本的控制、现金流的优化以及潜在风险的识别和应对。一个健全的财务管理体系和风险管理体系能够保障项目的财务健康，为投资者提供稳定的回报。此外，运营管理机构还需要与当地社区和政府保持良好的关系。包括遵守当地法规、参与社区发展项目以及与政府机构的沟通协调。良好的外部关系有助于项目顺利实施，同时也能够提升项目的社会责任形象。

在确定运营管理机构时，新能源 REITs 的管理团队还应考虑机构的规模和资源。具有足够规模和资源的运营管理机构能够更好地应对市场的波动和项目的挑战，为投资者提供更可靠的保障。最后，运营管理机构的选择还应考虑其与 REITs 管理人的协同效应，双方应有清晰的职责划分和良好的沟通机制，以确保项目的顺利运营和投资者利益的最大化。

2. 外部管理机构与基金管理人的权责安排

根据《证券投资基金法》以及 54 号文的相关规定，监管机构要求基金管理人主导基础设施项目的管理和运营，但因发行人的强势地位以及在公募 REITs 运营管理中的外部管理机构身份，使得基金管理人运营管理职责权限上存在不同程度的限制或让渡。但从近期交易所反馈的项目来看，基础设施项目的运营管理安排与约束机制仍然是交易所关注的重点。

在现有监管制度下，为保证基金管理人的主动管理职责，《运营管理协议》应当限定外部管理机构的服务范围并明确其职责，具体而言，应当符合 54 号文第 38 条、第 39 条的规定，包括：为基础设施项目购买足够的财产保险和公众责任保险；制定及落实基础设施项目运营策略；签署并执行基础设施项目运营的相关协议；收取基础设施项目租赁、运营等产生的收益，追收欠缴款项等；执行日常运营服务，如安保、消防、通讯及紧急事故管理等；实施基础设施项目维修、改造等。

54号文第38条除第（四）至（九）款的事项外，其余事项均应当由基金管理人主动管理。实践中，考虑到基金管理人对基础设施项目的管理能力和经验有待提升，为保障项目公司管理的高效性，保护公众投资者的利益，相关运营管理事项如及时办理基础设施项目、印章证照、账册合同、账户管理权限交割，建立账户和现金流管理机制，建立印章管理使用机制、妥善管理基础设施项目各种印章，基础设施项目档案归集管理等事项，依法披露基础设施项目运营情况等可在《运营管理协议》中设置为外部管理机构的协助事项，但基金管理人需掌控前述事项以及项目公司重要经营事项的审批权限。如此，既在基金管理人和外部管理机构管理经验上寻求了平衡点，也未完全架空基金管理人的管理职责，符合相关监管规定的监管初衷。

3. 运营服务内容

运营管理实施机构负责按照运营管理制度、年度运营管理方案和年度运营预算方案，对基础设施项目进行组织、协调、监督，提供如下运营管理服务（见表5.15）。

表5.15 新能源基础设施项目运营服务内容汇总

项目	内容
采购及合同管理	负责基础设施项目生产经营项目投资管理、采购管理、合同管理、结算管理、变更与索赔管理等相关工作；负责谈判、执行基础设施项目运营过程中需要签署的所有合同文本，申请并取得合法签订和执行经营合同所需的外部批准和登记
电力营销及电费收入管理	负责基础设施项目电力营销计划的制定、电力市场营销，负责与监管部门沟通电价核准事宜；对基础设施项目的收入进行管理，进行电量结算，协助收取基础设施项目运营等产生的收益，追收欠缴款项，做好对账、解缴、上交、保管及复核工作，确保基础设施项目的电费收入及其他收入（如有）纳入《运营收支账户监管协议》约定的运营收支账户进行管理，对运营资金重大回收异常等情形及时向基金管理人报告风险并采取相应措施
电站生产运行及电站检修技改维护	按照国家和地方规定的技术标准、规范、约定和操作规程，负责基础设施项目的日常养护管理，主要是指为了保持设施的正常使用功能，而进行经常性、周期性的养护和维修工作，使其保持完好状态

续表

项目	内容
电站自动化控制系统维护	加强对监控系统、通讯系统、供配电系统及其他与收费相关的计算机网络系统等进行必要的升级、改造与完善，提高基础设施项目运行效率
仓库及设备物资管理	负责办公用品、生活用品、车辆、生产物资、检修技改备品备件的计划、采购、验收、入库、库存、领用、闲置、报废、转让等管理
安全生产与职业健康管理	负责生产经营范围内安全费用管理、安全生产检查、安全风险管理、安全教育培训、安全生产会议、应急管理、安全生产事故管理、安全生产信息报送、职业健康、安全事故隐患排查治理，确保基础设施项目工程建设及电力生产安全
其他工作	运营内容还包括申请、维持、更新或补办（如适用）与基础设施项目的建设、运营与水土保持等事项，以及与权益、土地、税费等相关事宜所涉及的各项批准或核准、许可、备案、报告、证书/证照等手续/资料；配合能源、水利、环保、财政、税务和其他政府机关的检查工作；就基础设施项目建立、健全安全责任制，制定年度安全目标，并接受政府有关部门和上级的监管

三、风险揭示

新能源 REITs 基金与投资股票或债券的公开募集证券投资基金具有不同的风险收益特征，投资新能源 REITs 基金可能面临以下风险。

（一）作为上市基金存在的风险

1. 基金价格波动风险

新能源 REITs 基金大部分资产投资于特定类型的新能源基础设施项目，具有权益属性。受经济环境、运营管理、政策变化等因素影响，基础设施项目市场价值、基金净值及现金流情况可能发生波动，从而引起基金价格出现波动，甚至存在基础设施项目遭遇极端事件（如地震、泥石流、极端天气）后现金流受到影响进而导致基金价格出现较大波动的风险。同时，新能源 REITs 基金在证券交易所上市，也可能因为市场供求关系等因素而面临交易价格大幅波动的风险。

2. 暂停上市或终止上市风险

在新能源 REITs 基金合同生效且符合上市交易条件后,基金将在证券交易所挂牌上市交易。上市期间可能因信息披露等原因导致基金停牌,投资者在停牌期间不能买卖基金份额,由此产生流动性风险;同时,基金运作过程中可能因触发法律法规或证券交易所规定的终止上市情形而终止上市,对投资者亦将产生风险,如无法在二级市场交易的风险、基金财产因终止上市而受到损失的风险等。

3. 流动性风险

新能源 REITs 基金采取封闭式运作,不开通申购赎回,只能在二级市场交易。按照相关要求,基金原始权益人和战略投资者所持有的战略配售份额需要满足一定的持有期要求,在一定时间内无法交易,因此基金上市初期可交易份额并非全部份额。而且,基础设施基金目前尚在试点阶段,整个市场的监管体系、产品规模、投资人培育均处于发展初期,可能由此导致交易不活跃,从而存在基金份额持有人需要资金时不能随时变现并可能丧失其他投资机会的风险。

(二) 作为基础设施证券投资基金存在的风险

1. 集中度风险

通常证券投资基金采用分散化投资的方式减少非系统性风险对基金投资的影响,但新能源 REITs 基金在设立后初期将集中投资单一资产支持证券,间接投资单一基础设施项目;存续期内 80% 以上基金资产投资于基础设施资产支持证券并持有其全部份额,通过资产支持证券等特殊目的载体取得基础设施项目公司全部股权。因此,新能源 REITs 基金将具有较高的集中度风险。

2. 新种类基金不达预期风险

新能源基础设施证券投资基金属于中国证监会新设的基金种类,因此可用以判断其表现的历史业绩的数据较少,可能因此难以准确评价该业务的前景。基金管理人过往的财务资料或其他类型基金管理业绩未必一定能反映该基金日后的经营业绩、财务状况及现金流量,不能保证投资人将成功地从基础设施项目经营中获得足够收益。

3. 关联交易及利益冲突风险

新能源REITs基金主要投资于新能源类基础设施项目,基金设立后,基金管理人可能还将管理其他与该基金同类型的基础设施基金。尽管该基金与其他基金为完全独立的基金、彼此不发生相互交易且投资策略不同,但受同一基金管理人管理,同时底层基础设施项目存在同质性,理论上存在同业竞争和利益冲突(包括但不限于发展定位、拟收购项目、投资机会等方面的竞争和冲突)的风险。此外,当基金通过扩募方式收购其他新能源类基础设施项目时,可能与原始权益人存在竞争,从而有一定的利益冲突风险,也可能收购原始权益人及其关联公司持有的基础设施项目,从而存在发生关联交易的风险。

并且,基金管理人委托运营管理机构执行基础设施项目的运营管理和电力营销工作,在履职过程中,运营管理机构持有并运营同类型发电资产,项目公司与运营管理机构自持资产在电力营销环节可能存在同业竞争。同时,基础设施项目的运营业绩与运营管理机构及其主要行政人员、高级管理人员所持续提供的服务及表现密切相关。基金存续期间存在运营管理机构不续聘的可能,运营管理机构相关人员可能离职并在离职后从事与该基金拟投资的基础设施项目存在竞争关系的项目,可能会对基金的经营业绩造成不利影响。

4. 基金净值逐年降低甚至趋于零的风险

新能源REITs基金存续期内80%以上基金资产需投资于基础设施资产支持证券。随着基础设施项目运营年限的增长,剩余期限内如基金未扩募新资产,则已持有资产的账面价值逐年降低,进而导致基金净值逐渐降低甚至趋于零。

5. 交易失败的风险

新能源 REITs 基金 80%以上基金资产投资于资产支持证券，穿透取得基础设施项目完全所有权或经营权利，以上投资及交易过程中，可能存在资产支持专项计划发行失败，基础设施项目公司股权未能在约定期限内交割等风险，导致基金的交易失败，从而产生募集资金的闲置、基金的投资目标无法达成、基金合同提前终止等风险。

6. 基金整体架构涉及风险

在购买项目公司股权时，存在交易未能完成或未能及时完成的风险。资产支持专项计划将按照《股权转让协议》的约定收购项目公司全部股权，并支付股权转让价款。根据《股权转让协议》的约定，《股权转让协议》解除情形主要包括：实际应支付的项目公司股权转让价款低于经国有资产主管机关备案的项目公司评估价值的。若发生《股权转让协议》约定的解除情形且相关方解除《股权转让协议》的，基金将无法完成对项目公司的股权收购，存在交易失败的风险。项目公司首笔股权转让价款为 50%，支付时尚未办理工商变更登记，存在无法及时办理工商变更登记甚至交易失败的风险。

在基础设施项目经营期届满时，存在原始权益人或其指定关联方优先无偿受让基础设施项目的风险。根据交易安排，基础设施项目经营期届满，在以市场化方式处置流动资产与流动负债后，原始权益人或其指定关联方将优先无偿受让基础设施项目（含项目公司股权、专项计划对项目公司享有的股东借款债权、基础设施项目资产，不包括流动资产和流动负债）。如届时原始权益人或其指定关联方未能按约办理转让相关事项，或因其他原因未能完成转让，可能导致基础设施项目未能如约完成交易，进而影响基金清算进程。

7. 管理风险

新能源 REITs 基金产品结构与其他证券投资基金相比较为复杂，在存续过程中，依赖于基金管理人及专项计划管理人对基金资产及专项计划的管理，以及基金管理人聘请的运营管理机构对基础设施项目的运营及管理，相关机构人员可能受知识、经验、管理水平、技术手段等限制，影响其对信息的处理以及对经济形势的判断，未能做出最佳管理决策或实施最佳策略，从而影响到基金的收益水平。

8. 基础设施项目运营管理机构的解聘及更换风险

基金存续期间，如果发生运营管理机构解聘或更换情形，基金管理人应选任继任运营管理机构，该等拟选任机构需按照《基金法》第九十七条及《基础设施基金指引》第四十条规定经中国证监会备案并满足相关协议约定的要求，因此存在没有合适继任运营管理机构的可能性。

如基金份额持有人大会审议运营管理机构解聘及更换事宜，与运营管理机构存在关联关系的基金份额持有人无须回避表决（中国证监会认可的特殊情形除外），因此存在因原始权益人及其关联方持有较高比例基金份额从而影响基金份额持有人大会审议结果的可能性。

9. 存续期内税务等政策调整风险

新能源 REITs 基金运作过程中可能涉及基金份额持有人、基金、资产支持专项计划、项目公司等多层面税负，如国家税收等政策发生调整，可能影响基金的投资运作与基金收益。鉴于基础设施基金是创新产品，如果有关法规或政策发生变化，可能对基金运作产生影响。

10. 基础设施基金相关法律法规调整风险

新能源 REITs 基金相关法律、行政法规、部门规章、规范性文件和交易所业务规则，可能根据市场情况进行修改，或者制定新的法律法规和业务规则，投资者应当及时予以关注和了解。

（三）新能源基础设施项目经营风险

1. 基础设施项目经营变动风险

新能源 REITs 基金投资集中度高，收益率很大程度依赖基础设施项目运营情况，基础设施项目可能受经济环境变化或运营不善等因素影响，导致实际现金流大幅低于测算现金流，存在基金收益率不佳的风险，新能源基础设施项目运营过程中电费收入等的波动也将影响基金收益分配水平的稳定性。

2. 项目公司相关证件续期风险

新能源基础设施项目所需的"电力业务许可证""取水许可证"、《购售电合同》等手续的有效期可能无法覆盖基础设施资产支持证券及基础设施基金的存续期，若基金存续期内该类手续无法续期，项目公司可能面临无法正常从事基本业务的风险。

3. 基础设施项目计划内电量和电价调整的政策风险

基础设施项目上网电量区分计划内及计划外（即市场化）电量，近三年计划内电价较市场化电价更高。根据国家发展改革委、国家能源局于2019年下发的《关于规范优先发电优先购电计划管理的通知》，优先发电价格按照"保量保价"和"保量限价"相结合的方式形成，实行"保量保价"的优先发电计划电量由电网企业按照政府定价收购，实行"保量限价"的优先发电计划电量通过市场化方式形成价格。政府定价部分的优先发电计划比例应逐年递减，当同类型机组大部分实现市场化方式形成价格后，取消政府定价，转而通过竞价招标或本地电力市场形成交易价格。当前基础设施项目计划内电价高于市场化电价，若未来计划内电量比例进一步下降，可能对基础设施基金收益造成影响。

4. 基础设施项目市场化电价波动的风险

市场化电价是电力作为商品根据市场需求而形成的电价，由市场供需决定，由市场主体通过市场化交易方式形成，按照上网电量和对应的电价与电网公司结算。市场化电量在总上网电量中占比较高。受市场供需影响，售电价格可能产生一定波动，并进而对基础设施项目收入及投资者收益率造成影响。

5. 基础设施项目运营风险

在新能源REITs基金存续期间，如果基础设施项目所适用的新能源基础设施项目运营相关行业标准提高，可能增加基础设施项目的运营成本，从而降低经营收益，给基础设施项目经营带来不确定性。

第五章 新能源基础设施项目公募 REITs 设计

新能源基础设施项目的设备需要进行日常监测、维护、检修等，未来存在因大部件损坏等情况需要进行非周期性大修的可能性。此外，未来项目存在视情况进行改扩建的可能。如大修或改扩建产生的费用超出预期，或因大修及改扩建导致基础设施项目无法正常运营，或该等计划无法达到预期效果，可能对基础设施项目的经营业绩预期产生重大不利影响。

此外，新能源基础设施项目运行管理门槛较高，运营管理过程中需要众多高技术含量的技术和业务系统互相配合，任何一个环节出现问题都将可能影响运营安全。当运营管理机构未能尽责履约，或其内部作业、人员管理及系统操作不当或失误，或内部监控制度及程序不严谨，可能增加基础设施项目的运营成本，从而变相降低经营收益，甚至给基础设施项目造成损失。运营安全事故的发生将对项目公司的正常经营产生不利影响，增加了项目公司的安全经营风险，影响基础设施资产现金流稳定性。国家宏观调控和行业周期的影响、基础设施项目所在区域的区位风险及周边其他基础设施项目带来的市场竞争、基础设施项目所在区域经济下滑带来的市场低迷、项目所在地及全国电力市场化改革乃至项目所在地省或中国市场的衰退或低迷，都会给基础设施项目经营带来不确定性。

6. 电力市场化改革风险

电力改革与电力市场化交易政策变动、指导方案及交易规则的变动可能给基础设施项目资产带来计划内外电量和电价波动性风险，进而导致电费收入不确定性风险增加。随着电力体制改革不断深入推进，省间壁垒逐步打破，跨省区交易活跃，中长期市场连续运营，现货市场全面铺开，辅助服务市场不断完善，交易品种增多，交易频次提高，对市场主体参与市场交易的能力提出了更高要求。基础设施项目大部分电量均参与市场化销售，电力交易工作由基金管理人委托运营管理机构执行，运营管理机构需要不断提高营销能力和交易水平以应对交易市场的进一步变革。

7. 基础设施项目出售/处置价格波动及处置的不确定性风险

新能源 REITs 基金涉及基础设施项目的处置方式包括转让基础设施资产支持证券份额、对项目公司享有的股权、基础设施项目的权益等。由于基础设施项目的公允价值可能受到当时市场景气程度的影响，导致售价出现不确定性，或由于基础设施项目无法按照公允价值出售，从而影响基金获得的现金流规模，进而导致基金的基金份额持有人投资损失。

基金存续期届满后，经基金份额持有人大会决议通过，基金可延长存续期限，否则将中止运作并进入清算期。如基金存续期届满后终止运作，则面临基金财产的处置问题，基础设施资产支持证券份额、项目公司股权的价值最终取决于基础设施项目的价值。由于基础设施项目流动性较差，极端情况下有可能出现清算期内无法完成资产处置、需要延长清算期或合理期限内找不到合适交易对手等原因导致资产成交时间推迟的风险。

8. 估值与公允价值有偏差的风险

新能源基础设施项目常采用收益法进行评估，收益法估值基于对未来现金流的预测、折现率的选择等多项假设，来水量、风量、发电量、电价、成本及资本性支出等假设较小幅度的偏差会一定程度上影响基础设施项目的估值，相关评估结果不代表基础设施项目资产的真实市场价值，可能与基础设施项目的公允价值有偏差。

四、扩募

（一）新能源 REITs 基金扩募的条件

新能源 REITs 基金在申请扩募时，应该符合以下条件（见表 5.16）。

第五章　新能源基础设施项目公募 REITs 设计

表 5.16　新能源 REITs 申请扩募的条件

情形	内容
申请新购入基础设施项目	1. 符合《基金法》《运作办法》《基础设施基金指引》《业务办法》及相关规定的要求。 2. 基础设施基金投资运作稳健，上市之日至提交基金变更注册申请之日原则上满 12 个月，运营业绩良好，治理结构健全，不存在运营管理混乱、内部控制和风险管理制度无法得到有效执行、财务状况恶化等重大经营风险。 3. 持有的基础设施项目运营状况良好，现金流稳定，不存在对持续经营有重大不利影响的情形； 4. 会计基础工作规范，最近 1 年财务报表的编制和披露符合企业会计准则或者相关信息披露规则的规定，最近 1 年财务会计报告未被出具否定意见或者无法表示意见的审计报告；最近 1 年财务会计报告被出具保留意见审计报告的，保留意见所涉及事项对基金的重大不利影响已经消除； 5. 中国证监会和证券交易所规定的其他条件
基金存续期间新购入基础设施项目	1. 符合国家重大战略、发展规划、产业政策、投资管理法规、反垄断等法律法规的规定。 2. 不会导致基础设施基金不符合基金上市条件。 3. 拟购入的基础设施项目原则上与基础设施基金当前持有的基础设施项目为同一类型。 4. 有利于基础设施基金形成或者保持良好的基础设施项目投资组合，不损害基金份额持有人合法权益。 5. 有利于基础设施基金增强持续运作水平，提升综合竞争力和吸引力。 6. 拟购入基础设施项目涉及扩募份额导致基础设施基金持有人结构发生重大变化的，相关变化不影响基金保持健全有效的治理结构。 7. 拟购入基础设施项目涉及主要参与机构发生变化的，相关变化不会对基础设施基金当前持有的基础设施项目运营产生不利影响
基金管理人、基金托管人、持有份额不低于 20% 的第一大基础设施基金持有人等主体	1. 符合《基础设施基金指引》《业务办法》等相关规定。 2. 基金管理人具备与拟购入基础设施项目相适应的专业胜任能力与风险控制安排。 3. 基金管理人最近两年内没有因重大违法违规行为受到行政处罚或者刑事处罚，最近 12 个月未受到重大行政监管措施。 4. 基金管理人最近 12 个月内未受到证券交易所公开谴责，不存在其他重大失信行为。 5. 基金管理人现任相关主要负责人员不存在最近 2 年受到中国证监会行政处罚，或者最近 1 年受到证券交易所公开谴责，或者因涉嫌犯罪正在被司法机关立案侦查或者涉嫌违法违规被中国证监会立案调查的情形。 6. 基金管理人不存在擅自改变基础设施基金前次募集资金用途未作纠正的情形。 7. 基金管理人、持有份额不低于 20% 的第一大基础设施基金持有人最近 1 年不存在未履行向基金投资者作出的公开承诺的情形

续表

情形	内容
基金管理人、基金托管人、持有份额不低于20%的第一大基础设施基金持有人等主体	8. 基金管理人、持有份额不低于20%的第一大基础设施基金持有人最近3年不存在严重损害基础设施基金利益、投资者合法权益、社会公共利益的重大违法行为。 9. 中国证监会和证券交易所规定的其他条件。在符合法律法规、监管机构、业务规则的相关规定的情况下，基金管理人可以根据市场情况发起基金的扩募程序，基金扩募应在取得基金份额持有人大会有效决议后实施。

（二）新购入基础设施项目与扩募程序

新能源REITs基金新购入基础设施项目的，可以单独或同时以留存资金、对外借款或者扩募资金等作为资金来源。基金管理人应当遵循公平、公正、基金份额持有人利益优先的原则，在有效保障基金可供分配现金流充裕性及分红稳定性前提下，合理确定拟购入基础设施项目的资金来源，按照规定履行必要决策程序。

1. 初步磋商

基金管理人与交易对方就基础设施项目购入进行初步磋商时，应当立即采取必要且充分的保密措施，制定严格有效的保密制度，限定相关敏感信息的知悉范围。基金管理人及交易对方聘请专业机构的，应当立即与所聘请专业机构签署保密协议。基金管理人披露拟购入基础设施项目的决定前，相关信息已在媒体上传播或者基础设施基金交易出现异常波动的，基金管理人应当立即将有关计划、方案或者相关事项的现状以及相关进展情况和风险因素等予以公告，并按照有关信息披露规则办理其他相关事宜。

2. 尽职调查

基金管理人应当按照《基础设施基金指引》等相关规定对拟购入的基础设施项目进行全面尽职调查，基金管理人可以与资产支持证券管理人联合开展尽职调查，必要时还可以聘请财务顾问开展尽职调查，尽职调查要求与基础设施基金首次发售要求一致。基金管理人或其关联方与新购入基础设施项目原始权益人存在关联关系，或享有基础设施项目权益时，应当

第五章 新能源基础设施项目公募 REITs 设计

聘请第三方财务顾问独立开展尽职调查,并出具财务顾问报告。涉及新设立基础设施资产支持专项计划和发行基础设施资产支持证券的,基金管理人应当与基础设施资产支持证券管理人协商确定基础设施资产支持专项计划设立、基础设施资产支持证券发行等相关事宜,确保基金变更注册、扩募(如有)、投资运作与资产支持证券设立、发行之间有效衔接。

3. 基金管理人决策

基金管理人应当在做出拟购入基础设施项目决定前履行必要内部决策程序,并于做出拟购入基础设施项目决定后两日内披露临时公告,同时披露拟购入基础设施项目的决定、产品变更方案、扩募方案(如有)等。

4. 向中国证监会、上交所同时提交申请文件,召开基金份额持有人大会

基金管理人依法做出拟购入基础设施项目决定的,应当履行中国证监会变更注册、证券交易所基础设施基金产品变更和基础设施资产支持证券相关申请确认程序(简称"变更注册程序")。对于基础设施项目交易金额超过基金净资 20% 的或者涉及扩募安排的,基金管理人应当在履行变更注册程序后提交基金份额持有人大会批准。基金管理人就拟购入基础设施项目召开基金份额持有人大会的,基础设施基金应当自基金份额持有人大会召开之日(以现场方式召开的)或者基金份额持有人大会计票之日(以通信方式召开的)开市起停牌,至基金份额持有人大会决议生效公告日复牌(如公告日为非交易日,公告后第一个交易日复牌)。

基金管理人首次发布新购入基础设施项目临时公告至提交基金变更注册申请之前,应当定期发布进展公告,说明本次购入基础设施项目的具体进展情况。若本次购入基础设施项目发生重大进展或者重大变化,基金管理人应当及时披露。基金管理人向中国证监会申请基础设施基金产品变更注册的,基金管理人和资产支持证券管理人应当同时向证券交易所提交基础设施基金产品变更申请和基础设施资产支持证券相关申请,以及《交易所业务办法》第十二条、第五十一条规定的申请文件,证券交易所认可的情形除外。基金管理人应当同时披露提交基金产品变更申请的公告及相关

申请文件。

5. 其他

经履行适当程序后，基金管理人将发布基金份额扩募公告。基金扩募时，可以向不特定对象发售，也可以向特定对象发售（简称"定向扩募"）。向不特定对象发售包括向原基础设施基金持有人配售份额（简称"向原持有人配售"）和向不特定对象募集（简称"公开扩募"）。

（三）扩募的原则、定价方法

1. 向原持有人配售

基金管理人、财务顾问（如有）应当遵循基金份额持有人利益优先的原则，根据基础设施基金二级市场交易价格和新购入基础设施项目的市场价值等有关因素，合理确定配售价格。

2. 公开扩募

基金管理人、财务顾问（如有）应当遵循基金份额持有人利益优先的原则，根据基础设施基金二级市场交易价格和新购入基础设施项目的市场价值等有关因素，合理确定公开扩募的发售价格。公开扩募的发售价格应当不低于发售阶段公告招募说明书前20个交易日或者前1个交易日的基础设施基金交易均价。

3. 定向扩募

定向扩募的发售价格应当不低于定价基准日前20个交易日基础设施基金交易均价的90%。定向扩募的定价基准日为基金发售期首日，基金份额持有人大会决议提前确定全部发售对象，且发售对象属于下列情形之一的，定价基准日可以为当次扩募的基金产品变更草案公告日、基金份额持有人大会决议公告日或者发售期首日：持有份额超过20%的第一大基础设施基金持有人或者通过认购本次发售份额成为持有份额超过20%的第一大基础设施基金持有人的投资者；新购入基础设施项目的原始权益人或者其同一控制下的关联方；通过当次扩募拟引入的战略投资者。

第五章　新能源基础设施项目公募 REITs 设计

定向扩募的发售对象属于上述规定以外的情形的，基金管理人、财务顾问（如有）应当以竞价方式确定发售价格和发售对象。基金份额持有人大会决议确定部分发售对象的，确定的发售对象不得参与竞价，且应当接受竞价结果，并明确在通过竞价方式未能产生发售价格的情况下，是否继续参与认购、价格确定原则及认购数量。

（四）扩募对原有持有人的影响

扩募对原有持有人的影响主要有两方面，一是扩募份额数量多少对原有持有人份额的稀释作用，二是扩募资产预期现金流分派率对原有资产的拉动作用。扩募份额数量主要取决于投资者报价的热度。由于新能源 REITs 规定扩募金额上限和扩募份额上限，且采用竞价方式确定发售价格和发售对象，因此存在四种报价情形（见表 5.17）。

表 5.17　新能源 REITs 扩募的四种情形

	具体情形		发售金额	发售价格	发售份额
情形一	有效认购金额>发售金额上限 A，有效认购份额<发售份额上限 B		发售金额上限 A	按价格优先、认购金额优先、认购时间优先原则依次配售，累计到发售金额 A 的最低申报价格 C	A/C
情形二	有效认购金额>发售金额上限 A，有效认购份额>发售份额上限 B	先触及发售金额上限 A	发售金额上限 A	累计到发售金额 A 的最低申报价格 C	A/C
		先触及发售金额上限 B	C * B	累计到发售份额上限 B 的最低申报价格 C	发售份额上限 B
情形三	有效认购金额<发售金额上限 A，有效认购份额>发售份额上限 B		C * B	累计到发售份额上限 B 的最低申报价格 C	发售份额上限 B
情形四	有效认购金额<发售金额上限 A，有效认购份额<发售份额上限 B		C * D	全部有效报价投资者的最低申报价格 C	有效认购份额 D

第一种情形，投资人对扩募项目的认购热情最高，报价较高，因此有效认购金额超过了发售金额上限，而有效认购份额小于发售份额上限。该情形下，REITs 最终扩募规模即为发售金额上限。发售价格是按价格优先、认购金额优先、认购时间优先原则依次配售，累计到发售金额上限的最低

申报价格。发售份额＝发售金额上限/累计到发售金额上限的最低申报价格。

第二种情形，投资人报价整体低于第一种情形，最终有效认购金额超过发售金额上限，有效认购份额也超过发售份额上限，该情形出现的概率较大。当认购金额和份额均超过上限，需要看先触及哪个上限。如果先触及发售金额上限，则发售价格是累计到发售金额上限的最低申报价格。发售份额＝发售金额上限/累计到发售金额上限的最低申报价格。如果先触及发售份额上限，则发售份额为上限，发售价格是累计到发售份额上限的最低申报价格，发售金额＝发售份额上限×累计到发售份额上限的最低申报价格。

第三种情形，投资人大多对扩募项目认购热情一般，认为价格便宜可以买，因此参与对象较多，但报价相对较低，最终有效认购金额低于发售金额上限，有效认购份额超过发售份额上限。此时，发售份额为上限，发售价格是累计到发售份额上限的最低申报价格，发售金额＝发售份额上限×累计到发售份额上限的最低申报价格。

第四种情形，对扩募项目有兴趣的投资人数量有限，且报价不高，最终有效认购金额低于发售金额上限，有效认购份额也低于发售份额上限。该情形下，发售份额为全部有效认购份额，发售价格为全部有效报价的最低申报价格，发售金额＝有效认购份额×最低申报价格。该情形可能导致REITs扩募发售失败。

对原有持有人而言，扩募份额数量越少，对其份额的稀释作用越小，对原有持有人越有利。因此，第一种情形以及第二种情形下先触及发售金额上限，对原有持有人最有利。对扩募投资人而言，发售价格越低越有利，因此优劣排序依次是情形四＞情形三＞情形二先触及发售份额上限＞情形二先触及发售金额上限＞情形一。对原始权益人而言，发售金额越大越有利，因此以发售金额上限发行的第一种情形和第二种情形先触及发售金额上限，对原始权益人最有利。

此外，扩募后现金流分派率提升效果及基本面变化将会影响价格走势。对原有投资人而言，扩募后预期现金流分派率越高于扩募前预期现金流分派率,对原有投资人越有利。扩募前预期现金流分派率=原始资产预期可供分配金额/原始资产市值;扩募后预期现金流分派率=原始资产和扩募资产合计的预期可供分配金额/(原始资产市值+扩募资产市值),其中扩募资产市值采用扩募发售份额上限×基准日收盘价进行估计。

假定扩募前后可供分配金额符合预测值,扩募后现金流分派率的提升效果主要取决于两方面,一是扩募发售份额,如果发售份额低于上限,则扩募后现金流分派率高于测算值。二是扩募资产估值占原始资产估值的比重,扩募资产估值占比越高,越有助于提升现金流分派率。

第六节 可再生能源发电补贴的影响及应对措施

一、可再生能源发电补贴对新能源 REITs 发行造成的影响

在新能源项目的运营过程中,需重点关注可再生能源发电补贴相关事项带来的影响,包括是否属于运营收入、电价补贴资质、补贴年限和国补退坡等。

(一)国补属于项目的市场化运营收入

《基础设施基金指引》第八条第四项指出,项目现金流来源应合理分散,主要由市场化运营产生,不依赖第三方补贴等非经常性收入,这为国补收入占比较高的新能源项目带来了直接的挑战。

由已上市新能源 REITs 的申报材料可知,从收入来源看,国补是由正常营业业务产生的,应该认定为营业收入,而非非经常性损益;从发放历史来看,进入国补目录的项目会持续收到相应拨款,因此其属于与主营业

务相关的持续性收入，而非偶发性收入，不属于非经常性损益。从中国证监会关于资产证券化的监管政策中亦可确定，来自按照国家统一政策标准发放的中央财政补贴（包括价格补贴）可纳入资产证券化的基础资产。

（二）电价补贴资质、补贴年限

就电价补贴资质和补贴年限，2020年9月发布的《关于〈关于促进非水可再生能源发电健康发展的若干意见〉有关事项的补充通知》（财建〔2020〕第426号）（简称"426号文"）中首次明确发电补贴实行"新老划断"，风电项目自并网之日起满20年后或累计上网电量超过对应合理利用小时数的，不再享受中央财政补贴资金，核发绿证准许参与绿证交易。

《国家发展改革委关于2021年新能源上网电价政策有关事项的通知》（发改价格〔2021〕833号）（简称"833号文"）也同样规定，2021年起新核准备案的陆上风电、光伏发电项目已经进入平价阶段，将不再享有补贴。海上风电项目、光热发电项目上网电价则由当地省级价格主管部门制定，有条件的可通过竞配后与当地脱硫燃煤机组标杆上网电价基本持平。2022年《关于开展可再生能源发电补贴自查工作的通知》进一步对新能源发电补贴要求开展自查工作，特别留意项目电量、电价以及项目补贴资金等多种整改要求。

（三）国补退坡

清洁能源发电项目在运营中可能面临国补占比较高的情况，随着国补政策的逐步退坡，项目的收入结构预计将发生显著变化，进而影响到清洁能源基础设施公募REITs产品可供分配金额的稳定性及可持续性。因此，在进行清洁能源基础设施公募REITs项目可供分配金额测算时，应审慎考虑国补退坡的影响（见图5.26）。

2022年12月30日首批申报并获得受理的两个新能源REITs项目，上交所认为均存在可再生能源补贴占比较高的问题，因此在对两支REITs的

第五章 新能源基础设施项目公募 REITs 设计

反馈意见中着重要求管理人就国补退坡的影响及资产适用性发表意见，并对国补退坡等风险做出更充分的信息披露与风险揭示。

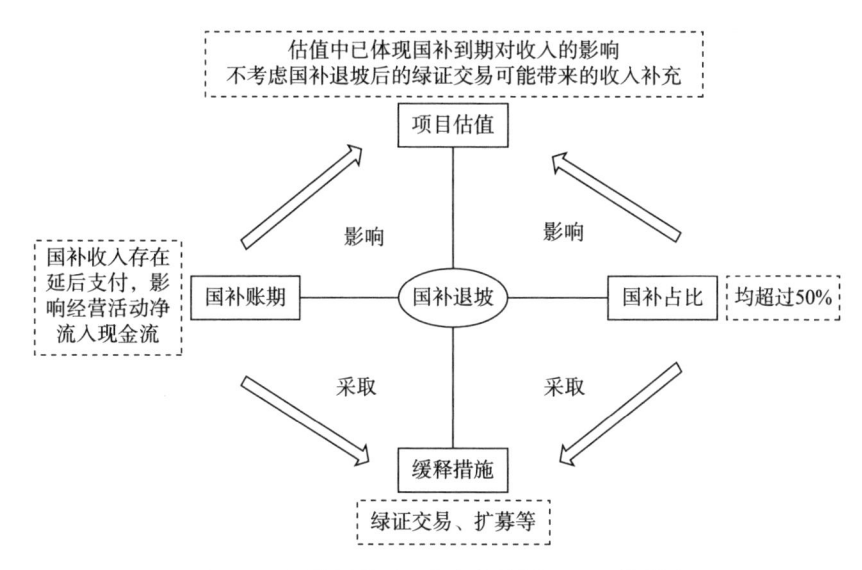

图 5.26 国补退坡对已上市新能源 REITs 的影响

（四）国补应收账款滞付

国补资金主要来源于国家的可再生能源基金，每年额度约 1000 亿左右，每年补贴资金的来源都有一定的缺口，所以会涉及国补应收账款滞付的问题。部分清洁能源存量资产存在较多的应收补贴电价款挂账，这部分应收款项普遍账龄较长且回收时间存在较大不确定性，从而可能影响到未来现金流的稳定性。对于应收账款这一不确定性因素，在发行 REITs 时必须将其变为确定性因素，京能光伏 REIT 和国电投海上风电 REIT，均采取保理模式解决了应收账款的问题。

（五）国补审核目录问题

鉴于有些地方政府或者企业在申报国补过程中存在的诸多问题，国家发展改革委以及国家电网近年对可再生能源（特别是风电、光伏）国补进行全新认证和审核，重新审核通过后以项目目录的形式公布，只有新发布的国补目录中的新能源项目才有可能持续得到国补的支持。

二、应对可再生能源发电补贴影响的相关措施

（一）绿色电力证书交易

2023年8月，国家发展改革委、财政部、国家能源局三部门联合下发《关于做好可再生能源绿色电力证书全覆盖工作促进可再生能源电力消费的通知》（发改能源〔2023〕1044号）（简称"《绿证通知》"），旨在完善支持绿色发展政策，积极稳妥推进碳达峰、碳中和，做好可再生能源绿色电力证书全覆盖工作。《绿证通知》中规定，全国范围内风电、太阳能发电、生物质发电等可再生能源项目均可申请绿证。该类项目均是依靠发电产生稳定现金收益，是符合发行公募REITs的基础设施资产。

绿色电力证书（简称"绿证"）是可再生能源发电量的认证，新能源项目可通过绿证的市场交易获取额外的收入。此次绿证新政的出台，为能源基础设施类项目提高项目整体经济收益提供了有效支撑。同时，助力无补贴项目改善经济指标，引导更多可再生能源发电企业通过发行REITs盘活资产，促进整个新能源REITs市场的扩容和发展。对于有国家补贴且已经发行的REITs项目，在补贴结束后，也可通过绿证收益增厚未来现金流，从而提升项目估值，促使项目在二级市场有更好的表现。

实践中，新能源REITs项目在绿证交易实施过程中要注意如下两点。一是并非所有的能源基础设施类REITs项目都可以申请绿证。按照《绿证通知》的规定，申请绿证的范围是"可再生能源"，而非"清洁能源"，所以天然气发电、核电等清洁能源REIT项目，目前阶段是不能申请绿证的。二是有国家补贴的REIT项目是否可以叠加获得绿证收益。按照《绿证通知》的规定，平价（低价）项目、自愿放弃中央财政补贴和中央财政补贴已到期项目，绿证收益归发电企业或项目业主所有。对享受中央财政补贴的项目，按照国家相关规定，属于国家保障性收购的，绿证收益等额

冲抵中央财政补贴或归国家所有；属于市场化交易的，绿证收益在中央财政补贴发放时等额扣减。也是就说，有国家补贴的项目，通过绿证交易获得的收益，在国家补贴中要等额冲抵或归国家所有，不能在补贴的基础上，叠加获得绿证收益。绿证收益可以帮助有补贴的项目提前回收现金，但不能帮助项目增厚收益。只有补贴结束后，发电项目产生的绿证收益，才归项目主所有。

（二）绿电市场与碳市场的衔接

与传统火力发电相比，新能源发电显著降低了二氧化碳的排放，这使得新能源基础设施项目具备开发国家核证自愿减排量（简称"CCER"）的潜力。CCER面对的是碳市场，根据《温室气体自愿减排交易管理办法（试行）》，参与自愿减排的减排量需经国家主管部门登记备案，经备案的减排量就是CCER，可在经备案的交易机构内交易。

绿证和CCER是两个不同机制，在不同的市场进行交易。就目前实际情况看，绿证交易的主体范围更广，包括受到可再生能源电力消费责任权重指标约束的主体以及其他自愿购买绿证的企业和个人；而CCER的交易主体通常为纳入碳市场的重点排放单位（控排企业），其购买CCER用以在碳市场中抵销配额，帮助企业低成本履约。

绿证和CCER都是可交易的凭证，都可以产生经济效益，因此，如果允许绿电既通过绿证参与绿电市场，又通过CCER参与碳市场，就会涉及其"环境价值"重复利用问题。根据《绿证通知》，国家发展改革委、财政部和国家能源局正在积极推进绿证与全国碳排放权交易机制、温室气体自愿减排交易机制的衔接协调，以便更好地发挥制度合力。未来，主管部门应在顶层设计和制度搭建方面做好"绿电市场"和"碳市场"之间的有效衔接，并在组织认证、数量认定、数据对接方面做好贯通耦合，避免绿电交易的环境权益通过CCER等形式在碳市场进行二次售卖，引导不同需求主体在两个市场中做最优选择。

(三) 国补应收账款以卖断出表的形式进行转让

为解决回款周期较长的问题,新能源 REITs 项目国补应收账款可以使用卖断出表的形式进行转让,根据原始权益人国补应收账款、基金发行情况及应收账款剩余回款年限确定转让对价,一次性卖断转让至原始权益人。基金存续期内,于每年 12 月前将当年 1—10 月及上一年度 11、12 月的新增国补应收账款一次性卖断至原始权益人,降低国补回款不确定对基金分红的影响。

其中,保理业务是一种有效的金融工具。保理业务允许新能源项目公司将国补应收账款以折扣形式转让给保理公司,从而立即获得现金流。这种融资方式能够改善项目的流动性,降低因国补应收账款滞付带来的财务风险。此外,保理公司在进行应收账款购买时会对项目公司的财务状况进行审查,这有助于提高项目的财务透明度,优化项目公司财务管理,提高其在资本市场的信誉度。

第六章
新能源 REITs 案例解析

第一节 鹏华深圳能源 REIT

2022年7月26日，鹏华深圳能源清洁能源封闭式基础设施证券投资基金（简称"鹏华深圳能源 REIT"，交易代码：180401）正式在深圳证券交易所挂牌上市。鹏华深圳能源 REIT 原始权益人为深圳能源集团股份有限公司，基金管理人为鹏华基金管理有限公司。基金初始投资的基础设施项目为深圳能源东部电厂（一期）项目，位于广东省深圳市大鹏新区大鹏下沙秤头角，包括天然气发电机组及不动产建筑，地上建筑面积共计约3.16万平方米，宗地面积约3.96万平方米，项目评估值为32.64亿元，收入来源于项目公司提供电力生产及相关服务并收取电费收入。鹏华深圳能源 REIT 发行价为5.896元/份，发售总份额6亿份，募集资金35.376亿元，相较其资产评估值属于溢价发行，发行折溢率为8.38%。

鹏华深圳能源 REIT 项目的发行对于盘活国有存量资产、促进能源行业投资良性循环、推动我国发电基础设施高质量发展具有先行示范意义；同时，项目拟将回收资金全部用于新建光伏电厂、风力电厂、垃圾发电、燃机电厂的建设资金投入，符合国家产业政策，属于国家发展改革委鼓励的将回收资金用于前期工作成熟的基础设施补短板项目建设，有助于形成良性投资循环。

一、项目基本情况

本基金初始投资的基础设施项目为深圳能源东部电厂（一期）项目（简称"东部电厂""东部电厂（一期）项目"或"本项目"）。项目具体情况如表6.1所示。

表6.1　基础设施项目基本情况

项目名称	深圳能源东部电厂（一期）项目
项目公司	深圳市东部电力有限公司
项目地址	广东省深圳市大鹏新区大鹏下沙秤头角
资产范围	东部电厂（一期）项目包括天然气发电机组及不动产建筑，地上建筑面积共计约3.16万平方米，宗地面积约3.96万平方米。本项目资产范围包括东部电厂（一期）项目的1#、2#、3#机组，地上建筑面积共计约3.16万平方米房屋（含附属设施设备）及其占用范围内的约3.96万平方米的国有土地使用权等资产，建设内容包括装机容量为3×390MW的9F燃气蒸汽联合循环发电机组、主厂房及集中控制楼、启动锅炉房、炉后废水泵房1、炉后废水泵房2、220KV屋内配电装置（GIS）及网络继电器、余热锅炉辅助生产工艺楼1、余热锅炉辅助生产工艺楼2、余热锅炉辅助生产工艺楼3、氮气瓶站
用地性质	本项目土地用途为工业用地，用地性质为商品性质，取得方式为出让取得，使用期限为2005年12月28日至2055年12月27日
开竣工时间	本项目于2004年9月15日开工，于2008年2月3日竣工
决算总投资	本项目决算总投资为34.32亿元
产品或服务内容	提供电力生产及相关服务
收入来源	深圳市东部电力有限公司通过提供电力生产及相关服务并收取电费收入

资料来源：招募说明书

二、原始权益人

深圳能源集团股份有限公司是深圳能源东部电厂（一期）项目的原始权益人，公司成立于1993年8月21日，注册资本4 757 389 916元人民币，控股股东和实际控制人为深圳国资委。截至2021年12月31日，深圳市国资委直接持有公司股份2 088 856 782股，直接持股比例为43.91%，为公司第一大股东。

公司是深圳电力能源主要供应商和深圳市属大型综合能源集团，在深圳市以及珠三角区域的电力市场中具有重要的地位，是全国电力行业第一家在深圳上市的大型股份制企业，也是深圳市第一家上市的公用事业股份公司，在日常运营和项目资源获取等方面获得了地方政府较好的外部支持。发行人电力资产覆盖区域经济发达，具有较明显的区位优势。

公司所从事的主要业务是各种常规能源和新能源的开发、生产、购销，以及城市固体废物处理、城市燃气供应和废水处理等。2019年度、2020年度和2021年度，公司分别实现营业收入2 081 700.45万元、2 045 450.61万元和3 156 955.46万元，总体呈上升态势，主要是市场用电需求增大、上网电量增加、新项目投产以及燃煤、燃气价格上涨，同时按照准则要求确认PPP项目收入与成本，营业收入增长（见表6.2）。

表6.2 深圳能源集团主营业务收入　　　　　　　　　　　单位：万元

项目	2021年度		2020年度		2019年度	
	金额	占比	金额	占比	金额	占比
电力	1 993 752.96	63.15%	1 399 701.72	68.43%	1 159 865.41	55.72%
环保	639 254.22	20.25%	311 025.29	15.21%	124 026.81	5.96%
燃气	352 093.06	11.15%	202 715.88	9.91%	154 515.91	7.42%
其他	171 855.22	5.44%	132 007.52	6.45%	643 292.32	30.90%
合计	3 156 955.46	100.00%	2 045 450.61	100.00%	2081 700.45	100.00%

资料来源：招募说明书

三、基金交易

（一）交易要素

鹏华深圳能源REIT由鹏华基金管理有限公司负责公开募集。该基金为契约型封闭式，存续期限为34年，首次发售采用向战略投资者定向配售、向网下投资者询价配售和向公众投资者定价发售相结合的方式进行，该基金已于 2022 年 7 月 26 日在深圳证券交易所交易上市（见表 6.3）。

表 6.3 基金交易要素表

基金名称	鹏华深圳能源清洁能源封闭式基础设施证券投资基金			
基金类型	基础设施证券投资基金			
上市场所	深圳证券交易所			
基金代码	180401			
投资策略	本基金主要投资于基础设施资产支持证券，并持有其全部份额；本基金通过资产支持证券持有基础设施项目公司全部股权，并通过资产支持证券和项目公司等载体取得基础设施项目完全所有权或经营权利。基金管理人主动运营管理基础设施项目，以获取基础设施项目运营收入等稳定现金流及基础设施项目增值为主要目的			
初始投资标的	国信证券深圳能源清洁能源第一期基础设施资产支持专项计划资产支持证券全部份额			
基金初始总规模	6 亿份			
产品期限	基金存续期限为自 2022 年 7 月 11 日生效起 34 年			
募集方式	公开募集			
运作方式	契约型封闭式			
投资人分类	原始权益人	其他战略投资者	网下投资者	公众投资者
投资人份额占比	51%	19%	21%	9%
发售方式	首次发售将通过向战略投资者定向配售、向网下投资者询价发售及向公众投资者定价发售相结合的方式进行			
项目进展	已交易上市			

资料来源：深交所公开信息整理

（二）交易结构

本基础设施基金成立后，将持有国信证券深圳能源清洁能源第一期基础设施资产支持证券全部份额，国信证券深圳能源清洁能源第一期基础设施资产支持专项计划持有项目公司 100% 股权。基金交易结构如图 6.1 所示。

第六章 新能源 REITs 案例解析

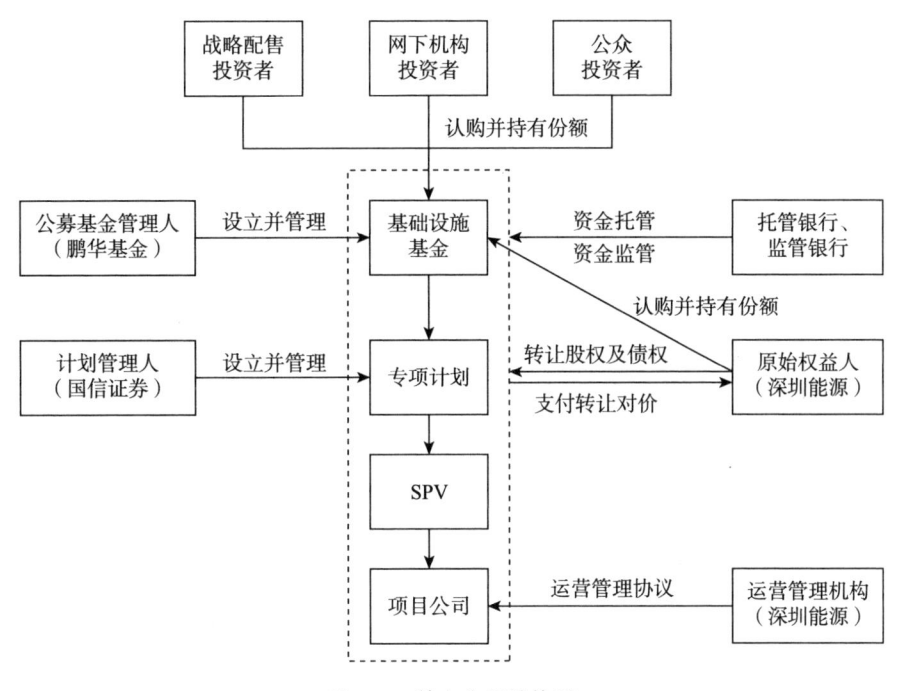

图 6.1 基金交易结构图

资料来源：招募说明书

（三）交易步骤

1. 基金募集

鹏华基金管理有限公司募集基金，其中原始权益人深圳能源集团股份有限公司认购51%的基金份额。

2. 专项计划设立

鹏华基金管理有限公司将公募基金的募集资金扣除基金预留的必要费用后100%用于认购由专项计划管理人设立的国信证券深圳能源清洁能源第一期基础设施资产支持专项计划全部份额，将认购资金委托给计划管理人管理，计划管理人设立并管理专项计划，本基金取得资产支持专项计划的全部资产支持证券，成为资产支持证券唯一持有人。至此，国信证券完成资产支持专项计划的设立。

3. 专项计划投资、项目公司股权与债券安排

深圳能源设立 SPV 公司，深圳能源持有 SPV100%的股权。根据《SPV 股权转让协议》以及《债权转让与确认协议》，专项计划设立后，专项计划将以公募基金认购资产支持证券的认购金额扣除必要费用后用于：（a）向原始权益人购买 SPV 目标股权；（b）专项计划实际募集规模（不含专项计划层面不可预见费预留）扣减购买 SPV 目标股权款的剩余款项，用于向 SPV 增资及向原始权益人购买其对于 SPV 的目标债权，SPV 收到增资款项后将全部用于偿还对原始权益人的债务（见图 6.2）。SPV 形成 1∶2 股债结构。

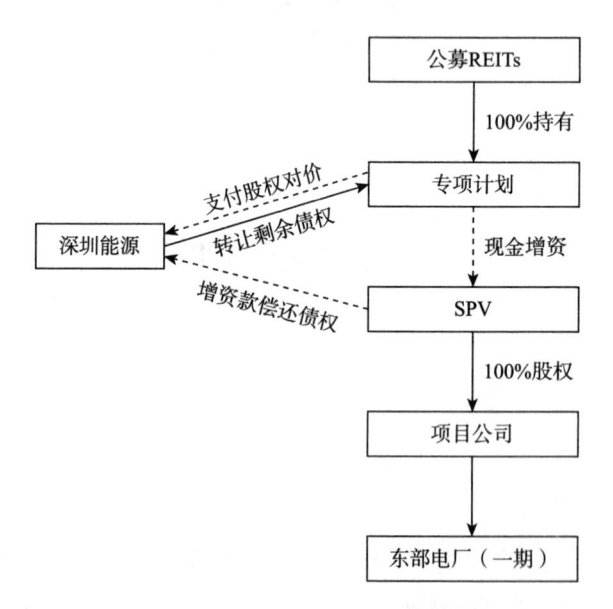

图 6.2　SPV 进行股债投资示意图

资料来源：招募说明书

根据《吸收合并协议》，项目公司吸收合并 SPV，注销 SPV 的独立法人地位，项目公司承继 SPV 的全部资产、负债、业务、资质、人员、合同及其一切权利与义务。最终本基金持有专项计划全部份额，专项计划以"股权+债权"形式直接持有项目公司。吸收合并完成后，本基金产品结构如图 6.3 所示。

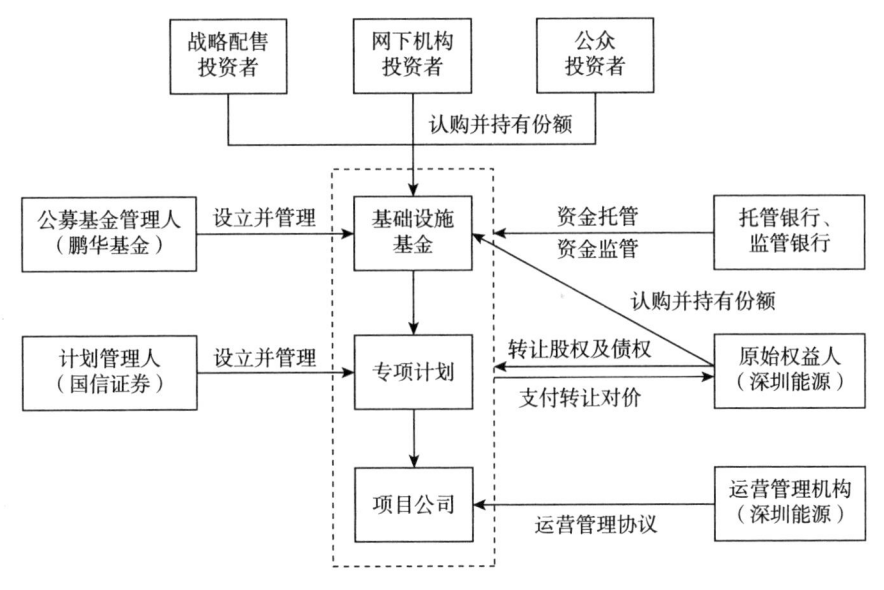

图 6.3 基金架构（吸收合并后）

资料来源：招募说明书

4. 股权转让登记变更

专项计划设立时，原始权益人深圳能源集团股份有限公司将于交割日或交割日前，完成项目公司的交割股东名册、出资证明书及公司章程的移交。另外，原始权益人配合专项计划进行股权转让工商变更登记。

四、项目历史经营业绩分析

（一）营收分析

本基础设施项目收入来源主要为燃机发电收入。2021年，公司燃机发电收入总额为174076.68万元，占当期收入总额的99.98%。上市后，2022年，公司燃机发电收入总额为106815.32万元，占当期收入总额的99.82%。2023年度公司燃机发电收入占其当期收入总额的100%（见表6.4）。

表 6.4　项目营收情况　　　　　　　　　　　　单位：万元、%

项目	2023 年度		2022 年度		2021 年度	
	金额	占比	金额	占比	金额	占比
售电收入	190041.24	100.00	106815.32	99.82	174076.68	99.98
其他收入	0.53	0.00	191.50	0.18	39.00	0.02
合计	190041.77	100.00	107006.82	100.00	174115.68	100.00

资料来源：招募说明书

（二）资产结构

项目资产结构稳定，从短期偿债能力指标来看，2021 年末、2022 年末和 2023 年中流动比率分别为 3.75、3.85 和 3.68（流动比率大于 2 通常被认为是企业短期偿债能力较强的信号）（见表 6.5）。从长期偿债能力指标来看，近三年项目公司资产负债率很低，显著低于传统基础设施发电项目资产负债水平，且资产负债率波动不大，基础资产项目没有对外借款，整体负债较少且均为流动负债，长期偿债能力保持稳定。

总体来说，项目资产结构健康稳定，具有较大投资价值。

表 6.5　项目资产结构　　　　　　　　　　　　　　单位：万元

项目	2023 年中	2022 年末	2021 年末
流动资产合计	85364.59	107219.22	47866.13
非流动资产合计	301707.98	309428.51	25791.76
资产总计	387072.57	416647.72	73657.89
流动负债合计	23211.24	27841.42	12780.39
非流动负债合计	0	0	0
负债总计	23211.24	27841.42	12780.39
所有者权益合计	363861.33	388806.30	60877.50
负债和所有者权益总计	387072.57	416647.73	73657.89
资产负债率	6.00%	6.68%	17.35%
流动比率	3.68	3.85	3.75

资料来源：招募说明书、鹏华深圳能源 REIT2023 年中期报告

（三）盈利能力

公司经营状况良好，营业收入、毛利率和净利率稳定，2021年度、2022年度及2023年度毛利率均在20%以上（见表6.6）。2023年受天然气价格上涨影响，其毛利率有所下降，但其净利率高于2022年净利率，盈利能力良好。

表6.6 项目营收情况　　　　　　　　　　　　　　单位：万元

项目	2023年度	2022年度	2021年度
一、营业收入	190041.77	108223.92	174115.68
减：营业支出	40250.85	83896.32	121184.96
二、毛利润	149790.92	24327.60	52930.72
毛利率	78.82%	22.48%	39.40%
三、利润总额	37142.42	24327.59	50865.10
减：所得税费用	7948.83	8969.06	12716.28
四、净利润	29193.59	15358.53	38148.82
净利率	15.36%	14.19%	21.91%

资料来源：招募说明书

（四）现金流量分析

上市以来，项目公司近两年EBITDA和经营活动产生的现金流量净额逐年增长，且维持在相对可观的水平（见表6.7）。基于此，项目能够为投资者提供较高的现金分红。

表6.7 项目现金流量情况　　　　　　　　　　　　单位：万元

	2023年	2022年
息税折旧摊销前利润（EBITDA）	57010.65	35277.18
经营活动产生的现金流量净额	47888.66	31351.26

资料来源：招募说明书

五、项目现金流来源与稳定性分析

（一）市场售电比例明显提高

鹏华深圳能源 REIT 底层资产东部电厂（一期）市场化售电比例逐年增加，由 2018 年的 18.01% 增长至 2023 年的 63.60%，可以说电厂的发电收入在具备一定保障性的情况下，兼具一定的弹性。

（二）电价具备一定弹性

电网代购电价由"上网电价+市场月度均价与参考基准价的价差"决定；市场电量电价根据不同交易形式有不同的定价，如集中竞价、现货等，波动更大。

图 6.4 为鹏华深圳能源 REIT 现金流来源。

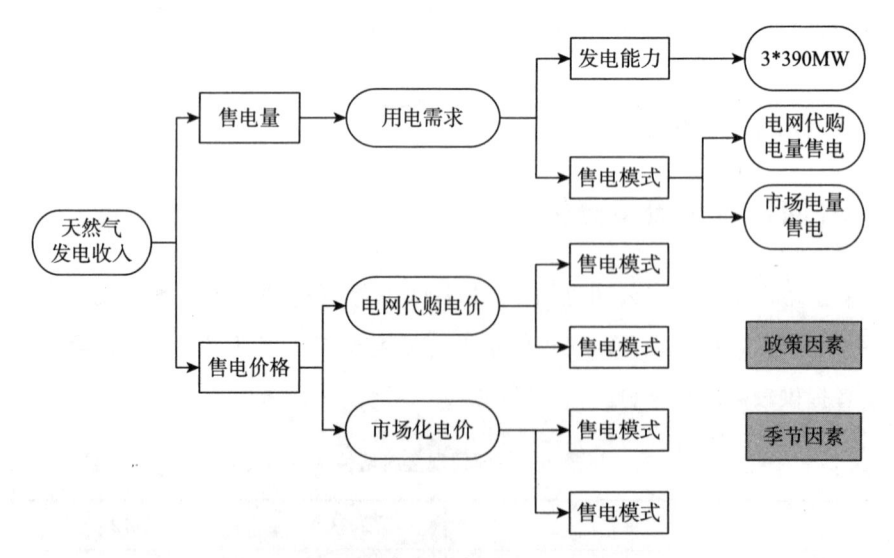

图 6.4　鹏华深圳能源 REIT 现金流来源

资料来源：鹏华深圳能源 REIT 招募说明书

第六章 新能源REITs案例解析

六、募集与上市交易情况

（一）基金募集规模

鹏华深圳能源REIT于2022年7月6日正式面向公众发售，发售总份额数6亿份，募集资金35.376亿元，发行折溢率8.38%，属于溢价发售（见表6.8）。

表6.8 鹏华深圳能源REIT发售情况

REIT	代码	发售日期	资产评估值（亿元）	发行价（元）	发行份额（亿份）	发行规模（亿元）	发行折溢率
鹏华深圳能源REIT	180401	2022.7.6	32.64	5.896	6	35.376	8.38%

资料来源：根据深交所公开信息整理

（二）基金配售与认购比例

鹏华深圳能源REIT向战略投资者初始配售42000万份，占发售规模的70%，其中原始权益人占比51%（见表6.9）。网下投资者初始配售12600万份，占发售规模的21%；向公众投资者初始配售5400万份，占发售规模的9%。其中网下认购确认比例为0.93%，认购倍数超百倍，公众认购确认比例为1.16%，认购倍数近百倍，整体投资者热情高涨。

表6.9 鹏华深圳能源REIT配售与认购比例

REIT	代码	战略配售比例	原始权益人占比	网下配售比例	网下认购确认比例	公众配售比例	公众认购确认比例
鹏华深圳能源REIT	180401	70%	51%	21%	0.93%	9%	1.16%

资料来源：根据深交所公开信息整理

（三）上市后营运情况

自 2022 年 7 月 26 日上市以来，截至 2023 年底，鹏华深圳能源 REIT 营收、EBITDA、净利润以及可供分配金额完成情况均超过招募说明书 2022 年度数值的 50%（见表 6.10 和表 6.11）。2023 年度，其营收、EBITDA、净利润和可供分配金额均大幅超越 2023 年度预测值，其中，净利润一项更是超过其预测值的两倍。不难看出，鹏华深圳能源 REIT 底层资产项目上市后营运情况良好。

表 6.10　2022 年度鹏华深圳能源 REIT 上市后实际营运情况与预测情况对比

指标	2022 年度预测值（万元）	2022.7.11—2022.12.31	完成情况
营业收入	168458.27	108223.92	64.24%
EBITDA	47137.65	35277.18	74.84%
净利润	18553.08	15358.53	82.78%
本期可供分配金额	38154.35	45743.55	119.89%

表 6.11　2023 年度鹏华深圳能源 REIT 上市后实际营运情况与预测情况对比

指标	2023 年度预测值（万元）	2023.1.1—2023.12.31	完成情况
营业收入	155054.02	190049.78	122.57%
EBITDA	39061.85	57010.65	145.95%
净利润	12564.33	29193.60	232.35%
本期可供分配金额	31577.47	42005.78	133.02%

资料来源：上交所公开信息整理

（四）基金交易情况

截至 2024 年 6 月 14 日，鹏华深圳能源 REIT 收盘价格为 6.597 元，涨跌幅为 -13.93%，日均换手率 1.11%，日均成交量 250.43 万份。2022 年 9 月 9 日达到历史最高价 8.380 元，最低价为 2023 年 12 月 14 日的 5.705 元，走势情况如图 6.5 所示。

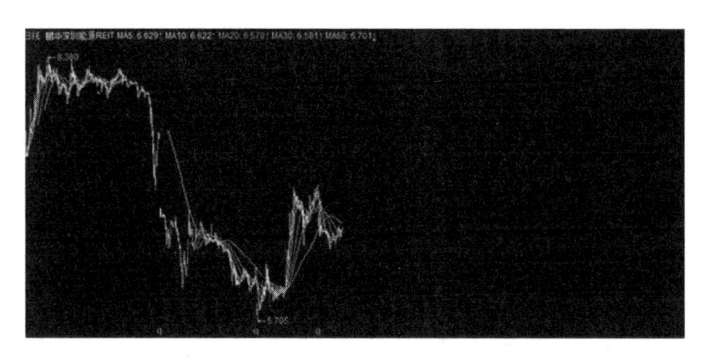

图 6.5　鹏华深圳能源 REIT 基金 K 线图

资料来源：wind

（五）基金分红收益情况

自上市以来，该基金于 2023 年 5 月 19 日和 12 月 13 日分别以现金形式两次发放红利，共计分配人民币 640 200 000.00 元，占可供分配金额的 96.65%，基金收益为 10.67 元/10 份基金份额（见表 6.12）。结合其涨跌幅，截至 2024 年 6 月 14 日，该基金的综合年化收益率为-0.75%。

表 6.12　鹏华深圳能源 REIT 收益情况

REIT	代码	开盘价（元）	最新收盘价（元）	涨跌幅	分红（元/份）	年化派息收益率	年化综合收益率
鹏华深圳能源 REIT	180401	7.665	6.597	-13.93%	1.067	9.58%	2.20%

资料来源：根据二级市场公开信息整理

第二节　中信建投国家电投新能源 REIT

2023 年是我国风电公募 REITs 元年。2023 年 3 月 29 日，全国首单风电基础设施 REITs 项目——中信建投国家电投新能源封闭式基础设施证券投资基金（简称"中信建投国家电投新能源 REIT"，交易代码：508028）正式在上海证券交易所挂牌上市。中信建投国家电投新能源 REIT 原始权益人为国家电投集团江苏电力有限公司，基金管理人为中信建投基金管理有限公司，基金初始投资的基础设施项目为滨海北 H1 项目、滨海北 H2 项目和配套运维驿站项目，滨海北 H1 项目和滨海北 H2 项目位于江苏省盐城市滨海县滨海北部的中山河口至滨海港之间的近海海域，当期目标资产评估值 71.65 亿元。中信建投国家电投新能源 REIT 发行价为 9.800 元/份，发售总份额 8 亿份，募集资金 78.40 亿元，相较其资产评估值属于溢价发售，发行折溢率 9.42%。

中信建投国家电投新能源 REIT 是中国证监会与上海证券交易所受理的全国首单海上风电公募 REITs 项目，标志着以五大发电集团为代表的能源行业龙头企业正式进军公募 REITs 市场，为盘活风电等新能源资产起到良好的示范效应和带动作用。

一、项目基本情况

（一）滨海北 H1 项目

滨海北 H1 项目位于滨海北部中山河口至滨海港之间的近海海域，滨海港水域港界西北侧，风电场中心离岸距离 7.5 千米，使用海域面积约 111 公顷。滨海北 H1 项目核准总装机规模 100 兆瓦。实际安装 25 台西门子风电机组，单机容量 4.0 兆瓦，叶轮直径 130 米，轮毂高度 90 米（平均海面以上）。风机基础采用单根无过渡段钢管桩基础。配套建设一座 220kV 陆上升压站。25 台风电机组通过 4 回 35 千伏集电海缆汇集到陆上升压站，经升压后通过 1 回 220 千伏线路送出。项目基本情况如表 6.13 所示。

（二）滨海北 H2 项目

滨海北 H2 项目位于滨海北部的中山河口至滨海港之间的近海海域，在

第六章 新能源 REITs 案例解析

滨海北 H1 项目东北侧（两场站之间间隔约 10 千米），风电场中心离岸距离 22 千米，海底地形变化平缓，水深多在 15—18 米之间。滨海北 H2 项目核准总装机规模 400 兆瓦。实际安装 100 台西门子风电机组，单机容量 4.0 兆瓦，叶轮直径 130 米，轮毂高度 87.5 米（平均海面以上）。风机基础采用单根无过渡段钢管桩基础。配套建设一座 220 千伏海上升压站。100 台风电机组通过 16 回 35 千伏集电海缆汇集到海上升压站，经升压后通过 2 回 220 千伏海缆送出至陆上集控中心，通过滨海北 H1 项目已建设的送出线路接入系统。项目基本情况如表 6.13 所示。

表 6.13　基础设施项目基本情况

中电投滨海北区 H1#100MW 海上风电工程和中电投滨海北区 H2#400MW 海上风电工程		
子项目名称	中电投滨海北区 H1#100MW 海上风电工程	中电投滨海北区 H2#400MW 海上风电工程
所在地（明确到县区级）	江苏省盐城市滨海县滨海北部的中山河口至滨海港之间的近海海域	
资产范围	风电机组资产范围： 北拐点：经度 120°10′55.4996″，纬度 34°25′40.2434″ 南拐点：经度 120°12′30.2891″，纬度 34°22′45.6577″ 西拐点：经度 120°09′35.4476″，纬度 34°24′37.4249″ 东拐点：经度 120°13′50.3476″，纬度 34°23′48.4446″ 陆上升压站资产范围：处于滨海港经济区的港区 2015-3 号地块，东临海堤公路	风电机组及海上升压站资产范围： 北拐点：经度 120°19′32.804763″，纬度 34°32′19.582953″ 南拐点：经度 120°22′11.743329″，纬度 34°27′11.511202″ 西拐点：经度 120°28′27.630771″，纬度 34°31′27.530228″ 东拐点：经度 120°15′07.640353″，纬度 34°30′38.634798″
建设内容和规模	核准总装机规模 100MW。实际安装 25 台西门子风电机组，单机容量 4.0MW，叶轮直径 130 米，轮毂高度 90 米（平均海面以上）。配套建设一座 220kV 陆上升压站	核准总装机规模 400MW。实际安装 100 台西门子风电机组，单机容量 4.0MW，叶轮直径 130 米，轮毂高度 87.5 米（平均海面以上）。配套建设一座 220kV 海上升压站
开竣工时间	开工时间：2015 年 10 月 竣工时间：2017 年 3 月	开工时间：2017 年 5 月 竣工时间：2020 年 12 月
决算总投资（万元）	134 349（含运维驿站）	533 406

续表

	中电投滨海北区 H1#100MW 海上风电工程和中电投滨海北区 H2#400MW 海上风电工程	
当期目标资产评估值（万元）	716 484.80	
当期目标资产评估净值（万元）	716 484.80	
运营起始时间	2016 年 6 月 30 日	2018 年 6 月 30 日
项目权属起止日及剩余年限（剩余年限为权属到期日与评估基准日之差）	评估基准日：2022 年 12 月 31 日 剩余年限：19.76 年	评估基准日：2022 年 12 月 31 日 剩余年限：22.03 年
风机运营起始日及剩余年限（剩余年限为预测风机运营终止日与评估基准日之差）	评估基准日：2022 年 12 月 31 日 剩余年限：18.51 年	评估基准日：2022 年 12 月 31 日 剩余年限：20.51 年

（三）配套运维驿站项目

配套运维驿站项目地处滨海县滨海港港区（原二洪盐场）2010-2号、3号地块，位于国家电投集团江苏滨海港务有限公司（已注销）公司围墙内部。配套运维驿站项目是为解决项目公司生产经营所需的备品备件、维修工具等生产物资的存放需要，项目公司生产运维人员在基础设施项目所在地的运维、生产、生活需要所配备的办公场所及员工食堂、宿舍等配套建筑设施。项目基本情况如表 6.14 所示。

表 6.14 配套运维驿站

子项目名称	国家电投集团滨海北 H1#海上风电运维驿站工程项目
所在地（明确到县区级）	江苏省盐城市滨海县滨海港经济区
资产范围	地处滨海港经济区二洪盐场境内的港区 2010-2、3 号地块，位于国家电投集团江苏滨海港务有限公司（已注销）公司围墙内部

续表

子项目名称	国家电投集团滨海北 H1#海上风电运维驿站工程项目
建设内容和规模	解决项目公司生产经营所需的备品备件、维修工具等生产物资的存放需要，以及项目公司生产运维人员在基础设施项目所在地的运维、生产、生活需要所配备的办公场所及员工食堂、宿舍等用途的配套建筑设施。配套运维驿站项目建筑面积 5 742.82 平方米，宗地面积 4 709.80 平方米
开竣工时间	开工时间：2019 年 3 月 竣工时间：2020 年 5 月
决算总投资（万元）	2 320.95
当期目标资产评估值（万元）	配套运维驿站项目是为滨海北 H1 项目及滨海北 H2 项目提供生产运维物资存放等配套服务的设施，不产生经营收入，因此本次项目未对配套运维驿站项目单独进行资产评估
当期目标资产评估净值（万元）	配套运维驿站项目是为滨海北 H1 项目及滨海北 H2 项目提供生产运维物资存放等配套服务的设施，不产生经营收入，因此本次项目未对配套运维驿站项目单独进行资产评估
运营起始时间	2020 年 5 月
项目权属起止日及剩余年限（剩余年限为权属到期日与评估基准日之差）	国有建设土地使用权 2061 年 2 月 23 日止 基准日：2022 年 12 月 31 日 剩余年限：38.18 年

资料来源：招募说明书

二、原始权益人

国家电投集团江苏电力有限公司是滨海北 H1 项目、北 H2 项目以及配套运维驿站项目的原始权益人，公司成立日期为 2014 年 3 月 26 日，注册资本人民币 665 604.31 万元，注册地址是南京市鼓楼区中山北路 2 号紫峰大厦 39 楼，截至 2022 年 6 月 30 日，上海电力（8.540, 0.08, 0.95%）持有江苏电力公司 88.92%股份，工银投资持有江苏电力公司 11.08%股份。上海电力的控股股东国家电投是五大发电集团之一，资本实力较雄厚。国家电投是 2002 年 12 月 29 日在原国家电力公司部分企事业单位基础上组建的全国五大发电集团之一，经国务院同意进行国家授权投资的机构和国家控股公司的试点。上海电力是国家电投下属国内上市子公司中净资产规模最大的公司。国家电投、上海电力强大的行业竞争力,为江苏电力公司未来的发展奠定了良好的基础。

江苏电力公司营业收入主要来源于煤电及风电板块。最近三年及一期,煤电板块业务收入分别为 289 309.40 万元、293 527.07 万元、355 323.06 万元和 279 167.71 万元,占营业收入的比例分别为 58.42%、58.23%、49.63% 和 42.65%(见表 6.15)。最近三年及一期,风电板块业务收入分别为 152 609.78 万元、156 550.42 万元、296 373.66 万元及 295 404.26 万元,占营业收入的比例分别为 30.82%、31.06%、41.39% 和 45.13%。2021 年风电板块业务收入大幅增加的主要原因是当年新风电场建设完毕并逐步投入使用,风电发电收入大幅增加。江苏电力公司规划将继续加大风电业务的投资力度,力争实现向新能源发电企业的转型。

表 6.15　江苏电力公司主营业务收入　　　　单位:万元、%

板块分类	2022 年 1—9 月		2021 年度		2020 年度		2019 年度	
	金额	占比	金额	占比	金额	占比	金额	占比
风电	295404.26	45.13	296373.66	41.39	156550.42	31.06	152609.78	30.82
光伏	60338.63	9.22	44489.43	6.21	34926.71	6.93	33351.36	6.74
煤电	279167.71	42.65	355323.06	49.63	293527.07	58.23	289309.4	58.42
热力	17116.55	2.61	17889.08	2.50	13495.29	2.68	15276.32	3.08
售电	-58.82	-0.01	80.19	0.01	2240.52	0.44	3621.62	0.73
其他	2591.75	0.40	1813.41	0.25	3317.83	0.66	1012.36	0.2
收入合计	654560.08	100	715968.83	100	504057.84	100	495180.84	100

资料来源:招募说明书

三、基金交易

(一)交易要素

中信建投国家电投新能源 REIT 拟由中信建投基金管理有限公司负责公开募集。该基金为契约型封闭式,存续期限为 21 年,首次发售采用向战略投资者定向配售、向网下投资者询价配售和向公众投资者定价发售相结合的方式进行（见表 6.16），该基金已于 2023 年 3 月 29 日在上海证券交易所交易上市。

表 6.16 基金交易要素表

基金名称	中信建投国家电投新能源封闭式基础设施证券投资基金
基金类型	基础设施证券投资基金
上市场所	上海证券交易所
基金代码	508028
投资策略	除基金合同另有约定外，本基金全部募集资金在扣除预留费用后，剩余基金资产全部用于购买资产支持证券份额，存续期 80% 以上的基金资产投资于基础设施资产支持证券，并持有其全部份额，通过基础设施资产支持证券投资于项目公司，最终取得由项目公司持有的基础设施项目的完全所有权、经营权利。基金管理人通过主动的投资管理和运营管理，力争为基金份额持有人提供稳定的收益分配及长期可持续的收益分配增长，并争取提升基础设施项目价值
初始投资标的	中信建投-国家电投新能源发电 1 期资产支持专项计划的资产支持证券全部份额
基金初始总规模	8 亿份
产品期限	基金存续期限为自 2023 年 3 月 20 日生效起 21 年
募集方式	公开募集
运作方式	契约型封闭式
投资人分类	原始权益人	其他战略投资者	网下投资者	公众投资者
投资人份额占比	34%	43%	17.5%	7.5%
发售方式	首次发售将通过向战略投资者定向配售、向网下投资者询价发售及向公众投资者定价发售相结合的方式进行
项目进展	已交易上市

资料来源：上交所公开信息整理

（二）交易结构

本基础设施基金成立后，将持有中信建投-国家电投新能源发电 1 期资产支持专项计划的资产支持证券全部份额，中信建投-国家电投新能源发电 1 期资产支持专项计划持有项目公司 100%股权。基金交易结构如图 6.6 所示。

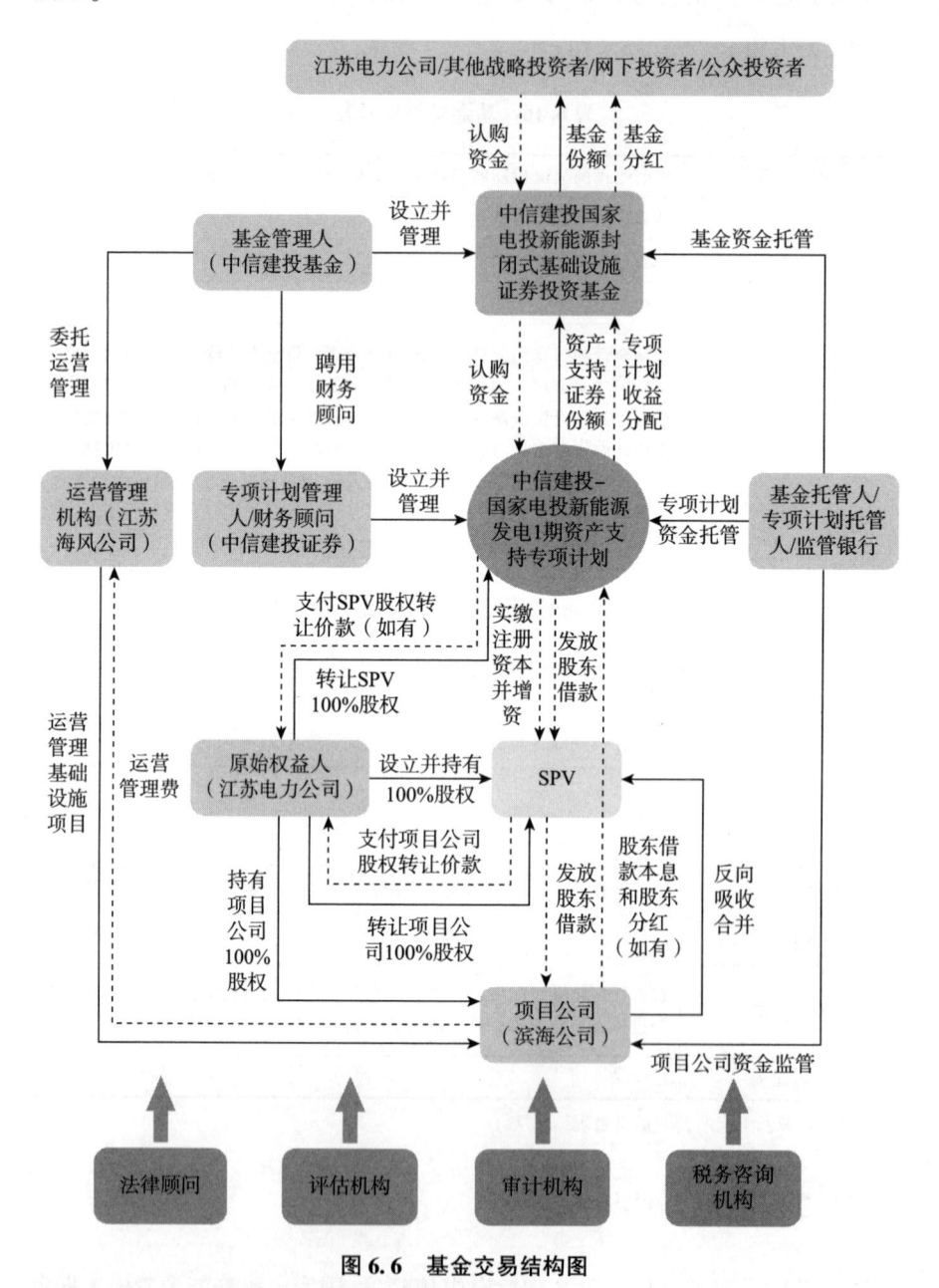

图 6.6 基金交易结构图

资料来源：中信建投国家电投新能源 REIT 招募说明书

（三）交易步骤

1. 基金募集

中信建投基金募集资金，其中原始权益人国家电投集团江苏电力有限公司认购34%基金份额。

2. 专项计划设立

中信建投基金将公募基金的募集资金扣除基金预留的必要费用后100%用于认购由专项计划管理人设立的中信建投-国家电投新能源发电1期资产支持专项计划的全部份额，将认购资金委托给计划管理人管理，计划管理人设立并管理专项计划，本基金取得资产支持专项计划的全部资产支持证券，成为资产支持证券唯一持有人。至此，中信证券完成资产支持专项计划的设立。

3. 专项计划投资、项目公司股权与债权安排

江苏电力公司设立SPV，认缴出资10万元。江苏电力公司持有SPV100%的股权。专项计划设立后，专项计划管理人根据《SPV股权转让协议》的约定，向江苏电力公司购买其持有的SPV100%股权，并在成为SPV股东后向SPV实缴注册资本并增资（见图6.7）。

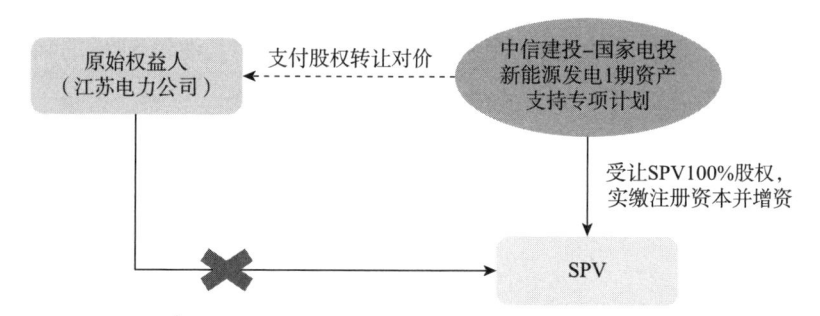

图6.7 专项计划股权投资示意图

资料来源：中信建投国家电投新能源REIT招募说明书

根据《SPV股东借款协议》，专项计划管理人（代表专项计划）拟向SPV发放股东借款，SPV取得的股东借款拟用于收购项目公司100%股权、

支付相关税费，以及向项目公司发放股东借款（见图6.8）。根据《项目公司股权转让协议》，SPV向江苏电力公司购买其持有的项目公司100%股权，并向江苏电力公司支付股权转让价款。SPV受让项目公司股权后，根据《项目公司股东借款协议》向项目公司发放股东借款，用于偿还项目公司存量融资借款，以及向江苏电力公司支付项目公司尚未支付完毕的应付股利。

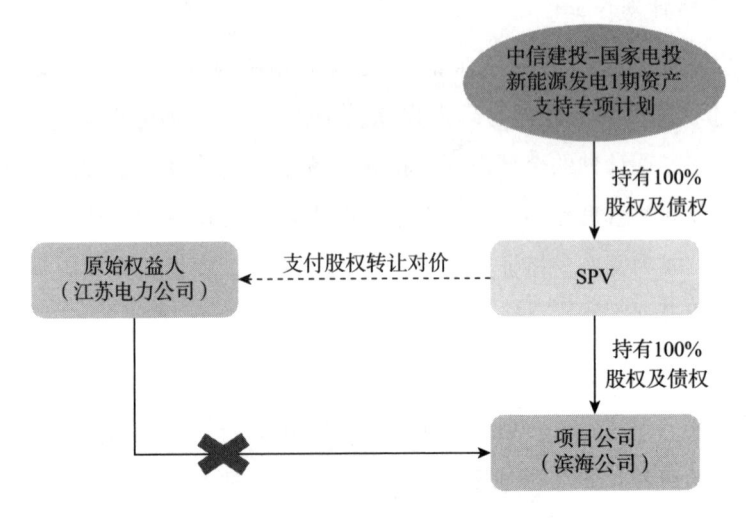

图6.8　SPV进行股债投资示意图

资料来源：中信建投国家电投新能源REIT招募说明书

根据《吸收合并协议》，项目公司吸收合并SPV，注销SPV的独立法人地位，项目公司承继SPV的全部资产、负债、业务、资质、人员、合同及其一切权利与义务。最终本基金持有专项计划全部份额，专项计划以"股权+债权"形式直接持有项目公司。吸收合并完成后，本基金产品结构具体如下：

4. 股权转让登记变更

专项计划设立时，原始权益人国家电投集团江苏电力有限公司将于交割日或交割日前，完成项目公司的交割股东名册、出资证明书及公司章程的移交。另外，原始权益人配合专项计划进行股权转让工商变更登记。

图6.9为吸收合并后的基金架构。

第六章 新能源 REITs 案例解析

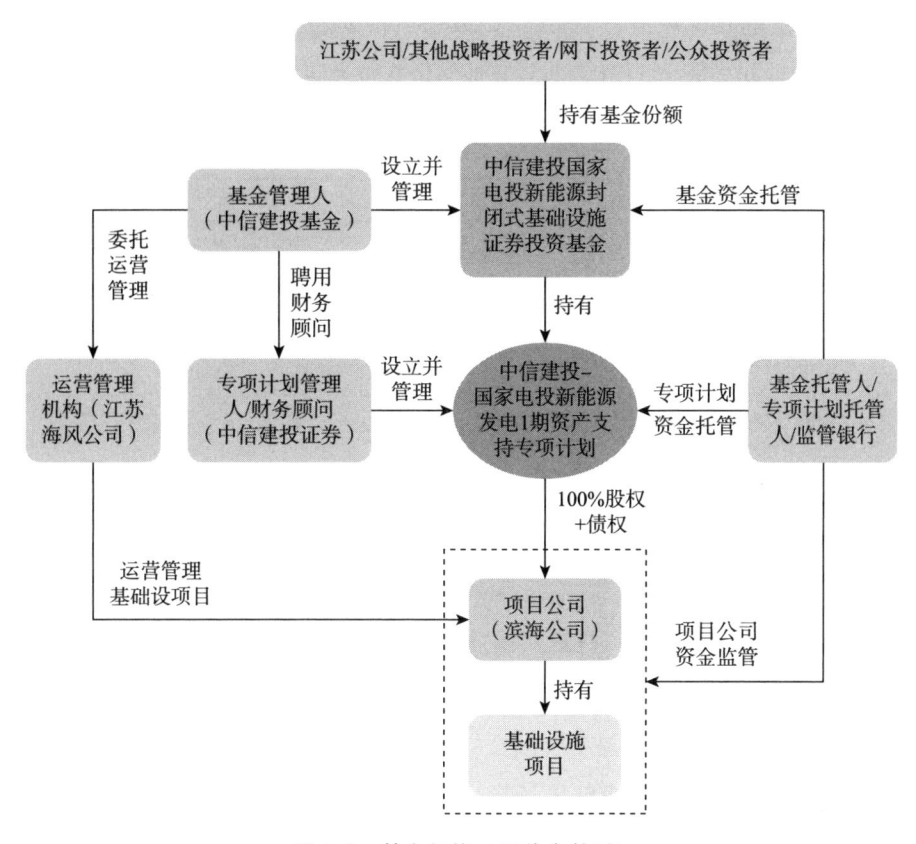

图 6.9 基金架构（吸收合并后）

资料来源：中信建投国家电投新能源 REIT 招募说明书

四、项目历史经营业绩分析

（一）营收分析

项目公司的主营业务收入为滨海北 H1 项目和滨海北 H2 项目海上风电机组所产生的风力发电收入，收入来源主要为江苏电网和可再生能源基金。海上风电项目发电量主要受风力资源因素影响。由于 2021 年风力资源丰富，年均风速相较于前、后两年均较高，使得 2021 年机组发电量大幅提升，风力发电收入相应较2020年、2022年和2023年较高。2023年营收从3月20日计起，故2023年营收较其他年份有较为明显的下降（见表6.17）。

表6.17 项目营收情况　　　　　　　　　　　　　　单位：万元

项目	2023年度	2022年度	2021年度	2020年度
主营业务-风力发电	67675.13	90757.49	105193.24	84723.38
其他业务	—	—	1.77	177.51
总计	67675.13	90757.49	105195.01	84900.89

资料来源：中信建投国家电投新能源REIT2023年报、招募说明书

2020—2023年，项目公司有少量其他业务收入，来源于为关联方代建海上风电项目的代建收入及办公楼代装修收入，该类收入自2022年起不再产生。

（二）资产结构

项目资产结构稳定，从短期偿债能力来看，上市前三年，项目公司流动比率分别为0.96、2.37及1.96，2021年末项目公司流动比率相较于2020年末大幅上升，主要系项目公司偿还短期银行借款所致（见表6.18）。项目公司近年来负债规模整体下降，资产规模稳步提升，短期偿债能力较强。从长期偿债能力来看，上市前三年，项目公司资产负债率分别为73.62%、44.11%及42.88%，2021年末项目公司资产负债率相较于2020年末大幅下降，主要系诚通工银基金通过债转股对项目公司注资200000万元所致。项目公司资产负债水平合理，长期偿债能力良好。

表6.18 项目资产结构　　　　　　　　　　　　　　单位：万元

项目	2023年度	2022年末	2021年末	2020年末
流动资产合计	158068.63	170472.58	175816.07	135400.62
非流动资产合计	655336.62	460219.19	569388.11	542550.8
资产总计	813405.25	630691.77	745204.18	677951.42
流动负债合计	16360.12	100912.04	74032.8	140696.55
非流动负债合计	3854.45	169546.93	254644.51	358377.99
负债合计	20214.57	270458.97	328677.31	499074.54
所有者权益合计	793190.67	360232.8	416526.87	178876.88

第六章 新能源 REITs 案例解析

续表

项目	2023 年度	2022 年末	2021 年末	2020 年末
负债和所有者权益总计	813405.24	630691.77	745204.18	677951.42
资产负债率	2.48%	42.88%	44.11%	73.62%
流动比率	9.66	1.96	2.37	0.96

资料来源：中信建投国家电投新能源 REIT 招募说明书、2023 半年报

上市后，截至 2023 年底，公司的资产负债率大幅下降，仅为 2.48%，远低于上年 40% 的水平；流动比率大幅提升，达到 9.66，远高于上年 1.96 的水平。可见，通过发行 REITs 项目公司回收了大量权益资金，优化了其资产结构。

（三）盈利能力

上市前三年，项目公司的毛利润分别为 50 165.23 万元、63 643.98 万元及 47 490.06 万元，毛利率分别为 59.09%、60.50% 及 52.33%，净利率分别为 34.12%、35.79% 及 31.44%（见表 6.19）。上市后，受 REITs 运营所产生的一些额外费用影响，项目毛利率有所下降，但净利率仍在 30% 以上，属于极其优质的底层资产。

总之，上市前后项目始终保持良好的盈利水平。

表 6.19 项目盈利情况　　　　　　　　　单位：万元

项目	2023 年度	2022 年度	2021 年度	2020 年度
一、营业收入	67675.13	90757.49	105195.01	84900.89
减：营业支出	35626.38	43267.43	41551.03	34735.66
二、毛利润	32048.75	47490.06	63643.98	50165.23
毛利率	47.36%	52.33%	60.50%	59.09%
三、利润总额	20180.20	34029.09	42827.03	29643.79
减：所得税费用	-667.96	5499.21	5177.05	679.69
四、净利润	20848.16	28529.88	37649.98	28964.1
净利率	30.81%	31.44%	35.79%	34.12%

资料来源：中信建投国家电投新能源 REIT 招募说明书

（四）现金流量分析

项目近四年经营活动产生的现金流量净额持续为正，EBITDA 维持在相对稳定、可观的水平，能够为投资者提供较为稳定、可观的分配金额。如表 6.20 所示，2023 年较前三年 EBITDA 和现金流量净额有所减少是受风力资源影响以及统计日期缩短所致（从 2023 年 3 月 20 日记起）。

表 6.20 项目现金流量情况

类别（万元）	2020 年	2021 年	2022 年	2023 年
息税折旧摊销前利润（EBITDA）	78634.06	91236.5	78095.59	51526.77
经营活动产生的现金流量净额	79451.23	60773.62	146887.74	54011.80

资料来源：中信建投国家电投新能源 REIT 招募说明书

五、项目现金流来源与稳定性分析

中信建投国家电投新能源 REIT 不涉及市场化交易，稳定性高但易受风力资源不确定性影响。海上风电收入由电价收入和补贴收入构成（见图 6.10），上网电价包括标杆上网电价和国补两部分。从电价来看，目前江苏省的国补电价为每千瓦 0.459 元（含税），占滨海北 H1 项目和滨海北 H2 项目上网电价的 54%，国补占比较高，需考虑国补退坡后对底层资产现金流稳定性的影响。从电量上看，本基础设施项目不涉及市场化交易，电量由江苏电网全额收购，稳定性相对较高；但海上风力发电的发电能力受风力资源影响较大，年均风速高的年份相应具有更高的发电量，从历史数据来看（见图 6.11），近年来滨海北 H1 项目和 H2 项目的发电量与上网电量存在一定波动，相对于天然气发电与光伏发电具有更高的波动性。

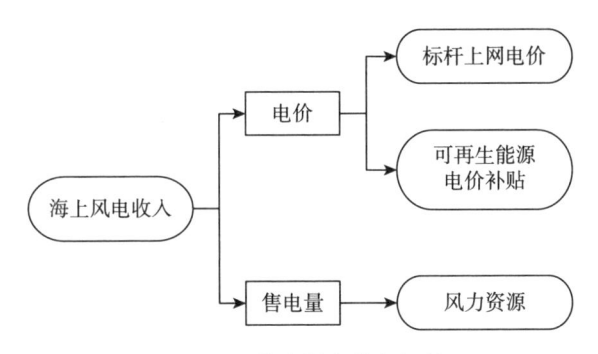

图 6.10　海上风电收入机制

资料来源：招募说明书

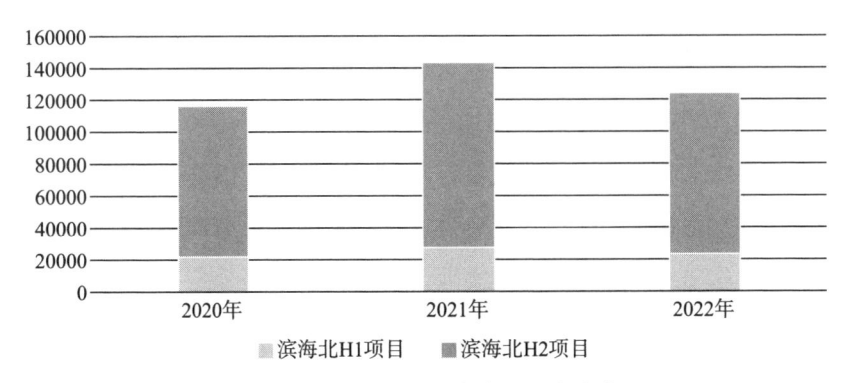

图 6.11　海上风力发电存在一定波动

资料来源：招募说明书

六、项目国补退坡风险缓释措施

（一）估值中已体现国补到期对收入的影响

本基金在基础设施项目估值中已考虑国补到期对收入的影响。根据预测，滨海北 H1 项目预计自 2036 年 6 月后不再享受国补；滨海北 H2 项目预计自 2038 年 6 月后不再享受国补。若国补到期后没有其他新增收入，滨海北 H1 项目及滨海北 H2 项目国补到期后则仅剩标杆电价收入，收入较未到期时下降约 54%。因此，国补到期本身不会对资产组估值产生影响，国补到期对于收入的影响已于资产组估值中予以考虑。

（二）通过绿证交易增加基础设施项目的运营收入

按照财建（2020）第426号文规定，未来当本基础设施项目不再享受中央财政补贴资金后，将会核发绿证准许参与绿证交易。因此，项目公司预计未来国补到期后将参与绿证市场交易相关工作，通过绿证交易增加基础设施项目的运营收入。鉴于目前基础设施项目评估价值并未考虑国补到期后的绿证交易收入带来的收入增长，因此届时绿证交易收入有望为本基金投资人带来额外的投资收益。

（三）通过扩募的方式提高基金的整体收入

本基金计划在基金存续期内通过扩募的方式装入新的基础设施项目，提高本基金整体收入，缓释首次发行的基础设施项目国补到期后收入下降的情况。在基金存续期内，本基金将通过扩募的方式继续装入优质同一类型的基础设施项目资产，并根据实际情况选择通过基金扩募资金投资于新的资产支持证券或继续认购原有资产支持证券扩募后份额的方式实现资产收购，以扩大本基金持有的基础设施项目规模、分散基础设施项目经营风险、提高基金的资产投资和运营收益。国补到期缓释措施如图6.12所示。

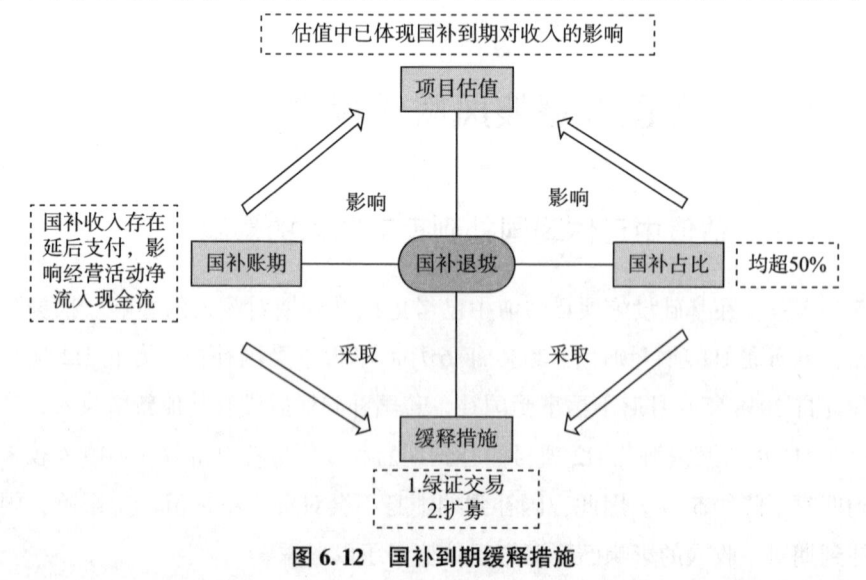

图6.12　国补到期缓释措施

七、募集与上市交易情况

（一）基金募集规模

中信建投国家电投新能源 REIT 于 2023 年 3 月 14 日正式面向公众发售，发售总份额数合计 8 亿份，募集资金 78.40 亿元，发行折溢率 9.42%，属于溢价发售（见表 6.21）。

表 6.21　中信建投国家电投新能源 REIT 发售情况

REIT	代码	发售日期	资产评估值（亿元）	发行价（元）	发行份额（亿份）	发行规模（亿元）	发行折溢率
中信建投国家电投 REIT	508028	2023.3.14	71.65	9.800	8	78.40	9.42%

资料来源：根据上交所公开信息整理

（二）基金配售与认购比例

中信建投国家电投新能源 REIT 向战略投资者初始配售 60000 万份，占发售规模的 75%，其中原始权益人占比 34%。网下投资者初始配售 14000 万份，占发售规模的 17.5%；向公众投资者初始配售 6000 万份，占发售规模的 7.5%（见表 6.22）。其中网下认购确认比例和公众认购确认比例分别为 1.18% 和 1.99%，认购倍数近百倍，投资者热情高涨。

表 6.22　中信建设国家电投 REIT 配售与认购比例

REIT	代码	战略配售比例	原始权益人占比	网下配售比例	网下认购确认比例	公众配售比例	公众认购确认比例
中信建投国家电投 REIT	508028	75%	34%	17.5%	1.18%	7.5%	1.99%

资料来源：根据上交所公开信息整理

（三）上市后营运情况

在 2023 年 3 月 29 日上市后，截至 2023 年 12 月 31 日，在将近 9 个月的时间里，中信建投国家电投 REIT，营收、EBITDA、净利润和可供分配金额完成情况均超过招募说明书 2023 年度预测值的 75%（见表 6.23）。不难看出，中信建投国家电投 REIT 底层资产项目上市后营运情况良好。

表 6.23　中信建投国家电投 REIT 上市后实际营运情况与预测情况对比

指标	招募说明书 2023 年度预测值（万元）	2023.4.1—2023.12.31	完成情况
营业收入	77967.79	67690.44	86.82%
EBITDA	54227.96	49902.11	92.02%
净利润	23788.54	20848.15	87.64%
本期可供分配金额	75707.76	65219.88	86.15%

资料来源：根据上交所公开信息整理

（四）基金交易情况

截至 2024 年 6 月 14 日，中信建投国家电投 REIT 收盘价格为 10.211 元，涨跌幅为 3.26%，日均换手率为 1.26%，日均成交量 274.46 万份。2024 年 5 月 6 日达到历史最高价 10.408 元，最低价为 2023 年 12 月 21 日的 8.901 元，走势情况如图 6.13 所示。

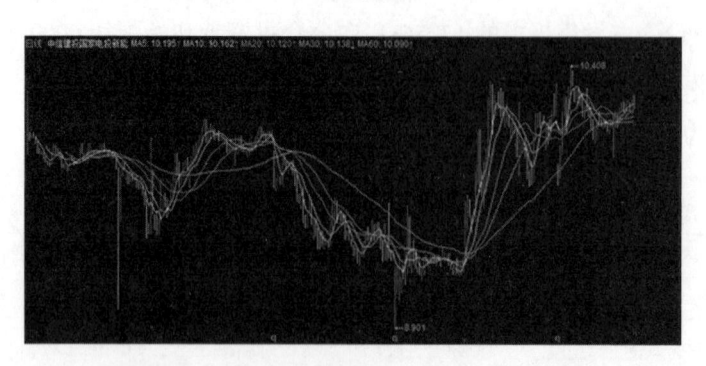

图 6.13　中信建投国家电投 REIT 基金 K 线图

资料来源：wind

（五）基金分红收益情况

截至2023年12月31日，该基金于2023年9月27日和12月26日、2024年4月26日，分别以现金形式三次发放红利，共计分配人民币748 674 290.60元，占可供分配金额的99.98%，基金收益为10.4838元/10份基金份额（见表6.24）。结合其涨跌幅，截至2023年12月31日，该基金的综合年化收益率为4.64%。

表6.24 中信建投国家电投REIT收益情况

REIT	代码	开盘价（元）	最新收盘价（元）	涨跌幅	分红（元/份）	年化派息收益率	年化综合收益率
中信建投国家电投REIT	508028	9.889	10.211	3.26%	1.0484	8.80%	11.49%

资料来源：根据二级市场公开信息整理

第三节 中航京能光伏REIT

2023年是我国光伏公募REITs元年。在2023年3月29日，全国首单光伏基础设施REITs项目——中航京能光伏封闭式基础设施证券投资基金（简称"中航京能光伏REIT"，交易代码：508096）正式在上海证券交易所挂牌上市。中航京能光伏REIT原始权益人为京能国际能源发展（北京）有限公司、联合光伏（常州）投资集团有限公司，基础设施资产为陕西榆林的300兆瓦光伏发电项目和湖北随州100兆瓦光伏发电项目，资产评估价值达26.8亿元。中航京能光伏REIT发行价为9.782元/份，发售总份额3亿份，募集资金29.346亿元，相较其资产评估值属于溢价发售，发行折溢价率9.50%。

中航京能光伏REIT的成功上市填补了我国在光伏领域公募REITs投融资模式的空白，实现了企业与社会公众对于新能源电力市场发展红利和国家电力体制改革成果的共享，开启了新能源企业持续健康发展新篇章。

一、项目基本情况

中航京能光伏 REIT 基础设施项目分别位于湖北省随州市和陕西省榆林市，利用太阳能进行发电，是电网实现"清洁化、无污染"发电的重要基础设施工程。项目使用先进高效的光伏组件，通过"光生伏打"原理将太阳能转化为电能，升压后送入国家电网，源源不断地为用户提供绿色电能。

基础设施项目主要的收入来源为上网电费收入，电价包含脱硫标杆电费及可再生能源电价附加补助资金。可再生能源电价附加补助资金由国家财政拨付，按照现有国家政策原则上为期不超过 20 年，到期后可通过绿证交易取得收益。基础设施项目服务的直接客户为国家电网，穿透至各分散的电力用户。

基金初始投资的基础设施项目为京能光伏项目，具体包括榆林光伏项目、晶泰光伏项目。

（一）榆林光伏项目

榆林光伏项目资产范围，包括用于光伏发电的多晶硅电池组件、升压站等建筑物及其占地范围的用地、设施设备等。根据榆林光伏项目的投资立项备案文件和江山永宸出具的《承诺及声明函》，榆林光伏项目总装机容量 300 兆瓦，主要建设内容包括安装单个容量为 250 瓦的多晶硅电池组件 132 万块及其支架，35 千伏箱式升压变 300 台，500 千瓦的并网逆变器 600 台，敷设电力、控制、通信电缆，以及发电设备基础、综合办公楼、配电室等工程。项目基本情况如表 6.25 所示。

（二）晶泰光伏项目

晶泰光伏项目资产范围，包括用于光伏发电的多晶硅电池组件、升压站等建筑物及其占地范围的用地、设施设备等。根据晶泰光伏项目的投资

第六章 新能源 REITs 案例解析

立项备案文件和湖北晶泰出具的《承诺及声明函》，晶泰光伏项目包括湖北晶星科技股份有限公司地面 70 兆瓦太阳能光伏发电项目（即"晶泰光伏一期项目"）及湖北晶星公司随州高新区淅河二期 30 峰值兆瓦光伏电站项目（即"晶泰光伏二期项目"）。晶泰光伏一期项目主要建设内容包括 70 兆瓦太阳能光伏发电组件铺设、逆变器安装及电网接入等配套工程建设；包括一座 110 千伏升压站，以及发电设备基础、综合办公楼、配电室等工程。项目基本情况如表 6.25 所示。

表 6.25 基础设施项目基本情况

项目简称	榆林光伏项目	晶泰光伏项目
项目公司	榆林市江山永宸新能源有限公司	湖北晶泰光伏电力有限公司
项目名称	榆林市榆阳区 300MWp 光伏发电项目	湖北随州 100MWp 光伏发电项目
项目地址	陕西省榆林市榆阳区小壕兔乡	湖北省随州市曾都区淅河镇
并网容量	300MW	100MW
全容量并网日期	2017 年 6 月 28 日	2015 年 5 月 18 日
上网电价 1（含税）	0.8 元/千瓦时；标杆电价 0.334 元/千瓦时，补贴电价 0.4655 元/千瓦时，补贴比例 58%	1.00 元/千瓦时；标杆电价 0.4161 元/千瓦时，补贴电价 0.5839 元/千瓦时，补贴比例 58%
2021 年结算平均电价	0.7797 元/千瓦时（含国补）	1.0083 元/千瓦时（含国补）
纳入国补目录时间	2020 年 7 月 31 日	2016 年 8 月 24 日
纳入补贴目录批次	2020 年补贴清单第二批	2016 年国补目录第六批
结算电量（万千瓦时）	2019 年：39 535 2020 年：48 137 2021 年：46 429 2022 年：48 000－49 000（预测）	2019 年：11 565 2020 年：11 104 2021 年：11 161 2022 年：11 000－12 000（预测）
开竣工时间	开工时间：2016 年 10 月；竣工时间：2017 年 11 月	开工时间：2014 年 7 月；竣工时间：2016 年 9 月
决算总投资	工程决算总投资 257 699.35 万元	工程决算总投资 88 170 万元（其中一期工程决算总投资 63 670 万元，二期工程决算总投资 24 500 万元）

资料来源：基金招募说明书

二、原始权益人

（一）京能国际能源发展（北京）有限公司

京能发展（北京）是榆林光伏项目的原始权益人，公司成立于 2016 年 6 月 20 日，注册资本为 500 万元人民币，由丝绸之路新能源（常州）有限公司 100% 出资。截至 2022 年 9 月 30 日，京能发展（北京）注册资本为 600000 万元人民币，北京能源国际投资有限公司持有公司 99.92% 的股权，为公司控股股东，丝绸之路新能源（常州）有限公司持有公司 0.08% 的股权。京能国际间接持有北京能源国际投资有限公司与丝绸之路新能源（常州）有限公司 100% 股权，为京能发展（北京）的实际控制人。京能发展（北京）致力于华北及西北地区光伏绿色新能源项目的投资、建设与运营，以市场为基础，以资本为依托，以技术为先导，以管理为核心，通过光伏电站收购，并辅以自建方式实现装机容量的快速增长。目前已投运的发电资产主要为地面集中式光伏发电站，分布区域主要集中于内蒙古、新疆、陕西、山西、山东、河北等地。2020 年以来，随着发电机组的陆续竣工投产和收购，京能发展（北京）装机规模快速提升，上网电量随之逐年大幅增长。截至 2022 年 9 月 30 日，京能发展（北京）投资 66 个电站项目，可控装机容量为 3.34 吉瓦（含光伏与风电）。京能发展（北京）的主营业务收入来源包括电力销售、商品销售和服务业务，近三年及一期主营业务收入情况如表 6.26 所示。

表 6.26　京能发展（北京）主营业务收入情况　　　　单位：万元

主营业务	2022年1—9月 营收	占比	2021年 营收	占比	2020年 营收	占比	2019年 营收	占比
电力销售	137894.83	98.40%	66869.40	75.94%	5941.95	62.29%	4641.34	76.12%
商品销售	—	—	21188.82	24.06%	2263.96	23.74%	—	—
服务业务	2243.61	1.60%	—	—	1332.5	13.97%	1456	23.88%
合计	140138.44	100%	88058.22	100%	9538.41	100%	6097.34	100%

资料来源：招募说明书

电力销售收入是公司的主要收入来源,近三年及一期占比均超过60%。2021年公司开始聚焦电力行业,逐渐剥离其他主营业务,2022年1—9月,电力销售业务占主营业务比例约为98.4%。2019年度、2020年度、2021年度及2022年1—9月,京能发展(北京)营业收入分别为0.61亿元、0.95亿元、8.81亿元和8.63亿元,受益于政策支持和行业的快速发展,营业收入逐年大幅上涨。

(二)联合光伏(常州)投资集团有限公司

联合光伏(常州)是晶泰光伏项目的原始权益人,公司成立于2012年6月12日,截至2022年9月30日,联合光伏(常州)注册资本为809 174.12万元人民币,其中北京能源国际投资有限公司认缴出资456 814.40万元,持股比例为56.46%;联合光伏(深圳)有限公司认缴出资114 203.60万元,持股比例为14.11%;工银金融资产投资有限公司认缴出资238 156.12万元,持股比例为29.43%。其中,工银金融资产投资有限公司已全部实缴,北京能源国际投资有限公司和联合光伏(深圳)有限公司分别实缴432 429.15万元和99 558.28万元。公司控股股东为北京能源国际投资有限公司,京能国际间接持有联合光伏(常州)70.57%股权,为公司实际控制人。

联合光伏(常州)致力于光伏绿色新能源项目的投资、建设与运营,以市场为基础,以资本为依托,以技术为先导,以管理为核心,通过新能源电站收购以及自建方式实现装机容量的增长。截至2022年9月30日,公司投资32个电站项目,可控装机容量为1.56吉瓦。大部分已被纳入国家第六批、第七批及第八批补贴名录,补贴的持续性和稳定性有保障。公司的主营业务收入来源包括电力销售、商品销售和服务业务,近三年及一期主营业务收入情况如表6.27所示。

表 6.27　联合光伏（常州）主营业务收入情况　　　　　　单位：万元

主营业务	2022年1—9月		2021年		2020年		2019年	
	营收	占比	营收	占比	营收	占比	营收	占比
电力销售	130814.27	97.57%	169612.37	99.29%	167006.38	96.81%	173430.25	88.56%
商品销售	797.85	0.60%	518.72	0.30%	4648.18	2.69%	20715.19	10.58%
服务业务	2449.13	1.83%	704.95	0.41%	855.99	0.50%	1675.1	0.86%
合计	134061.25	100%	170836.04	100%	172510.55	100%	195820.54	100%

资料来源：招募说明书

其中电力销售收入是联合光伏（常州）的主要收入来源，近三年一期占比均超过85%，客户为各区域电网企业。2022年1—9月，电力销售业务占主营业务比例约为97.57%。

三、基金交易

（一）交易要素

中航京能光伏REIT拟由中航基金管理有限公司负责公开募集。该基金为契约型封闭式，存续期限为20年，首次发售采用向战略投资者定向配售、向网下投资者询价配售和向公众投资者定价发售相结合的方式进行（见表6.28），该基金已于2023年3月29日在上海证券交易所交易上市。

表 6.28　基金交易要素表

基金名称	中航光伏京能封闭式基础设施证券投资基金
基金类型	基础设施证券投资基金
上市场所	上海证券交易所
基金代码	508096
投资策略	除基金合同另有约定外，本基金全部募集资金在扣除预留费用后，剩余基金资产全部用于购买资产支持证券份额，存续期80%以上的基金资产投资于基础设施资产支持证券，并持有其全部份额，通过基础设施资产支持证券投资于项目公司，最终取得由项目公司持有的基础设施项目的完全所有权、经营权利。基金管理人通过主动的投资管理和运营管理，力争为基金份额持有人提供稳定的收益分配及长期可持续的收益分配增长，并争取提升基础设施项目价值

第六章　新能源 REITs 案例解析

续表

基金名称	中航光伏京能封闭式基础设施证券投资基金			
初始投资标的	中航-京能光伏 1 号资产支持专项计划资产支持证券全部份额			
基金初始总规模	3 亿份			
产品期限	基金存续期限为自 2023 年 3 月 20 日生效起 20 年			
募集方式	公开募集			
运作方式	契约型封闭式			
投资人分类	原始权益人	其他战略投资者	网下投资者	公众投资者
投资人份额占比	51%	28%	15%	6%
发售方式	首次发售将通过向战略投资者定向配售、向网下投资者询价发售及向公众投资者定价发售相结合的方式进行。			
项目进展	已交易上市			

资料来源：上交所公开信息整理。

（二）交易结构

本基础设施基金成立后，将持有中航-京能光伏 1 号资产支持专项计划资产支持证券全部份额，中航-京能光伏 1 号资产支持专项计划持有项目公司 100% 股权。

除基金合同另有约定外，本基金全部募集资金在扣除预留费用后，剩余基金资产全部用于购买资产支持证券份额，存续期 80% 以上的基金资产投资于基础设施资产支持证券，并持有其全部份额，通过基础设施资产支持证券投资于项目公司，最终取得由项目公司持有的基础设施项目的完全所有权、经营权利。基金管理人通过主动的投资管理和运营管理，力争为基金份额持有人提供稳定的收益分配及长期可持续的收益分配增长，并争取提升基础设施项目价值。

（三）交易步骤

1. 基金募集

中航基金募集资金，其中原始权益人之一的京能发展（北京）认购 51% 基金份额。基金交易结构图如图 6.14 所示。

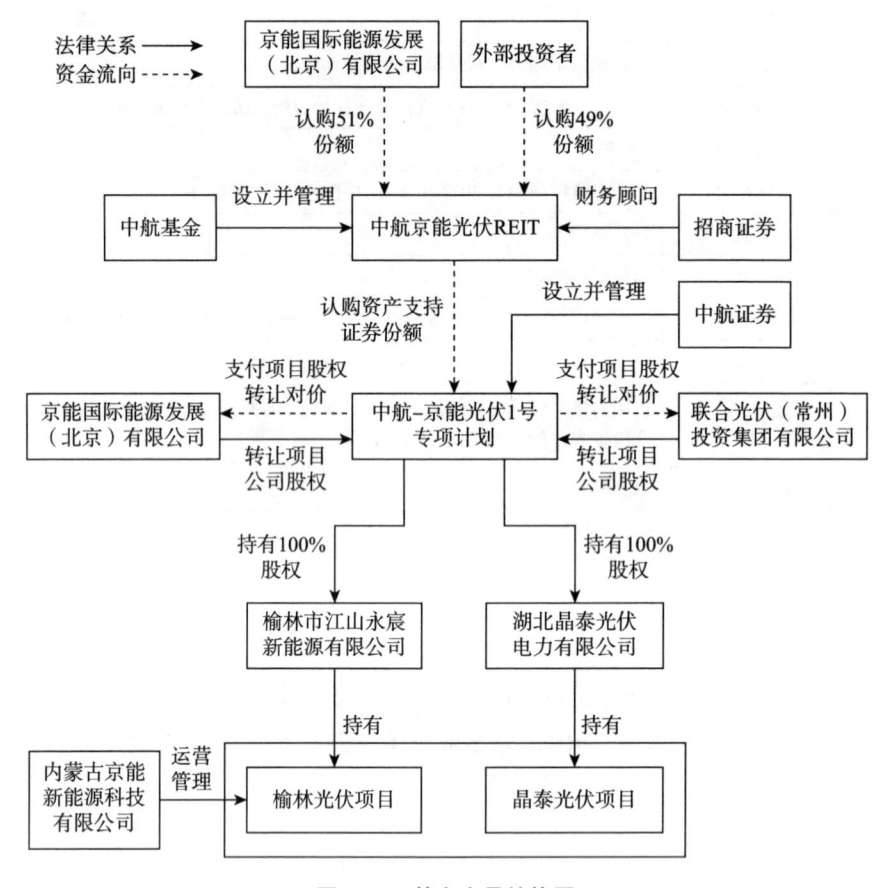

```
法律关系 ──→        京能国际能源发展        外部投资者
资金流向 ---→       （北京）有限公司

                    ↓ 认购51%        ↓ 认购49%
                      份额              份额

              设立并管理                    财务顾问
中航基金 ──────────→ 中航京能光伏REIT ←────────── 招商证券

                    ↓ 认购资产支       设立并管理
                      证券份额     ────────────→ 中航证券

              支付项目股权              支付项目股权
              转让对价                    转让对价
京能国际能源发展 ←---- 中航-京能光伏1号 ----→ 联合光伏（常州）
（北京）有限公司      专项计划              投资集团有限公司
              转让项目                    转让项目
              公司股权 ──→          ←── 公司股权

              持有100%                   持有100%
              股权                        股权
              ↓                           ↓
         榆林市江山永宸              湖北晶泰光伏
         新能源有限公司              电力有限公司

                持有                      持有
内蒙古京能   运营   ↓                       ↓
新能源科技   管理 榆林光伏项目           晶泰光伏项目
有限公司  ────→
```

图 6.14 基金交易结构图

资料来源：招募说明书

2. 专项计划设立

中航基金将公募基金的募集资金扣除基金预留的必要费用后100%认购资产支持证券全部份额，中航证券完成资产支持专项计划的设立。

3. 项目公司股权收购、发放股东借款并支付股转对价

专项计划购买项目公司全部股权，向项目公司发放股东借款并向原始权益人支付股权对价款。专项计划扣除专项计划预留的必要费用后，向江山永宸发放股东借款62060万元全部用于偿还国银金融租赁股份有限公司（简称"国银租赁"）对江山永宸的存量融资，向湖北晶泰发放股东借款

25310万元全部用于偿还联合光伏（常州）对湖北晶泰的股东借款及应付联合光伏（常州）的股东分红款。两个项目公司合计股东借款总额为87370万元。

专项计划扣除预留的必要费用及向项目公司发放完毕股东借款后，剩余资金全部向江山永宸股东京能发展（北京）及湖北晶泰股东联合光伏（常州）支付股权转让对价款。

4. 股权转让登记变更

专项计划设立时，原始权益人联合光伏（常州）和京能发展（北京）将于交割日或交割日前，完成项目公司的交割股东名册、出资证明书及公司章程的移交。另外，原始权益人配合专项计划进行股权转让工商变更登记。

四、项目历史经营业绩分析

（一）营收分析

项目营收主要为发电收入，光伏发电收入又由电价收入及补贴收入两部分组成。两个项目均享受国补，榆林光伏项目于2020年7月31日被纳入国补目录，上网电价0.8元/千瓦时，其中标杆电价0.334元/千瓦时，补贴电价0.4655元/千瓦时，补贴比例58%。晶泰项目于2016年8月24日被纳入国补目录，上网电价1.00元/千瓦时；标杆电价0.4161元/千瓦时，补贴电价0.5839元/千瓦时，补贴比例也为58%。

（二）资产结构

如表6.29所示。上市前，从短期偿债能力指标来看，截至2019年末、2020年末、2021年末及2022年9月末，流动比率分别为2.95、2.44、3.24和3.32（流动比率大于2通常被认为是企业短期偿债能力较强的信号）。从长期偿债能力指标来看，江山永宸和湖北晶泰资产负债率波动不大，且近四年均低于60%，显著低于传统基础设施发电项目资产负债水平，长期偿债能力保持稳定。

上市后，截至2023年中期，项目公司的资产负债率大幅下降，仅为8.27%，远低于上市前60%的水平，远高于上市前3年左右的水平，且负债主要为流动负债，短期可偿清。可见，通过发行REITs项目公司回收了大量权益资金，优化了其资产结构。

总体来说，江山永宸和湖北晶泰资产结构健康稳定，具有较大投资价值。

表6.29 项目合并资产结构　　　　　　　　　　　单位：万元

项目	2023年度	2022.9.30	2021年度	2020年度
流动资产合计	53377.59	175723.47	156543.33	127100.27
非流动资产合计	245121.12	223880.17	250209.99	281553.23
资产总计	298498.71	399603.64	406753.32	408653.50
流动负债合计	24681.98	52953.85	48355.79	52054.97
非流动负债合计	—	179097.64	192309.51	189710.55
负债合计	24681.98	232051.49	240665.30	241765.52
所有者权益合计	223816.73	167552.16	166088.01	166887.97
负债和所有者权益总计	298498.71	399603.65	406753.31	408653.49
资产负债率	8.27%	58.07%	59.17%	59.16%
流动比率	2.16%	3.32%	3.24%	2.44%

资料来源：招募说明书

（三）盈利能力

如表6.30所示，上市前，2019年度、2020年度、2021年度及2022年1—9月，江山永宸和湖北晶泰营业总收入分别为3.89亿元、4.35亿元、4.10亿元和3.35亿元，主要为电力销售收入；营业成本分别为1.36亿元、1.42亿元、1.38亿元和1.04亿元，营业收入和成本在近三年及一期内保持稳定。近三年及一期内江山永宸和湖北晶泰净利润和净利率逐年增长，主要由项目主营业务电力销售的收入不断增长及财务费用的下降所致。上市后，受REITs运营所产生的一些额外费用影响，如榆林市江山永宸新能源有限公司、湖北晶泰光伏电力有限公司对资产支持专项计划的有息负债计提的利息费用，项目毛利率有所下降，但净利率仍在30%以上，甚至高于上市前三年水平，属于极其优质的底层资产。

表6.30 项目合并营收利润表　　　　　　　　　单位：万元

项目	2023年度	2022.9.30	2021年度	2020年度
一、营业收入	32835.20	33550.54	41088.15	43507.81
减：营业成本	18285.40	10440.70	13837.60	14239.43
二、毛利润	14549.80	23109.84	27250.55	29268.38
毛利率	44.31%	68.88%	66.32%	67.27%
三、利润总额	14549.79	12848.60	14359.90	10573.14
减：所得税费用	2050.27	1685.52	1759.86	853.93
四、净利润	12499.52	11163.08	12600.04	9719.21
净利率	38.07%	33.27%	30.67%	22.34%

资料来源：招募说明书

总体来看，江山永宸和湖北晶泰变现能力较好，近四年业务规模逐渐增长，运营效率逐渐提升，其营业收入和净利率保持健康稳定的增长态势，盈利能力良好。

（四）现金流量分析

江山永宸和湖北晶泰近四年经营活动产生的现金流量净额持续为正，EBITDA维持在相对稳定、可观的水平（见表6.31），能够为投资者提供较为稳定、可观的分配金额。

表6.31 项目合并现金流量表　　　　　　　　　单位：万元

项目	2023年度	2022年1—9月	2021年度	2020年度
息税折旧摊销前利润（EBITDA）	28895.2503.13	28747.23	37057.49	35460.42
经营活动产生的现金流量净额	25198.65	21641.67	19563.91	43105.93

资料来源：招募说明书

五、项目现金流来源与稳定性分析

中航京能光伏REIT底层资产光伏电站的发电收入由电价收入和补贴

收入构成，国补占比超五成，国补退坡政策将对未来现金流的稳定性产生不利影响。发电收入的计算方式涉及结算电量和结算电价，结算电价为以上网电价为主，扣除补偿、考核及分摊费用后的价格，光伏项目的全部结算电量享受可再生能源补贴（见图6.15）。从售电模式来看，中航京能光伏REIT的两个光伏项目保障电量与交易电量的比例受电力市场化改革政策影响，交易电量比例增大，收入趋向以市场化为主且更具弹性（见图6.16）。

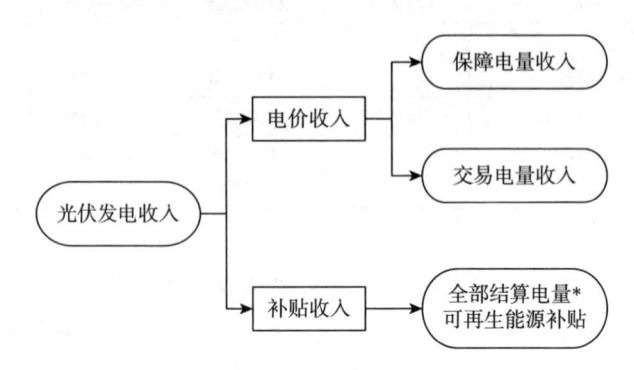

图6.15 光伏发电收入机制

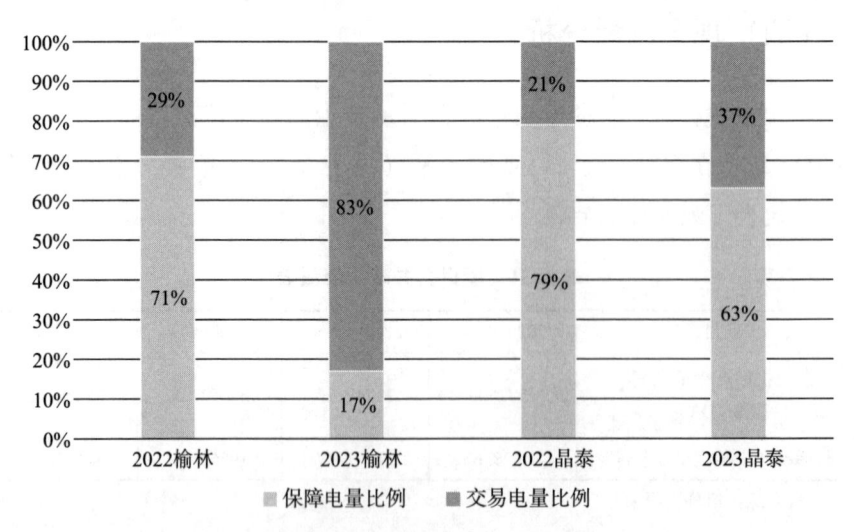

图6.16 市场化售电比例大幅提升

注：其中2022榆林为前三季度值，2022晶泰为全年预测值

资料来源：招募说明书，中航京能光伏REIT年报

（一）榆林项目

从电价来看，陕西省执行上网电价（标杆电价+国补）0.8元/度，2022年榆林光伏项目的国补单价为0.4655元/度，分别占当地燃煤发电标杆上网电价和市场交易价格的58%和63%。从电量来看，陕西省实行"保量定价"与"保量竞价"相结合的制度。

（二）晶泰项目

从电价来看，湖北省晶泰光伏项目的上网电价（标杆电价+结算电价）为1元/度，2022年晶泰光伏项目的国补单价为0.5839元/度，分别占当地燃煤发电标杆上网电价和市场交易价格的58%和56%。从电量来看，陕西省自2022年起实行按设计上网电量的20%参与市场交易，剩余电量正常上网的售电模式。

六、项目国补退坡风险缓释措施

根据有关规定，本项目2034年及以后年份面临国补退坡的风险。2019年度、2020年度及2021年度，两个项目确认的国补收入分别为24 893.45万元、25 765.25万元和23 149.37万元，分别占当年营业收入的60.59%、59.22%、59.46%。如国补退坡后没有其他弥补措施，项目公司从2034年起每年营业收入将预计下降约60%。

管理人员将从如下方面采取措施，缓释国补退坡对基金现金流产生的影响，保护基金投资人利益。具体措施如下。

（一）绿证交易缓释国补退坡影响，保持项目增长潜力

绿证，即为绿色电力证书，是国家对发电企业每兆瓦时非水可再生能源上网电量颁发的具有独特标志代码的电子证书。绿证由国家可再生能源信息管理中心统一核发，每发放一张绿证，就代表着有1000度（1兆瓦

时）可再生能源产生的电力已经输送上网或已在本地被使用。目前，国家相关部委正在大力推动绿证交易体系的完善。可以预见，随着绿证交易统计核算体系和交易规则的逐步完善，绿证交易市场将持续扩大，交易积极性不断提高，最终成为我国可再生能源发电发展中必不可少的一环。在存续期内，项目公司可能出现因国补退坡引发的营业收入大幅减少的情况，本项目拟采用绿证交易作为国补退坡的缓释措施，稳定基础设施项目收入及现金流，保持增长潜力。

（二）基金扩募潜力大，可部分缓释国补退坡影响

发起人京能国际及原始权益人以绝对控股或相对控股方式持有的光伏、风电等电站资产数量超100座，并网装机容量超过5吉瓦，可扩募资产规模较大。同时，光伏电站资产同质化高，便于后续实现较快速扩募。新扩募资产运营产生的现金流将有效补充、平滑首发项目国补退坡后的现金流减少。此外，京能国际及原始权益人投资的新建光伏电站项目基本上为平价上网项目，即不存在国补，未来通过扩募装入本基金，将有助于稳定本基金存续期现金流。

七、募集与上市交易情况

（一）基金募集规模

中航京能光伏REIT于2023年3月14日正式面向公众发售，发售总份额数合计3亿份，募集资金29.346亿元，发行折溢率9.50%，属于溢价发售（见表6.32）。

表6.32 中航京能REIT发售情况

REIT	代码	发售日期	资产评估值（亿元）	发行价（元）	发行份额（亿份）	发行规模（亿元）	发行折溢率
中航京能光伏REIT	508096	2023.3.14	26.8	9.782	3	29.346	9.50%

资料来源：根据上交所公开信息整理

第六章　新能源 REITs 案例解析

（二）基金配售与认购比例

中航京能光伏 REIT 向战略投资者初始配售 2.37 亿份，占发售规模的 79%，其中原始权益人占比 51%。网下投资者初始配售 0.45 亿份，占发售规模的 15%；向公众投资者初始配售 0.18 亿份，占发售规模的 6%（见表 6.33）。其中网下认购确认比例和公众认购确认比例分别为 0.81% 和 0.63%，认购倍数均超百倍，投资者热情高涨。

表 6.33　中航京能 REIT 配售与认购比例

REIT	代码	战略配售比例	原始权益人占比	网下配售比例	网下认购确认比例	公众配售比例	公众认购确认比例
中航京能光伏 REIT	508096	79%	51%	15%	0.81%	6%	0.63%

资料来源：根据上交所公开信息整理

（三）上市后营运情况

在 2023 年 3 月 29 日上市后，截至 2023 年 12 月 31 日，在 9 个月的时间里，中航京能光伏 REIT 营收、EBITDA 虽较预计情况较为落后，但净利润和可供分配金额完成情况均超过招募说明书 2023 年度预测值的 75%（见表 6.34）。其中，本期可供分配金额更是达到预测值全年的 100.50%，京航京能光伏 REIT 底层资产项目上市后营运情况良好。

表 6.34　中航京能光伏 REIT 上市后实际营运情况与预测情况对比

指标	招募说明书 2023 年度预测值（万元）	2023.4.1—2023.12.31	完成情况
营业收入	43704.40	30788.79	70.45%
EBITDA	38457.37	26995.27	70.20%
净利润	18279.78	14617.59	79.97%
本期可供分配金额	32652.42	32816.84	100.50%

资料来源：根据上交所公开信息整理

（四）基金交易情况

截至 2024 年 6 月 14 日，中航京能光伏 REIT 收盘价格为 10.161 元，涨跌幅为 -5.89%，平均换手率为 1.61%，日均交易量 124.06 万份。上市首日达到历史最高价 11.249 元，最低价为 2023 年 11 月 16 日的 9.225 元，走势情况如图 6.17 所示。

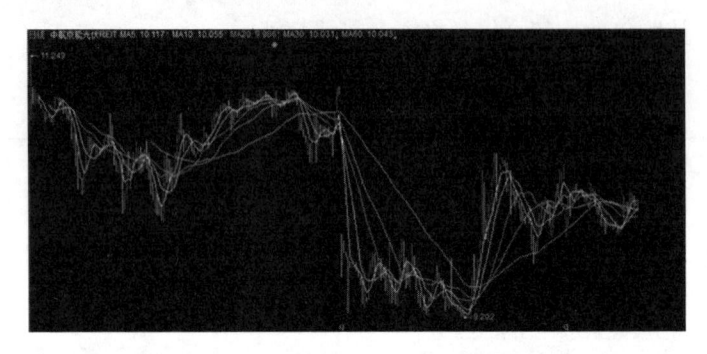

图 6.17　中航京能光伏 REIT 基金 K 线图

资料来源：wind

（五）基金分红收益情况

该基金于 2023 年 11 月 8 日和 2024 年 4 月 30 日以现金形式发放红利，共计分配人民币 486 757 196.69 元，占可供分配金额的 99.96%，基金收益为 16.218 元/10 份基金份额（见表 6.35）。结合其涨跌幅，截至 2023 年 12 月 31 日，该基金的综合年化收益率为 8.80%。

表 6.35　中航京能光伏 REIT 收益情况

REIT	代码	开盘价（元）	最新收盘价（元）	涨跌幅	分红（元/份）	年化派息收益率	年化综合收益率
中航京能光伏 REIT	508096	10.798	10.161	-5.89%	1.6218	13.66%	8.80%

资料来源：根据二级市场公开信息整理

第四节　嘉实中国电建清洁能源 REIT

2023 年 12 月 29 日，全国首单水电公募 REITs——嘉实中国电建清洁能源封闭式基础设施证券投资基金（简称"嘉实中国电建清洁能源 REIT"）获中国证监会批复。嘉实中国电建清洁能源 REIT 原始权益人为中电建水电开发集团有限公司，基金管理人为嘉实基金管理有限公司，基础设施资产为五一桥水电站项目，总装机容量 13.7 万千瓦，当期评估值 10.32 亿元。嘉实中国电建清洁能源 REIT 发行价 2.675 元/份，发行总份额 4 亿份，募集资金 10.70 亿元，相较其资产评估值属于溢价发行，发行折溢率 3.68%。

嘉实中国电建清洁能源 REIT 顺利获批，预示着我国公募 REITs 底层资产进一步扩容至优质的水电站基础设施，为我国水电行业带来了新的发展机遇，促进基础设施投融资市场化及规范化，并为推动"双碳"目标的实现作出积极贡献。从已发行 REITs 的业绩表现来看，新能源类 REITs 市场表现较好，市场也可通过 REITs 共享水电发展红利。

一、项目基本情况

本基金通过资产支持专项计划持有项目公司股权并实现对基础设施资产的控制，基础设施资产为五一桥水电站项目。五一桥水电站项目位于四川省甘孜州九龙县，1、2、3 号机组厂址位于水打坝上游约 900 米新火山河段；4、5 号机组电站厂址位于龙溪沟口 S215 右侧。1、2、3 号机组建设内容为装机容量为 3×44 兆瓦的发电机组、泄洪闸、冲沙闸、进水口、挡水坝、引水隧洞、调压室、压力管道、主厂房、副厂房、GIS 楼、尾水渠及附属设施设备；4、5 号机组建设内容为装机容量为 2×2.5 兆瓦的发电机组、底栏栅坝、暗渠、沉沙池、渠道、无压隧洞、洞内前池、压力管道、主厂房及附属设施设备。1、2、3 号机组决算总投资 80193.99 万元，4、5 号机组决算总投资 3750.73 万元（如表 6.36 所示）。

表 6.36　基础设施项目概况

五一桥水电站项目	
项目名称	五一桥水电站（包括 1、2、3、4、5 号机组，其中 4 号、5 号机组在建设运营文件中又称"龙溪沟三级水电站"）
所在地	四川省甘孜州九龙县
资产范围	五一桥公司享有的水电站经营权以及五一桥水电站资产，包括但不限于：(1) 五一桥水电站涉及的不动产权，包括建（构）筑物的房屋所有权及其占用范围内的国有土地使用权；(2) 五一桥水电站的生产设备，包括机组、机器、设备、零备件和配件以及其他动产的所有权；(3) 五一桥公司基于五一桥水电站享有的电费收费权以及基于电费收费权获得收入的权利
建设内容和规模	(1) 1、2、3 号机组工程项目：装机容量为 3×44MW 的发电机组、泄洪闸、冲沙闸、进水口、挡水坝、引水隧洞、调压室、压力管道、主厂房、副厂房、GIS 楼、尾水渠及附属设施设备 (2) 4、5 号机组工程项目：装机容量为 2×2.5MW 的发电机组、底栏栅坝、暗渠、沉沙池、渠道、无压隧洞、洞内前池、压力管道、主厂房及附属设施设备 五一桥水电站总装机容量 13.7 万千瓦
开竣工时间	1、2、3 号机组于 2006 年 3 月开始施工建设，2019 年 3 月 11 日完成工程竣工验收。4、5 号机组于 2005 年 7 月开始施工建设，2022 年 3 月 23 日完成工程竣工验收
决算总投资	共 83 944.72 万元，其中 1、2、3 号机组决算总投资为 80 193.99 万元，4、5 号机组决算总投资为 3 750.73 万元
当期目标不动产评估值	114 367.25 万元
当期目标不动产评估净值	114 367.25 万元
运营起始时间	根据五一桥公司"电力业务许可证"，1、2、3 号机组于 2008 年 10—11 月陆续投产，4、5 号机组于 2009 年 12 月投产
项目权属起止时间及剩余年限	根据五一桥公司"电力业务许可证"，1、2、3 号机组于 2008 年 10—11 月陆续投产，机组设计寿命 50 年；4、5 号机组于 2009 年 12 月投产，机组设计寿命 30 年。4、5 号机组设计寿命到期后将视届时机组设备运营情况进行重新购置并更换，对应支出已考虑在评估模型中。综合设备及建筑物年限等考虑，在扣除已运营时间后，本次评估收益期为 35 年，自 2023 年 4 月 1 日至 2058 年 10 月 31 日

资料来源：招募说明书

五一桥水电站 1、2、3 号机组于 2008 年 10—11 月陆续投产运营，截至评估基准日，已运营超过 14 年；4、5 号机组于 2009 年 12 月投产运营，截至评估基准日，已运营超过 13 年。

二、原始权益人

中电建水电开发集团有限公司是五一桥水电站项目原始权益人。原始权益人控股股东中国电力建设集团有限公司是国务院国有资产监督管理委员会直接管理的中央企业,受国家有关部委委托,承担国家水电、风电、太阳能等清洁能源和新能源的规划、审查等职能,是全球清洁低碳能源、水资源与环境建设领域的引领者,全球基础设施互联互通的骨干力量。中国电建承担了国内80%以上河流及水电站的规划设计任务、65%以上的风力发电及太阳能发电工程的规划设计任务,是2022年《财富》世界500强企业第100名,连续3年蝉联"ENR全球设计企业"第1名。

中电建水电开发集团有限公司成立于2006年10月20日,是中国电力建设集团有限公司旗下电力投资领域的骨干企业。公司注册资本金60亿元人民币,现有17个成员企业,员工总数1000余人,资产总额超过300亿元,电建水电开发公司拥有水电、风电、光伏资源开发权约2 500万千瓦。目前投产总装机280万千瓦,年发电能力约120亿千瓦时。原始权益人主营业务收入主要来源于电力投资与营运,即原始权益人持有的水电及风电光伏资产的发电销售收入。最近三年及一期,原始权益人主营业务收入按板块划分情况如表6.37所示。

表6.37 电建水电开发公司主营业务收入结构　　单位:万元、%

项目	2023年1—3月		2022年度		2021年度		2020年度	
	金额	占比	金额	占比	金额	占比	金额	占比
工程承包	—	—	14.51	0.01	4790.09	2.09	3702.57	1.34
电力投资与运营	40870.59	99.83	222263.43	99.31	222248.16	96.79	267033.12	96.96
房地产开发	—	—	1499.98	0.67	2554.89	1.11	4297.22	1.56
其他	69.73	0.17	28.31	0.01	18.68	0.01	383.22	0.14
主营收入合计	40940.32	100	223806.23	100	229611.82	100	275416.13	100

资料来源:招募说明书

原始权益人的主营业务收入板块包括工程承包、电力投资与运营、房地产开发等，其中最主要是电力投资与运营。2020—2022年度及2023年1—3月，电力投资与运营板块收入分别为267 033.12万元、222 248.16万元、222 263.43万元及40 870.59万元，分别占主营业务收入的96.96%、96.79%、99.31%及99.83%。

三、基金交易

（一）交易要素

嘉实中国电建清洁能源REIT拟由嘉实基金管理公司负责公开募集。该基金为契约型封闭式，存续期限为36年，首次发售采用向战略投资者定向配售、向网下投资者询价配售和向公众投资者定价发售相结合的方式进行（见表6.38），该基金已于2024年3月28日在上海证券交易所交易上市。

表6.38 基金交易要素表

基金名称	嘉实中国电建清洁能源封闭式基础设施证券投资基金
基金类型	基础设施证券投资基金
上市场所	上海证券交易所
基金代码	508026
投资策略	根据基金合同约定以及基金管理人与专项计划管理人签订的《专项计划资产支持证券认购协议》，基金合同生效后，本基金初始募集资金在扣除基础设施基金不可预见费用后拟全部用于认购由专项计划管理人设立的嘉实中国电建清洁能源基础设施1期资产支持专项计划的全部份额，将认购资金委托给计划管理人管理，计划管理人设立并管理专项计划，本基金取得资产支持专项计划的全部资产支持证券，成为资产支持证券唯一持有人
初始投资标的	嘉实中国电建清洁能源基础设施1期资产支持专项计划资产支持证券全部份额
基金初始总规模	4亿份
产品期限	基金合同生效日起36年
募集方式	公开募集

续表

基金名称	嘉实中国电建清洁能源封闭式基础设施证券投资基金
运作方式	契约型封闭式
发售方式	首次发售将通过向战略投资者定向配售、向网下投资者询价发售及向公众投资者定价发售相结合的方式进行

资料来源：上交所公开信息整理

（二）交易结构

嘉实中国电建清洁能源 REIT 通过基础设施资产支持证券与项目公司等特殊目的载体穿透取得基础设施项目的所有权或经营权利。基金成立后，将持有嘉实中国电建清洁能源基础设施 1 期资产支持专项计划资产支持证券全部份额，嘉实中国电建清洁能源基础设施 1 期资产支持专项计划持有项目公司 100%股权。

本基金的基金管理人为嘉实基金管理有限公司，专项计划管理人为嘉实资本管理有限公司，财务顾问为平安证券股份有限公司，基金托管人为中国工商银行股份有限公司，基金管理人、专项计划管理人、项目公司聘请中电建水电开发集团有限公司及四川松林河流域开发有限公司作为本基金的运营管理机构，为基础设施项目提供运营管理服务。上述基金的整体架构符合《基础设施基金指引》的规定。

基金交易结构如图 6.18 所示。

（三）交易步骤

1. 基金募集

嘉实基金管理有限公司募集资金，其中原始权益人电建水电开发公司认购 51%基金份额。

2. 专项计划设立

本基金将公募基金的募集资金扣除基金预留的必要费用后 100%用于认购由专项计划管理人设立的嘉实中国电建清洁能源基础设施 1 期资产支持专项计划全部份额，将认购资金委托给计划管理人管理，计划管理人设

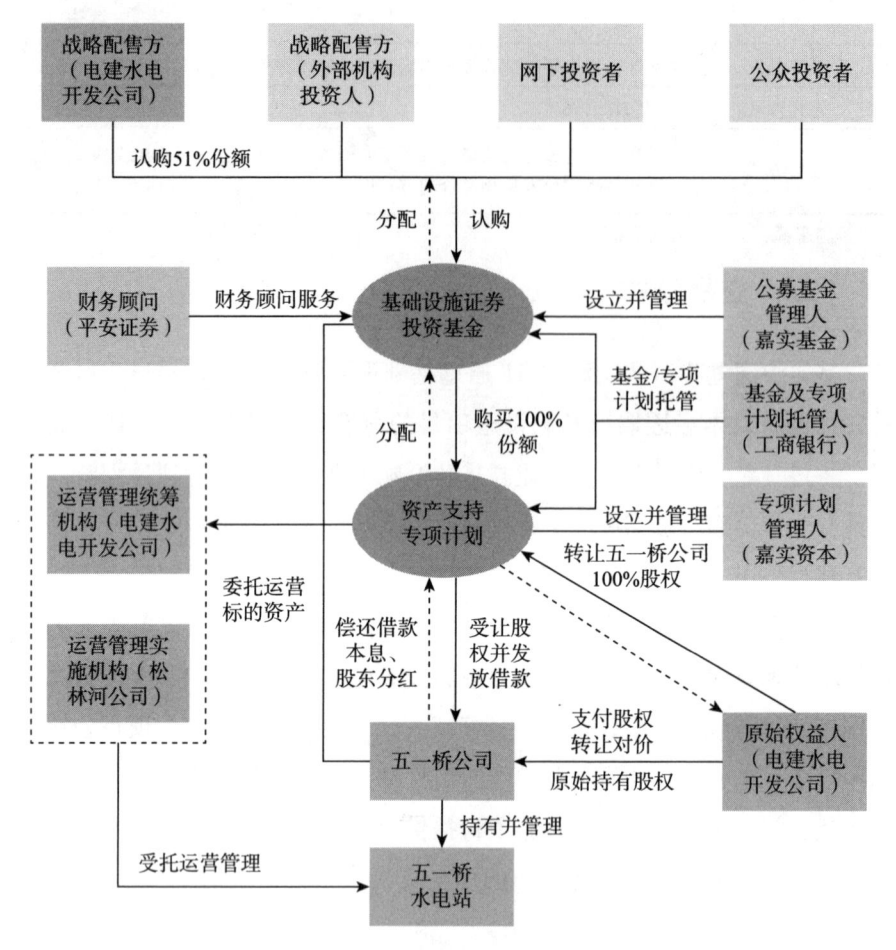

图 6.18 基金交易结构图

资料来源：招募说明书

立并管理专项计划，本基金取得资产支持专项计划的全部资产支持证券，成为资产支持证券唯一持有人。至此，嘉实资本完成资产支持专项计划的设立。

3. 项目公司股权收购、发放股东借款并支付股转对价

专项计划设立后，专项计划管理人（代表专项计划）根据《股权转让协议》的约定，向原始权益人购买其持有的项目公司100%股权，并在满足《股权转让协议》约定的转让价款支付条件后，由专项计划管理人（代表专项计划）向原始权益人分次支付项目公司股权转让价款。根据《股东

借款协议》约定,专项计划管理人(代表专项计划)根据《股权转让协议》的约定在支付完毕首期股权转让价款的当日将股东借款一次性发放至项目公司指定账户。项目公司在收到专项计划发放的股东借款后的3个工作日内,应将项目公司评估基准日(以《股权转让协议》约定的为准)既存的未偿负债(仅应付股利295 220,864.47元、关联方借款140,000,000.00元)清偿完毕。

4.项目公司股权转让及变更登记

在首期股权转让价款支付条件全部达成,且专项计划设立日后的5个工作日内,专项计划管理人(代表专项计划)向原始权益人支付首期股权转让价款。支付首期股权转让价款当日为项目公司股权交割日。

原始权益人应当配合专项计划及项目公司在项目公司股权交割日后10个工作日内向市场监督管理局提交股权变更登记所需的全部申请资料,并于项目公司股权交割日后20个工作日内完成股权变更登记。

四、项目历史经营业绩分析

(一)营收分析

近三年及一期,五一桥公司分别实现营业收入9 352.06万元、8 434.35万元、10 312.03万元和1 576.98万元,相对保持稳定,其中以主营业务水电运营收入为主,占比分别为98.47%、98.67%、99.59%和99.69%(见表6.39)。

表6.39 五一桥公司近三年及一期的营业收入   单位:万元、%

项目	2023年1—3月		2022年		2021年		2020年	
	收入	占比	收入	占比	收入	占比	收入	占比
水电运营收入	1572.10	99.69	10269.25	99.59	8322.00	98.67	9208.54	98.47
其他收入	4.88	0.31	42.78	0.41	112.35	1.33	143.52	1.53

续表

项目	2023年1—3月		2022年		2021年		2020年	
	收入	占比	收入	占比	收入	占比	收入	占比
合计	1576.98	100	10312.03	100	8434.35	100	9352.06	100

资料来源：招募说明书

近三年及一期，五一桥公司的水电运营收入分别为9 208.54万元、8 322.00万元、10 269.25万元和1 572.10万元。其中，2021年水电运营收入同比下降9.63%，主要受当年来水情况影响。1—3月为五一桥水电站所在流域枯水期，故当期水电运营收入占全年收入比例较低。

（二）资产结构

近三年及一期末，五一桥公司的总资产规模呈先降后升趋势。近三年及一期末公司非流动资产占比分别为93.66%、90.78%、84.32%和83.29%。公司非流动资产占比高，但比例逐年下降，主要原因为固定资产规模随折旧逐年下降。近三年及一期末，五一桥公司的总负债规模38 702.91万元、43 317.14万元、42 212.00万元及45 006.66万元，呈稳定波动趋势（见表6.40）。公司近三年及一期末流动负债占比分别为59.86%、71.53%、100.00%和100.00%。公司流动负债占比高，且比例逐年上升，主要是其他应付款、一年内到期的非流动负债和其他流动负债规模变化导致。

表6.40 项目资产结构 单位：万元

项目	2023年3月末	2022年末	2021年末	2020年末
流动资产合计	10773.88	10281.71	5840.52	4049.43
非流动资产合计	53710.03	55280.69	57540.00	59806.03
资产总计	64483.91	65562.40	63380.52	63855.46
流动负债合计	45006.66	42212.00	30982.64	23167.41
非流动负债合计	—	—	12334.50	15535.50
负债合计	45006.66	42212.00	43317.14	38702.91
所有者权益合计	19477.24	23350.40	20063.38	25152.55
负债及所有者权益合计	64483.90	65562.40	63380.52	63855.46

续表

项目	2023年3月末	2022年末	2021年末	2020年末
资产负债率	69.80%	64.38%	68.34%	60.61%
流动比率	0.24	0.24	0.19	0.18

资料来源：招募说明书

从短期偿债指标来看，由于五一桥公司近三年及一期末流动负债占比分别为59.86%、71.53%、100.00%和100.00%，公司流动负债占比高，且比例逐年上升，导致五一桥公司的流动比率较小，公司的短期偿债能力较弱且存在一定波动。从长期偿债指标来看，2020年末、2021年末、2022年末和2023年3月末，五一桥公司的资产负债率分别为60.61%、68.34%、64.38%和69.80%，资产负债率变动较稳定、债务结构较为合理，长期偿债能力较强。

（三）盈利能力

2020年、2021年、2022年和2023年1—3月，五一桥公司的营业收入分别为9352.06万元、8434.35万元、10312.03万元和1576.98万元（见表6.41）。利润构成方面，近三年及一期，五一桥公司净利润率分别为15.06%、20.12%、31.82%和12.98%。整体来看，五一桥公司的盈利能力维持在合理范围内。

表6.41 项目盈收情况　　　　　　　　　　　　　　单位：万元

项目	2023年1—3月	2022年度	2021年度	2020年度
一、营业收入	1576.98	10312.03	8434.35	9352.06
减：营业成本	1244.88	6417.97	6241.43	6307.94
二、毛利润	332.10	3894.06	2192.92	3044.12
毛利率	21.06%	37.76%	26.00%	32.55%
三、利润总额	334.81	3873.74	1996.38	1698.99
减：所得税费用	130.09	592.16	299.17	290.63
四、净利润	204.72	3281.58	1697.21	1408.36
净利率	12.98%	31.82%	20.12%	15.06%

资料来源：招募说明书

（四）现金流量分析

项目原始权益人电建水电开发公司近三年 EBITDA 维持在相对稳定、可观的水平（见表 6.42）。同时，五一桥公司经营活动产生的现金流量净额持续为正。能够为投资者提供较为稳定、可观的分配金额。

表 6.42　项目现金流量情况　　　　　　　　　　　　单位：万元

项目	2023 年 1—3 月	2022 年度	2021 年度	2010 年度
息税折旧摊销前利润（原始权益人 EBITDA）	17449.99	109673.27	102185.15	135220.10
经营活动产生的现金流量（项目）净额	744.77	6792.94	4451.31	6328.35

资料来源：招募说明书

五、募集与上市交易情况

（一）基金募集规模

嘉实中国电建清洁能源 REIT 于 2024 年 3 月 7 日正式面向公众发售，发售总份额数 4 亿份，募集资金 10.70 亿元，发行折溢率 3.68%，属于溢价发售（见表 6.43）。

表 6.43　嘉实中国电建清洁能源 REIT 发售情况

REIT	代码	发售日期	资产评估值（亿元）	发行价（元）	发行份额（亿份）	发行规模（亿元）	发行折溢率
嘉实中国电建清洁能源 REIT	508026	2024.3.7	10.32	2.675	4	10.70	3.68%

资料来源：根据上交所公开信息整理

第六章 新能源REITs案例解析

（二）基金配售与认购比例

嘉实中国电建清洁能源 REIT 向战略投资者初始配售 28000 万份，占发售规模的 70%，其中原始权益人占比 51%。网下投资者初始配售 8400 万份，占发售规模的 21%；向公众投资者初始配售 3600 万份，占发售规模的 9%（见表 6.44）。其中网下认购确认比例和公众认购确认比例分别为 17.42% 和 1.93%，网下和公众投资者热情高涨。

表 6.44 嘉实中国电建清洁能源 REIT 配售与认购比例

REIT	代码	战略配售比例	原始权益人占比	网下配售比例	网下认购确认比例	公众配售比例	公众认购确认比例
嘉实中国电建清洁能源 REIT	508026	70%	51%	21%	17.42%	9%	1.93%

资料来源：根据上交所公开信息整理

（三）上市后营运情况

在 2024 年 3 月 28 日上市后，嘉实中国电建清洁能源 REIT 营运时间较短，在本书编辑期间其营运数据并未公布，因此本书总结其招募说明书披露未来两年上市后预测情况以供读者参考。项目上市后营收预测情况如表 6.45 所示。

表 6.45 嘉实中国电建清洁能源 REIT 上市后营收预测情况

单位：万元、%

指标	2024 年 4—12 月	2025 年度
营业收入	8026.84	9812.81
EBITDA	4401.12	6358.78
净利润	665.18	2013.94
净利率	8.29	20.52
本期可供分配金额	5966.49	7831.15
净现金流分派率	5.22	6.85

资料来源：招募说明书

（四）基金交易情况

自 2024 年 3 月 28 日上市后，截至 2024 年 6 月 14 日，嘉实中国电建清洁能源 REIT 收盘价格为 3.163 元，涨跌幅为 15.44%，平均换手率为 1.40，成交量为 88.34 万份。2024 年 5 月 16 日达到历史最高价 3.299 元，最低价为上市首日的开盘价 2.740 元，走势情况如图 6.19 所示。截至本书定稿时，该基金由于上市运行时间较短，暂未分红。基金自上市以来，走势呈现综合上升趋势，当前有较大投资收益潜力。

图 6.19　嘉实中国电建清洁能源 REIT 基金 K 线图

资料来源：wind

第五节　华夏特变电工新能源 REIT

2024 年 5 月 11 日，全国首单民营企业能源类公募 REITs——华夏特变电工新能源封闭式基础设施证券投资基金（简称"华夏特变电工新能源 REIT"）获中国证监会批复。华夏特变电工新能源 REIT 原始权益人为特变电工新能源公司，基金管理人为华夏基金管理有限公司，基础设施资产为哈密光伏项目，总装机容量 15 万千瓦，当期评估值为 10.39 亿元。华夏特变电工新能源 REIT 发行价 3.879 元/份，发行总份额 3 亿份，募集资金 11.637 亿元，相较其资产评估值属于溢价发行，发行折溢率 12.00%。

华夏特变电工新能源 REIT 顺利获批，预示着我国公募 REITs 底层资产进一步扩容至优质的民营基础设施领域，为我国民营企业带来了新的发展机遇。华夏特变电工新能源 REIT 也是新疆维吾尔自治区的首只新能源公募 REITs，其顺利获批为新疆清洁能源发展拓展新通道，为新疆"双碳"目标作出新贡献。对支持我国能源结构调整，加快推进我国碳达峰、碳中和进程具有重要意义。

一、项目基本情况

本基金通过特殊目的载体实现对基础设施项目的控制，初始投资的基础设施项目为哈密光伏项目。哈密光伏项目资产范围包括土地使用权、房屋所有权、发电设备及电力业务，基本情况如表 6.46 所示。

表 6.46 基础设施项目概况

项目名称	哈密东南部山口光伏园区 150MWp 光伏发电项目
项目公司	哈密华风新能源发电有限公司
所在地	新疆维吾尔自治区哈密市伊州区
资产范围	哈密东南部山口光伏园区 150MWp 光伏发电项目位于哈密市东南部约 120 公里，东侧紧邻兰新铁路。项目地理坐标为 E93°54′19″-93°51′53″，N42°15′14″-42°14′30″，宗地面积 3 967 564.41m^2，房屋建筑面积 635.90m^2
建设内容和规模	项目交流侧容量为 150MW，项目由 100 个 1MW 和 25 个单元光伏组件方阵组成；项目新建综合生产楼、逆变电室、35kV 配电室及水泵房等。项目建设 15 回 35kV 集电线路，汇入场站三段 35kV 开关站，并新建 6 回 35KV 送出线路，接入中电建雅满苏 220kV 汇集站 1
开竣工时间	开工日期：2015 年 6 月 28 日 竣工日期：2017 年 1 月 13 日
决算总投资（万元）	110，071.19
运营起始时间	2016 年 6 月（正式并网运营）
项目权属起止时间及剩余年限（剩余年限为权属到期年限与评估基准日之差）	土地使用权起止时间：2016 年 10 月 24 日至无限期哈密光伏项目于 2016 年 6 月 18 日投产与并网运营，机组设计寿命 25 年，到期时间 2041 年 6 月 17 日，剩余约 17.5 年

资料来源：招募说明书

二、原始权益人

本基金初始募集资金投资的基础设施项目的原始权益人为特变电工新能源公司。特变电工新疆新能源股份有限公司（简称：特变电工新能源）是世界领先的绿色智慧能源服务商，创立于 2000 年，业务遍及全球 20 余个国家和地区。公司专注于光伏、风电、电力电子、能源互联网等领域，为客户提供清洁能源项目开发、投（融）资、设计、建设、智能设备、调试、智能运维整体解决方案，在光伏、风电 EPC、逆变器等领域占据全球领先地位。

特变电工新能源主营业务收入按板块划分情况如下：2021—2023 年，原始权益人分别实现营业收入 103.60 亿元、101.96 亿元和 107.05 万元（见表 6.47）。2021—2023 年，原始权益人的营业收入主要来源于新能源电站建设业务及新能源电站运营业务，原始权益人新能源电站建设业务收入分别为 77.61 亿元、76.88 亿元和 60.98 亿元，占当期营业收入的比例分别为 74.92%、75.40% 和 56.96%。

表 6.47　特变电工新能源公司主营业务收入结构　　单位：万元、%

业务板块	2023 年度		2022 年度		2021 年度	
	金额	占比	金额	占比	金额	占比
新能源电站建设	609777.02	56.96	768808.87	75.40	776143.71	74.92
新能源电站运营	221300.41	20.67	132860.22	13.03	187354.50	18.08
其他	231612.19	21.64	104997.17	10.30	57378.36	5.54
主营业务收入小计	1062689.61	99.27	1006666.26	98.73	1020876.57	98.54
其他业务	7774.52	0.73	12951.78	1.27	15093.61	1.46
合计	1070464.14	100.00	1019618.04	100.00	1035970.18	100.00

资料来源：招募说明书

三、基金交易

（一）交易要素

华夏特变电工新能源 REIT 由华夏基金管理公司负责公开募集。该基金为契约型封闭式，存续期限为 18 年，预计募集份额为 3 亿份（见表 6.48）。该基金于 2023 年 6 月 12 日公开发售。

表 6.48 基金交易要素表

基金名称	华夏特变电工新能源封闭式基础设施证券投资基金
基金类型	基础设施证券投资基金
上市场所	上海证券交易所
基金代码	508089
投资策略	根据基金合同约定以及基金管理人与专项计划管理人签订的《专项计划资产支持证券认购协议》，基金合同生效后，本基金初始募集资金在扣除基础设施基金不可预见费用后拟全部用于认购由专项计划管理人设立的嘉实中国电建清洁能源基础设施1期资产支持专项计划的全部份额，将认购资金委托给计划管理人管理，计划管理人设立并管理专项计划，本基金取得资产支持专项计划的全部资产支持证券，成为资产支持证券唯一持有人
初始投资标的	中信证券—特变电工新能源1号资产支持专项计划
基金初始总规模	3 亿份
产品期限	基金合同生效日起 18 年
募集方式	公开募集
运作方式	契约型封闭式
发售方式	首次发售将通过向战略投资者定向配售、向网下投资者询价发售及向公众投资者定价发售相结合的方式进行。

资料来源：上交所公开信息整理

（二）交易结构

本基金通过资产支持证券和项目公司等特殊目的载体取得基础设施项

目完全所有权或经营权利。基金成立后，将持有中信证券—特变电工新能源1号资产支持专项计划资产支持证券全部份额，中信证券—特变电工新能源1号资产支持专项计划持有项目公司100%股权。本基金的整体架构如图6.20所示。

```
                公众        网下       特变电工新能源及同              财务顾问
                投资者      投资者     一控制下关联方、其              （中信证券）
                                      他战略投资者
                  │认购      │认购      │认购                              │尽职调查、
                  │          │          │                                  │发行定价配售
       基金托管人  基金  ┌──────────────────────────┐  管理   基金管理人
       （中国农业  托管  │华夏特变电工新能源封闭式  │────────  （华夏基金）
         银行）   ─────>│基础设施证券投资基金      │<────────
                        └──────────────────────────┘                │
                                    │100%持有                        │
       专项计划托管人 计划 ┌──────────────────────┐ 管理   专项计划    │
       （中国农业   托管  │中信证券-特变电工新能源│─────   管理人      │
         银行）    ─────>│1号资产支持专项计划    │<────  （中信证券）  │
                         └──────────────────────┘                   │
                           股东借款│   │100%持股                     │聘请
                                   ↓   ↓                             │
                                 ┌──────┐                           │
                                 │哈密华风│                          │
                                 └──────┘                           │
                                    │持有                            │
                                    ↓                    运营         │
                                 ┌──────────┐  运营管理  运营管理机构 │
                                 │哈密光伏项目│<────────（特变电工新能源）┘
                                 └──────────┘
```

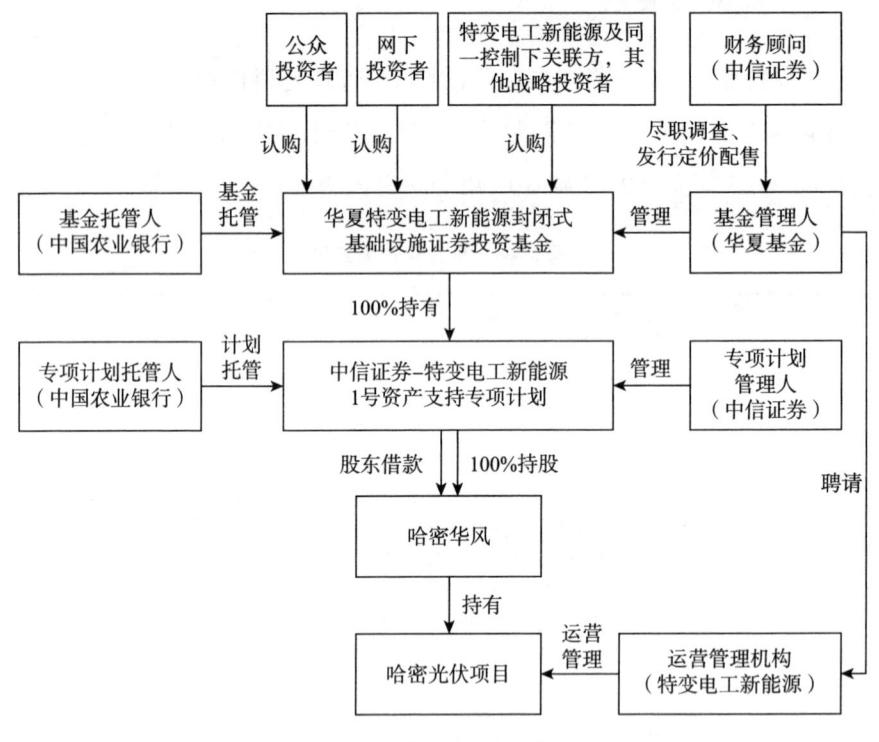

图6.20 基金交易结构图

资料来源：招募说明书

本基金的基金管理人为华夏基金管理有限公司，资产支持证券管理人为中信证券股份有限公司，基金托管人为中国农业银行股份有限公司。基金管理人聘请特变电工新能源作为运营管理机构为基础设施项目提供运营管理服务。上述基础设施基金的整体架构符合《公开募集基础设施证券投资基金指引（试行）》的规定。

(三) 交易步骤

1. 基金合同生效与基金募集

华夏基金管理有限公司募集资金，基金发售采用向战略投资者定向配售、向符合条件的网下投资者询价配售、向公众投资者公开发售相结合的方式进行。

2. 专项计划设立

本基金首次发售募集资金在扣除基金层面预留费用后，拟全部用于认购由中信证券设立的中信证券-特变电工新能源1号资产支持专项计划的全部资产支持证券份额，资产支持专项计划成立，本基金取得资产支持专项计划的全部资产支持证券，成为资产支持证券唯一持有人。专项计划认购期间内，基金管理人（代表本基金）认购资金总额（不含专项计划认购期间认购资金产生的利息）达到基础设施资产支持证券目标募集规模，专项计划认购期间终止，经会计师事务所验资并出具验资报告后，计划管理人将认购资金（不包括利息）全部划转至已开立的专项计划账户，认购资金划入专项计划账户之日为专项计划设立日，计划管理人于该日宣布专项计划设立。

3. 专项计划投资、项目公司股权与债权安排

资产支持专项计划设立前，特变电工新能源设立SPV，特变电工新能源持有SPV的100%股权。资产支持专项计划设立后，根据特变电工新能源、中信证券（代表资产支持专项计划）及SPV签署的《SPV股权转让协议》，资产支持专项计划向原始权益人支付SPV的股权转让对价，并取得SPV的100%股权（见图6.21）。

资产支持专项计划取得SPV的100%股权后，计划管理人应根据《SPV股权转让协议》的约定向专项计划托管人发出划款指令，向SPV缴纳出资及增资；根据计划管理人（代表资产支持专项计划）与SPV签署的《SPV股东借款合同》向SPV发放股东借款。资产支持专项计划向SPV缴纳出资、增资并发放股东借款后，SPV取得出资款、增资款以及股东借

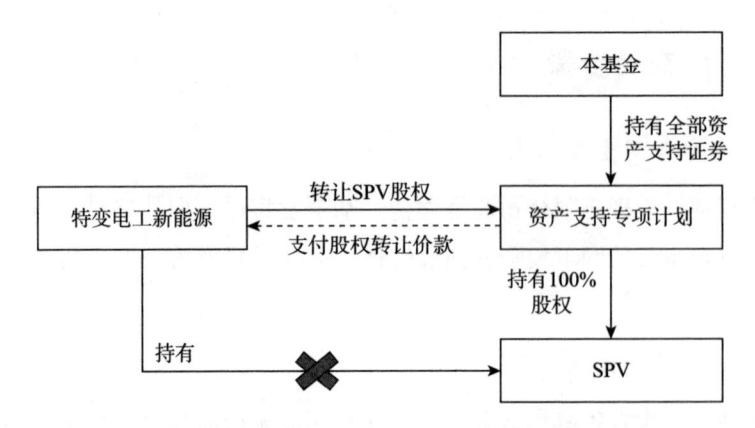

图 6.21　专项计划向原始权益人收购 SPV 的 100%股权

资料来源：华夏特变电工新能源 REIT 招募说明书

款。根据 SPV、特变电工新能源及项目公司签署的《项目公司股权转让协议》，由 SPV 向特变电工新能源支付哈密华风股权转让价款并取得哈密华风 100%股权（见图 6.22）。

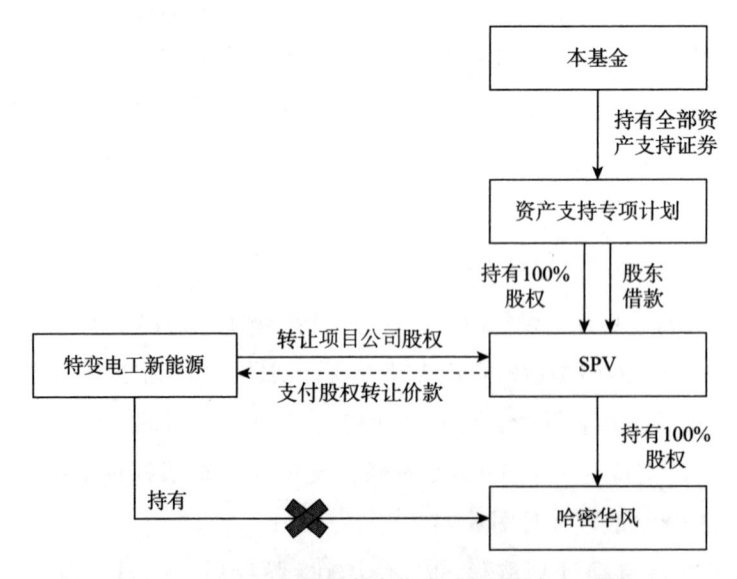

图 6.22　SPV 向原始权益人收购项目公司 100%股权

资料来源：华夏特变电工新能源 REIT 招募说明书

SPV 取得项目公司 100%股权后，搭建了基础设施基金持有资产支持专项计划全部资产支持证券、资产支持专项计划持有 SPV 的 100%股权、

第六章　新能源 REITs 案例解析

SPV 持有项目公司 100% 股权的架构。根据 SPV 与项目公司签署的《吸收合并协议》，项目公司吸收合并 SPV，完成吸收合并后 SPV 注销，项目公司继续存续，项目公司的股东变更为中信证券（代表资产支持专项计划）。SPV 原有的对资产支持专项计划的债务下沉到项目公司，资产支持专项计划直接持有项目公司的股权和债权（见图 6.23）。

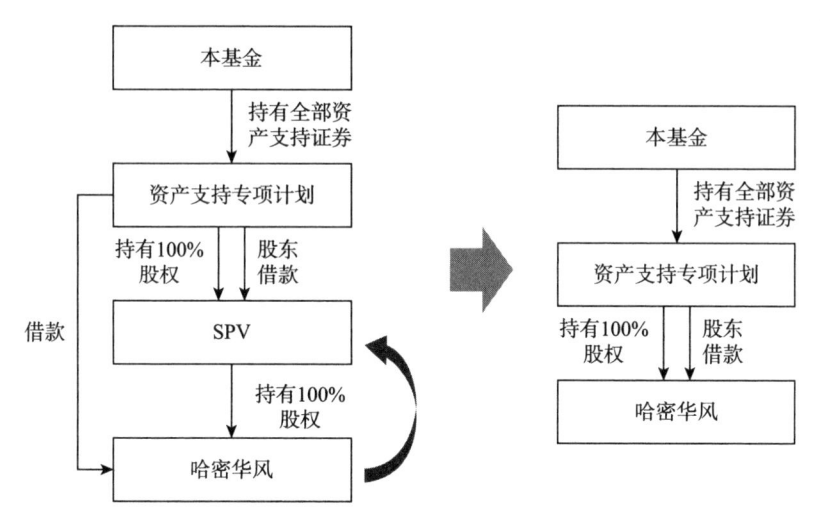

图 6.23　项目公司吸收合并 SPV

资料来源：华夏特变电工新能源 REIT 招募说明书

4. 项目公司股权转让及变更登记

SPV 应根据《项目公司股权转让协议》的约定向原始权益人支付第一笔项目公司股权转让价款，并于《交割审计报告》出具后 15 个工作日内支付第二笔项目公司股权转让价款。SPV 实际支付的第二笔项目公司股权转让价款金额=第二笔项目公司股权转让价款-《项目公司股权转让协议》第 2.3 款约定的由转让方承担的金额。原始权益人与项目公司应当配合 SPV 在第一笔项目公司股权转让价款支付之前将 SPV 记载于项目公司的股东名册，修改公司章程、注销原始权益人的原出资证明书（如有），向 SPV 出示新的出资证明书及修改后的公司章程。原始权益人应于第一笔项目公司股权转让价款支付当日向 SPV 签发新的出资证明书并移交修改后的公司章程，并于第一笔项目公司股权转让价款支付后 10 个工作日内完成项目公司股权的股权转让工商变更登记。

四、项目历史经营业绩分析

（一）营收分析

2021年、2022年和2023年，哈密光伏项目分别实现上网电量25811.28万千瓦时、24600.35万千瓦时和26503.01万千瓦时，分别实现售电收入19108.96万元、18563.45万元和20612.30万元，相对稳定（见表6.49）。哈密光伏项目营收主要来自电力销售收入，近三年电力销售收入占比分别达到100.00%、100.00%和99.97%。

表6.49 哈密光伏项目近三年营业收入　　　　　　单位：万元、%

项目	2023年		2022年		2021年	
	收入	占比	收入	占比	收入	占比
电力销售收入	20612.30	99.97	18563.45	100	19108.96	100
其他收入	6.02	0.03	—	—	—	—
合计	20618.32	100	18563.45	100	19108.96	100

资料来源：招募说明书

（二）资产结构

2021—2023年末，哈密华风流动资产总额分别为59425.41万元、31567.95万元和36362.40万元，占总资产的比例分别为40.37%、27.52%和31.51%，哈密华风的流动资产以货币资金、应收账款和其他应收款为主；哈密华风非流动资产总额分别为87764.66万元、83145.08万元和79051.36万元，占总资产的比例分别为59.63%、72.48%和68.49%，哈密华风的非流动资产以固定资产和无形资产为主（见表6.50）。

2021—2023年末，哈密华风的流动比率分别为6.65、3.54和2.07，速动比率与流动比率相同，哈密华风流动比率较高，短期偿债能力良好。2023年末，哈密华风流动比率有所下降，主要由2023年哈密华风新增对原始权益人的 7051.25 万元应付股利所致。从长期偿债指标来看，2021—2023 年末，哈密华风的资产负债率分别为 54.98%、64.43% 和 65.12%。作为发电企业，哈密华风的资产负债率变动较稳定、债务结构较为合理，长期偿债能力较强。

表 6.50　哈密华风资产结构　　　　　　　　　　单位：万元

项目	2023 年末	2022 年末	2021 年末
流动资产合计	36362.40	31567.95	59425.41
非流动资产合计	79051.36	83145.08	87764.66
资产总计	115413.76	114713.03	147190.07
流动负债合计	17556.65	8915.72	8935.71
非流动负债合计	57600.00	65000.00	72000.00
负债合计	75156.65	73915.72	80935.71
所有者权益合计	40257.11	40797.31	66254.36
负债及所有者权益合计	115413.76	114713.03	147190.07
资产负债率	65.12%	64.43%	54.98%
流动比率	2.07	3.54	6.65

资料来源：招募说明书

（三）盈利能力

2021—2023 年，哈密华风的营业收入分别为 19108.96 万元、18563.45 万元、20618.31 万元（见表 6.51）。利润构成方面，2021—2023 年，哈密华风的毛利率分别为 73.64%、71.57% 和 75.10%，毛利率水平良好，公司经营状况较为平稳。

表 6.51　哈密华风营收情况　　　　　　　　　　单位：万元

项目	2023 年度	2022 年度	2021 年度
一、营业收入	20618.31	18563.45	19108.96
减：营业成本	5134.16	5277.94	5036.21
二、毛利润	15484.15	13285.51	14072.75
毛利率	75.10%	71.57%	73.64%
三、利润总额	11416.68	11754.40	9365.18

续表

项目	2023年度	2022年度	2021年度
减：所得税费用	1802.47	1734.12	453.09
四、净利润	9614.21	10020.28	8912.09
净利率	46.63%	53.98%	46.64%

资料来源：招募说明书

（四）现金流量分析

2021—2023年，哈密华风经营活动产生的现金流量净额分别18452.47万元、45945.51万元和27293.49万元，经营活动现金流均为净流入状态（见表6.52）。2022年度，哈密华风经营活动产生的现金流量净额较2021年增加27493.04万元，主要由于2022年哈密华风收回以前年份的国补应收账款所致。最近三年，哈密华风取得国补回款金额分别为15606万元、46191万元和14530万元，主要是国补回款时间具有一定的不确定性，对哈密华风历史经营活动产生的现金流量产生一定的影响。

表6.52　2021—2023年哈密华风现金流量分析　　　单位：万元

经营活动产生的现金流量	2023年度	2022年度	2021年度
经营活动现金流入小计	33120.09	51275.11	20938.35
经营活动现金流出小计	5826.60	5329.61	2485.88
经营活动产生的现金流量净额	27293.49	45945.51	18452.47

资料来源：招募说明书

五、募集与上市交易情况

（一）基金募集规模

华夏特变电工新能源REIT于2024年6月12日正式面向公众发售，发行价3.879元/份，发行总份额数3亿份，募集资金11.637亿元，发行折溢率12.00%，属于溢价发行（见表6.53）。

第六章　新能源 REITs 案例解析

表 6.53　华夏特变电工 REIT 发售情况

REIT	代码	发售日期	资产评估值（亿元）	发行价（元）	发行份额（亿份）	发行规模（亿元）	发行折溢率
华夏特变电工新能源 REIT	508089	2024.6.12	10.39	3.879	3	11.637	12.00%

资料来源：根据上交所公开信息整理

（二）基金配售与认购比例

华夏特变电工新能源 REIT 初始战略配售基金份额为 2.1 亿份，占发售份额总数的 70%；网下发售的初始基金份额数量为 0.63 亿份，占扣除向战略投资者配售部分后发售数量的 70%；向公众投资者发售的初始基金份额数量为 0.27 亿份，占扣除向战略投资者配售部分后发售数量的 30%。其中网下认购确认比例和公众认购确认比例分别为 1.47% 和 0.22%，网下和公众投资者热情高涨（见表 6.54）。

表 6.54　华夏特变电工新能源 REIT 配售与认购比例

REIT	代码	战略配售比例	原始权益人占比	网下配售比例	网下认购确认比例	公众配售比例	公众认购确认比例
华夏特变电工新能源 REIT	508089	70%	35%	21%	1.47%	9%	0.22%

资料来源：根据上交所公开信息整理

（三）上市后运营情况

本书总结其招募说明书披露未来两年上市后预测情况以供读者参考（见表 6.55）。

表 6.55　华夏特变电工新能源 REIT 上市后预测情况　　　　单位：万元

指标	2024 年度	2025 年度
营业收入	18380.39	18037.83

续表

指标	2024年度	2025年度
EBITDA	16008.64	15232.54
净利润	8442.24	9095.66
净利率	45.93%	50.42%
本期可供分配金额	8974.58	11108.29
净现金流分派率	8.02%	9.93%

资料来源：招募说明书

第六节　上市新能源REITs总结

目前，国内新能源公募REITs仍处于起步阶段。自2020年基础设施公募REITs试点工作正式启动以来，截至2024年5月底，共发行36只公募REITs产品，其中5只投向新能源领域（见表6.56）。鹏华深圳能源REIT于2022年7月26日上市，为全国首单天然气能源基础设施REIT。中信建投国家电投新能源REIT和中航京能光伏REIT于2023年3月29日上市，成为全国首批两只新能源基础设施公募REITs，其底层资产分别为海上风电和光伏发电项目。嘉实中国电建清洁能源REIT于2024年3月28日上市，成为全国首单水电公募REITs。华夏特变电工新能源REIT是全国首单民营企业新能源类公募REITs。本书成稿于2024年6月，故新能源REITs案例情况更新至6月，其后续变化留待未来进一步研究。

表6.56　已上市新能源公募REITs基本信息

	鹏华深圳能源REIT	中航京能光伏REIT	中信建投国家电投新能源REIT	嘉实中国电建清洁能源REIT	华夏特变电工新能源REIT
底层资产	深圳能源东部电厂（一期）项目	榆林光伏项目	晶泰光伏项目	滨海北H1、H2项目和配套运维驿站项目	五一桥水电站项目	哈密光伏项目

第六章 新能源REITs案例解析

续表

	鹏华深圳能源REIT	中航京能光伏REIT		中信建投国家电投新能源REIT	嘉实中国电建清洁能源REIT	华夏特变电工新能源REIT
发行规模	35.38亿元	29.35亿元	78.4亿元	10.70亿元	11.637亿元	
运营模式	天然气发电	光伏发电		海上风力发电	水力发电	光伏发电
项目公司	深圳市东部电力有限公司	江山永宸	湖北晶泰	国家电投集团滨海海上风力发电有限公司	五一桥公司	哈密华风新能源发电有限公司
项目类别	特许经营权类	特许经营权类		特许经营权类	特许经营权类	特许经营权类
地理位置	广东省深圳市大鹏新区大鹏下沙秤头角	陕西榆林	湖北随州	江苏省盐城市滨海县北部近海海域	四川省甘孜州九龙县	新疆维吾尔自治区哈密市伊州区
原始权益人	深圳能源集团股份有限公司	联合光伏（常州）和京能发展（北京）		国家电投江苏电力有限公司	中电建水电开发集团有限公司	特变电工新疆新能源股份有限公司
现金流来源	售电收入	售电收入+国补		售电收入+国补	售电收入	售电收入+国补
使用到期年	2037年	2014/2043年		2042/2040年	2058年	2041年
国补到期日	—	2034（榆林）2035（晶泰）		2036（H1）2038（H8）	—	2036
基金存续期	34年	20年		21年	36年	18年

资料来源：上交所公开信息整理

一、新能源REITs底层资产均为优质新能源项目

（一）属于较早投产的新能源项目

鹏华深圳能源REIT底层资产为深圳区域的天然气发电项目，总装机容量1170万千瓦，其底层资产东部电厂（一期）项目于2007年投产。中信建投国家电投新能源REIT底层资产为江苏区域的海上风电项目，总装机容量50万千瓦，两期项目分别于2016、2018年投产。中航京能光伏

REIT底层资产为陕西、湖北区域的集中式光伏项目,总装机容量40万千瓦,分别于2016、2017年投产。嘉实中国电建清洁能源REIT底层资产为四川甘孜州九龙县的水力发电项目,总装机容量13.7万千瓦,于2009年全部投产。华夏特变电工新能源REIT底层资产为新疆维吾尔自治区哈密市的光伏项目,总装机容量15万千瓦,于2016年投产。

(二) 保持较高收益水平

鹏华深圳能源REIT底层资产深圳能源东部电厂(一期)项目自上市以来运营情况远超预期,远超同类火力发电项目。嘉实中国电建清洁能源REIT底层资产五一桥水电项目近三年营收稳定,平均毛利率接近40%。中信建投国家电投新能源REIT底层资产滨海海风项目单位造价13385元/千瓦,与当前海风项目造价基本相当,平均利用小时约2550小时,综合含税电价0.85元/千瓦时,其中国补电价0.459元,占比54%。中航京能光伏REIT底层资产榆林和晶泰光伏项目单位造价8646元/千瓦,是目前平价光伏项目造价的2倍,平均利用小时约1400小时,综合含税电价0.8—1元/千瓦时,其中国补电价占比接近60%。华夏特变电工新能源REIT底层资产哈密光伏项目国补电价占比接近80%。由于较高的电价补贴,三个项目保持较高效益水平,滨海海上风电项目近三年平均单位千瓦利润710元/千瓦(利润总额除以平均装机容量),榆林和晶泰光伏项目近三年平均单位千瓦利润274元/千瓦,哈密光伏项目近三年平均单位千瓦利润633元/千瓦,均显著高于目前的平价新能源项目。

(三) 评估增值及发行溢价双高

上市前,鹏华深圳能源REIT底层资产账面价值6.09亿元,评估值32.64亿元,较账面价值增值435.96%;发行募资35.38亿元,较账面价值增长8.39%。中信建投国家电投新能源REIT底层资产资产账面价值55.04亿元,评估值71.65亿元,较账面价值增长30.17%;发行募资78.4亿元,较评估值溢价9.4%。中航京能光伏REIT底层资产账面价值22.32

亿元，评估值 24.54 亿元，较账面价值增长 9.94%；发行募资 29.35 亿元，较评估值溢价 19.6%。嘉实中国电建清洁能源 REIT 账面价值 6.28 亿元，评估值 10.32 亿元，较账面价值增长 64.33%；发行募资 10.70 亿元，较评估值溢价 3.68%。华夏特变电工新能源 REIT 底层资产账面价值 9.96 亿元，评估值 10.39 亿元，较账面价值增长 4.31%；发行募资 11.637 亿元，较评估值溢价 12.00%。

二、新能源 REITs 发行实现发行人投资者双赢

（一）原始权益人实现较高额度参与并表

五只新能源 REITs 产品发行份额分别为 6 亿份、8 亿份、3 亿份、4 亿份、3 亿份，原始权益人认购份额分别为 3.06 亿份、2.72 亿份、1.63 亿份、2.04 亿份、1.05 亿份，占比分别为 51%、34%、54.33%、51%、35%，实现了相对控制或绝对控制。

不考虑发行成本，鹏华深圳能源 REIT 发行价 5.896 元/份，发行规模 35.38 亿元，取得外部融资 17.5 亿元；中信建投国家电投新能源 REIT 发行价 9.8 元/份，发行规模 78.4 亿元，取得外部融资 51.7 亿元；中航京能光伏 REIT 发行价 9.782 元/份，发行规模 29.35 亿元，取得外部融资 13.4 亿元；嘉实中国电建清洁能源 REIT 发行价 2.675 元/份，发行规模 10.70 亿元；华夏特变电工新能源 REIT 发行价 3.879 元/份，发行规模 11.637 亿元。按照 70% 资产负债率测算，分别支持扩大投资规模约为 58 亿元、172 亿元、45 亿元、36 亿元、39 亿元。

（二）REITs 项目预期收益率较高

特许权经营权类项目由于到期价值归零，每年度现金分派实际上包括了本金偿还，分派率普遍高于产权类项目。假设可供分配现金流 100% 分配，鹏华深圳能源 REIT 测算上市未来两年分派率为 11.69%、9.67%；中

信建投国家电投新能源 REIT 测算未来两年分配率为 10.57%、9.79%；中航京能光伏 REIT 测算分配率为 12.18%、12.45%；嘉实中国电建清洁能源 REIT 测算分配率为 5.22%、6.85%；华夏特变电工新能源 REIT 测算分配率为 8.02%、9.93%。即使按 90% 分配，分配率也显著高于中国证监会规定的不低于 4% 的要求。

从项目 IRR 看，按照实际发行价值测算，鹏华深圳能源 REIT 存续期 IRR 大约为 5.3%，中信建投国家电投新能源 REIT 存续期 IRR 大约为 5.6%，中航京能光伏 REIT 存续期 IRR 约为 6.7%，嘉实中国电建清洁能源 REIT 存续期 IRR 约为 6.56%，华夏特变电工新能源 REIT 存续期 IRR 约为 7.10%，均满足了中国证监会 REITs 常态化发行通知中"特许经营权、经营收益权类项目，基金存续期内部收益率（IRR）原则上不低于 5%"的要求。

（三）投资者参与热情高

由于预期较高的现金分派率，五只 REITs 产品得到投资者热烈追捧。鹏华深圳能源 REIT 网下和公众投资认购倍数分别为 107.5 倍、86 倍；中信建投国家电投新能源 REIT 网下和公众投资认购倍数分别为 84.5 倍、50 倍；中航京能光伏 REIT 由于发行份额较少，网下和公众投资认购倍数均超过 100 倍，分别为 122.6 倍、158 倍；嘉实中国电建清洁能源 REIT 网下和公众投资认购倍数分别为 5.74 倍和 11.11 倍；华夏特变电工新能源 REIT 网下和公众投资认购倍数分别为 68.02 倍和 454 倍。

三、新能源 REITs 上市以来资产运营情况良好

统计已稳定上市半年以上三只新能源 REITs 运营数据，发现该三只新能源 REITs 上市以来运营情况良好。在这之中尤以鹏华深圳能源 REIT 表现最为突出，其净利润一项是 2023 年预测值的 2 倍之多（见图 6.24）。

第六章　新能源 REITs 案例解析

相较其他类基础设施 REITs，新能源 REITs 上市以来运营情况良好，表现亮眼，为我国新能源领域发行 REITs 起到了示范带头作用。

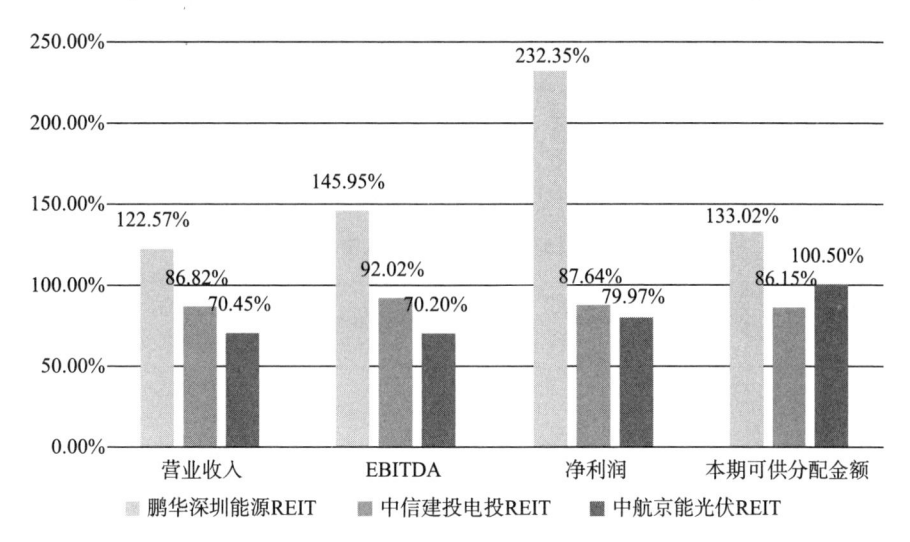

图 6.24　三只新能源 REITs2023 年预测值完成情况

资料来源：上交所、深交所公开信息整理

注：中信建投电投 REIT 和中航京能光伏 REIT 为 2023 年 4 月 1 日至 12 月 31 日数据

四、新能源公募 REITs 投资者收益优于其他板块

对于投资者预期收益，产权类项目主要关注现金分派率，而特许经营权项目除了现金分派率外，还要关注基金存续期内的内部收益率（IRR）。上述差异的原因主要在于经营权类资产通常有一定的经营期限，到期后资产价值基本归零，IRR 相对现金分派率更能反映其真实全周期持有的回报水平。特许经营权项目的现金分红还包含了一部分提前偿还的本金，类似于"还本付息"模式。而产权类项目的现金分红更类似于"到期还本"的模式，因此特许经营权项目的现金分派率往往高于产权类项目。

中信建投国家电投新能源 REIT 和中航京能光伏 REIT 由于在 2023 年 3 月 29 日才上市，其现金分派率较年度预测值有一定差距，但鹏华深圳能源REIT 2022年上市，已稳定运行超过一年，故其2023年现金分派率远超其预测值，符合特许经营权类项目特征。但由于受大盘影响，三只新能源REITs上市以来涨跌幅并不理想，导致其综合年化收益率较低（见图6.24和图6.25）。但笔者认为当前新能源REITs的价格低于其价值，其二级市场价格未来必将迎来强势反弹，还是具有较大的投资潜力。综合来说，在REITs板块，新能源REITs整体表现优于其他板块基础设施REITs。

表6.57 三只新能源REITs二级市场盈收情况

项目	2023年度预测现金分派率	2023年实际现金分派率	上市以来涨跌幅	上市以来综合年化收益率	IRR
鹏华深圳能源REIT	8.93%	18.09%	-13.93%	2.20%	5.19%
中信建投国家电投新能源REIT	10.57%	10.69%	3.26%	11.49%	5.77%
中航京能光伏REIT	12.18%	16.58%	-5.89%	8.80%	6.35%

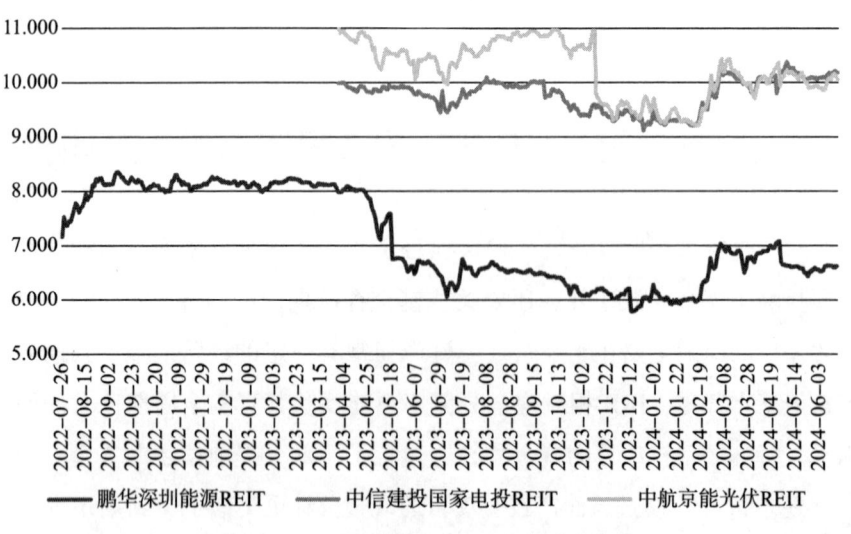

资料来源：wind

图6.25 三只新能源REITs上市以来走势

五、新能源公募 REITs 面临的风险与问题

(一) 产权归属及项目划转

新能源项目可能存在土地产权归属及项目划转问题，在投资时需要提前考虑。集中式风电项目用地面积大、占地性质复杂，涉及土地征用补偿问题。光伏电站用地则因项目而异，部分项目不持有产权，仅为租赁，需要对土地权属、用途、批准流程及是否存在租赁纠纷等进行充分核查，妥善处理超建光伏电站问题。此外，能源基础设施项目通常未设立单独的项目公司进行建设及运营。当筹备发行公募 REITs 时，需要设立新的项目公司，并将基础资产进行剥离并划归到新的项目公司。若某些特殊协议由总公司统一签订，在项目划转时，需与利益相关方再度协商并重新签署相关协议。譬如，在水利设施建设及运营过程中，存在房产税征收的问题，在项目划转时需厘清税费缴纳归属。

(二) 项目期限及估值变化

新能源电站的运营期限、设备折旧及补贴对估值有一定程度的影响。光伏电站土地多为租赁，期限通常为 20 年。租约到期后，存在不能续租或租金等租赁条件发生变化等问题。储能电站建设需要考虑用地年限及设备折旧的问题。风电场存续期较长，从 20 到 30 年不等，但近年来技术更新速度加快，风机折旧年限的调整问题值得注意。另外，项目资产所处地点存在发生自然灾害的可能性，若自然灾害导致基础设施项目无法正常运营或造成基础设施项目资产损失等，可能会对项目的持续经营和经营业绩预期产生重大不利影响。

(三) 电价与市场消纳

电价降低是国家促进工商业发展的重要措施，其变化受到政府调控的

影响。尽管新能源发电项目已逐步实现平价上网，但未来燃煤电价可能被逐步下调，需要注意与电价相关的政策风险。同时，发行公募 REITs 还需关注电量的市场消纳情况。针对电力资源充沛、本地消纳有限、地方政府对电量上网有较大干预的地区，市场消纳风险值得关注。对于高弃风弃光率且较难解决的区域，需要审慎考虑。随着技术发展，清洁能源装机规模仍将不断扩大，消纳压力持续存在，因此在发行 REITs 时需要长远规划。

六、新能源 REITs 发展展望

（一）公募 REITs 支持新能源发展前景广阔

基础设施公募 REITs 对于支持新能源发展具有广泛的作用和潜力，它不仅可以为新能源项目提供稳定的融资支持，降低其融资成本和融资风险，还可以吸引更多的投资者参与投资，扩大新能源市场的资本规模。同时，基础设施公募 REITs 还可以降低项目方对资金的依赖程度，加速新能源产业布局，推动企业增加在技术研发和创新方面的投入，提高新能源技术的效率和可靠性，促进其市场化和产业化进程，实现经济和环保的双重收益。当前天然气、风能及光伏领域各有一只产品顺利上市，期待其他细分领域在新能源 REITs 市场中的表现。

（二）新能源公募 REITs 相关政策持续完善

目前，针对新能源公募 REITs 的相关政策出台较少，需要政府部门根据市场需求，借鉴国外已经成熟的 REITs 基金运营经验，鼓励新能源相关产业企业积极参与公募 REITs 申报，帮助企业匹配金融机构获得资金支持。同时政府部门需要完善相关制度法规，解决财政补贴遗留问题，在税收等方面给予优惠支持，助力低碳能源项目的可持续发展。

（三）REITs 助力我国能源结构转型调整

新能源 REITs 以能源基础设施作为底层资产进行投资，兼具股票和债券的特性，能够丰富绿色金融产品种类，拓宽企业融资渠道。未来随着绿色电力交易逐步放开、绿色电力证书交易制度的完善以及碳金融市场规模的扩大，上述市场的收益被纳入新能源项目估值范围后，新能源公募REITs净值还会上涨，能够吸引更多投资者参与公募REITs的投资，将进一步推动清洁能源和绿色金融市场的发展。

参考文献

[1] 朱继平. 新能源材料技术 [M]. 北京：化学工业出版社，2015.

[2] 刘金凯. "EPC+融资租赁"模式在新能源电站建设中的应用 [J]. 能源，2022（9）：71-74.

[3] 罗晞. 我国新能源基础设施建设投融资最优决策分析 [J]. 产业创新研究，2023（15）：133-135.

[4] 夏琳琳. 简析我国新能源产业发展的融资问题研究 [J]. 科技风，2019（27）：18.

[5] 林武星. 智能电网建设项目融资模式研究 [D]. 济南：山东大学，2012.

[6] 赵心梦，张恒. 我国水电基础设施建设融资创新研究——基于电费收费证券化的分析 [J]. 财会研究，2022（1）：62-66.

[7] 孙斯逸，向丰. REITs 金融模实探首批新能源公募 REITs 底层资产：追光而行 绿色发展式助力能源集团低碳转型研究 [J]. 河北金融，2023（8）：6-10.

[8] 包春青. 清洁能源 REITs 融资动因及效果研究 [D]. 兰州：兰州财经大学，2023.

[9] 苏伟. 资源量被低估生物质能亟待大力发展 [N]. 中国电力报，2024-01-16（004）.

[10] 洪瑜，邬晨，王润煜，等. 双碳背景下农林生物质利用新趋势 [J]. 中国科技信息，2024（2）：122-126.

[11] 贾和峰，隋先鹏，杨迪，等. "双碳"背景下生物质能源的发展现

状与建议［J］．能源与节能，2023（12）：33-35+79．

［12］陈韵晴．浅谈中国核电项目融资的风险及应对策略——以 X 项目为例［J］．技术与市场，2023，30（9）：163-166．

［13］王晨光．充电桩运营企业融资模式研究［D］．兰州：兰州财经大学，2023．

［14］汤敏．新能源产业融资途径思考［J］．现代工业经济和信息化，2023，13（4）：173-175．

［15］仲蕊．氢能投融资热度持续升温［N］．中国能源报，2022-10-17（002）．

［16］左越．浅谈核电项目融资中的问题和发展前景［J］．财富时代，2022（4）：216-218．

［17］严婷婷，吴浓娣，庞靖鹏，等．典型地区水利投融资创新做法与建议［J］．水利发展研究，2022，22（1）：40-44．

［18］史静怡．我国新能源产业融资效率研究［D］．南京：南京航空航天大学，2020．

［19］鹏华基金管理有限公司．鹏华深圳能源清洁能源封闭式基础设施证券投资基金招募说明书［EB/OL］．（2022-06-22）．https：//data.eastmoney.com/notices/detail/180401/AN202206221573785262.html．

［20］嘉实基金管理有限公司．嘉实中国电建清洁能源封闭式基础设施证券投资基金招募说明书［EB/OL］．(2024-02-27)［2024-02-27］．https：//data.eastmoney.com/notices/detail/508026/AN202402261623586392.html．

［21］中信建投基金管理有限公司．中信建投国家电投新能源封闭式基础设施证券投资基金招募说明书［EB/OL］．（2023-03-06）［2023-03-06］．http：//www.baidu.com/link？url＝zBF1mQvZuGBfR-CqQO6aDlqF6Vy5jCGKFAJrSSlrL7T_nwJa6h9ED52emBlkAe QykuIvfEAhAZhBxoI6VU_p315pMVczj_sfpJBc-wnOhvkUwedFvC8UGltgExFDMXHK&wd＝&eqid＝a54622fa0005017d0000000366beb6db．

［22］上海证券交易所．中航京能光伏封闭式基础设施证券投资基金招募说明书［EB/OL］．（2023-03-06）［2023-03-06］．http：//www.sse.com.cn/disclosure/fund/announcement/c/new/2023-03-06/508096_20230306_3DVU.pdf.

[23] 国联证券.电力设备与新能源产业：核电深度，绿电基建大时代，核电迎再次腾飞［EB/OL］.（2023-03-31）［2023-03-31］.https：//stock.hexun.com/2023-03-31/208220234.html.

[24] 德邦证券.核电行业研究报告：积极安全有序发展核电，千亿市场有望释放［EB/OL］.（2023-05-26）［2023-05-26］.https：//baijiahao.baidu.com/s? id=1766933714373429936&wfr=spider&for=pc.

[25] 东莞证券.核能发电行业专题报告：政策支持及国产替代，核电发展前景可期［EB/OL］.（2023-08-31）［2023-08-31］.https：//stock.finance.sina.com.cn/stock/go.php/vReport_Show/kind/industry/rptid/746818197573/index.phtml.

[26] 中邮证券.核电行业深度.军技民用的典范，三代核电为建造主流，四代核电呈加速发展［EB/OL］.（2023-10-24）［2023-10-24］.https：//data.eastmoney.com/report/zw_strategy.jshtml? encodeUrl=tE7IjOX+QMONzDmbeOEYKUZdyNhq0ZlIvYM3tjvf+7Q=.

[27] 平安证券.电力设备及新能源产业深度报告：国内大储市场，因地制宜，蓬勃向上［EB/OL］.（2023-02-10）［2023-02-10］.https：//data.eastmoney.com/report/zw_industry.jshtml? encodeUrl=ugGus4sL7p RRWFO+6+aHPdek80XpTP5kdB/0eL1Gcbk=.

[28] 盛世华通（山东）电气工程有限公司.浅谈世界生物质发电的发展进程和普及［EB/OL］.（2022-08-25）［2022-08-25］.http：//www.sshtsd.com/news_show.aspx? id=1.

[29] 慧博智能投研.工商业储能行业深度：驱动因素、收益模式、产业链及相关公司深度梳理［EB/OL］.（2023-08-04）［2023-08-04］.https：//baijiahao.baidu.com/s? id=1773259898332390489&wfr=spider &for=pc.

[30] 国元证券.2024年储能行业策略报告：储能市场旭日东升，技术类型百花齐放［EB/OL］.（2024-01-05）［2024-01-08］.https：//t.10jqka.com.cn/pid_332858218.shtml.

[31] 信达证券.大储行业深度报告：征程万里风正劲，奋楫扬帆破浪行

[EB/OL].（2022-11-29）[2022-11-29]. https：//data. eastmoney. com/report/zw_industry. jshtml？infocode＝AP202211291580671074.

[32] 中信期货. 碳酸锂下游系列报告三：2023 年全球储能市场分析与 2024 年展望［EB/OL］.（2024-01-24）[2024-01-24]. https：// stock. finance. sina. com. cn/stock/go. php/vReport_Show/kind/11/rptid/759388029196/index. phtml.

[33] 中银国际. 大储行业深度报告：政策推动+盈利模式完善，迎接大储放量元年［EB/OL］.（2023-08-27）[2023-08-30]. http：//www. chinapower. com. cn/zx/zxbg/20230830/215852. html.

[34] 申万宏源. 2023 年下半年氢能产业跟踪报告：国家补贴下发+上游环节投资加大，2024 年氢能景气度提升［EB/OL］.（2023-12-27）[2023-12-28]. https：//www. vzkoo. com/read/20231228f2aacb93585f6ac60289d 969. html.

[35] 慧博智能投研. 氢能行业深度：驱动因素、制氢路线、未来机遇、产业链及相关公司深度梳理［EB/OL］.（2023-04-28）[2023-09-29]. https：//www. sohu. com/a/724576255_121655386.

[36] 证券时报. 7 个月完成去年 90％融资量！光伏行业投融资狂飙［EB/OL］.（2023-08-04）[2023-08-04]. https：//baijiahao. baidu. com/s？id＝1773255263872720810&wfr＝spider&for＝pc.

[37] 朱颖，胡愔子，程平. 新能源公募基础设施 REITs 的法律实务关注要点［EB/OL］.（2023-04-25）[2023-04-25]. https：//mp. weixin. qq. com/s？__biz＝MjM5ODI5MzI0NA＝＝&mid＝2651440477&idx＝2&sn＝722a95271fc 30088aab10abf74528f16&chksm＝bd319ece8a4617d 8941d987d f9232a23131cd 87cd377a9a6a3982274adbd068a3ac5b681bdfc &scene＝27.

[38] 吕明星. IIGF 两会观点｜两会看氢能：当前我国氢能投融资的几种模式概述［EB/OL］.（2022-03-12）[2022-03-12]. https：//iigf. cufe. edu. cn/info/1012/4900. htm.

[39] 安刚，于聘聘. 我国基础设施公募 REITs 基础设施资产重组方式简述［EB/OL］.（2023-12-26）[2024-01-14］. https：//mp. weixin. qq. com/

s/EN2oy8uTUpVfFD4HCj8_YQ.

[40] 赵海清,姚天慈. 我国公募REITs的发展与模式探析——以新能源产业为例[EB/OL]. (2023-07-07) [2024-01-14]. https://www.allbrightlaw.com/SH/CN/10475/b92a9410e9ca5090.aspx.

[41] 任谷龙,池喜千慧. 新能源项目REITs法律合规要点分析[EB/OL]. (2023-03-03) [2024-01-20]. https://mp.weixin.qq.com/s/JpUe5qcTCKWzMYBIJDbpoA.

[42] 王甲同. 绿色电力证书新政出台,利好新能源REITs项目[EB/OL]. (2023-08-04) [2024-02-04]. https://baijiahao.baidu.com/s?id=1773280964718068340&wfr=spider&for=pc.

[43] 高朋律师事务所. 好风凭借力,送我上青云:新能源REITS法律合规及其他要点探讨[EB/OL]. (2023-03-16) [2024-02-06]. http://gaopenglaw.com/content/details11_3970.html.

[44] 澎湃新闻. 千呼万唤始出来——绿色基础设施REITs展望(下)[EB/OL]. (2021-07-07) [2024-02-16]. https://m.thepaper.cn/baijiahao_13491386.

[45] 高金智库. 推动新能源基础设施REITs的发展与创新[R/OL]. (2023-05-12) [2024-02-20]. https://view.inews.qq.com/k/20230512A06GW000?no-redirect=1&web_channel=wap&openApp=false.

[46] 中金固收. 一碳到底 | 双碳战略下公募REITs如何推动清洁能源发展[EB/OL]. (2022-07-15) [2024-02-24]. https://mp.weixin.qq.com/s/Kms6FZkqf9MbgBKSDsKTug.

[47] 刘俊,刘佳妮. 中金:物换星移,"碳"转型之路——中国基础设施REITs之电力篇[EB/OL]. (2021-04-08) [2024-02-27]. https://caifuhao.eastmoney.com/news/20210411101737493813790.

[48] 新能源网. 2023生物质发电:欧洲产能增长强劲,中国市场低迷[EB/OL]. (2024-01-23) [2024-03-01]. http://www.wuhaneca.org/article.asp?id=42123.

[49] 高工氢电. GGII数据. 一文读懂中国氢能产业融资现状[EB/OL]. (2024-

01-09)[2024-01-18]. http：//healthnews. sohu. com/a/751942060_120717004.

[50] M2觅途咨询. 2023年氢能产业洞察白皮书［R/OL］.（2023-11-28）[2024-03-06]. https：//www. sohu. com/a/740202733_121655386.

[51] 北辰管理咨询. 新能源产业的融资特点、融资方式、困境及策划方案［EB/OL］.（2023-08-17）[2024-03-08]. https：//mp. weixin. qq. com/s/Ig3FhVA1aKbHtNBwEgsYpw.

[52] 青岛市新能源汽车产业协会. 电桩行业投融资及兼并重组分析［R/OL］.（2022-09-05）[2024-03-09]. https：//mp. weixin. qq. com/s/ixT55Z583c7lDUn7Owo6AA.

[53] 投资视角. 启示2023：中国电力变压器行业投融资及兼并重组分析（附投融资汇总、兼并重组事件等）［R/OL］.（2023-11-14）[2024-03-10]. https：//baijiahao. baidu. com/s? id＝1782522855060945329&wfr＝spider&for＝pc.

[54] 李璐. 洞见2023储能投融资（三）：行业"洗牌"在即，储能IPO"冰火两重天"［R/OL］.（2023-12-29）[2024-03-12］. https：//baijiahao. baidu. com/s? id＝1786519564707751453&wfr＝spider&for＝pc.

[55] 李璐. 洞见2023储能投融资：系统集成、液流电池吃香，新型储能获政策资本双重助力［R/OL］.（2023-12-21）[2024-03-12]. https：//baijiahao. baidu. com/s? id＝1785860849064365209&wfr＝spider&for＝pc.

[56] 中国核工业. 全球核电融资"钱"景如何？［EB/OL］.（2019-10-23）[2024-03-13]. https：//mp. weixin. qq. com/s/I3ah3nkHUKFEem NovSLP-WQ.

[57] 建行投行. 光伏行业发展趋势、融资特征及业务机遇展望［EB/OL］.（2023-02-07）[2024-03-15］. https：//mp. weixin. qq. com/s/NWJEZa9YBT5AXZJYcE6AFw.

[58] 徐洪峰，白杨. IIGF观点｜中国光伏产业发展及投融资［R/OL］.（2021-10-23）[2024-03-14]. https：//mp. weixin. qq. com/s/HG4hF9u1HwghEXxKQ2rZVw.

[59] 中国能源网. 分布式光伏发电特点及融资研究 [EB/OL]. （2015-10-14）[2024-03-14]. https：//www.china5e.com/news/news-920327-1.html.

[60] 蔡志濠. 【投资视角】启示 2022：中国电动汽车充电桩行业投融资及兼并重组分析（附投融资汇总、产业基金和兼并重组等）[R/OL]. （2022-09-02）[2024-03-16]. https：//baijiahao.baidu.com/s? id＝1742822484673186024&wfr＝spider&for＝pc.

[61] 华宝证券. 2023 氢能投融资点评：产业资本偏爱制取用，关键环节国产化蓄势待发 [R/OL]. （2023-07-27）[2024-03-18]. https：//pdf.dfcfw.com/pdf/H3_AP202307281592782429_1.pdf? 1690530292000.pdf.

[62] 氢云链. 24 起融资超 26 亿！为何氢能产业融资额总体下降 [EB/OL]. （2023-07-19）[2024-03-20]. https：//baijiahao.baidu.com/s? id＝1771903929223668904&wfr＝spider&for＝pc.

[63] 凤凰 WEEKLY. 核电投融资模式的海核探索 [EB/OL]. （2018-02-11）[2024-03-22]. https：//www.sohu.com/a/222214603_425169.

[64] 和毅咨询. 新能源项目投融资模式 [EB/OL]. （2023-12-08）[2024-03-24]. https：//mp.weixin.qq.com/s/hlO5K1bIbFh-CO24fRpANQ.

[65] 停车邦. 2023 年中国充电桩市场分析 [R/OL]. （2024-01-28）[2024-03-28]. https：//mp.weixin.qq.com/s/xDdAOkhLQYTC9fQmOMwCBg.

[66] 中商产业研究院. 2023 年 1-11 月中国光伏行业投融资情况分析：江苏浙江投融资活跃 [R/OL]. （2023-11-30）[2024-03-23]. https：//baijiahao.baidu.com/s? id＝1783973287596030236&wfr＝spider&for＝pc.

[67] 蔡星林. 【投资视角】启示 2022：中国光伏行业投融资及兼并重组分析 [R/OL]. （2022-06-07）[2024-03-24]. https：//baijiahao.baidu.com/s? id＝1734947910075484084&wfr＝spider&for＝pc.

[68] 刘达. 【投资视角】启示 2023：中国储能行业投融资及兼并重组分析 [R/OL]. （2023-06-16）[2024-03-30]. https：//finance.sina.com.cn/roll/2023-06-16/doc-imyxmutt5860635.shtml.

[69] 卢敏. 【投资视角】启示 2022：中国核电行业投融资及兼并重组分析

[R/OL]．（2022-11-03）［2024-04-01］．https：//baijiahao.baidu.com/s？id=1748458499330830990&wfr=spider&for=pc．

[70] 互联互通社区．产业分析：新能源投融资分析［R/OL］．（2023-02-16）［2024-04-02］．https：//www.163.com/dy/article/HTLHVPCT0531WA1P.html．

[71] 华经情报网．2023年中国生物质发电装机容量、发电量及发电结构［R/OL］．（2023-06-02）［2024-04-05］．https：//baijiahao.baidu.com/s？id=1767573191600792843&wfr=spider&for=pc．

[72] 灵动核心市场研究．2023年中国生物质发电行业现状及前景分析［R/OL］．（2023-06-30）［2024-04-06］．https：//baijiahao.baidu.com/s？id=1770112392725806308&wfr=spider&for=pc．

[73] 董秀成闲说能源．全球生物质能：具有循环经济特征，未来将维持强劲发展态势［EB/OL］．（2023-09-06）［2024-04-06］．https：//baijiahao.baidu.com/s？id=1776264612485414377&wfr=spider&for=pc．

[74] 海南省绿色金融研究院．我国光伏发电行业融资模式与融资现状［EB/OL］．（2021-03-17）［2024-04-08］．https：//mp.weixin.qq.com/s/5FZfVHBKWIpLtmFKc-dTGg．

[75] 小水电之家．水力发电企业（水电站）融资渠道盘点［EB/OL］．（2022-05-19）［2024-04-10］．https：//mp.weixin.qq.com/s/0LAx-CUuZ7N4UYoujLRTJQ．

[76] 戴定，伍浩松，郭志锋．核电融资七种模式的比较与分析［J］．中国核工业，2016，（04）：31-32．

[77] 前海基础公众号．前海睿见丨追光而行，随风而临——我国新能源公募REITs的探析与实践［R/OL］．（2023-04-21）［2024-04-12］．https：//mp.weixin.qq.com/s/056_4B59XXSHuP_jI6a-tg．

[78] 中证鹏元评级．我国公募REITs募集规模已达千亿［EB/OL］．（2023-10-20)［2024-04-25］．https：//www.sohu.com/a/729901420_121123914．

[79] 王嘉怡．公募REITs分析框架——以能源基础设施REITs为例［R/OL］．（2024-01-05）［2024-04-30］．https：//mp.weixin.qq.com/s/

6Zgq1WNzhq0F6w9AEh4VJg.

[80] 中国REITs论坛.清洁能源基础设施土地合规性关注点[EB/OL].（2023-07-25）[2024-05-03]. https：//mp. weixin. qq. com/s/gag7JAZGtGn-vqFneHBQiA.

[81] 中国REITs论坛.新能源国补、农村集体用地，首单光伏REIT有何看点[EB/OL].（2032-01-09）[2024-05-06]. https：//mp. weixin. qq. com/s/aP1OnWy0O-f3A49Aft2KzA.

[82] 王斌.公募REITs运营管理的核心关注条款[EB/OL].（2022-08-11）[2024-05-07]. https：//mp. weixin. qq. com/s/Vw263NgmQGmTLXsz PSKP-BQ.

[83] 普华永道.清洁能源+公募REITs助力我国能源结构转型[EB/OL].（2023-12-19）[2024-05-10]. https：//mp. weixin. qq. com/s/_DeslM1rwWMCDHc1gRH3pw.

[84] 上海证券交易所.中国电力建设股份有限公司关于开展基础设施公募REITs申报发行工作的公告[EB/OL].（2023-09-23）[2024-05-11]. http：//www. sse. com. cn/disclosure/listedinfo/announcement/c/new/2023-09-23/601669_20230923_7G6Y. pdf.

[85] 德邦证券研究.REITs估值方法论[R/OL].（2023-10-18）[2024-05-15]. http：//www. doc88. com/p-60616362608406. html.

[86] 广发证券研究.公募REITs研究系列之三：公募REITs扩募知多少[R/OL].（2023-05-31）[2024-05-20]. https：//mp. weixin. qq. com/s/jWPEf0e-ICzSccsRCEQ_Fg.

[87] 广发证券研究.C-REITs系列报告之一：C-REITs发行与制度说明书[R/OL].（2023-02-06）[2024-05-21]. https：//stock. finance. sina. com. cn/stock/go. php/vReport_Show/kind/industry/rptid/729013998725/index. phtml.

[88] 种豆数豆.对两支新能源项目公募REITs的几点思考[EB/OL].（2023-05-22）[2024-05-22]. https：//mp. weixin. qq. com/s/_UBK9LhPdHFA_y9Hgl7_hg.

[89] 树人矿业律师.全国首单光伏公募REITs：中航京能光伏REIT案例

解析［EB/OL］.（2023-03-13）［2024-05-22］. https：//mp. weixin. qq. com/s/LgRM7-bTxyY4RHI1_IJ6bA.

[90] 锦天城律师事务所. 我国公募 REITs 的发展与模式探析——以新能源产业为例［EB/OL］.（2023-07-07）［2024-05-25］. https：//mp. weixin. qq. com/s/2HjpMxSOjhxVIXlf9xg88Q.

[91] 园园 ABS 研究. 中航京能光伏 REIT 案例分析［EB/OL］.（2023-01-25）［2024-05-28］. https：//mp. weixin. qq. com/s/IsDWV2DAjaar0yX QiU8HaQ.

[92] 园园 ABS 研究. 中信建投国家电投新能源 REIT 案例分析［EB/OL］.（2023-01-05）［2024-05-29］. https：//mp. weixin. qq. com/s/byJYdJKvY1rvQnG5E0JWZg.

[93] 信风 TradeWind. 首单光伏发电 REITs 解码：新能源的证券化元年或至［EB/OL］.（2023-01-31）［2024-06-03］. https：//mp. weixin. qq. com/s/cYV-gwPKp6MPKTezPL5jfQ.

[94] REITs 行业研究. 首单海上风力发电公募 REITs 要点解析［EB/OL］.（2023-01-10）［2024-06-04］. https：//mp. weixin. qq. com/s/vLRBR6 mFwvOfQgZnIDRl9w.

[95] 中金固收. 一碳到底×洞察先基丨新能源 REITs（二）海风驱万里，绿电赋新能，首单风电 REIT 获批［R/OL］.（2023-03-02）［2024-06-06］. https：//mp. weixin. qq. com/s/fXUxr0GznlZOYQ0YF7Se2w.

[96] 中金固收. 一碳到底×洞察先基丨新能源 REITs：（四）绿色水电，助力双碳，上交所受理首单水电 REITs［R/OL］.（2023-10-12）［2024-06-07］. https：//mp. weixin. qq. com/s/JUjOR8pk13oB4UWGem3Qhg.

[97] PKUEPA.【23EPA 内培】固定收益组：公募 REITs 分析框架——以能源基础设施 REITs 为例［R/OL］.（2024-01-05）［2024-06-10］. https：//mp. weixin. qq. com/s/6Zgq1WNzhq0F6w9AEh4VJg.

[98] 水电发展与金融. 洞见丨金融科普篇-清洁能源基础资产 REITs（一）［EB/OL］.（2024-01-12）［2024-06-10］. https：//mp. weixin. qq. com/s/71qcDhRJjeezm4oizBEqMQ.

[99] 普华永道. 赋能·行业聚焦：清洁能源+公募 REITs 助力我国能源结

构转型［EB/OL］.（2023-12-19）［2024-06-11］. https：//mp. weixin. qq. com/s/_DeslM1rwWMCDHc1gRH3pw.

［100］捷报速达. C-REITs 2023 年中报分析之能源及环保行业［R/OL］.（2023-10-10）［2024-06-11］. https：//mp. weixin. qq. com/s/_p9-Hu8IgC2iSlQmyuRDpw.

［101］Colliers 高力国际. 我国可再生能源的发展趋势、能源结构分布特点及新能源转型下 REITs 基金带来的变化［EB/OL］.（2022-08-30）［2024-06-15］. https：//zhuanlan. zhihu. com/p/559515227.